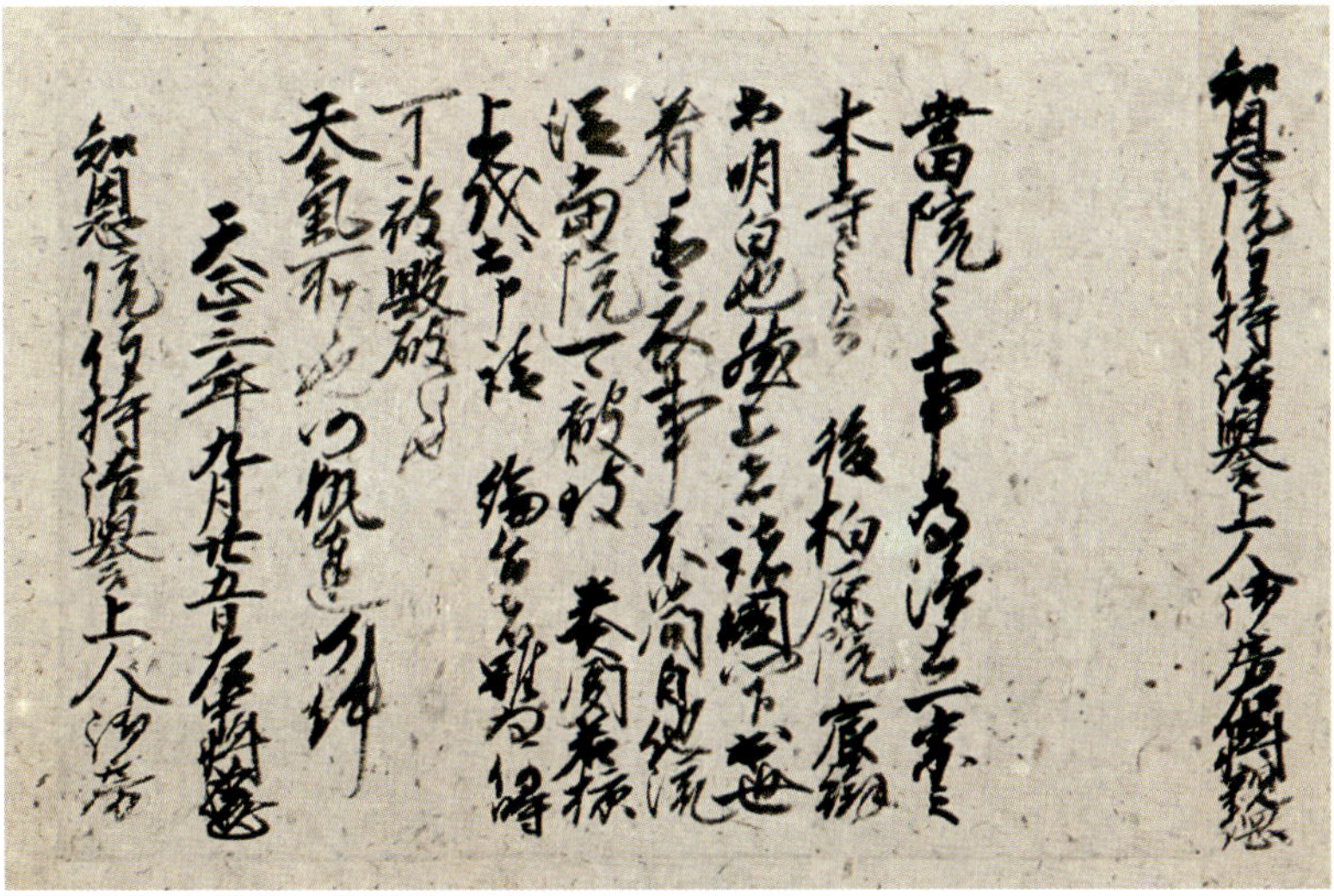

口絵２　正親町天皇綸旨（毀破綸旨　京都・知恩院所蔵）

口絵１　円光大師坐像（法然上人像　奈良・當麻寺奥院所蔵）

浄土宗の展開と総本山知恩院

今堀太逸

法藏館

口絵３　満誉尊照像
（京都・知恩院所蔵）

口絵４　雄誉霊巌像
（京都・知恩院所蔵）

口絵５　東大寺大仏殿浄土三部経講説
（『拾遺古徳伝』巻４段１　茨城・常福寺所蔵）

序

日本の貴重な文化遺産は国宝・重要文化財に指定されているが、「仏教」（寺院、僧侶、経典）と関係しない文化財はないといっても過言ではない。日本の前近代、とりわけ古代・中世は仏教の時代なのであり、高校日本史の教科書には各時代の仏教遺産である寺院建築、仏像、写経、工芸品、それに高僧の伝記や著作、寺院や神社の霊験を描いた絵巻物などが紹介されている。著名な僧侶、たとえば平安仏教では最澄・空海、鎌倉仏教では法然・日蓮・親鸞・栄西・道元らの称えた教義は紹介されていても、その教えが人びとにどのように説かれ、人びとが信仰として受け容れたのかという説明まではされておらず、僧侶の視点、宗教家の視点に終始している。

仏教の思想や日本人の信仰の歴史を本格的に学ぶのは大学に入学してからということになるのであるが、仏教学や仏教史研究の盛んな宗門大学においても、日本仏教が宗派単位で存続してきたこともあり、宗派・教団に関係する祖師の生涯・思想、その門下の布教活動や建立された寺社の歴史、朝廷や幕府の宗教政策といった研究が主流となっていて、日本人の宗教意識とその変遷といった「日本人の信仰史」についてはほとんど学ぶことなく社会に出て行っている。

また、社会においても、僧侶や宗教学者たちが、明治期におこった神仏分離以後の神仏観で宗教（信仰）を論じることが多く、日本史の展開するなかで仏教や儒教とのさまざまな出合いにより、時代と社会が要求する神仏にたいする信仰が創り出されてきたことが看過され、一般の人たちが日本の宗教文化（年中行事や習俗慣習）の思想基盤を理解することが困難なものとなってきている。

ところで、現代人である我々は、医学の発達により長寿の恩恵を享受し、生への執着に強く死と向き合うことから遠のいた生活をしている。「往生」「他力本願」という言葉は日常語となり、念仏を信心することと関わりなく日本語として使用されている。

法然（一一三三〜一二一二）は戦乱・飢饉など社会不安が増大するなかで「浄土宗」を開き念仏往生を説いた。著書『選択本願念仏集』においては、諸経典より念仏の要文を引き、称名念仏が阿弥陀仏によって選択された唯一の往生行だとして、阿弥陀仏の本願を信じて念仏を称えれば浄土に往生できることが説かれている。

極楽往生を願う人にとってもっとも肝心なことは「南無阿弥陀仏」（念仏）を称えることである、学問も修行もいらない簡単なものであるとの浄土宗の教えは、念仏以外の行では往生できないとの主張と受け取られて、仏教各宗派から偏執と非難された。法然の念仏教義を批判した貞慶・明恵・日蓮等は、きちんと仏教を学んだ教養ある僧侶である。高尚な念仏教義が議論されていたことは、彼らの著述や法然伝の集大成である『法然上人行状絵図』からも窺うことができる。

浄土宗の念仏は、自分で経典を理解することが困難な諸国の武士や農民、漁民といった庶民層に受容された。在家の念仏者には「修行」の意識はなく、たんに死が近づき「往生」のためにだけ称える念仏ではない。念仏信仰が日々の生活のなかにあったのである。老病と死苦からの解放を願った暮らしのなかの信心として「浄土宗の念仏」が求められ、受容されたのであった。死が身近にあった前近代においては、僧侶の教化の言葉には力があり、その教えを信じぬくことで、老病死苦と向かい合い、安らかな死を迎えた人たちがいたのである。

著者は、浄土宗の念仏の展開と宗祖法然の廟堂知恩院の興隆の歴史と信仰を、天皇・公家・武家、それに民衆の目線から考察している。本書はこれまで発表してきた論考を「浄土宗の展開と総本山知恩院の研究」として五部十七章に集成したものである。

全体の構成は以下のようになっている。

第Ⅰ部　浄土宗の念仏の展開

第一章「東大寺再興の念仏勧進と『選択集』」では、「第一節　東大寺勧進と重源」「第二節　九条兼実と東大寺大仏」「第三節　重源と阿弥陀仏号」「第四節　兼実と『選択集』の撰述」「第五節　源智の阿弥陀仏像勧進と「大谷寺」」の五節より、『選択本願念仏集』（以下『選択集』と略す）の撰述背景に東大寺再建の勧進活動があったことを検討する。浄土宗の「凡夫往生」の教えが鎮護国家（仏法による王法の興隆）と対立する異端の信仰ではなかったことより、『選択集』成立の歴史的意義を論じる。

第二章「一向宗の聖人二人――黒谷源空聖人と愚禿親鸞――」では、「第一節　親鸞と源空聖人」「第二節　浄土宗の布教と「本地垂迹」信仰」「第三節　東国門弟と念仏勧進」「第四節　「祖師聖人（親鸞）」の成立」「第五節　一向宗と聖人二人」の五節より、親鸞とその同朋の布教活動を検討する。「源空聖人は吾朝念仏の高祖」「親鸞聖人はその当流相承の尊師」として、法然と親鸞の二人の聖人に帰依する「一向宗」の布教活動を明らかにする。

第三章「古代・中世の災害観の変遷と神仏」では、「第一節　奈良時代　国分寺と東大寺大仏」「第二節　平安時代　貞観十一年陸奥国の津波と大地震」「第三節　平安時代　北野天満宮と災害」「第四節　鎌倉時代　東大寺復興と法然の『選択集』」「第五節　鎌倉時代　日蓮と親鸞の災害観――善神捨国と悪鬼――」の五節より、災害の歴史は神仏創出の歴史であったことを指摘したい。そして、法然・親鸞・日蓮の著述を災害観の変遷から読み解くことで「鎌倉仏教」成立の意義を考えてみる。

第Ⅱ部　念仏・『法華経』の信仰と『孝経』――鎌倉仏教の検討課題――

第一章「法然・日蓮と父母の孝養」では、はじめに『孝経』に説く孝道と『観無量寿経』の孝養父母を紹介する。そして「第一節　父母の仏事――念仏と『法華経』――」「第二節　法然と没後の孝養」「第三節　日蓮と父母の孝養」の三節より、父母の忌日仏事における念仏と『法華経』の信仰を論じる。法然の『選択集』の信仰と孝養父母、日蓮の遺文にみられる『孝経』と『法華経』の信仰を検討する。儒教（孔子の教え）により「世間（現世）の孝養」、仏教（釈迦の教え）により「来世（没後）の孝養」が説かれ、受容されたのが鎌倉仏教と呼ばれる浄土宗・日蓮宗の信仰であることを指摘したい。

第二章「『平家物語』と神国・孝養・往生」では、「第一節　源頼朝と義経」「第二節　平重盛と重衡」「第三節　平清盛と建礼門院」の三節より、『平家物語』における神国日本の武士の孝と忠について考える。王法仏法興隆の象徴である東大寺を焼き討ちした平清盛・重衡父子、建礼門院の語りをとおして、浄土宗の念仏と鎮魂について読み解く。

第三章「『義経記』と念仏・『法華経』――義経・弁慶の最期――」では、「第一節　佐藤忠信の自害と回向文」「第二節　義経・勧修坊得業・法然」「第三節　義経と弁慶の最期」の三節より、佐藤忠信と源義経の凄惨ではあるが迫力ある腹切り、弁慶が仁王立ちして主君義経を守る物語より、武家社会における念仏と『法華経』の信心（来世観の確立）を明らかにする。

そして、第四章「室町公家と中陰・年忌」では、「第一節　山科言経と父母の仏事」「第二節　吉田神道家と仏事」の二節より、山科言経と吉田神道家における父母の年忌と、知恩院の法然上人御忌法会の賑わいを紹介する。

第Ⅲ部　法然廟堂知恩院の興隆

「はじめに――法然と廟堂知恩院――」では、法然の生涯と廟堂の建立、知恩院の建立と歴史、景観を紹介する。

第一章「戦国期の知恩院」では、「第一節　三河松平家・超誉存牛と知恩院」「第二節　御忌鳳詔と絵巻叡覧・写経奉納・勅額下賜」「第三節　浩誉聡補と信長・家康」「第四節　厭欣旗・黒本尊と酒井忠次墓塔」「第五節　正親町天皇と毀破綸旨」「第六節　太閤検地と禅宗寺院、大仏千僧会」の六節より、戦国時代に法然の廟堂知恩院が興隆するのは、天皇・公家・武家の法然への帰依とその廟堂崇敬によるものであることを明らかにする。戦国期には三河松平家と関係の深い僧侶が知恩院住持となり天皇の帰依を受けていた。松平親忠の五男超誉存牛が後柏原天皇の帰依を受け、大永四年（一五二四）正月十八日、詔勅（「大永の御忌鳳詔」）を賜ると御忌法会がもっとも重要な儀式となる。廟堂知恩院が浄土宗の総本寺としての地位を確立する経過をたどる。

第二章「徳川家康の知恩院造営」では、「第一節　満誉尊照と後陽成天皇、関東の檀林」「第二節　家康の母於大と伽藍造営」「第三節　結城秀康・良正院（督姫）と知恩院」「第四節　大坂の役と日課念仏・遺言」の四節より、家康の浄土宗への帰依と廟堂知恩院崇敬による京都菩提所としての伽藍造営を紹介する。

第三章「将軍秀忠・家光と知恩院」では、「第一節　日光東照社・増上寺安国殿・知恩院権現堂」「第二節　三門造営と金右衛門夫妻、勅額と下乗石」「第三節　秀忠夫妻と増上寺・台命住職」「第四節　寛永の伽藍炎上と「炎焼

次第書」」「第五節　大梵鐘勧進と「天下和順」の法問」「第六節　家光の東照宮崇敬・年忌法要」の六節より、二代将軍秀忠、三代将軍家光の知恩院崇敬と支援を紹介する。そして、勅願所知恩院が将軍家（徳川家）の菩提所となることで天皇家と将軍家の融和に果たした役割を考える。

第四章「将軍家京都菩提所の興隆」では、「第一節　左甚五郎と七不思議、オランダ人の訪問」「第二節　松平定勝・定綱と念仏寺一切経」「第三節　徳川幕府と宮門跡」「第四節　千姫葬儀と知恩院・伊勢寂照寺」「第五節　家綱尊影と勢至堂万日回向」の五節より、三代将軍家光により現在の知恩院の山容が完成すると、京都菩提所としての将軍家法要が盛んとなるとともに、伽藍保持の伝説が生まれた。オランダ人の訪問、庶民の参詣による興隆を論じるとともに、徳川家ゆかりの人々の知恩院崇敬を紹介する。

第Ⅳ部　知恩院の「近世」――台命住職と役所『日鑑』――

知恩院は浄土宗の総本山である。本山としての事務運営は「役所」においてなされ、末寺の公事《くじ》（訴訟および審理）は知恩院「役者《やくしゃ》」が担当していた。第Ⅳ部では、役所『日鑑』を史料として知恩院の「近世」を紹介する。

第一章「京都菩提所と台命住職」では、「第一節　住持任命と位牌安置」「第二節　住持・弟子衆と役所」「第三節　住持葬儀と「寺引き渡し」」の三節より、将軍家の位牌の安置、四十八世台命住職堅誉往的の葬儀と弟子による「寺引き渡し」をとおして、将軍家菩提所としての知恩院を読み解く。

第二章「知恩院役所の勤め方――六役と山役――」では、「第一節　正徳四年の六役・山役争論」「第二節　享保の勤め方争論」の二節より、知恩院役所の役者には塔頭から任命される「山役」と、京都門中から任命される「六役」がいて、その任命については方丈（知恩院住持）の推挙・入れ札、勤め方（役割）についても変遷がある。正徳四年（一七一四）の六役・山役争論、享保の勤め方争論をとおして、役所の運営が塔頭中心（山役中心）から、「浄土宗法度」（「元和条目」）に定める京都門中中心（六役中心）に移り変わる経緯を明らかにする。

『日鑑』には、知恩院を本寺とする末寺の動向も詳しく記載されている。宝暦六年（一七五六）九月十六日、山城国と近江国をおそった烈風と大雨により、河川が氾濫し、人家が流され死者が多数でた。第三章「宝暦六年の災害と檀那寺」では、「第一節　木津川の氾濫と末寺」「第二節　近江国金勝阿弥陀寺の出開帳」の二節より、木津門中・御牧門中の被害の報告と本寺としての知恩院の対応、金勝阿弥陀寺檀家の死者供養のための常念仏料捻出のための出開帳をとおして、寺と檀家との絆を紹介したい。

第四章「知恩院の仏名会と御身拭い式――日本人の滅罪信仰――」では、「第一節　御影を拭い、おのが心を拭う」「第二節　仏名懺悔の恒例化」「第三節　御仏名と地獄変屏風」の三節より、知恩院の歳末行事である仏名会と御身拭い式をとおして、日本人の歳末の滅罪信仰について検討する。

第Ⅴ部　東大寺大仏勧進と法然贈大師号

重源は「南無阿弥陀仏」を自称したが、公慶の墓石の五輪塔にも「敬阿弥陀仏」の阿弥号が刻まれている。東大寺の大湯屋は鎌倉時代、重源が再興し、湯屋で念仏を称えることを勧めた。その大湯屋を、公慶は元禄十七年（一七〇四）重源上人五百年御遠忌にあたり修復、大湯屋に公慶自筆の六字名号を掲げている（懸額裏面、公慶の弟子の公盛墨書）。

五代将軍綱吉とその母桂昌院の東大寺大仏殿勧進支援は、増上寺貞誉了也への帰依により浄土宗の信仰を深め、法然に大師号「円光大師」を贈った時期と一致するのである。

第一章「大仏再興の勧進と浄土宗の支援」では、「第一節　大仏修補の勧進」「第二節　大仏殿造営釿始めと京都勧進」「第三節　江戸勧進と増上寺貞誉了也」の三節において、東大寺龍松院の勧進上人公慶の念仏勧進を検討する。

公慶の大仏勧進とは、重源の「念仏勧進」の継承であり、大仏縁起の講談においては、念仏との結縁功徳を説き明かし、不断念仏の法要を行い、最後に十念を授けることにあった。本章では、公慶が大仏修補と大仏殿再興の念仏勧進を全国において展開するのに際し、重源が念仏の祖師として仰いだ法然の廟堂知恩院、将軍綱吉とその母桂昌院が帰依する増上寺了也に支援をもとめていたことを明らかにする。重源の勧進柄杓に財物を寄進した人々が願った利益とは、阿弥陀仏の本願との結縁であり、念仏の功徳であったことを指摘する。

第二章「徳川綱吉・桂昌院と増上寺貞誉了也、贈大師号」では、「第一節　将軍綱吉と儒教」「第二節　綱吉と増上寺——『帳場日鑑』を読む——」「第三節　継目御礼と法然絵伝」「第四節　「念仏為先」と「大原問答」」「第五節　知恩院と円光大師号」の五節において、綱吉の浄土宗の経典への関心、宗祖法然の教義と崇敬、廟堂知恩院への法然贈大師号にいたる経過を明らかにしたい。

綱吉が増上寺了也より法然の『選択集』、「大原問答」の講釈を受けたこと、また桂昌院が念仏信仰を深めたこと、東大寺公慶の大仏殿再興の念仏勧進を支援したことが、浄土宗への理解を深めることになり、法然廟堂知恩院への大師号下賜につながったのである。

巻末に附録「知恩院と徳川家関係年表」を掲載した。

浄土宗の展開と総本山知恩院＊目次

第Ⅱ部　念仏・『法華経』の信仰と『孝経』——鎌倉仏教の検討課題——

第Ⅲ部　法然廟堂知恩院の興隆

第Ⅳ部　知恩院の「近世」——台命住職と役所『日鑑』——

第Ｖ部　東大寺大仏勧進と法然贈大師号

浄土宗の展開と総本山知恩院

第Ⅰ部 浄土宗の念仏の展開

第Ⅰ部扉図版
左：重源上人坐像（奈良・東大寺所蔵）
右：九条兼実坐像（模本、東京大学史料編纂所所蔵）

第一章　東大寺再興の念仏勧進と『選択集』

はじめに――源平の争乱――

養和元年（治承五年、一一八一）一月に高倉上皇（二十一歳）、ついで閏二月に平清盛（六十四歳）が没すると、後白河法皇（五十五歳）は院政を再開、法住寺殿に戻った。寿永二年（一一八三）、源義仲が都に迫ると、平氏は安徳天皇・神器を奉じて西走し、都に留まった後白河法皇は義仲に平氏追討の院宣を下し、法皇は尊成親王（後鳥羽天皇）を即位させ、鎌倉の源頼朝と結び義仲を退けようとしたので、義仲は法住寺殿を攻め法皇を捕らえてしまう。

頼朝は弟の範頼・義経を上洛させて義仲を討ち、法皇の命により二人は平氏追討にあたり、文治元年（一一八五）壇ノ浦で平氏を滅ぼした。義経は兄頼朝との対立を深めると、法皇に請うて頼朝追討の院宣を出させるが応じるものは少なく、頼朝は法皇の責任を追及して、右大臣九条兼実を内覧に、ついで摂政に推して、法皇の独裁を抑えようとした。

文治五年（一一八九）、奥州の藤原泰衡が義経を討ち、頼朝がその藤原氏を滅ぼしたことで、公武の対立は解消することになる。翌建久元年（一一九〇）、頼朝は上洛して後白河法皇と対面、法皇の下で頼朝が御家人を率い、日本国惣追捕使として国家の軍事警察を担当する体制が確立した。建久三年（一一九二）三月十三日、後白河法皇は六条殿で大原の本成房湛斅《たんごう》を臨終の善知識として念仏往生をとげている。六十六歳であった。

この争乱の期間、天災・飢饉・疫病・社会不安により死を目前にしながら生きていかねばならなかった人びとの生活と信仰は、日記・歴史書・軍記物等より読み解くことができる。都では疫病がはやり、死体が腐乱すると伝染病が発生する。貴人も卑賤も、強い人・弱い人、老若男女に関係なく感染すると亡くなった。日々の生活が神仏に支配されていたのであり、陰陽師や僧侶といった宗教家には存在感があった。

第一節　東大寺勧進と重源

東大寺の再興は、養和元年（一一八一）の清盛死後、朝廷が東大寺の造仏・造寺長官に藤原行隆を任命し、聖地・霊山において修業をし、衆生救済の勧進活動をしていた俊乗坊重源に再建を依頼したことから始まる。大仏の鋳造は後白河院政の政策意図のもとにすすみ、文治元年（一一八五）八月二十八日の大仏開眼供養会には、後白河法皇は天平勝宝四年（七五二）の開眼供養会に使用された筆と墨により、自ら開眼の筆をとった(1)。

重源は熱心な『法華経』持者であった。上醍醐・相模国若宮若王子・鎮西筥崎・那智・大峰・御嶽等の山岳霊場において『法華経』を書写し、結縁をすすめている。ことに死者の成仏得道のためには法華曼荼羅や塔供養を修していた。平成元年（一九八九）から五年にかけて、建仁三年（一二〇三）造立の東大寺金剛力士像（阿・吽像、仁王像ともいう）の修理が行われ、胎内納入品が確認された。両像には『宝篋印陀羅尼経』が納入され、その巻末に「造東大寺大勧進大和尚南無阿弥陀仏（重源）」との阿弥号が大きく記され、阿弥陀仏の名号と阿弥号を持つ結縁者の名前が記されていた(2)。

納入品から金剛力士像への結縁者の祈願について考えてみると、両像にともに納入されていたのが『宝篋印陀羅尼経』である。五輪塔が納入され、地蔵菩薩の印仏と立像が納入されていて、父母や家族、有縁無縁の「尊霊」の成仏得道が祈願されている。そして、回向文は「願以此功徳　普及於一切　我等与衆生　皆共成仏道」（『法華経』化城喩品）である。

金剛力士像造立の勧進においては、過去者（死者、尊霊）の成仏得道のためには、宝篋印陀羅尼の功徳が説かれ、結縁がすすめられていたのである。『徒然草』（二二二段）にも、亡者の追善には光明真言・宝篋印陀羅尼が勝っている、称名を追福に修して巨益あると説いた経典は見及ばない、根拠となるべき経文の確かなものは真言・陀羅尼である、としている[3]。金剛力士像造立に道俗貴賤が喜捨をして協力したのは、有縁無縁の「尊霊」の成仏得道を願ってのことであった。

これより先の文治二年（一一八六）二月、重源は東大寺造営を祈願するため伊勢神宮に参詣している。そのときの伊勢大神の霊夢により、東大寺衆徒は『大般若経』二部（千二百巻）を新写し、常明寺（外宮神官、度会氏の氏寺）・天覚寺（内宮神官、荒木田氏の氏寺）で経供養と転読がなされた。重源は建久四年（一一九三）・同六年（一一九五）にも神宮に参詣していて、経供養と転読をしている[4]。東大寺文書として伝来する文治三年（一一八七）十月九日付源頼朝書状によると、東大寺は頼朝のため『大般若経』祈禱をし、巻数を頼朝に贈っている[5]。

元久二年（一二〇五）十二月の重源の勧進状は、六角七重宝塔を建立し、大仏殿内と宝塔前において、童男をして『法華経』千部の暗誦転読を修すためのものである。

東大寺大勧進大和尚南無阿弥陀仏敬勧進

欲殊勧進十方童男令暗誦法花経事
右、法華経者、三世諸仏出世本懐、一切衆生成仏直道也、……所以悪逆調達ハ、依此経記判ニ預、畜生龍女ハ以法花正覚ヲ成ル、此経ヲ読誦スル里ハ、災難ヲ百由旬ノ外ニ掃ヒ、悩乱説ノ人ハ頭七分ニ破、何況病之良薬ト述タリ、在家出家専可懸憑也、不老不死ト説ケリ、貴賤上下誰不仰之乎（以下略）

『法華経』は三世の諸仏出世の本懐、一切衆生成仏の直道であり、この経を読誦する里は災難を百由旬の外に掃うことができる。在家・出家の人は専ら憑を懸けるべきで、貴賤上下、誰がこれを仰がないでおられようかという。暗誦のために勧進するのであり、願わくは愚僧の短慮知識により、各おのが妙法値遇の良縁を結んで、同一仏土に生まれて共に無生の悟りを開きたいものだと、『法華経』との結縁が説かれている(6)。

重源は広範な勧進活動により資材を調達し、渡来人や技術者を編成して東大寺を再建したばかりでなく、各地で寺院を創建・営繕し、所領を経営、交通路・港湾・池溝の整備など内乱後の日本国の社会復興に努めた。その生涯の事績を晩年の著作『南無阿弥陀仏作善集』（以下、『作善集』と略す）に詳しく記載し、建永元年（一二〇六）六月六日東大寺で没した。八十六歳であった。東大寺「大勧進職」には、重源のあと栄西・行勇・円照と禅律僧が任命され、その配下の勧進聖が堂舎営繕の財源確保のため活動している。

勧進聖は諸国において、人々に「南無阿弥陀仏」との結縁を勧め、寺社の修復や堂塔の建立、仏像造立のための募金活動を展開させたのである。

第二節　九条兼実と東大寺大仏

九条兼実は久安五年（一一四九）、関白の藤原忠通（一〇九七〜一一六四）を父として生まれた。平清盛、後白河法皇に対して批判的態度をとり、平氏政権には非協力的であったので政局の中枢部からは除外され、政治情勢に対する影響力がほとんどなかった。影響力を持つようになるのは頼朝の強い支援を受けてからのことである。ただし、朝廷の神事・仏事においては、摂籙の臣として大きな影響をあたえていた。

南都の焼き討ちを、兼実は『玉葉』治承四年（一一八〇）十二月二十九日条に、

七大寺已下、悉く灰燼に変ずる条、世のため民のため、仏法王法滅尽し了るか。凡《およ》そ言語の及ぶ所にあらず。筆端の記すべきにあらず。余（兼実）この事を聞き、心神屠《ほふ》るがごとし。……天を仰ぎて泣き、地に伏して哭き、数行の紅涙を拭い、五内の丹心を摧《くだ》き、言ひて余りあり、記して益無し。……余元正（元日）出仕すべからざるの由、日来これを存ず。弥《いよいよ》以て異議無し。者《てえ》れば猶々、大仏の再造立、何れの時ぞや。

と記した。東大寺と興福寺は、天皇と摂関家との政治を守る寺である。仏法・王法の滅亡だと、焼かれて一番なげいたのが九条兼実であり、その復興を誰よりも願ったのである[7]。

翌養和元年（一一八二）閏二月四日、清盛が亡くなると、翌五日の条に、清盛の「逆罪」として、天台・法相の

仏教を摩滅しただけではなく、顕密の正教がことごとく灰燼となり、師跡相承の口決抄出・諸宗の深義・秘密の奥旨が回禄にあったことをあげている。清盛の死は、神罰冥罰があらたかで、日月が地に堕ちていないことを示すものだとして、これから後は、天下の安否は「ただ伊勢大神宮・春日大明神に任せ奉るのみ」だという。そして、仏厳聖人を招き書写供養をした。その旨趣を、当時の厄難を払い天下の夭殃を鎮めるためだとし、もし所願成就し王佐（帝王の輔佐）の器量が備わったならば、この仏経をもって五畿七道諸国に仰せて毎年正月八日を式日とし、国分寺において書写供養し中夏（国家）の安寧を祈ることを約束している。

後白河法皇は南都復興については右大臣兼実をたよりとした。その使者として藤原行隆にたびたび兼実邸を訪問させている。閏二月二十日に行隆は院の使者として兼実邸を訪問、大仏の状態を知らせるとともに、一月四日に没収された寺領や寺僧の解除についての意見を求めている。兼実は、衆徒の悪行には厳粛の刑罰を施すべきだが、仏像正教の過失ではない。関東・鎮西の謀反の事はすでに大事に至っている。このような事態には仏法に祈請し、その効験を待つべきなのに待たないのは、仏法が摩滅しているようなものだと答え、両寺（東大寺・興福寺）の営作についての沙汰がないことは如何と尋ねている。

藤原行隆は七月十三日の訪問では、法皇の「朕已に成敗に迷ふ。公宜しく所思を奏すべし。敢へて時宜を憚るなかれ」との院宣を伝えて来た。兼実は「そもそも先ず民を以て国の先となす。……国民を失い滅ぶれば、賊首を誅すと雖も何の益あらんや。然れば則ち、先ず衆庶の怨みを省き、暫く人望に従ふべきか」と報奏した。

後白河法皇は院政の再開に際し、聖武天皇の昔にならって大仏再興を決意したのであるが、その背景に、兼実が指摘する東大寺大仏による日本国の災害の除去があった。そうでなければ開眼会において仏師が御眼を入れるべきところを、法皇自ら入眼することもなかったであろう。大仏再建は、日本国の災害と護国経典に説く災害観から論

じるべき課題である。(8)

兼実は重源の勧進活動にも強い関心を示している。十月には大仏の螺髪鋳造が始まり、東大寺勧進の聖人が洛中の諸家（法皇を始め、貴賤を論ぜず）を廻り奉加を請うていることを記し、宋人の鋳物師陳和卿が鋳造に参加した事情等を記載、寿永二年（一一八三）一月二十四日には東大寺勧進職の聖人（重源）を自邸に招き、入宋した時の話などを聞いている。以後、重源は経過報告にたびたび訪れている。

『玉葉』元暦二年（寿永四年・文治元年、一一八五）三月三十日条に、

そもそも、余《兼実》、執権の臣にあらず。また指したる造寺の上卿にもあらず。然れども中心この事を思ふ条、等輩に勝る。仍て聖人《重源》及び行隆《藤原》等常に来臨し、この事を示し合はするなり。余、外に奉公の由を存じ、内に勝因をなす所存等を示す所なり。

と記していることからも、東大寺再建事業を背後で支え尽力していたのは兼実である。

元暦二年四月二十七日、兼実は大仏に奉籠するため、五色の五輪塔に奉納した舎利三粒と五色の錦袋に入れた願文を東大寺勧進聖人（重源）に渡し、八月二十八日、開眼供養会を迎えたのである。

第三節　重源と阿弥陀仏号

大仏開眼供養のあった翌年の文治二年（一一八六）二月、重源は伊勢神宮に参詣、東大寺造営の成功を祈願した。

三月十七日に重源に周防国が造営料として与えられた。四月には高野山に院宣を下し、平氏怨霊の冥福が祈られた（『高野春秋』）。

ところで、重源が自らを「南無阿弥陀仏」と名乗り、弟子に一字を付けて聖阿弥陀仏とか空阿弥陀仏と呼び、勧進活動を始めたのは何時からなのだろうか。

寿永二年（一一八三）の頃からとされているのは、『作善集』に「阿弥陀仏名付日本国貴賤上下〈建仁二年始之成廿年〉」（〈　〉は割注）との記載があることより、建仁二年（一二〇二）から二十年をさかのぼることからである。

石田尚豊氏は現存遺物銘によれば、重源が自身を「南無阿弥陀仏」と号するのは文治三年（一一八七）の東大寺脇息銘であり、重源以外では快慶が「巧匠[梵字]阿弥陀仏」と記すのは建久三年（一一九二）醍醐寺三宝院弥勒像が初見であるとのことである[9]。

『玉葉』では大仏開眼供養後、兼実は重源を「大仏上人」「大仏上人春乗房《（ママ）》」と呼ぶようになっている。建久四年（一一九三）四月十日の条になって「東大寺大仏上人〈春乗房重源、今ハ号南無阿弥陀仏也〉」と「南無阿弥陀仏」を名乗っていることを記載している。

重源が阿弥陀仏号を「日本国の貴賤上下」に付けるとの『作善集』を重視すると、勧進活動を全国的に展開させるに際してのことである。文治三年（一一八七）九月八日付と推定される源頼朝の重源宛の返書の文面に、

> 兼又《かねてまた》海道・北陸道方へも、風雨をも不レ厭、物腹立なともせす候はむ弟子一人を被二下遣一て被二勧進一ハ、縦雖二野叟之輩一、何無二助成之心一哉、又陸奥・出羽両州へも差二遣可レ然之上人一、可レ被二勧進一候也、是非レ省二大廈至要一、又可レ為二結縁之因縁一者歟、

と見えていて、頼朝は院の沙汰による勧進活動の展開を勧めている(10)。

造東大寺長官は藤原行隆の没後（文治二年〈一一八六〉三月十七日）、翌三年（一一八七）五月より藤原定長が任じられた。その定長が同四年（一一八八）四月五日、兼実に「造東大寺の事、遮りて支度を諸国に配すべきや如何」との院宣を伝えたのに、兼実は、その返答とともに、「院のご沙汰として、貴賤を論ぜず、勧進すべきか」と具申している。

文治五年（一一八九）八月三日、重源は兼実邸を訪れると、兼実に東大寺造営の困難を述べて「ただ御仏事を奉行し、造寺の事を辞せんと欲す」云々と語るので、兼実は再三制止を加えたという。

『玉葉』では法然（五十七歳）が兼実の邸を最初に訪れたのが、この二日前の八月朔日である。兼実は八月八日に法然より受戒している。

第四節　兼実と『選択集』の撰述

重源は『法華経』の勧進をし、『大般若経』の転読もしていて「南無阿弥陀仏」と名乗っているが学生《がくしょう》ではない。藤原行隆の息子が法然の入室常随の一番弟子である信空である。勧進職辞退を兼実に漏らした重源は六十九歳と高齢であった。

法然は兼実邸を訪問し、兼実とその家族は法然より受戒しているが、その時に重源の勧進活動が話題になり、兼実が法然に念仏結縁による勧進活動について問答したことはなかったのだろうか。

というのも、『選択集』第十六章に、

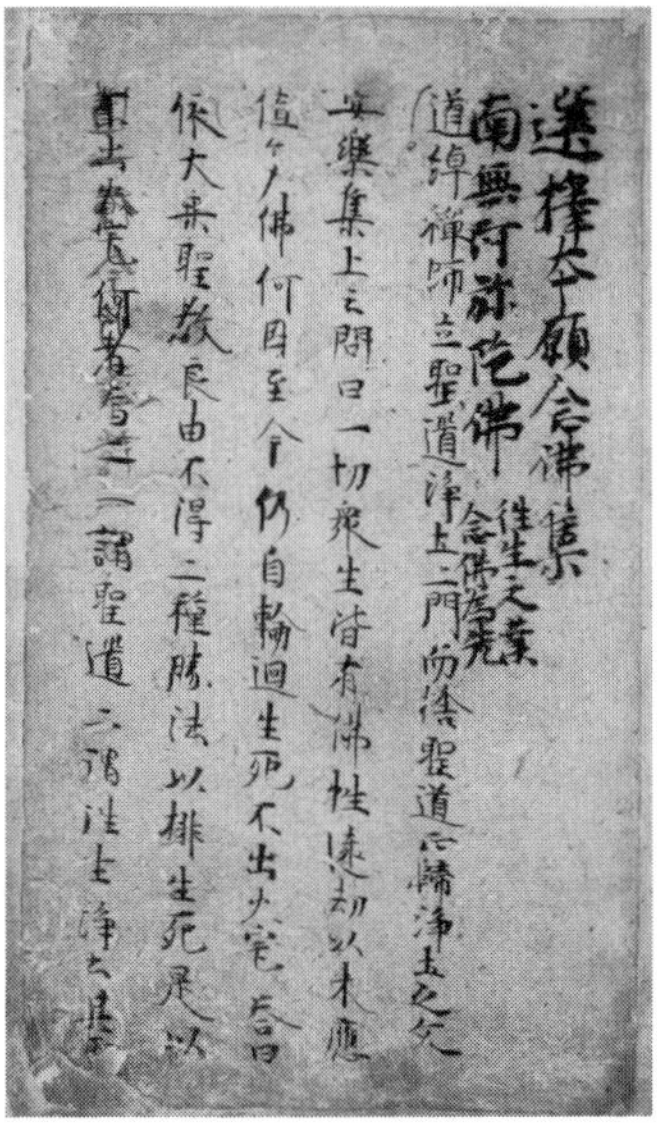

図1　選択本願念仏集（京都・廬山寺所蔵）

しかるに今、図《はか》らさるに仰せを蒙る。辞謝するに地《ところ》なし。よつていま慭《なまじ》ひに念仏の要文を集めてあまつさへ念仏要義を述ぶ。

と記されている。(11) この「仰せを蒙る」は、九条兼実の仰せと理解されている。

九条兼実の要請により『選択集』が撰述されたことを、証空『選択密要決』、親鸞『教行信証』後序に記載していて、法然の諸伝記に見えている。

田村圓澄氏は、『選択集』の撰述を「九条兼実の要請に結びつける伝承はそれとして、『選択集』の教義内容そのものは、九条兼実個人とは、何の関係もない」と指摘している。(12)

確かに、『玉葉』の記事による限り、兼実の信仰とは無関係である。それでは兼実の要請というのは「伝承」であり事実ではないのだろうか。

筆者は、兼実の依頼により『選択集』が執筆されたと考えている。『選択集』を読んでみる。

『選択集』の冒頭（**図1**）は「南無阿弥陀仏　往生の業には念仏を先とす」と始まる。そして、くり返し登場する言葉が「一切」という言葉である（「一切衆生」「一切凡夫」「一切諸仏」等）。

一切の衆生は皆仏性あり。浄土宗の意はもと凡夫のためなり。一切の衆生をして平等に往生せしめん。

すべての人々の「往生」を約束しているのが阿弥陀仏の本願であるとの教えである。道俗貴賤（日本国民一人一人）を平等に救済する。すべてを救済するというのは国分寺・大仏造立、東大寺の勧進活動とも一致する。王法仏法の興隆、一切の日本国民の「救済」を願う兼実が、法然に『選択集』の撰述を依頼したのである。

重源は『法華経』持者である。浄土教の学生でもない重源が自ら阿弥陀仏を名乗り、阿弥陀仏号を付与することを自身で発案したとは考えられない。何かに影響を受けたのではないか。

慈円の『愚管抄』巻六に、法然と重源について、

又、建永の年、法然房と云上人ありき。まぢかく京中をすみかにて、念仏宗を立て専宗（ママ）念仏と号して「たゞ阿弥陀仏とばかり申すべき也。それならぬこと、顕密のつとめはなせそ」と云事を云いだし、不可思議の愚痴無智の尼入道によろこばれて、この事のたゞ繁昌に世にはんじやうしてつよくをこりつゝ……大方東大寺の俊乗房は阿弥陀の化身と云ふ事出きて、わが身の名おば南無阿弥陀仏と名のりて、万の人に上に一字をきて、空阿弥陀仏、法あみだ仏など云名をつけゝるを、まことにやがて我名にしたる尼法師をゝかり。はてに法然が弟子とてかゝる事どもしいでたる。[13]

と記載している。

先行研究者は「大方東大寺……」から引用して、法然の念仏宗（教義）に言及しない。建永の年（一二〇六～〇七）、法然の念仏宗が繁昌したことを先に述べている。

法然の弟子たちが阿弥陀仏号を名に付けるようになるのは、重源の影響であるが、重源が阿弥陀仏の化身「南無

阿弥陀仏」を名乗ったのは、法然の専修念仏が都の愚痴無智の尼入道に喜ばれて繁昌していたことによると、慈円が理解していたと読み取れるのである。

第五節　源智の阿弥陀仏像勧進と「大谷寺」

『選択集』撰述に協力した弟子たちは、いずれも兼実やその弟の天台座主慈円と関係深い貴族社会出身の天台僧であり、天台円頓戒継承者である。

法然の弟子、勢観房源智の生涯については不明な点が多いが、法然の没年である建暦二年（一二一二）に師恩に酬いるために、四万五千人にのぼる人々に念仏勧進し、その結縁交名を胎内に納入した阿弥陀仏像を造立していたことが明らかとなった。昭和五十四年（一九七九）、滋賀県信楽の玉桂寺の木造阿弥陀仏像の胎内から、建暦二年十二月二十六日付の源智の造立願文と交名帳が発見されたのである[14]。

この阿弥陀仏像の造立には、実に多くの勧進聖の活動があったが、それを推進したのが、造立願文にいう「偏に我師上人（法然）の恩徳」である。道俗貴賤・有縁無縁の結縁衆が「我師（法然）の引接を蒙り」、速やかに九品の仏家（浄土）に生まれることを願ったのである。

この発見により、源智が人々に念仏との結縁を勧める勧進上人であることが明らかになった。胎内文書の調査を指導されたのが伊藤唯真氏である。伊藤氏らにより胎内文書の研究がすすみ、

法然房源空・真観房感西・勢観房源智・比丘尼秘妙・静妙……安楽房遵西・住蓮房・善綽房西意・聖願房・座

主大僧正慈円・法印成円・法性寺入道の殿下……大蓮・妙月・源氏・証空・信空。（傍点は筆者）

との記載より、源智と密接な関係のある法然の弟子として、真観房感西の存在がクローズアップされてきたのである。[15]

胎内交名帳には様々な道俗の名前が登場する。興味深いのは、親疎により名前が書き連ねられていることである。この源智の造立願文では「国王・国母・太政天皇（上皇）・百官・百姓万民」といいながら、天皇家よりも将軍家を先に書き上げている。

この事実などは「光明偏照　十方世界　念仏衆生　摂取不捨」（『観経』摂益門）、「願以此功徳　平等施一切　同発菩提心　往生安楽国」（『観経疏』玄義分）、法然の「一切衆生をして平等に往生せしむる」との『選択集』（浄土宗の教え）によるものである。

福岡県久留米善導寺蔵『伝法絵流通』（嘉禎三年、一二三七）と同系統の鎌倉期の法然絵伝に『国華本』があるが、両本には法然の往生の場面が描かれている。

『国華本』によると、莚畳に横たわる法然を描き、頭の後ろにいて磬を打つ「信空聖人」、足下に「定生房」（感聖）、莚の縁に近づき涙を拭う青年僧「勢観房」（源智）、足下の莚から少し離れたところで「証空聖人」が袖で涙を拭っている。

この絵画では、信空と定生房とを法然の常随の弟子として描いている。法然臨終のとき、大谷禅房の主であった定生房は元仁元年（一二二四）に没した。大谷禅房は、その後は信空の沙汰として定仏が継いでいる。

注目したいのは、法然の四七日の導師をつとめた信空が「阿弥陀来迎図」と「金胎両部の種字」を安置し、『金光明経』『法華経』を書写供養したとすることと、定生房の七七日の中陰供養に『金光明経』『法華経』と「浄土三部経」を開題供養したとしていることである。すなわち、大谷廟堂（大谷寺）では、護国経典により鎮護国家が祈られていたのである[16]。

嘉禄三年（一二二七）、延暦寺は専修念仏の停止を訴えて大谷廟堂を破却した。その破却された廟堂を復興したのが源智だとされる。源智が「大谷寺」として復興し、法然を開基とし、四条天皇より仏殿に「大谷寺」、廟堂に「知恩教院」、総門に「華頂山」の勅額を賜ったと知恩院では伝えている（『総本山知恩院旧記採要録』）。

大谷寺については『元亨釈書』の目録に「大谷寺源空」とみえる。また、高橋正隆氏によると、法然生前中より大谷寺においては念仏会があり、『選択集』が読まれていた。その一本が承元二年（一二〇八）、大谷上人より佐法印に附属されている[17]。法然の廟堂を「知恩院」の名称で呼ぶのは『法然上人行状絵図』が初見である。それ以前に、どの様に呼ばれていたかは不詳であるが、黒川道祐の『雍州府志』に「知恩院」を、山門慈恵僧正の創するところにして、法然これを再興すとし、はじめ大谷寺と称し、また吉水院というとしている[18]。

『伝法絵流通』には、東大寺の復興に法然が尽力したことが記載されている[19]。法然は後白河院の命を受けた重源の要請で、再建途上の大仏殿の軒下で三日間にわたり「浄土三部経」を講説した。南都各宗の碩学たちは、自宗の教義を質問し、もし誤りがあれば上人に恥をかかせようと会座に連なっていたとする。法然のこのような活動は、その生涯における事実として認めることは困難である。

しかし、道俗貴賤を平等に救済するための念仏勧進の要文集として『選択集』が撰述されたとするなら、東大寺の念仏勧進の支えになったことは疑うことができない。法然や浄土宗は東大寺と対立したことがなく、むしろ東大寺の勧進活動を浄土宗が支援している。法然門下において重源を同行とみなし、弟子とする伝記が成立展開したことも納得できる。

永禄十年（一五六七）十月の兵火で東大寺大仏殿が焼失すると、その復興の本願（勧進上人）に任じられたのは、浄土宗僧の阿弥陀寺清玉であり、織田信長は清玉に全国を勧進させている。(20)

東大寺と法然廟堂知恩院とは、密接な関係が近世まで存続している。参考までに紹介すると、近世の『円光大師（法然）御遺跡廿五箇所案内記』では、重源の遺跡である東大寺龍松院は第十一番の札所となっている。(21)

第十一番　奈良大仏影堂　龍松院
此いんハもと大仏のくわんじんしよ《勧進所》。しゆんしやう《俊乗》房てうげん《重源》の開基にて、則影堂あり。ぜんどう《善導》大師の像、元祖大師りうそう《立像》の画像ましまず。大仏殿開眼供養御せつぽう《説法》もんだう《問答》のこと、語燈の録御伝本にくわしく書きいださる。御詠歌に、
　さへられぬ　光りもあるをおしなへて　へだてかほなる朝霞かな
此の御ゑいかハ、春の題にて、光明遍照のもんを詠給ふ。

註

（1）『山槐記』文治元年八月二十八日条。小原仁『中世貴族社会と仏教』第三部第二章「大仏開眼会と後白河院政」（吉川弘文館、二〇〇七年）。

（2）『国宝南大門仁王像尊像修理記念　東大寺展』図録（東大寺、一九九一年）。『大仏開眼一二五〇年　東大寺のすべて』目録（朝日新聞社、二〇〇二年）。堀池春峰「重源上人と南大門仁王像の造顕」（『南都佛教』六五号、一九九一年。のち、同『南都仏教史の研究　遺芳篇』収録、法藏館、二〇〇四年）。

（3）日本古典文学大系『徒然草』二二二段、二六九〜二七〇頁。

（4）「東大寺衆徒参詣伊勢大神宮記」、『南無阿弥陀仏作善集』。御遠忌八百年記念特別展『大勧進重源』図録（奈良国立博物館、二〇〇六年）の図版解説。
（5）「源頼朝書状　三条西実隆極書」。黒川高明編著『源頼朝文書の研究　史料篇』（吉川弘文館、一九八八年）二七八頁。堀池春峰監修『東大寺文書を読む』（思文閣出版、二〇〇一年）二八頁。
（6）元久二年（一二〇五）十二月付「重源上人勧進状」。前掲註（5）堀池春峰監修『東大寺文書を読む』三〇頁。重源は熱烈な法華持経者であったのであり、持経者の置かれている東大寺において、新たに童男に暗誦させる理由を次のように語っている。

兼又、自本所暗誦スル持経者ヲ乍置、新ニ児童ヲ限ル本意者、菩薩ニ十住アリ、第八ヲ童真住ト名ク（童真清浄、不犯の功徳）、是則、無染無欲ニ依テ名利ニ不汗、愛欲ニモ不被犯、無相無着ニ法花ヲ誦セムヨト、童男ノ清浄ニハ不可如、仍新ニ不勧者、争此願ヲ果乎、

（7）『玉葉』は九条家本（宮内庁書陵部所蔵）を訓読した。
（8）今堀太逸『権者の化現』第一部「天神――日本国の災害と道真の霊――」（思文閣出版、二〇〇六年）および、同「古代・中世の災害観と信仰」（『三・一一社会と人間に問われるもの――東日本大震災シンポジゥム――』、佛教大学総合研究所、二〇一三年）参照。
（9）石田尚豊「重源と法然」（『日本仏教』四、一九五九年。のち、同『日本美術史論集』収録、中央公論美術出版、一九八八年）。重源の勧進の思想については、原田正俊「重源・鑁阿と勧進の思想」（伊藤唯真編『日本仏教の形成と展開』、法藏館、二〇〇二年）に研究史が整理されている。
（10）黒川高明編著『源頼朝文書の研究　史料篇』（前掲註（5））二七七頁。
（11）以下、引用は大橋俊雄校注『選択本願念仏集』（岩波文庫）による。
（12）田村圓澄『法然』（人物叢書、吉川弘文館、一九五九年）一三七頁。
（13）日本古典文学大系『愚管抄』二九四頁以下。
（14）『玉桂寺阿弥陀如来立像胎内文書調査報告書』（玉桂寺、一九八一年）。
（15）伊藤唯真『聖仏教史の研究　上』第四篇「念仏聖教団の様相」（『伊藤唯真著作集Ⅰ』、法藏館、一九九五年）参照。

(16) 今堀太逸『本地垂迹信仰と念仏』第四章「法然上人『伝法絵流通』と関東」(法藏館、一九九九年)参照。
(17) 高橋正隆『鎌倉新仏教管見』(文華堂書店、一九七七年)七〇頁以下参照。
(18) 『雍州府志　上』(岩波文庫)二三二頁。
(19) 前掲註(16)。
(20) 本書第Ⅲ部第一章第三節「浩誉聡補と信長・家康」参照。
(21) 『浄土宗典籍研究　資料篇』(藤堂恭俊博士古稀記念会、一九八八年)三三二頁。

第二章　一向宗の聖人二人

――黒谷源空聖人と愚禿親鸞――

はじめに

法然の門下において、特定の人物を派祖と仰ぎ、その門流の正統性が強調され、念仏を布教するにあたって教義の違いが闡明となってくるのは、少なくとも十三世紀後半からである。このことは、法然門下の諸流の系譜が最初にまとめられるのが、実に法然滅後一六六年の永和四年（一三七八）、浄土宗西山派の静見が著した『法水分流記』であることからも推察できる。『法水分流記』では、親鸞の系統は大谷門徒と呼ばれ「一向宗と号す」と説明されている。本願寺以外では浄土宗のなかの一流派「一向宗」との意識が近世まで存続した(1)。

本章では、法然（源空）と親鸞の二人を大師聖人・祖師聖人として尊崇する「一向宗」が成立する経過をたどることにする。善知識親鸞に「文字のこころも知らず、あさましき愚痴きわまりない」（『一念多念文意』）と評された親鸞の同朋同行による各地での念仏勧進を論じる。死が身近にあった前近代においては、僧侶（善知識）の教化の言葉には力があり、その教えを信じぬくことで、老病死苦と向かい合いながらも安らかな死を迎えた人たちがいたことを、布教活動より窺うことにする。

第一節　親鸞と源空聖人

一　親鸞と勧進

承元元年（一二〇七）一月、専修念仏停止の院宣がくだると、法然とその門弟は捕らえられ処罰された。法然は四国流罪となり、三十五歳の親鸞も、俗名藤井善信となって越後国府に流された。のち『教行信証』後序に、「僧の儀を改め、姓名を賜り遠流に処せらる。ならばすでに僧に非ず、俗に非ず、これ故に禿の字を以て姓となす」と自ら記している。以後は非僧の立場を堅持し、書写の聖教類にも「愚禿釈親鸞」と署名した(2)。

「禿」とは、剃った頭の毛が伸びすぎているものとか、破壊無慙の人をいう。律令仏教の立場からは、無戒、肉食妻帯の僧を蔑称する言葉として使用された。高田門徒の所伝により親鸞の生涯をまとめた『高田開山親鸞聖人正統伝』第四に「去年流罪の節より、有髪禿の如くにてましませば、愚禿と名のりたまへり」との記載がある。関東滞在中の親鸞が俗人姿、すなわち長髪であった可能性が否定できないのである。

ところで、親鸞の関東移住については善光寺勧進聖説がある。法然の念仏を勧進するために善光寺勧進聖となって関東に入ったというのである。親鸞の関東での最初の足跡は、上野国と武蔵国の国境である佐貫での衆生利益のための「浄土三部経」千部読誦の発願である。妻恵信尼は親鸞が自力を反省して数日後に中止し、常陸に赴いたと伝えている（「恵信尼書状」）。この衆生利益とは当地域の人たちの鎮魂儀礼のための読誦を意味し、また善光寺勧進のためであったと考えられている。

また、親鸞在世中の肖像としては「鏡の御影」（七十歳頃）と建長七年（一二五五）八十三歳の親鸞を法眼朝円が描いた「安城の御影」が伝来する（西本願寺蔵）。「安城の御影」は両手で念数を執った親鸞が、上畳に狸皮の敷物を敷いて坐す日常の姿を描いたもので、文和三年（一三五四）には三河国安城の照空房が相伝所持していた。前に桑木の火桶、猫皮の草履、桑木の鹿杖の小道具が描かれているのが特色である。親鸞が俗人の風俗である茜根裏の下着を着けていて、旅の道具が描かれていることより、各地を遊行して歩く念仏聖親鸞を描いたものと解説されている。(3)

二　勧進と絵解き――『伝法絵流通』――

浄土宗の念仏は、法然の生涯と教えを描いた絵画を見せながら、絵画中の経文や説明文、詞書を聴衆に読み聞かせ、ときには解説するという「絵解《えと》き」とよばれる視聴覚伝道により弘められた。絵解きは、信者獲得に大きな効果を発揮し、使用された絵伝が各地の浄土宗や浄土真宗の寺院に伝来する。その最も古い絵伝が、関東布教のために制作された『伝法絵流通』である。書名の「流通」には教えを伝え弘めるとの意味があり、転写され、「掛幅絵伝」に仕立てられたものが各地に伝来する。

◇久留米善導寺所蔵『伝法絵流通』（略称『善導寺本』）

嘉禎三年（一二三七）に願主躭空《たんくう》が鎌倉八幡宮本社周辺において詞書を執筆した旨の記載がある。もと二巻仕立てのものを、四巻仕立てにした室町後期の写本である。絵図中に詞書を説明文のように配置し、躭空は奥書に「この絵画を披見し、その詞を説くものは阿弥陀三尊を礼拝し、『無量寿経』の文を読むべし」と記している。法然の尊称は「上人」。

◇**『法然上人伝法絵　下』（『国華本』）**

鎌倉後期の写本で上下巻の下巻のみの残闕本。『善導寺本』の第三・四巻にあたり、同じく絵図中に詞書を説明文のように配置し、本文中に「……是也《これなり》」との絵を指示する詞が散見する。法然の尊称は「聖人」。

『伝法絵流通』では、法然の生涯の出来事として強調したいことについては、みる者に強く印象に残るように、さまざまな工夫や演出がなされている。通常の絵巻物では、詞書が書かれ、それに対応する絵画が描かれている。『伝法絵流通』では絵画の上段や下段に詞書があったり、絵画だけ、詞書（文章）だけの段がある。ときには、絵画が連続したり、絵画のなかに絵を説明する書き入れや、経文の引用があったりもする。

なかでも、法然が天台宗（山門）の僧侶であり、その念仏も慈覚大師（円仁）の念仏を継承した天台宗の正統な念仏である。法然は念仏による王法の興隆を願って天皇や公家・女院に戒を授け、念仏往生の教えを説いた。決して顕密の諸宗から仏法と王法を破滅にみちびく破戒の指導者として訴えられるような異端の念仏者ではないということが、くり返し強調されている。また、大原談義（問答）・東大寺大仏殿説法・室泊の遊女結縁・塩飽島の地頭の帰依・勝尾寺滞在など、法然の生涯の出来事として著名な話のほとんどの文献上の初見が『伝法絵流通』なのである。

ところで、『善導寺本』『国華本』の病床御物語の図と御往生の図では、信空・隆寛・聖覚と、弟子たち（勢観房源智・親守大和守見仏（入道）・右京権大夫隆信沙弥戒心（盛）・空阿）とを明確に区別している。この絵画からは随侍の弟子は信空、法然の同門が権律師隆寛、法然・信空・隆寛のよき理解者として安居院聖覚が描かれている。また、弟子たちがいかにも年の若い青年僧として描かれている。

この絵画の説明としては、隆寛に学び信空の弟子となった信瑞が、その著書『明義進行集』（第三「第七安居院法印聖覚」）において、「法然は我が後に念仏往生の義すぐにいわむとする人は聖覚と隆寛なり」と述べて、正しい継承者だとすることや、親鸞が東国の門弟たちのために聖覚の『唯信鈔』や隆寛の『自力他力事』『一念多念分別事』を書写し、注釈を加えて尊重していたことと一致する。

三　『西方指南抄』と『伝法絵流通』

『西方指南抄』は、当時流布していた法然の法語・消息・行状などを三巻六冊に編纂したものである。親鸞が康元元年（一二五六）から翌正嘉元年（一二五七）に書写した自筆本が高田専修寺（三重県津市）に伝来する（法然の尊称は「聖人」）。その本末（七）に「聖人の御事諸人夢記」（「諸人夢記」）が収録されている。

「聖人の御事諸人夢記」には、『伝法絵流通』の「兼日に往生の告をこうむる人々」に名前が列挙されている人たちへの法然の夢告だけではなく、『伝法絵流通』に登場しない夢告も含めて詳しく紹介されている。そのうち、女性への夢告は次の四点である。

（1）三条小川に住む陪従信賢の後家尼のもとの少女

（建暦二年一月）二十四日の夜、ことに心を澄まし高声念仏しているのを乗願房という聖が耳にした。夜が明けて少女は乗願房に「法然聖人は今日二十五日、かならず往生される」と語ったので、そのことを、どうして知ったのかと尋ねた。今宵の夢に、聖人のもとに参ると「我は明日往生する、もし今宵汝が来なかったら、我を見ることができなかった、よく来た」と述べられた。少女が「我が身に痛み思う事がある。我いかにしてか往生し侍り」と問うと、聖人は「まづ出家してながく世間の事を捨て、静かなところで一向に後世のつとめをいたすべし」と教えた。今日午時に聖人が往生されたのは、夢にかなうことであると申した。

＊『善導寺本』（【善】）、『国華本』（【国】）記載の人名と比較してみると、【善】「陪従信賢」【国】「三條小川倍《ママ》従信賢」である。

（2）白河の准后宮のそばに仕える三河という女房

二十四日の夜、聖人のもとに参り拝むと、四壁に錦の帳をひき、色さまざまにあざやかなうえに、光があり煙がたち満ちていた。よくよく見ると、煙ではなく紫雲というものかと不思議に思い、聖人が往生されたのかと思ううちに夢からさめた。夜が明けて僧順西に語ると、今日午時に聖人が往生されたことを告げられた。

＊【善】「白川准后宮」【国】「白河准后宮女房」

（3）鎌倉出身の尼来阿弥陀仏

（記事は省略。【善】【国】には記載なし）

（4）尼念阿弥陀仏

二十三日卯時の夢。晴れた空の西方を見ると白い光があり、扇のように末が広く元が狭かったのが大きくなり虚空に満ちた。光の中に紫雲があり、光ある雲と同じく東山大谷の方にあった。大谷に参じた多くの人々がこれを拝んだ。これはいかなる光かと問うと、ある人が法然聖人が往生されたのだと申したので拝んだ。人のなかには「世に香ばしきかな」と語る人もいると思ううちに夢からさめた。

＊【善】「尼念阿弥陀仏」【国】「鎌倉尼念阿弥陀仏」

『善導寺本』『国華本』と「諸人夢記」の人名表記とを比べると、『国華本』とのみ一致するものがあり、かなり親密な関係にあることが明らかとなる。『伝法絵流通』は親鸞の関東の門流において絵解きされていて、『西方指南抄』収録の「諸人夢記」は、本末（六）「法然聖人臨終行儀」とともに、法然絵伝の「老病と臨終」の場面を絵解きする際の指南書であることがわかる(4)。

四　『尊号真像銘文』

周知のように、親鸞は阿弥陀仏の木像や画像ではなく名号を本尊としていた。門弟たちには、主に十字の名号本尊「帰命尽十方無碍光如来」を蓮台の上に書き、その上・下に経論や経釈を書いて与えた。門弟たちはそれに加えて、善導や法然らの祖師先徳像をも本尊としていた。それらにも讃銘が書かれていて、親鸞が門弟の求めで、これら本尊の解説をしたのが『尊号真像銘文』である。正嘉二年（一二五八）八十六歳のときの書写本を紹介したい。

◇「日本源空聖人真影」

建暦壬申（一二一二年）三月一日の四明山権律師劉官（隆寛）の讃がある。四明山とは比叡山の別称で、三月一日は法然の五七日にあたる。『伝法絵流通』において隆寛が供養導師をつとめたとすることより、そのときの表白とされる。

◇**「比叡山延暦寺宝幢院黒谷源空聖人真像」**

『選択本願念仏集』を引く。この法然の真像銘よりしても、親鸞が法然を天台僧として門弟に説明していたことがわかる。

◇**「法印聖覚和尚の銘文」**

この銘文は、親鸞が文暦二年（一二三五）六十三歳のとき書写した『唯信鈔』の奥に、隆信入道（戒心）と大和入道（見仏）が法然の面前で、報恩謝徳の仏事を修したとき導師をつとめた聖覚の表白文と記されている。戒心と見仏は『伝法絵流通』で法然門下として強調される念仏者である。筆者は、親鸞が流罪以前には『伝法絵流通』に登場する山門出身の法然門下と親しい交流があったと推察している。

◇**「和朝愚禿釈親鸞『正信偈』文」**

解説で親鸞は「信心を浄土宗の正意としるべき也。このこころを得つれば、他力には義のなきをもて義とすと、本師聖人の仰せごとなり」と述べている。

この『尊号真像銘文』では、聖覚が法然から聞いた言葉により、法然の念仏が説示されている。

・「聖覚和尚のたまわく、わが浄土宗は弥陀の本願の実報土の正因として、乃至十声・一声称念すれば、無上菩提にいたるとおしえたまふ」

・「聖覚和尚は、聖人をわが大師聖人とあおぎたのみたまふ御ことばなり。（中略）源空聖人は釈迦如来の御つかいとして、念仏の一門をひろめたまふとしるべし」といった具合にである。濁世の富楼那、天下の大導師・名人といわれた説法唱導の大家である聖覚は、関東（鎌倉幕府）との関係にも深いものがあり、二階堂行盛の北条政子追善のための造寺供養の導師をつとめている（『吾妻鏡』）。法然の念仏を勧進するのには、藤原通憲の孫、澄憲の子という名門出身の天台の学僧聖覚の唱導をもって語るのが最も効果的な方法であった。

第二節　浄土宗の布教と「本地垂迹」信仰

一　善導は弥陀の化現──『選択集』──

仏教に縁のない日本の衆生に仏法を説明するのが「本地垂迹」信仰である。本地とはインドの仏菩薩で、垂迹というのは日本の神であったり、人物であったりする。神々の場合では、何々大明神の本地はこれこれの菩薩であり、人物の場合は、聖徳太子が救世観音の化身であったり、菅原道真が十一面観音の化身といわれて、それぞれ「権者の化現」（仏菩薩が衆生を救うために、仮に姿を現したもの）という言い方がされた。

「本地」「垂迹」の語は平安仏教でも使用されていたが、「本地垂迹」とセットで文献上に登場するのは、管見の限り十三世紀、鎌倉期からである。(5)「本地垂迹」説とは、布教者が「自分は仏菩薩に代わり、衆生を救済するために教えを説いているのだ」ということを、仏教に縁のなかった民衆に説明する必要から創出された論理でもあった。

法然も『選択本願念仏集』（以下、『選択集』）の第十六章において使用している。中国には「善導は是れ弥陀の化身なり」との相伝があることを紹介して、

静に以《おもんみ》れば、善導の『観経の疏』は、是れ西方の指南、行者の目足なり。然れば則ち、西方の行人、必ず須く珍敬すべし。就中、毎夜夢中に僧有って玄義を指授す。僧は恐らくは是れ弥陀の応現ならん。爾らば謂うべし、此の『疏』は是れ弥陀の伝説なりと。何に況んや、大唐に相伝えて云く。善導は是れ弥陀の化身なりと。爾らば謂うべし、又此の文は、是れ弥陀の直説なりと。既に写さんと欲する者は、一《もつぱ》ら経法の如くせよと云えり。

と述べて、善導の『観経疏』が弥陀の直説であり、西方指南の書であることを明らかにする。その上で、

此の言は誠なるかな。仰いで本地を討ぬれば、四十八願の法王なり。十劫正覚の唱え、念仏に憑有り。俯して垂迹を訪えば、専修念仏の導師なり。三昧正受の語は、往生に疑いなし。本迹異なると雖も化導これ一なり。

との結論を導いている。すなわち、法然は「本地」である阿弥陀仏が「垂迹」である善導大師として中国に示現したのだと語るのである。

二　法然は勢至菩薩の垂迹――『伝法絵流通』と『和讃』――

法然門下の勧進活動の展開するなかで、絵伝の形式で祖師法然の生涯が語られた。したがって、その生涯は浄土

宗の布教活動のなかで創作された可能性が否定できないのであるが、救済者としての生涯を描くのに「本地垂迹」信仰が使用されている。『善導寺本』より抄出してみる。

（1）第五十一図「病床御物語」

莚畳の上に法然、その背後に一人、外に三人の僧、それと向かいあう四名の僧と少し離れて尼を描き、絵画上方に次のような説明文がある。

仁和寺に侍りける尼、上人の往生の夢に驚きて参じ侍りける。病床のむしろに、人々問いたてまつりける。御往生の実否は如何と。答て云く、我本、天竺国に在しとき、衆僧に交りて頭陀を行じき。今日本にして天台宗に入てかゝる事にあえり。抑、今度の往生は一切衆生結縁のためなり。我本居せしところなれば、たゞ人を引接せんと思う。

『源空聖人私日記』にもみえ、諸伝は共通して、法然の今度の往生は一切衆生の結縁のためであること。法然は極楽の住人であり、また天竺の人であったが、人々を念仏往生により救済するために化現した。日本では天台宗に入り、往生を迎えることになったと説明する。法然は天台宗の僧侶であっても、権者であるので、帰依者は天台教団には束縛されない浄土宗の祖師（宗祖）として崇敬できるのである。

（2）法然は八幡宮、釈迦・弥陀と一体

建暦二年（一二一二）一月十三日、別当入道の孫（実名不知とする）が、上人の御葬送が清水寺の塔に入ったのを夢に見た。また、その一両日あとに、葬送に会することができなかったことは遺憾なことであるので、御葬の地へ出かけよとの夢をみた。別当入道の孫が葬地に出かけると、八幡宮の戸が開くように思われたので「八幡宮の御体也」というと、隣人はこれこそ「上人の御体」だと申したという。(6)

（3）法然の本地は勢至菩薩

建保四年（一二一六）四月二十六日に三井僧正公胤は法然の夢をみた。夢の中で、法然は公胤に、

源空の孝養のために公胤よく説法をす。感語尽くすへからす、臨終に先す迎接せん。源空の本地身は大勢至菩薩。衆生を化せんかための故に、此界に度たひ来るなり（原漢文）。

と告げたという（第五十五図「公胤夢告」）。公胤はその年の閏六月二十日、紫雲たなびくなか念仏往生をとげたのであった（第五十六図「公胤往生紫雲たなびく図」）。親鸞も善導と法然を語るのに「本地垂迹」説によっている。(7)

第三節　東国門弟と念仏勧進

一　善知識（親鸞）の消息集

親鸞を門弟たちが我らの善知識として記憶し、記録しておこうと編纂したのが、親鸞の消息集である。(8)

◇善性本『御消息集』

親鸞の消息六通と蓮位の添状一通の計七通を収録する。善性は下総飯沼の人で、その成立は正嘉二年（一二五八）の頃ともいわれ、もっとも早く編纂された。高田専修寺に顕智所持本が伝来する。

第一通は下野高田の慶信への消息である。慶信が自分の念仏信心を書き、親鸞に批判を求めた。その手紙の字句を削除・訂正・加筆修正し、返送したものである。第三通の蓮位消息がその添状である。蓮位は帰洛後親鸞に随待していた門弟である。親鸞は咳病を患っていて、蓮位に「かく入れよ」と命じたが、「御自筆はつよき証拠」であると親鸞にお願いしたと述べている。

第二通は高田の浄信の「こまかに仰せを蒙り給りたい」との質問に対する返答である。他力とは義なき義のことであるとの「大師聖人《(法然)》の仰せ」を書いている。第七通は真仏門下の専信の質問とその返答である。質問には直接答えず、本願他力とは自力のはからいを些かもまじえないことだと教え、「他力と申すは、行者のはからいの塵ばかりもいらぬなり。かるがゆへに義なき義とすと申すなり。このほかにまた申すべきことなし。ただ仏にまかせ給へと、大師聖人のみことばにて候へ」と記している。

◇『親鸞聖人御消息集』

消息十八通を収める。鎌倉時代末期の古写本が愛知県桑子妙源寺に伝来する。常陸・下野の門弟に与えたものが多く、上限が建長四年（一二五二）、下限が正嘉元年（一二五七）頃のものである。親鸞の子慈信房善鸞が東国に下向すると、門弟たちとのあいだで対立が生まれ、親鸞が我が子善鸞を義絶するにいたる経過と、親鸞帰洛後の関東における念仏勧進と親鸞一家の経済的基盤を研究する上で、注目されてきた。

十八通の消息のなか、目を引くのが関東の門弟が念仏の疑義を質問する際に、親鸞に銭を送っていることである。一例をあげると、第八通「教忍御坊御返事」には、

護念坊のたよりに、教忍御坊より銭二百文、御こゝろざしのもの、たまはりてさふらふ。さきに念仏のすゝめのもの、かたがたの御なかよりとて、たしかにたまはりて候き。人々によろこび申させ給べく候。この御返事にて、おなじ御こころに申させ給べくさふらふ。

と「こころざしのもの（懇志）」「念仏のすすめのもの」に対してのお礼を冒頭で丁重に述べている。教忍の疑義については「この御たづね候事は、まことによき御うたがひどもにて候べし」と質問の的確なことを誉めている。そして、一念多念につき、

「まづ一念にて、往生の業因はたれりと申候は、まことに、さるべき事にて候べし。さればとて、一念のほかに念仏をまふす事には候はず。そのやうは唯信鈔にくはしく候」
「多念をせんは、往生すまじきと申事は、ゆめ〳〵あるまじき事也。唯信鈔をよく〳〵御覧候べし」
「阿弥陀如来の選択本願念仏は、有念の義にもあらず、無念の義にもあらずと申候也」

などと教示している。

親鸞の消息集をよく読むと、門弟の質問も、親鸞の返答も、念仏を人々に勧進する際の疑義にたいするものが多いのに気づく。門弟たちが自身の信心を深めるのも、念仏勧進のためであった。

平松令三氏はこの「念仏のすすめのもの」を、念仏勧進による聖の得分と理解することで、親鸞への上納は上級聖の得分に相当するものではないかと推察する[9]。ともあれ、帰洛後の親鸞一家の生活は、善知識としての念仏信心の指導にたいする門弟の懇志と、その門弟の念仏勧進に依存したものであったことは確かなことである。

親鸞の著述や消息にみられる師法然（聖人源空）にたいする態度や、関東の門弟宛の消息における、

先にくだしまいらせ候し、唯信鈔、自力他力などの文にて御覧候べし。それこそ、この世にとりては、よき人々にておはします。すでに往生もしておはします人々にて候ば、その文どもに書かれて候には、何事もなにごともすぐべくも候ず。法然聖人の御をしへを、よくよく御心得たる人々にておはしますに候き。さればこそ、往生もめでたくしておはしまし候へ（『親鸞聖人御消息集』第三通）。

といった聖覚・隆寛という先学の著述への信頼は、『伝法絵流通』と実によく一致するのである。
親鸞は門弟に念仏を勧めるにあたって、自身の信心においては、法然の「言葉」が念仏信心のすべてである。「ただ念仏して弥陀に救けまひらすべしと、よき人の仰せをかふりて信ずるほかに、別の子細なきなり」と語っている。そして、

阿弥陀仏の本願が真実ならば、釈迦の教えが嘘であるはずはない。釈迦の教えがまことであるなら善導の釈もまことである。善導の釈がまことなら法然の言葉もまことなので、親鸞の申すことにも誤りはないとして、念仏をすすめた（『歎異抄』。現代語訳）。

親鸞は自らは愚禿と称したが、師である法然については、大師「聖人」とか本師「聖人」と、上人ではなく「聖人」と尊称するとともに、黒谷の聖人、すなわち山門僧として門弟に教えていた。親鸞が東国の門弟たちに語った法然の生涯と念仏は、『伝法絵流通』にもとづいたものであったと考えてよいと思う。

二　祖師伝（『法然聖人絵』）の成立

関東の御家人に念仏を勧めていたのは親鸞の門弟たちである。正応四年（一二九一）には、北条得宗家の内管領平頼綱の助成により『教行信証』が開版されている。しかし、最古の注釈書である存覚の『六要鈔』の延文五年（一三六〇）の奥書によると、門弟には難解であり、その内容も理解されていなかった。ましてや、布教活動に使用されることはなかった。

関東の親鸞門流において、親鸞没後しばらくは、法然の念仏は慈覚大師の念仏を相承した山門の念仏として勧進されていた。それが、善知識（念仏の指導者）を中心に各地に道場が設立されて、教化活動が活発に展開されると、天台宗や真言宗と競合する「浄土宗」が組織されてくる。法然と帰依者との問答形式が採用されて、祖師法然の言葉を重んじる教化活動が展開されるようになるのである。この背景には『西方指南抄』や醍醐寺三宝院所蔵の『法然上人伝記』（『醍醐本』）、『黒谷上人語燈録』など、法然の法語・遺文が編集されたことがある。

法然の法語・遺文により創作された、法然と帰依者との問答が掲載される最初の伝記が、『法然上人伝法絵　下巻』（『高田本』）である。高田専修寺には顕智が永仁四年（一二九六）に書写した詞書だけの下巻が伝来する。『国華本』系統の『伝法絵流通』が底本となっていることはかつて指摘した[10]。

『高田本』においては、法然が流罪の道すがら自ら人びとに語りかけていること、高弟として信空のみをことさら強調すること、聖覚の勝尾寺での唱導が法然の在家の人たちへの念仏教化を高く評価する内容となっていること、そして法然の臨終往生の段では、

浄土の宗義につきて凡夫直往の往路をしめし、選択本願をあらはして、念仏の行者の亀鏡にそなふ。余恩没後にあたりていよいよさかりに、遺徳在世にひとしく変ずる事なし。

と讃歎することなどが、特筆すべきことである。

親鸞門流における法然伝の展開からも、法然を我が朝の念仏の祖師とする「浄土宗」が成立する経過を窺うこと

ができる。

親鸞門流の祖師伝として制作されたのが『高田本』の影響下に成立した『法然聖人絵』である。この絵巻は、南北朝の頃に本願寺に出入りしていた弘願が所持者であったことから『弘願本』とよばれている。『伝法絵流通』と共通の序文の後に、

末法ひさしくなりぬれば、顕教もさとる人なく密教もまれなり。これによりて上人さとりやすき念仏をひろめて、衆生を利益せんかために、この浄土宗を建立し給へり。

という。

法然の浄土宗の特色を、伝教大師が桓武天皇の力で比叡山に登り興したのが天台宗、弘法大師が嵯峨天皇の力で東寺を賜り高尾・高野山を開いたのが真言宗、この念仏宗（浄土宗）は一向に九条殿（兼実）のはからいで法然が建立（開宗）したものだとする。兼実の法然への助力については、第一番に後白河法皇が諸宗の碩学に『往生要集』を読ませたさいの推挙をあげる。法然の講義に感嘆した法皇は藤原隆信に法然の真影を写させ、蓮華王院の宝蔵に納めたという。『選択集』が九条殿の勧進でできたこと、また遠流にさいしても兼実は土佐に代官を派遣して所領のあった讃岐に上人を置いたこと、法然の帰洛は兼実病悩の善知識となるためであったが、勝尾寺滞在中に亡くなったので、そのまま逗留したと述べている。

浄土宗の祖師として法然の生涯を語るのに、その誕生についても祖師にふさわしい奇異の瑞相があり、権化の再誕であることが説かれるようになる。『弘願本』では、法然の両親が子供のないことを愁え、夫妻は心を一つにし

て仏神に祈り、ことに観音に申して孕むことができた。母は苦痛もなく出産したが、そのときには空より幡二流が降り下った。その子供は四、五歳にもなると成人のようで、ややもすれば西に向かうくせがあったと記載する。

第四節　「祖師聖人（親鸞）」の成立

一　『善信聖人絵』の成立——親鸞「上人」と親鸞「聖人」——

覚如は永仁三年（一二九五）に『善信聖人絵』を制作し、法然から嘱目された高弟としての親鸞の生涯を記し、法然の真意を伝承する親鸞の正統な法統が親鸞の大谷廟堂にあることを説いた。そして、延慶二年（一三〇九）大谷廟堂の留守職に就任すると、廟堂を寺院化して教団の中心に位置づけようと計画する。そして、法然から親鸞、親鸞から嫡孫である如信（善鸞の子）を経て覚如に、浄土真宗の法統が継承されているとの三代伝持の血脈相承を主張した。

覚如は、親鸞を祖師として神聖化していくさいに、本地垂迹をとくに強調する。それを体系的に展開しているのが『善信聖人絵』（図1・2）である。

◇『琳阿本』上巻第三段「六角夢想」

善信（親鸞）が建仁三年（一二〇三）に六角堂へ参籠して、救世菩薩、つまり聖徳太子の本地が夢告に現れたことが書かれている。その後で編纂者（覚如）は「つら〳〵、この記録を披てかの夢想を案ずるに、ひとへに真宗繁

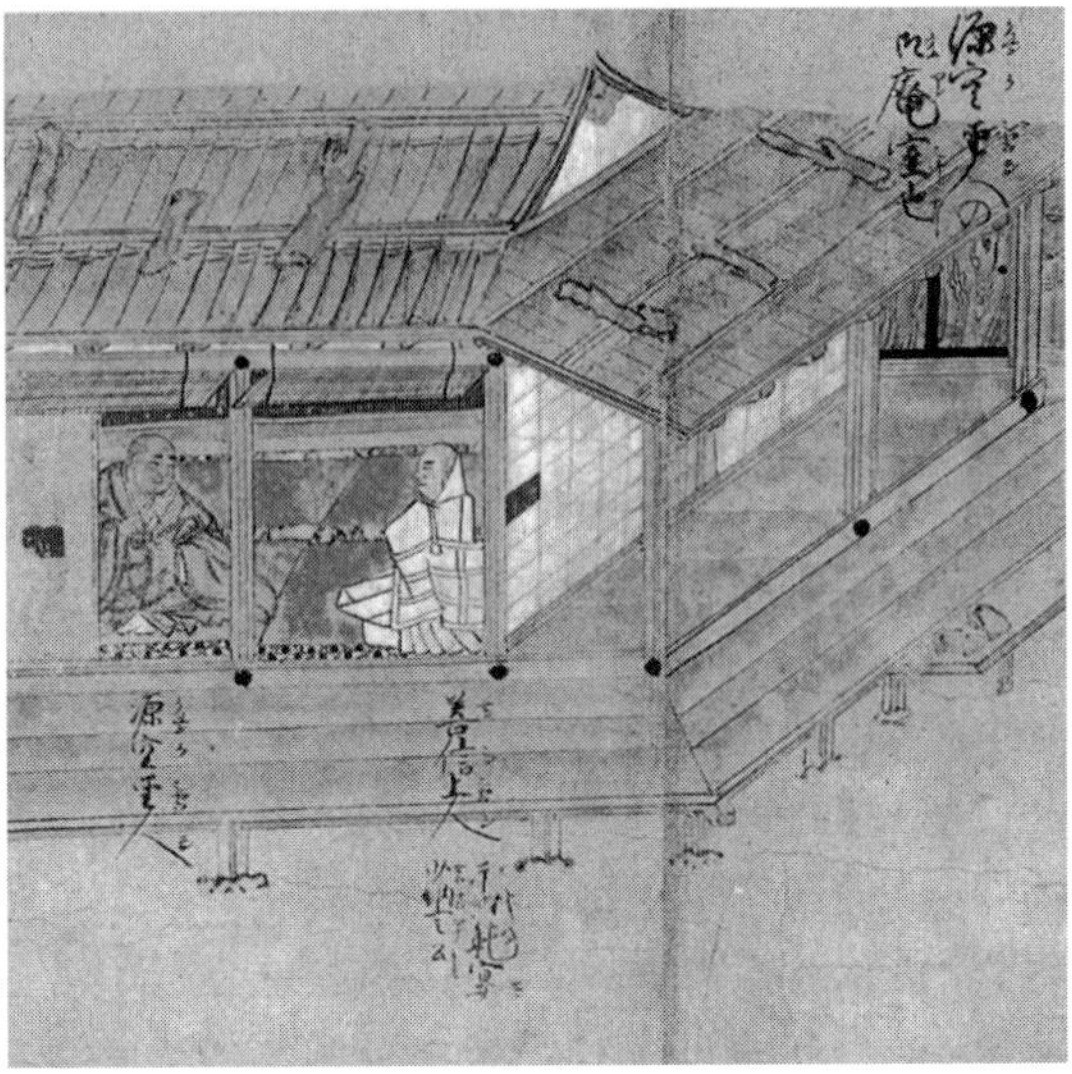

図１　吉水入室（『善信聖人親鸞伝絵』〈高田本〉三重・専修寺所蔵）

親鸞29歳の春、法然の房を訪れ、その門下に入る。源空「聖人」、善信「上人」との書き入れに注目。

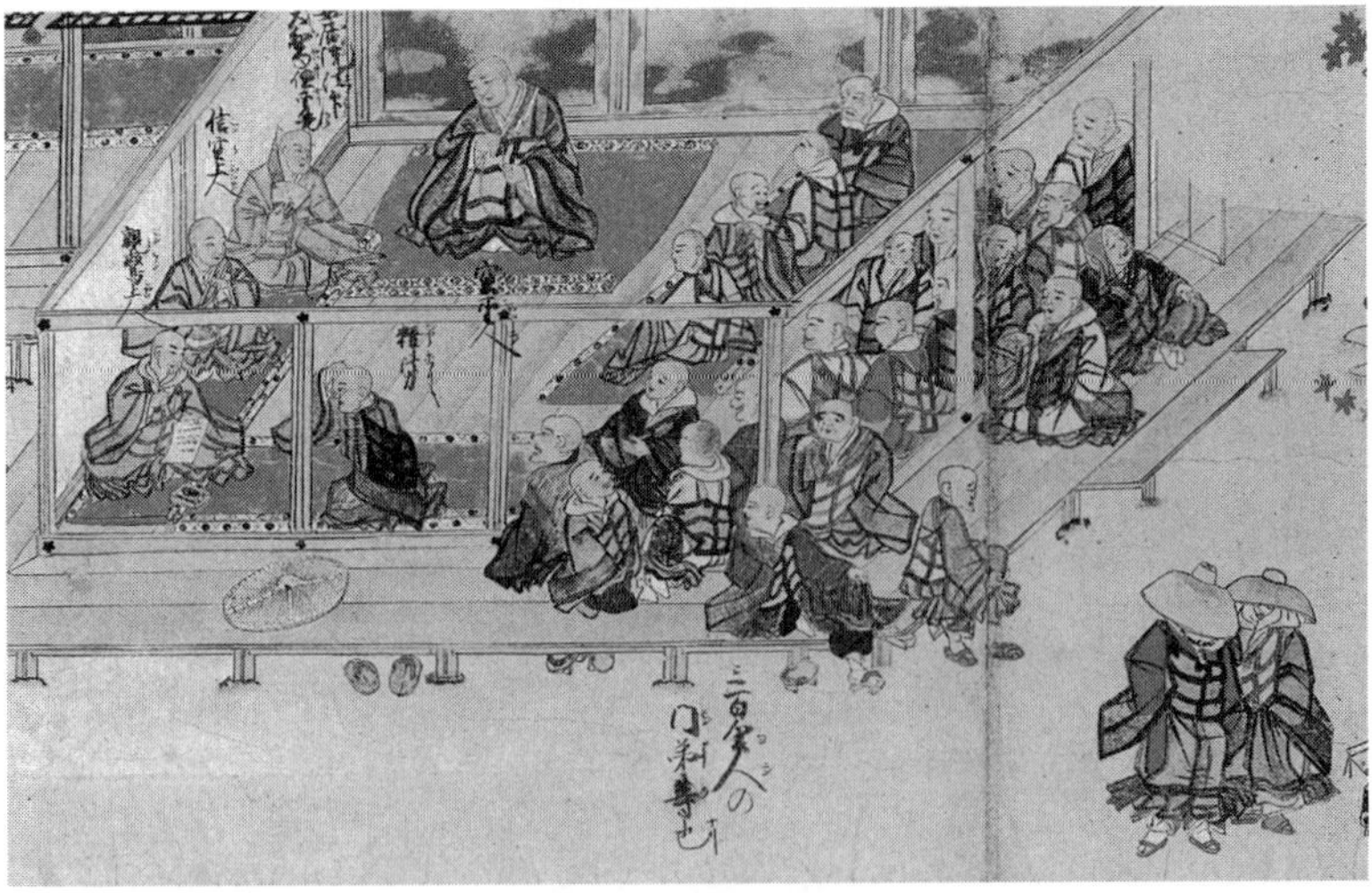

図２　信行両座（同上）

親鸞33歳の頃、法然が「信不退」「行不退」どちらに重きをおくかと一同に尋ねた。親鸞は「信不退」についた。空「聖人」、信空「上人」、親鸞「上人」と記載。

昌の奇瑞、念仏弘興の表示也」と解説する。そして、親鸞が後に語ったこととして、

仏教むかし西天より興りて、経論いま東土に伝る。是《これ》ひとえに上宮太子の広徳、山よりも高く、海よりも深し。我が朝欽明天皇の御宇に、是をわたされしによりて、すなはち浄土の正依経論等、このときに来至《らいし》す。儲君（聖徳太子）もし厚恩をほどこしたまわずは、凡愚いかでか弘誓にあふことを得ん。

と書いている。儲君（皇太子）、つまり聖徳太子が浄土教の経典を伝えてくれたから、阿弥陀仏の本願に会うことができるというのである。そして、

救世菩薩はすなはち儲君の本地なれば、垂迹興法の願をあらはさんがために、本地の尊容をしめすところなり。

次に法然（源空）を「そもそもまた大師聖人（法然）も流刑に処せられたまはずば、我れまた配所におもむかんや。もしわれ配所に赴むかずんば、何によりてか辺鄙の群類を化せん。これなを師教の恩地なり」と登場させる。そして、

大師聖人すなはち勢至の化身、太子また観音の垂迹なり。このゆへに、われ二菩薩の引導に順じて、如来の本願をひろむるにあり。真宗これによりて興じ、念仏これによりて煽《さかん》なり。これしかしながら聖者の教誨によりて、更に愚昧の今案をかまへず。彼二大師の重願、たゞ一仏名を専念するにたれり。今の行者、錯《あやま》りて脇士に仕ふることなかれ。直に本仏を仰ぐべしと云々。（傍線は筆者、以下同）

と言って本地垂迹を説くのである。

結論として「故に、上人（親鸞）、傍に皇太子を崇たまふ。けだしこれ仏法弘通の浩なる恩を謝せんがためなり」と、聖徳太子をなぜ崇めるのかという理由を、親鸞に語らせるのである。

◇『琳阿本』下巻第二段「稲田興法」

聖人（親鸞）越後国より常陸国に越て、笠間郡稲田の郷と云所に、隠居し給ふ。幽栖を占むといえども道俗跡をたずぬ。蓬戸を閉ずといえども貴賤衢《ちまた》に溢る。仏法弘通の本懐こゝに成就し、衆生利益の宿念たちまちに満足す。この時、聖人仰せられて云く、「救世菩薩の告命をうけし往夢、すでに今と符合せり」。

ここで、六角堂の夢想と一致した親鸞の念仏教化の活動は、救世菩薩に告命を受けてのことだということになるわけである。以後親鸞も「聖人」と尊称されるので、聖徳太子が親鸞を「祖師聖人」にしたことになる。

覚如は永仁二年（一二九四）に『報恩講私記』を作った。その第三に、滅後の利益の徳を述べるとして、

祖師聖人（親鸞）は直也人（ただなるひと）にましまさず。すなはち是れ権化の再誕也。すでに弥陀如来の応現と称し、または曇鸞和尚の後身とも号す。皆これ夢の中に告を得て、幻前に瑞を視し故也。自ら名のりて親鸞と曰《い》う。

と書いている。阿弥陀如来から中国の曇鸞、道綽、善導などを経て、聖徳太子、法然、親鸞とつながる血脈に、自

分たちもつながっていることを解き明かすのである。

◇**『琳阿本』上巻第七段「入西鑑察」**（この段は『高田本』には見えない）

親鸞の弟子入西房が聖人（親鸞）の真影を写すことを許されて、絵師定禅が写した話である。定禅の昨夜の夢に貴僧二人が現れた。一人の僧がもう一人の聖僧（善光寺本願の御房）の真影を描くことを頼んだ。そのとき阿弥陀如来の化身の僧だと思ったが、いま入西に依頼されて写そうとしている僧（親鸞）は、昨夜の夢中の聖僧と少しも違うことがないので随喜し、顔ばかりを写したというのである。この夢想は仁治三年（一二四二）九月二十日夜のことであるとして、覚如は、

> この奇瑞を思うに、聖人（親鸞）すなはち弥陀如来の来現といふこと炳焉也。しかれば弘通し給ふ教行、おそらくは弥陀の直説と謂ふべし。

と記すのである。

◇**『康永本』「蓮位夢想」**

覚如七十四歳の康永二年（一三四三）に制作した『本願寺聖人伝絵』に登場する段である。

蓮位という親鸞の弟子が建長八年（一二五六）に見た夢として「聖徳太子、親鸞聖人を礼したてまつりましましてのたまはく、敬礼大慈阿弥陀仏、為妙教流通来生者、五濁悪時悪世界中、決定即得無上覚也」と、聖徳太子が親

鸞を阿弥陀仏として拝んだというのである。「しかれば、祖師聖人（親鸞）、弥陀如来の化身にてましますといふ事明なり」と結論づける。

ここに親鸞門流において、親鸞は阿弥陀仏の化現（垂迹＝権者の化現）であるとの祖師像が誕生するのである。[11]

二　『拾遺古徳伝』の制作

覚如が常陸の鹿島門徒の要請により、正安三年（一三〇一）に制作したのが『拾遺古徳伝』（以下、『古徳伝』）である。従来の研究では、親鸞の吉水入室・『選択集』相伝・真影画像ばかりが注目されている。が、それは法然の念仏を勧進するのに、親鸞の門流がいかにふさわしいかを説くためであり、覚如に依頼したのは血脈ならびに法脈ともに親鸞の直系である覚如が適任と考えられたためである。

『古徳伝』で重要なことは二点である。

（1）親鸞は越後流罪の勅免があったとき、ただちに帰京すべきであったが、法然が入洛の後まもなく往生した。今、都に帰っても仕方がないので、師の教えをひろめるために「東関の境、ここかしこに多の星霜をぞかさねた」こと（巻九）。

（2）上洛してからは、法然の中陰の追善供養に漏れたことを恨みとして、先師報恩謝徳のために「聖忌」を迎えるごとに「声明の宗匠を屈し、緇徒の禅襟をととのえて、月々四日四夜、礼讃念仏とりをこな」ったとの、弟子としての親鸞の行実である（右同）。

覚如が著した『善信聖人絵』は、親鸞を祖師聖人（阿弥陀仏の垂迹）として描こうとしていることもあり、関東の門弟たちにとって、とりわけ祖師は源空聖人、我々の善知識は親鸞（善信）であると教えられていた、親鸞面受の弟子の法系に連なる念仏者には納得できないものがあったのであろう。

『古徳伝』巻四の「大原問答」は、聖光門流で制作された『法然上人絵伝』（『琳阿本』）の展開と考えられ、詞書の分量もほぼ同じである。ただし、法然の尊称「上人」を「聖人」に書き替えた箇所がある。後世の写本はすべて「聖人」とする。

僧正（顕真）かねて所々の智者を招請しつゝ、勝林院の丈六堂に集会して聖人（法然）を屈請す。すなわち重源已下の弟子三十余人を相具してわたりにたまひぬ。上人（法然）の方には重源をはしめとして次第にいなかれたり。座主僧正の方にも諸宗の碩徳僧綱已下幷に大原の聖人等又着座す。

と、『古徳伝』においては、会場が顕真の自房である龍禅寺ではなくて、勝林院丈六堂となっている。また、法然が重源以下の弟子三十余人を相具し参列したとする。「彼れ是れ両方三百余人、二行に対座す」と述べて、法然とその弟子である重源らと、天台座主・諸宗の碩徳・僧綱や大原の聖人たちとの一大論争であったと伝えている。

覚如は法然の言葉を、

（その時聖人云く）、源空発心已後、聖道門の諸宗についてひろく出離の道を訪に、かれもかたくこれもかたし。これすなわち世澆季にをよひ、人痴鈍にして機教あひそむけるゆえなり。しからばすなわち有智・無智を論せず、持戒・破戒をきらはず、時機相応して順次に生死をはなるへき要法ハ、たた浄土の一門、念仏の一行なり。

と引用して、聖道門の諸宗の教えよりも、法然の浄土門、念仏一行の教えのいかにすぐれているのかを説明する。覚如が、

唐家には導《善導》和尚、和国には空聖人《法然》、それ浄土宗の元祖なり（巻六）。

と述べているように、浄土宗（法然）の念仏をより一層に勧進するために、親鸞門流にふさわしい浄土宗の祖師伝として『拾遺古徳伝』が制作されたのであった。

三　知恩講と報恩講

『知恩講私記』は先行研究においては、著者を隆寛と推定し、成立は法然上人滅後十年前後の頃としている。法然の廟堂で遺弟らが月忌に知恩講を修したときの講式で、初段から五段にかけて法然の五徳、諸宗通達・本願興行・専修正行・決定往生・滅後利益の徳が讃歎され、讃徳文の全段をとおして一種の法然伝になっている。

筆者は安貞二年（一二二八）の奥書は当時のものではなく、親鸞門流においては「伝法絵」系統の法然の伝記が展開していること、『知恩講私記』と『善導寺本』の関係の近いこと、また親鸞の『和讃』も「伝法絵」系統の法然の伝記を要約した可能性があることから、『知恩講私記』は『伝法絵流通』における法然の生涯を讃歎したものであるとの見方をしている。というのも『高田本』には、『善導寺本』を尊重しながらも『国華本』『西方指南抄』にもとづく記述がある。その影響を受けた記述を含めて『高田本』と『知恩講私記』は驚くほどに一致する文章がある(12)。

法然の真影を本尊として厳修する知恩講が、本願寺において蓮如の頃までは、『本願寺作法之次第』（五十三）に「蓮如上人の御代には、毎月二十五日（法然の命日）の勤めののちに知恩講式をあそはされ候き」と見えているし、室町期の古写本が真宗寺院に伝来することからわかる。

「知恩報恩」とは、三宝・国王、両親・衆生などの恩徳を知って、これに報いるとの仏教語である。菅原道真も願文において『法華経』は「知恩報恩において無量無辺の功徳がある」（『菅家文草』十二）と使っている。親鸞は『教行信証』において、「正信念仏偈」を作ったことを述べるのに、「知恩報徳のために、宗師の釈（曇鸞の『浄土論註』）をひらき見るに……恩を知りて徳を報ずる理をまず啓す」と記している。その「正信偈」において、

本師源空は仏教に明らかにして、善悪の凡夫人を憐愍せしむ。真宗の教証を片州に興し、選択本願を世にひろむ。

と讃歎するとともに、他力の人のこうむる「現生十種益」の一つに知恩報徳の益のあることを説いている。

『古徳伝』が語るように、法然は浄土宗の元祖であり、親鸞はその師の訓（おしえ）を弘めたのであり、先師聖人没後の中陰の追善に漏れたことは恨みとして聖忌を迎えるごとに月々四日四夜の礼讃念仏を執り行っていた。このことからして、本願寺において法然の講を「知恩講」、親鸞の講を「報恩講」と称して年中行事として継承されているのは当然のことであろう。

第五節　一向宗と聖人二人

一　『親鸞聖人血脈文集』

関東の横曾根門徒においては、性信を「上人」と尊称し、法然―親鸞―性信との三代伝持が本願寺に対抗するかたちで主張されていた。そのよりどころとされたのが性信宛四通、慶信宛一通の親鸞消息五通を収めた『親鸞聖人血脈文集』である。

第二通の親鸞が我が子慈信房《（坊）》善鸞を義絶したことを知らせる、五月二十九日付性信房宛返事を紹介する。

親鸞は、常陸・下野の念仏者が慈信の説く法文によりこれまでの信心を捨て、惑わされていることを嘆いた。慈信は父から秘かに教わったというが、人には隠し慈信一人に法文を教えたことなど断じてないのであり、もしそのようなことがあるなら、三宝を本として、三界の諸天善神、四海の龍神八部、閻魔王界の神祇冥道の罰を親鸞が身にことごとく蒙ることになるであろう。「自今已後は慈信にをきては、子の儀おもひきりてさふらふなり」との決意を伝えている。

親鸞は、多くの念仏者たちは、『唯信鈔』『自力他力の文』『後世物語の聞書』『一念多念の証文』『唯信鈔の文意』『一念多念の文意』をご覧になりながらも、慈信の法文により弥陀の本願を捨てられたのであるから、無益のことになるので、以後は「かやうの御ふみども、これよりのちにはおほせらるべからず候」という。そして、また『真宗のきゝがき』、性信房のかかせたまひたるは、すこしもこれにまふしてさふらふ様にたがはずさふらへば、うれしふさふらふ。『真宗のきゝがき』一帖はこれにとゞめをきてさふらふ。

と性信とは一体であることをよろこび、文末で「このふみを人々にみせさせたまふべし」と指示している。

また、第四通の次にある法然と親鸞の配流の記録と『教行信証』後序を抄出する。すなわち、建仁元年（一二〇一）雑行をすて本願に帰し、本師聖人七十三歳の元久二年（一二〇五）、『選択集』の書写を許されたが、それに内題と「南無阿弥陀仏　往生之業念仏為本」「釈綽空」と本師自ら書き入れたこと。また、真影を授かり図画したものにも銘文を書いたこと、夢告により綽空の名を改めたが、本師（法然）がその名（親鸞）を書き与えてくれたとの親鸞の自記を転載して、

右この真文を以て、性信尋ね申さるる所に早く彼の本尊を預かる所也。彼の本尊幷に『選択集』真影の銘文等、自ら源空聖人より親鸞聖人へ譲り奉る。親鸞聖人より性信に譲り給ふなり。

と述べて、彼の本尊の銘文「南无阿弥陀仏　建暦第二壬申歳正月廿五日　黒谷法然聖人御入滅　春秋満八十」を掲載している。

本消息集の編纂年次については、唯善事件の解決した延慶二年（一三〇九）以後と推定されている[13]。収録の性信宛消息においても、親鸞が信心を得た者は諸仏や弥勒に等しいとの大師聖人の仰せを強調している。信心を得た他力往生の人性信が、親鸞の帰洛、没後の関東における門流の指導者、善知識であったことが窺える。

二　善知識と他力念仏

武蔵阿佐布の了海（元応元年〈一三一九〉没）の談義本（唱導教化のためのテキスト）に『他力信心聞書』がある。

我等が念仏するは、過去より生つきてとなふるものにもあらず。知識勧進のことばに、この本願他力の念仏を信ずれば、かならず往生するぞとおしへたまふを聞て、さてとなふる念仏なり。

と庶民の念仏について語っている。

親鸞門流の善知識を尊重する他力念仏について、存覚は、

木像ものいはざれば自ら仏教を述べず。経典口なければ手ずから法文を説くことなし。

といい、善知識は滅後の如来であり、師の教えとは仏教そのものだと説明している（『持名鈔』）。

また、道場の禁制においても、

一　師を背くによりて、いかに念仏は申すとも、順次に往生すべからず。師を謗して仏にならざるむね、当流に限らず諸宗の聖教にその証拠あきらかなり（『了智の定』）。

一　師匠なればとて、是非をたださず弟子を勘当すべからず（『善円の制禁』）。

とみえる。

以上のような事例からも、親鸞門流における念仏信心は、人師（善知識）を信じて身を投げ出すことにその特色があるといえる。このような伝統が形成されたことについて、筆者は、親鸞がひたすら聖人（法然）の言葉を祖述することにつとめ、どこにも自分の考えや、見方を覗かせないで、念仏の法を東国の門弟たちに説いていたこと。そして彼ら門弟たちとは、同朋同行として接し、ともに聖人《法然》の教えを仰信するという態度を生涯通したことに起因すると思う。

ところで、性信や真仏門下の西国進出が始まるのは覚如の時代である。近江湖東地方においては、性信の横曾根門徒では愚咄を中心に、真仏門下では明光・了源による光明本尊・絵系図を使用した布教活動が盛んとなる[14]。その布教活動を教義面から支えていたのが存覚である。存覚は、親鸞の血を引く本願寺との師弟関係を強要することはしなかった。

存覚はしばしば本尊の裏書を依頼されたが、そのさいには親鸞の『尊号真像銘文』から採ったものを書いている（『存覚上人袖日記』）。大和で布教活動をしていた愚咄の門弟聖空が延文元年（一三五六）五月に亡くなると、聖空の弟子円空は、存覚に先師聖空の画像の裏書を依頼した。その裏書に存覚は、

「源空聖人は先ず吾朝念仏の高祖」
「親鸞聖人はその当流相承の尊師」

と書き、「性信上人―願性大徳―善明大徳―愚咄大徳―先師聖空大徳」との相承を記している（図3）。

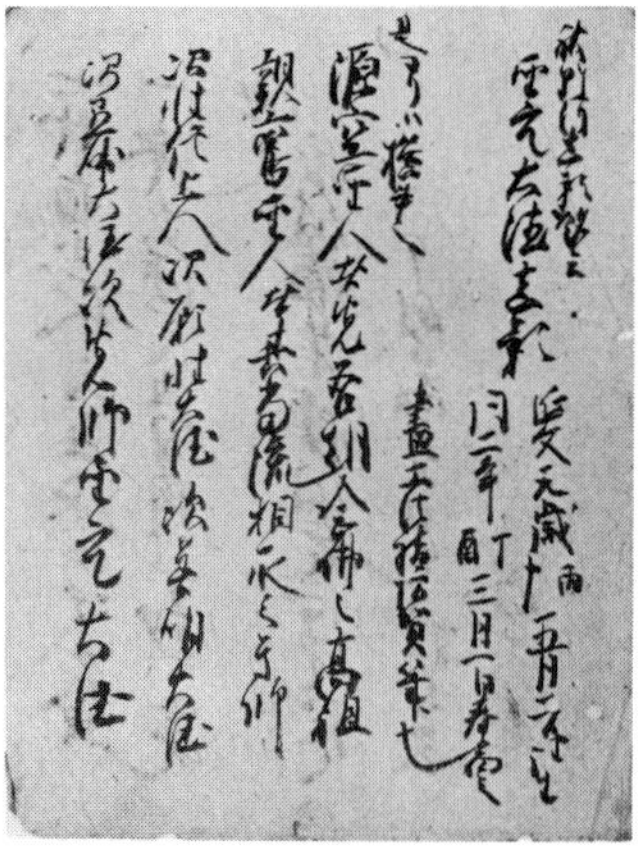

図3　存覚上人袖日記　写本
（京都・常楽臺所蔵）

この聖空を開基とする寺が奈良県吉野郡下市町の滝上寺である。寺伝では、聖空は大和源氏宇野太郎有治で、法然に出会い出家し、のち親鸞に帰依したとされる。また円空を三世としている。寺宝に、

善導和尚─源空聖人─親鸞聖人─性信上人─釈願性─釈善明─
釈愚咄─釈聖空

と、八名を上段から下段へ向かい合って描いた「浄土八高僧連坐像」がある。

覚如は、関東の親鸞直弟の念仏集団を支配下に収め、本願寺を中心に親鸞を開祖とする浄土真宗の教化伝道活動が展開されることを期待した。しかし、関東の門弟たちは本願寺になんら憚ることなく、親鸞面受の直弟からの法脈を主張し、善知識の教えにもとづき法然の他力念仏を弘めた。その聖典となったのが愚禿親鸞の消息であり和讃であった。消息や和讃には、読みやすいようにふりがなが振ってあり、各地道場では善知識の指導のもと、くり返し何度も唱和されて信心が深められたのである。

註

（1）「一向宗」については『他力信心聞書』『一宗行儀抄』（『真宗史料集成』第五巻談義本、同朋舎、一九七九年）参照。また、安永三年（一七七四）に起こった東西両本願寺と浄土宗との宗名に関する争論については、平祐史「知

恩院蔵宗名一件抜書」(『鷹陵史学』第一四・一五号、一九八八・八九年。後に同著『法然伝承と民間寺院の研究』、思文閣出版、二〇一一年、所収)参照。

(2) 親鸞の行実については、森竜吉編『シンポジウム親鸞』(講談社、一九七三年)、宮崎圓遵『親鸞遺芳』(同朋舎出版、一九八四年)、宮崎圓遵著作集『親鸞の研究』上下(思文閣出版、一九八六年)、五来重『善光寺まいり』(平凡社、一九八八年)、平松令三『親鸞』(吉川弘文館、一九九八年)等による。

(3) 法然伝では、法然は流罪から帰洛する途中、勝尾寺に滞在したとする。法然は勝尾寺に所持の一切経を施入したが、その開題供養には聖覚が招かれた。聖覚は「空也上人の念仏は、音をたてるが徳を知らない」「良忍上人の融通念仏は、神祇冥道には勧めたが、凡夫の望みにはうとい」とその欠陥を指摘した(善導寺本『伝法絵流通』)。空也を崇敬し、念仏往生を勧める遊行集団の存在がうかがわれるのであるが、親鸞門下の念仏勧進においては、空也の念仏に価値を認めていて、親鸞門流で使用されていた高田本『法然上人伝法絵』と、覚如が制作した『拾遺古徳伝』では、聖覚が空也の念仏の価値を認めているとして、「空也上人の念仏常行は、声をたて、徳をあらはし……」と、徳がある高声念仏だと褒めたとしている。今堀太逸『権者の化現』第二部第四章「念仏の祖師空也」(思文閣出版、二〇〇六年)参照。

(4) 前掲註(3)今堀太逸『権者の化現』第三部第二章「老病と臨終の絵解き」参照。

(5) 平安期の本地垂迹信仰については、工藤美和子『平安期の願文と仏教的世界観』(思文閣出版、二〇〇八年)。

(6) 躭空は、法然と八幡宮との関係を説明するのに、大江匡房の『続本朝往生伝』からの引用と思われる次のような話を掲載している。八幡大菩薩の本地を真道(縁)上人が祈請したら、大菩薩は「昔於霊鷲山説妙法(蓮)花経、今在正宮中示現大菩薩」と示された。また行教和尚のたもとには阿弥陀如来が遷られた。垂迹をいえば昔は鷹と現れ、今は鳩と現じている。鷹・鳩変じやすく、釈迦・弥陀もこのようなもので、娑婆にては釈尊、安養にしては弥陀、ただ一体の分身であるので疑うことはないという。

『善導寺本』では、法然の信仰体験を絵画により明らかにしているので、その絵画中の説明文と詞書とを紹介しておく(中井真孝編『善導寺所蔵『本朝祖師伝記絵詞』本文と研究』、佛教大学アジア宗教文化研究所、二〇〇七年)。

・第十七図「浄土観想、三昧現前」

法然が浄土を観想すると、はじめの夜には宝樹が現じ、次の夜には瑠璃の地が示され、後には宮殿を拝した。

・第十八図「善導和尚来現」
唐の善導和尚が裳裾より下は阿弥陀如来の装束で現れている（半金色の善導像）。
・第十九図「勢至菩薩出現」
勢至菩薩が仏になる修行をしているとき、念仏の心をもって無上忍に入ることができたので、念仏する人を浄土に帰せしめようと述べている（『首楞厳経』引文）ことより、法然が念仏三昧成就獲得の人であるという。
・第二十図「阿弥陀三尊出現」
阿弥陀仏の化身無数、観音・勢至が当来して、この行人（法然）の所に至ると絵画を説明している。

（7）『浄土高僧和讃』をあげておく。
・善導・源信すすむとも　本師源空ひろめずは　片州濁世のともがらは　いかでか真宗をさとらまし。
・本師源空の本地をば　世俗のひとびとあひつたへ　綽和尚と称せしめ　あるひは善導としめしけり。
・源空みづからのたまはく　霊山会上にありしとき　声聞僧にまじわりて　頭陀を行じて化度せしむ。

（8）親鸞の消息・法語については、日本古典文学大系『親鸞集　日蓮集』（岩波書店、一九六四年）、『定本親鸞聖人全集』第三巻　和文・書簡篇（法藏館、一九六九年）、『現代語訳親鸞全集』第二集書簡（講談社、一九七四年）、西山厚『親鸞・日蓮の書』（日本の美術三四四、至文堂、一九九五年）等参照。本稿における引用に際しては一部仮名を漢字に改めている。

（9）前掲註（2）平松令三『親鸞』「親鸞の経済的生活基盤」（二一八頁）参照。

（10）今堀太逸『神祇信仰の展開と仏教』第三部「法然の絵巻と遊女」（吉川弘文館、一九九〇年）。

（11）親鸞を「聖人」と尊称するには、親鸞が「権者の化現」でなければならない。すなわち、権者として尊崇し、一宗の祖師とすることから、親鸞を「聖人」と尊崇することが始まると筆者は理解している。そのために『善信聖人絵』を制作したのだと考えている。覚如は法然の弟子の間の親鸞を「上人」と尊称していることが多い。ことに法然と親鸞の師弟関係を説明するときには「法然聖人」「親鸞上人」と記載していることは看過できない。
『善信聖人絵』の『琳阿本』（【琳】）と『高田本』（【高】）の各段、［一］出家学道段〜［十四］廟堂創立段における親鸞の尊称「上人」「聖人」と、『高田本』の「絵中の指示語」（【高絵】）を抄出してみると次のようになる。

［一］出家学道

【琳】①夫、聖人の俗称は　②〈上人養父〉。【高】①聖人　②〈上人〉。【高絵】「上人の出家したまふところ也」。
［二］吉水入室
【琳】①〈上人二十九歳〉。【高】①聖人。【高絵】「聖人聖道の行粧にて参ぜらるゝところ也」「源空聖人の御庵室也」「善信上人〈于時範宴少納言公〉」「源空聖人」。
［三］六角夢想
【琳】①聖人夢想告　②然者聖人後時　③故上人〈親鸞〉傍らに。【高】①聖人　②聖人　③聖人〈親鸞〉。【高絵】「親鸞聖人」「聖人夢中に六角堂をミたまふところ也」。
［四］選択付属
【琳】①顕浄土方便化身土文類六云〈親鸞上人撰述〉。【高】①〈親鸞上人〉。【高絵】「真影の銘あそばして、わたしたてまつらむとし給ところなり」「源空聖人選択集わたしたてまつらるところなり」。
［五］信行両座
【琳】①善信上人或時申たまはく　②上人〈親鸞〉のたまはく　③善信上人のたまはく　④執筆上人〈親鸞〉。【高】①善信　②聖人〈親鸞〉③善信聖人　④執筆上人〈親鸞〉。【高絵】「三百余人の門弟等なり」「空聖人」「釈法力」「安居院法印大和尚位聖覚」「信空上人」「親鸞上人」。
［六］は欠
［七］信心諍論
【琳】①聖人〈親鸞〉のたまわく。【高】①聖人〈親鸞〉のたまはく。【高絵】「空聖人」「親鸞上人」。
《入西鑑察》【琳】①聖人の真影　②聖人則弥陀如来の来現（この段、『高田本』になし）。
［八］越後流罪
【琳】①鸞上人　②勅免、此時上人。【高】①鸞上人　②上人。【高絵】「聖人流罪のために……」。
［九］稲田興法
【琳】①聖人越後国より　②聖人被仰云、救世菩薩の告命。【高】①聖人　②聖人。
［十］山伏済度
【琳】①聖人、常陸国にして　②聖人を時々うかがい　③聖人板敷山より　④聖人左右なく　⑤明法房是也、上人

つけたまひき。【高】①聖人　②聖人　③聖人　④聖人　⑤聖人。【高絵】「山臥聖人をまち……」「聖人ためらふ……」「聖人」。
［十一］箱根霊告
【琳】①聖人、東関の境を出て　②于時、上人歩寄て。【高】①聖人　②聖人。【高絵】「聖人案内……」。
［十二］熊野霊告
【琳】①聖人、古郷に帰て　②（無）③聖人へ参りたるに　④上人其事なりとのたまふ。【高】①聖人　②聖人　③聖人　④（欠落）。【高絵】「聖人」「聖人」。
［十三］入滅葬送
【琳】①聖人、弘長二年〈壬戌〉仲冬。【高】①聖人。【高絵】「聖人入滅……」「聖人の墓所」。
［十四］廟堂創立
【琳】①上人相伝の宗義　②年々廟堂に詣す。凡上人在生の間。【高】①聖人　②聖人。【高絵】「聖人遺骨をおさめ……」。

(12)　前掲註（3）今堀太逸『権者の化現』第三部第二章「老病と臨終の絵解き」参照。
(13)　『定本親鸞聖人全集』第三巻、和文・書簡篇解説（前掲註（8））。覚恵の異父弟唯善の東国における活動と門徒との関係、親鸞の大谷廟堂の影像・遺骨占拠については、『本願寺史』第一巻（浄土真宗本願寺派宗務所、一九六一年）第三章「大谷廟堂の建立と推移」参照。
(14)　湖東における一向宗の展開については、今堀太逸『本地垂迹信仰と念仏』第五章「近江湖東における親鸞門流の展開」（法藏館、一九九九年）参照。

参考　「法然（祖師）の生涯を伝える伝記」
伝来の法然の伝記史料は宗祖、救済者としての生涯を描く。したがって、浄土宗の布教活動のなかで創作された生涯として理解する必要があるが、成立年代や評価は研究者により随分と見解が異なっている。簡単な紹介と、本書引用に際しての略称を示しておく。
（a）　法然の生涯を絵解きするために制作された絵伝『伝法絵』。

＊久留米善導寺所蔵『伝法絵流通』（略称『善導寺本』）。嘉禎三年（一二三七）に願主躭空が鎌倉八幡宮本社周辺において詞書を執筆した旨の記載がある。もと二巻仕立てのものを、四巻仕立てにした室町後期の写本である。書名の「流通」には教えを伝えひろめるという意味がある。絵図中に詞書を説明文のように配置し、躭空は奥書に「この絵画を披見し、その詞を説くものは阿弥陀三尊を礼拝し、『無量寿経』の文を読むべし」と記している。法然の尊称は「上人」。

＊『法然上人伝法絵　下』（『国華本』）。鎌倉後期の写本で上下巻の下巻のみの残闕本。『善導寺本』の第三・四巻にあたり、同じく絵図中に詞書を説明文のように配置し、本文中に「……是也《これなり》」との絵を指示する詞が散見する。法然の尊称は「聖人」。

＊津市高田専修寺蔵『法然上人伝法絵　下巻』（『高田本』）。流布の「伝法絵」の詞書を永仁四年（一二九六）に筆録したもの。法然の尊称は「上人」「聖人」を混称。

（b）　親鸞・聖光門流の祖師絵伝。

＊『法然聖人絵』（『黒谷上人絵』、『弘願本』）。もと五巻以上の絵巻であるが、四巻が伝来して、詞書に『高田本』を採用していて誤字まで一致する。「釈弘願」の書き入れがあることより『弘願本』と通称される。法然の尊称は「上人」「聖人」を混称。

＊『法然上人絵伝』（『琳阿本』）。東京芝妙定院蔵。江戸時代中頃に転写された九巻本の絵巻の模本であり、題名は無い。序文は『弘願本』の影響をうけ、弟子として聖光を強調する。巻末に、南北朝時代に活躍した「向福寺琳阿」の書き入れがある。法然の尊称は「上人」。

＊『拾遺古徳伝』（『古徳伝』）。親鸞の孫覚恵の子で、親鸞の子孫を宗主とする本願寺派の基礎を築いた覚如が正安三年（一三〇一）に制作。絵は『琳阿本』を多く採用。流罪記事は『教行信証』『親鸞伝絵』と一致。法然の尊称は「聖人」。

＊『法然上人伝記』（『九巻伝』）。「語り物」（読み物）に仕立てた近世の写本が伝来する。鎮西義（聖光門流）の京都進出にあたり、親鸞門流の『古徳伝』を意識して編纂された。序文より、法然滅後百年を経過しての成立である。法然の尊称は「上人」。先行の絵伝と『行状絵図』の間におくと、『行状絵図』の絵と詞がよく理解できる。

＊『法然上人行状絵図』（『行状絵図』『四十八巻伝』ともいう）。全編二百三十七段からなる法然伝の集大成ともいう

べき浩瀚な規模を誇る。法然と浄土宗（鎮西義）と廟堂知恩院の結びつきを主張している。法然の尊称は「上人」。知恩院蔵。

（c）『法然聖人臨終行儀』（『臨終行儀』）・『聖人の御事諸人夢記』（『諸人夢記』）。『西方指南抄』本末の（六）（七）に収録。『西方指南抄』は、当時流布していた法然の法語・消息・行状などを三巻六冊に編纂したもの。親鸞が康元元年（一二五六）から翌正嘉元年に書写した自筆本が高田専修寺に伝来する。法然の尊称は「聖人」。

（d）『源空聖人私日記』（『私日記』）。『西方指南抄』中末（一〇）に収録。流布の法然伝を要約したもの。法然の尊称は「聖人」。

（e）『御臨終日記』（『臨終日記』）。醍醐三宝院所蔵『法然上人伝記』に収録する近世初期の写本。末尾に義演筆写の奥書がある。法然の尊称は「上人」。

（f）東寺宝菩提院所蔵『知恩講私記』。鎌倉期の古写本で安貞三年（一二二九）八月書写の記載がある。法然の尊称は「上人」。

第三章　古代・中世の災害観の変遷と神仏

天空や地上に起こる異常現象やそれによってもたらされる災害は「天変地異」と総称されている。火山の噴火・地震・津波、異常気象による旱魃・冷害・虫害・暴風雨・火事、それに流行病などをあげることができる。自然現象により起こることから自然災害とも称されるが、自然の脅威の前には予防対策は無力なものである。有効なのは被害をいかに最小限にくい止めるかという防災対策だけである。

科学万能の現代とは違い、前近代、ことに古代・中世社会においては、自然災害は神仏や怨霊の怒りだと信じられていた。この怒りを鎮められるのは、神仏への祈禱以外にはなく、災害から国家や民衆を護るために、神社や寺院が建立された。災害の歴史と神仏創出の歴史は密接につながっているのである。

第一節　奈良時代　国分寺と東大寺大仏

奈良時代、聖武天皇は、連年の凶作や疫病の流行に対し、仏教の持つ鎮護国家の思想によって国家の安定をはか

図1　東大寺西大門勅額（奈良・東大寺所蔵）

ろうとした。天平九年（七三七）、諸国に釈迦三尊像の造立と『大般若経』の書写を命じ、同十二年（七四〇）、七重塔の建立と『法華経』の書写を命じている。同年に起こった藤原広嗣の乱は、天皇に仏法による鎮護国家実現の願いをさらに強めさせた。

聖武天皇は、天平十三年（七四一）三月乙巳（二十四日）、

> 朕（聖武天皇）、薄徳を以て忝くも重き任（天皇として国を治める任務）を承けたまはる。未だ政化（政治と教化）弘まらず。寤寐《ごび》に多く慙《は》ず。……頃者《このごろ》、年穀豊かならず、疫癘《えきれい》頻《しき》りに至る。慙懼《ざんく》（心に恥恐れること）、交々《こもごも》集りて唯《ひと》り労して己《おのれ》を罪す。ここをもって、広く蒼生《そうせい》（人民）のために遍《あまね》く景福（平和）を求む。

との詔を出して、国王・人民が持すれば（読誦・講説したなら）四天王（持国天・広目天・増長天・多聞天）がその国を守ってくれることを説いた護国経典『金光明最勝王経』を諸国に建立する国分寺（僧二十人、金光明四天王護国之寺。**図1**）に納めさせた。また、釈迦の王舎城での説法を結集し、その功徳はいかなる障害をも克服するとして、永遠の仏を説く『法華経』を国分尼寺（尼十八人、法華滅罪之寺）に納めることにした。[1]

ついで、盧舎那仏の金銅像造立を発願した聖武天皇は、天平十五年（七四三）十月辛巳（十五日）「菩薩の大願を発して盧舎那仏の金銅像一軀を造り奉る。広く法界に及ぼして朕が知識（仏教に奉仕する信者の集団）と為し、遂に

同じく利益を蒙らしめ、共に菩提を致さしめむ。……人の一枝の草、一把の土を持ちて、像を助け造らむと情《こころ》に願う者あらば、恣《ほしいまま》にこれを聴《ゆる》せ」との大仏造立の詔を出した(2)。

聖武天皇の「菩薩の大願」（仏法を興隆し、自己の悟りと衆生の救済のために修行する菩薩〈天皇〉の願い）である大仏造立事業に、百済系渡来人の子孫の行基が協力した。行基は出家して官寺に入るが郷里の河内に帰り、出家の弟子には乞食行を、在家の弟子には布施行を勧めるとともに、仏道の仲間（知識）を結成してため池などの灌漑施設や橋を架けるなどの社会事業を進めていた。道俗貴賤の協力により造立された大仏の開眼供養会は、インド僧・中国僧など一万人が参列する盛儀なものとなった。行基は功績により大僧正に任じられた。

律令国家を守る鎮護仏教における僧尼の役目は、国家管理の下で、所定の寺院で国家の安泰と国民の安穏な暮らしを祈ることにある。大仏が造立されると、僧侶に戒を授け、僧尼となる資格を付与する式壇（戒壇）が必要となり、僧尼養成のための戒師招請が課題となった。入唐していた僧栄叡と普照は、鑑真に「仏法東流して日本国に至る。其の法有りと雖も、法を伝ふるに人なし」（『唐大和上東征伝』）と渡航を懇請している(3)。

天平勝宝五年（七五三）、来朝した鑑真には、吉備真備より「今より以後、授戒伝律一に和上に任す」との勅が伝えられた（同上『唐大和上東征伝』）。翌年、鑑真は大仏殿前に仮設の戒壇を築くと、聖武太上天皇（上皇）以下四百余人に菩薩戒を授け、同七年（七五五）十月、大仏殿西に戒壇院が建立された。遠国の受者の便宜を図り、下野国薬師寺・筑前国観世音寺にも戒壇が設けられ、天下の三戒壇と称された。東大寺を頂点とする律令国家の災害の予防と対策が整備された。

第二節　平安時代　貞観十一年陸奥国の津波と大地震

遷都があり平安時代になるが天皇の親政の時代が続いた。桓武天皇は王城の鎮守として、元号を寺名とする延暦寺を建立したが、清和天皇の御代、貞観十一年（八六九）五月二十六日、陸奥国に大地震、津波が起こり死者が多数出た。六国史最後の編年体史書である『日本三代実録』同日条に詳しく記載されている。[4]『日本三代実録』（五十巻）は清和・陽成・光孝天皇の三代の事績を叙述する正史として、延喜元年（九〇一）に撰上された。煩瑣にまで詳細を極める『日本三代実録』において、貞観十一年（八六九）五月の記事は、五日の端午節会を停止したことと、二十六日の大地震の記載のみなので、藤原時平・大蔵善行らの撰者がいかにこの災害を重視していたかが窺える。

大地震への対策として注目したいのは、同年十月十三日の清和天皇の「聞如《きくなら》く、陸奥の国境は、地震尤も甚しく、或は海水暴《にわか》に溢《あふ》れて患《わずらい》となり、或は城宇頻りに圧《つぶ》れて殃《わざわい》を致すと。百姓の何の辜《つみ》ありてか、この禍毒に罹《あ》ふ。憮然としてはぢ懼《おそ》れ、責め深く予《われ》に在り」との詔である。

災害の責任を痛感した清和天皇は「いま使者をやりて、ゆきて恩煦《おんく》（恵み）を布《し》かしむ。使、国司とともに、民夷を論ぜず、勤めて自ら臨撫し、既に死にし者は尽く收殯《しゅうひん》（遺体の埋葬）を加へ」よと指示するとともに、「其の存《い》ける者（生存者）には、詳に賑恤《しんじゅつ》（施し）を崇《かさ》ねよ。其の害を被ること太甚だしき者は、租調を輸《いた》さしむるなかれ。鰥寡《かんか》孤独（身寄りのない者）の、窮して自ら立つ能はざる者は、在所に斟量《しんりょう》（推し量り）して厚く支え、済くべし。務めて矜恤《きんじゅつ》（あわれみ）の旨を尽くし、朕親ら観るがごとくならしめよ」と命じていることである。

『日本三代実録』には、この年の三月三日に、陰陽寮が今夏に疫病が起こると言上したので、清和天皇が五畿七道の神社に奉幣し、『金剛般若経』『般若心経』を読誦させた記事以下、災害の予防と対策の記事が目立ち、歳末十二月三十日の「朱雀門前の大祓《おおはらえ》・大儺《おにやらい》、常の如くなりき」との記事で閉じている。

ところで、六国史は天皇が統治する国の歴史の記録であり、災害が起こると「百姓には罪はない、朕の不徳だ」との責任が必ず記されている。東日本大震災との関係でこの陸奥国貞観大地震の記録を紹介するのに、地震当日の五月二十六日の記事しか紹介されていない。それでは、天皇親政と災害との関係を説く、律令国家の災害観を理解することができない。

第三節　平安時代　北野天満宮と災害

京都には、大宰府に流罪となり、延喜三年（九〇三）に亡くなった菅原道真を祀る北野天満宮がある。道真没後、京都において疫病や地震、旱魃といった災害が頻発した。延長八年（九三〇）六月二十八日、清涼殿に落雷があり、大納言藤原清貫らが焼死した。醍醐天皇はこの時の毒気により病に伏し、九月二十九日崩御した（四十六歳）。陰陽寮は道真の祟りだと占い、後には、天満天神の眷属、第三の使者火雷火気毒王の仕業だとされた（『北野天神縁起絵巻』）(5)。

醍醐天皇の死は、真言密教僧道賢が金峰山（奈良県吉野郡にある修験の山）において道真の霊と醍醐天皇の霊に対面する物語を創作した。冥途の道真は日本太政威徳天となり尊崇されているのに対し、無実の道真を流罪にした醍醐天皇は地獄に堕ちて苦しんでいる物語である（『扶桑略記』天慶四年〈九四一〉所収「道賢上人冥途記」(6)）。

また、その一方では、菅原家の興隆を願う天台宗の僧侶らにより、道真の霊が北野に廟堂（霊廟、天満宮）を建立し祀ることを望んでいるとの託宣（神のお告げ）が作成された。

道真の託宣には、「すでに天神の号をえて、鎮国の思いあり」と見え、道真が天神、すなわち「天満大自在天神」になったのは、死後、天界の梵天・帝釈天に参上して、無実を訴え、衆生擁護の神となり日本の人々を守ることを誓ったことによると語られた。北野廟堂の創建には、①火雷天神の託宣により天台僧最鎮による北野寺の創建、②多治比奇子が天慶五年（九四二）に西京七条に構えた「禿倉」（小さな社）を天暦元年（九四七）に北野に遷したとの二説がある。道真廟堂を中心に堂舎が整備されると、護国三部経（『金光明経』『仁王経』『法華経』）が安置され、鎮護国家の法楽が盛んとなった。

道真の霊を祭神とする北野天満宮の信仰は、単なるたたり神（怨霊）信仰ではなく、護国経典に説く災害から国土を守護する天界の神々の信仰から生まれたものである。『北野天神縁起絵巻』の序文で「王城を鎮守する神々はたくさんおられるが、とりわけ鎮守の神としての霊験があらたかなのは北野に祀られている天満天神である」と宣言しているように、新たなる災害に対する予防と対策の鎮守神信仰として成立したものである。

現在、菅原道真をまつる天満宮は全国に一万一千余社あるが、その勧請の由来を点検すると災害を契機にしていること、また、水辺に多いのに気づく。ことに江戸時代には、道真が雷神であり雨乞いの効験を期待し、村氏神（鎮守）として諸国の村々に祀られた。

第四節　鎌倉時代　東大寺復興と法然の『選択集』

元暦二年（一一八五）三月二十四日、壇ノ浦で平家が滅び安徳天皇が入水した（八歳）。天皇位の象徴として伝わる三種神器の一つ草薙剣は天皇とともに海中に没した。五月には京都に疫病が流行し、六月に東大寺を焼き討ちした平清盛の子重衡が斬首された。七月九日、都が大地震で揺れた（『百錬抄』同日条）[7]。『平家物語』巻十二「大地震」は、

七月九日の午刻ばかりに（正午頃）、大地おびたゝしくうごいて良久《やや》し。赤県《せきけん》（都をいう）のうち、白河のほとり、六勝寺、皆やぶれくづる。九重の塔も、うへ六重ふり落す。得長寿院も、三十三間の御堂を、十七間までふりたうす。皇居をはじめて、人々の家々、すべて在々所々の神社・仏閣、あやしの民屋、さながらやぶれくづる。くづるゝ音はいかづちのごとく、あがる塵は、煙のごとし。

と伝えている[8]。六勝寺とは、白河天皇以後院政時代の崇仏により、白河の地（鴨川の東、岡崎周辺）に造営された寺号に「勝」の字を付けた六寺の総称である。九重塔とは、「国王の氏寺」（『愚管抄』）と称された白河天皇の御願寺法勝寺八角九重の塔のことで、東寺五重塔の五七メートルをしのぐ八二メートルの大塔であった。また、得長寿院（同地）は、平清盛の父忠盛が鳥羽上皇のために造営、清盛が後白河法皇のために創建した東山三十三間堂（蓮華王院）と同規模で千体の千手観音像を安置していた。

この大地震は天皇や平家の怨霊の仕業だとうわさされると、後白河法皇は日本国からの災害の除去を願い、八月十四日に年号を文治と改元、東大寺大仏に目を入れる開眼供養の法会を急ぎ、八月二十八日に自らの手に筆をもち目を入れた。

ところで、この鎮護国家の象徴である東大寺の再建は、清盛が没した治承五年（一一八一）、院政を開始した後白河法皇が右大臣九条兼実の協力を仰ぐことで始まった。「南無阿弥陀仏」と名乗った重源やその弟子たちが、諸国で念仏や『法華経』を勧進、道俗貴賤の結縁（募金）により達成することができた。

法然の『選択本願念仏集』（以下、『選択集』）は、東大寺の復興に尽力していた九条兼実の依頼により執筆された[9]。重源の大事業が達成できたのは、『選択集』により、万民を平等に救済する「念仏勧進」の思想が確立されたからである。法然の説いた凡夫往生の教えは、全国民の救済を願う東大寺の盧舎那仏信仰と一体のものであった。江戸時代、重源とゆかりの深い東大寺龍松院は、法然上人二十五霊場の十一番札所となり、奈良における法然と念仏信仰の中心となった。

第五節　鎌倉時代　日蓮と親鸞の災害観——善神捨国と悪鬼——

他力念仏（阿弥陀仏の本願の念仏）は、すべての人々は平等に救われなければならないとの宗派を超えた仏教思想の実践として全国にひろまった。

しかし、念仏のみをひたすら称えて他の行を修めない「専修念仏」の興隆は、延暦寺や興福寺からは偏執と非難され、勧進（布教伝道）活動の停止がもとめられた。とくに延暦寺は『選択集』を謗法（仏教をそしる）の書とし、嘉禄三年（一二二七）その印版を天下に存在させてはならないものとして焼却させた（「嘉禄の法難」）。

日蓮は日本国に災害を引き起こす悪魔や悪鬼がはびこっているのは、謗法による善神捨国にあるとして、文応元年（一二六〇）、『立正安国論』を執筆し、専修念仏の停止を鎌倉幕府にもとめた。

日蓮の災害観の思想的基盤になっているのが『金光明最勝王経』であることは、『立正安国論』執筆の前年正元元年（一二五九）に著した『守護国家論』の次の記載からも明らかである。[10]

一向念仏者、法華経等に結縁《けちえん》を作《な》すをば往生の障と云ふ（『法華経』を信仰すると浄土に往生する障害となる）。故に（善神たちに）捨離の意を生ず。此の故に諸の天は、妙法を聞くことを得ず、法味を味はざれば威光勢力あること無く、四天王幷びに眷属はこの国を捨て、日本国守護の善神も捨て離れ已んぬ。故に正嘉元年（一二五七）には大地大いに震《ふる》い、同じき二年にも春の大雨は苗を失ひ、夏の大旱魃に草木を枯らし、秋の大風は菓実を失ひ、飢渇忽ち起りて、万民逃脱せしむること、金光明経の文の如し。あに選択集の失《とが》にあらずや。

日蓮が『立正安国論』において引用している経文のなかで、『金光明最勝王経』とともに注目したいのが、国土が乱れるときは、先に鬼神が乱れる（災難が起こる）とする『仁王経』からの引用である。[11]

人、仏教を壊らば、復《また》孝子（親孝行な子）なく、六親不和にして天神も祐けず。疾疫・悪鬼、日に来って侵害し災怪《さいけ》首尾し、連禍縦横し、死して地獄・餓鬼・畜生に入らん（『仁王経』「嘱累品」）。

日蓮は、天変地夭・飢饉・疫病等に驚いた幕府が種々の祈禱を実施しているにもかかわらず、何の効果もあらわれないことを、正法誹謗による悪法流布という護国経典に掲載する災害観にもとめたのである。そして、法然と大日（禅宗の一派達磨宗の祖）の二人の体内に悪鬼が侵入したために、念仏・禅宗という悪法が流布し、諸の善神が

『法華経』の法味を味わうことができず国土を去ったためだと説明している（『安国論御勘由来』[12]）。

災害が頻発した関東において、凡夫こそ救済されるとの法然の他力念仏を勧進していたのは、親鸞とその門弟である。親鸞に「文字のこころも知らず、あさましき愚痴きわまりない」（『一念多念文意』[13]）と評された門弟たちにおいては、念仏信仰による国土の守護が説かれていた。そのよりどころとなった仏典は、やはり『金光明経』であった。親鸞は『現世利益和讃』において、

阿弥陀如来来化して、息災延命のためにとて、金光明の寿量品、ときおきたまへるみのりなり。
南无阿弥陀仏をとなふれば、梵王帝釈帰敬す、諸天善神ことごとく、よるひるつねにまもるなり。
南无阿弥陀仏をとなふれば、四天大王もろともに、よるひるつねにまもりつゝ、よろずの悪鬼をちかづけず。

とうたっている[14]。

親鸞門流において使用されていた談義本（布教のテキスト）である『神本地之事』『諸神本懐集』においても、国土に災害をもたらす悪鬼・悪神を「実社神」、彼らから守護する善神を「権社神」（仏や菩薩が神と現れた神）として、念仏信仰の人たちを災害から擁護してくれると説いている[15]。

以上、災いは神の仕業、災害は神の怒りにより起こると考えられていた時代の災害の歴史は、神仏にたいする信仰創出の歴史でもあった。前近代の社会においては、宗教家は地震・飢饉・疫病・戦乱等の災害や人々の受ける災難について、その由来を明らかにし、神仏への祈願により解決できると説いた。僧侶や陰陽師の使命（役割）は、

天空を観察しその原因を探り、所依の経典にその解決法を求め、祈禱を実施することにあった。国土の災害や災難への対応から多種多様な日本人の信仰が生まれたのである。(16)

註

（1）『続日本紀』巻一四。引用は新日本古典文学大系『続日本紀』による。
（2）『続日本紀』巻一五。
（3）『寧楽遺文』下巻、八九五頁以下。
（4）新訂増補国史大系『日本三代実録』巻一六。
（5）今堀太逸『権者の化現』（思文閣出版、二〇〇六年）第一部「天神――日本国の災害と道真の霊――」参照。
（6）新訂増補国史大系『扶桑略記』。
（7）新訂増補国史大系『百錬抄』第十。
　七月九日庚寅、午時地大震、其声如雷、震動之間、已送時刻、其後連々不絶、宮城瓦垣幷京中民屋、或破損、或顚倒、一所而不全、就中大内日花門、閑院西辺廊顚倒、法勝寺阿弥陀堂顚倒、九重塔破損、三面築垣皆以頽壊、南庭儲幄為御所、自今日三ケ日、嘱三口僧、於御殿有大般若御読経、依此御祈也。

　八月十四日甲子、有改元、依地震也。
（8）新日本古典文学大系『平家物語』巻一二「大地震」。
（9）本書第Ⅰ部第一章「東大寺再興の念仏勧進と『選択集』」参照。
（10）日本思想大系『日蓮』四九頁。
（11）『立正安国論』第九（日本古典文学大系『親鸞集　日蓮集』、三一七頁）。
（12）『昭和定本日蓮聖人遺文』第一巻（総本山身延久遠寺、一九五二年）、四二一～二四頁。
（13）『定本親鸞聖人全集』第三巻（法藏館、一九六九年）、和文・書簡篇、一五二頁。
（14）『定本親鸞聖人全集』第二巻（法藏館、一九六九年）、和讃篇「現世利益和讃　十五種」（五八頁以下）。

（15）『神本地之事』（『真宗史料集成』第五巻所収）、『諸神本懐集』（日本思想大系『中世神道論』、『真宗史料集成』第一巻所収）。今堀太逸『神祇信仰の展開と仏教』（吉川弘文館、一九九〇年）第一部「専修念仏と神祇」参照。

（16）災害の予防と対策は、歴史の展開するなか朝廷、武家、民間における年中行事として継承された。民間での行事とは、近世に成立した村の年中行事のことであり、災害伝承（供養塔・記念碑）のことである。前近代の災害対策は、一年の豊・凶、豊作の予測、予祝する正月行事に反映している。自然災害は現代においても予測がつかない。秋祭りの神輿巡幸、神楽奉納をはじめとする豊かな民俗行事は、神仏への畏怖と畏敬による災害対策として、地域社会を守っていることを再認識させてくれる。

第Ⅱ部

念仏・『法華経』の信仰と『孝経』

鎌倉仏教の検討課題

第Ⅱ部扉図版

左：源義経像（岩手・中尊寺所蔵）

右：日蓮坐像（京都・妙覚寺所蔵）

第一章　法然・日蓮と父母の孝養

はじめに――『孝経』と『観無量寿経』――

『孝経』は、孔子の弟子である曾子学派の撰とされる中国の経書の一つであり、孔子と弟子曾子との問答形式をとり、父母を敬い仕える道である「孝道」を理論的根拠とし、封建社会における家族を中心とした道徳が説かれている。『孝経』の影響は、すでに聖徳太子の「十七条憲法」に見られ、大宝元年（七〇一）、文武天皇は『大宝令』を制定した際に『論語』とともに学生の必修科目としている。天平勝宝元年（七五七）四月、孝謙天皇は「古は民を治め国を安んずるに、必ず孝を以て理む。百行の本、これより先なるはなし」（『続日本紀』）として唐制にならって家ごとに一本を蔵せよとの詔勅を発し、朝廷では皇太子の読書始めに永く『孝経』が用いられた。平安時代には『孝経』が天皇の倫理観の基盤になり、孝思想は天皇の思考や行動の規範になっていたとの指摘もされている。(1)

『孝経』に説くという「世間の孝養」とは、『古文孝経』「開宗明義章　第一」に、

子曰く、「夫れ孝は徳の本なり。教への繇《よ》つて生ずる所なり。坐に復《かえ》れ。吾れ、女《なんじ》に語らん。身体髪膚、之を父母に受く。敢て毀傷《きしょう》せざるは、孝の始めなり。身を立て道を行ひ、名を後世に揚げ、以て父母を顕はすは、

孝の終りなり。夫れ孝は親に事《つか》ふるに始まり、君に事ふるに中し、身を立つるに終る」。

と見えるものである。文中「事ふる」とは、利害をかえりみず、真心を尽くすことで、ここでは孝と忠である。また「身を立つるに終る」というのは、立身ということが最終目標と考えられていたことによる。孝の終始が親と君によく「事《つか》える」ことにあるとしているのである。(2)「身体髪膚……」は、寛弘四年（一〇〇七）源為憲が藤原道長の命で、その子頼通のために、日常用いられている漢語の成句の出典を書き記した『世俗諺文』に収録されているが、(3)日本人の間に広く読誦され、国民道徳に深く影響を与えてきた。

『古文孝経』「喪親章　第二十二」には、父母が亡くなったあとの、葬儀から祭祀までの孝子のあり方が説かれている。

子曰く、「孝子の親に喪するや、哭して依せず、礼は容つくる亡く、言は文《かざ》らず、美を服して安からず、楽を聞いて楽しまず。旨きを食らひて甘からず。これ哀慼《あいせき》の情なり。三日にして食するは、民をして死を以て生を傷る亡きを教ふるなり。毀すれども性を滅せざるは、此れ聖人の正なり。喪、三年に過ぎざるは、民に終りあるを示すなり。これが棺槨衣衾を為りて以て之を挙げ、その簠簋《ほき》を陳《つら》ねて、これを哀慼し、哭泣擗踴《へきよう》、哀しんで以て之を送り、その宅兆を卜して、之を安措し、之が宗廟を為りて、鬼を以て之を享し、春秋に祭祀して、時を以て之を思う。生事に愛敬し、死事に哀慼す。生民の本尽くせり。死生の誼《ぎ》備はれり。孝子の事終れり」

と。(4)

父母没後の孝養は、「三年に過ぎざるは、民に終りあるを示すなり」「孝子の事終れり」とされる期間、仏教儀礼としておこなわれた。亡くなった父母の冥福をいのるために、中陰や忌日に子供たちが法会を営み、善事を追修した。その方式として読経・写経・講説・施斎・造像起塔や財物・法具の施入があった。来世での幸福を説いて現世の不安から逃れようとする浄土教が流行し、源信（九四二～一〇一七）が『往生要集』を著して念仏往生の教えを説くと、亡き親を浄土におくるために懇ろに弔うことが没後の孝養（追善供養）とされるようになる。

『観無量寿経』（以下『観経』と略す）は、浄土往生の方法として、無量寿仏（阿弥陀仏）やその極楽浄土などに対する十六の観想を説いた経典である。畺良耶舎《きょうりょうやしゃ》が南朝の宋の元嘉年中（四二四～四五三）に訳したとされる漢訳本が現存するのみで、インド撰述であるか疑問視され、中国撰述説もある。中国・日本の浄土教信仰に与えた影響は計り知れないのであるが、その唯一根本に三福の浄業が説かれていて、そのなかでも「孝養父母」が重要な浄業とされている。

悪友調達にそそのかされた阿闍世太子は、父頻婆娑羅王を幽閉し、王に会いに行こうとした母韋提希夫人をも捕らえてしまう（王舎城の悲劇）。月光・耆婆の二臣は「劫初より、国位を貪る悪王がその父を殺した王の例は一万八千人あるが（『毗陀論経』）、母を殺すという無道を犯した悪王はいない」といさめると、懺悔し、母を害することはやめるが、深宮に閉じ込めてしまう。母は「我れ宿に何の罪ありてか、この悪子を生めるや」と悲歎に暮れるが、仏より極楽世界を見せられると、阿弥陀仏のもとに生まれることを楽《ねが》い、その「思惟」と「正受」を教えてほしいと頼んだ。

仏は韋提希と「未来世の一切の凡夫にして、浄業を修せんと欲する者をして、西方極楽国土に生まるることをえしめん。彼の国に生まれんと欲する者は、まさに三福を修すべし」として、一者、孝養父母、奉事師長、慈心不殺、修十善業（父母に孝養をつくし、師や目上のものによく仕え、慈悲の心をいだいて殺生を行わず、十の善業を修めること）。

二者、受持三帰、具足衆戒、不犯威儀（仏・法・僧の三宝に帰依することをよく守り、多くの戒律をすべて保持し、日常の礼儀に背かないこと）。

三者、発菩提心、深信因果、読誦大乗、勧進行者（さとりを得ようとする心を奮い起こし、因果の道理を深く信じ、大乗の経典を読誦して、仏道を修めるものが多くなるように勧めること）。

との三事を名付けて浄業となすとした。そして、

仏告韋提希、汝今知不、此三種業、過去未来現在、三世諸仏、浄業正因（この三種の行いこそ、過去・未来・現在の三世にわたってあらわれた諸仏が、その浄らかな修行の唯一根本とされたものである）。

として、釈尊がもろもろの善を三福にまとめて示し、浄土に往生せしめることを約束し、その方法を明確に教え示したとするのである。(5)

『古文孝経』「孝優劣章　第十二」には、

子曰く「其の親を愛せずして、他人を愛する者、之を悖徳《はいとく》と謂ふ。其の親を敬せずして、他人を敬する者、之を悖礼と謂ふ」。

と、自分の父母を愛さないで、他人を愛することは悖徳（道徳に背くこと、人倫に反すること）であり、自分の親を敬わないで、他人を敬することは悖礼（礼儀に背きたがうこと）だとされたのであるから、浄土教が流行すると往生を願う貴族社会の孝子たちは、亡き父母の「孝養」のための忌日法会において法華八講や懺法をつとめた。僧による孝子説話を引用した唱導が盛んとなったことは、法会の表白や願文、唱導にみられる孝思想が明らかにしているところである。(6)

第一節　父母の仏事──念仏と『法華経』──

一　九条兼実

崇徳天皇皇后の皇嘉門院は養和元年（一一八一）十二月五日、六十歳で亡くなった。翌寿永元年（一一八二）十一月十八日の周闕の法事には曼荼羅供を修し、墓所（石の卒塔婆）において『法華経』一部が供養され、説法があった。異母弟であり猶子であった九条兼実は、旧臣の男女や僧徒ら二十余人とともに、潔斎して懺法を書き、各家で読むとともに、十一月二十八日には懺法の導師として澄憲を招いた。澄憲は女性について、「三世の諸仏の真実の母」「身体髪膚を父に受けず」と説法をした。兼実は日記『玉葉』に、

この中、釈に云はく、一切女人は、三世諸仏の真実の母なり。一切男子は、諸仏真実の父にあらず。故何となれば、仏出世の時、必ず仮に胎内に宿る。縦ひ権化胎生たるの条論無し、父に於ては陰陽和合の儀無し。身体

　髪膚その父に受けず。仍つて父子の道理無き故なり。これに依りこれを言へば、女は男に勝るものかと云々。

と書き留め、女性は優美で衆人は涙を拭う誠に珍重なものである、「この事もつとも珍事、興ある言と謂ふべし」との感想を述べている。澄憲の説法においては、父よりも母の恩が勝れていることを仏典を引き強調されていたのであり、女性の追善仏事が孝子においては懇ろに営まれた[7]。

兼実の父藤原忠通は長寛二年（一一六四）二月十九日（六十八歳、兼実十六歳）、母加賀は久寿三年（一一五六）二月十日（三十三歳、兼実八歳）に死去している。その父母の遠忌（忌日）の仏事はことのほか懇ろであった。兼実は、文治四年（一一八八）からは母の忌日の十日を開白、父の忌日の十九日を結願とする十日間の懺法を修している。兼実自らも懺法を読み、『法華経』を読み、念仏を唱えて「これ父母のためなり」と記している。文治四年二月十三日条には、源義経追討の宣旨について記しているが、伝聞した頼朝の申状を記載している。

　頼朝卿申し送りて云はく、義顕（義経）奥州にある事已に実なり。但し頼朝亡母のため五重の塔婆を造営す。今年重厄に依り殺生を禁断し了んぬ。仍つて追討使を承ると雖も、私の宿意を遂ぐべしと雖も、今年に於いては、一切この沙汰に及ぶべからず。若しかの輩来襲に於てはこの限りにあらず。

源頼朝が亡母の塔婆供養を理由に今年中の追討使辞退を申し出ていることを書き留めたのも、兼実が母の法事中であったためかもしれない。兼実は建久六年（一一九五）九月十五日に或る女房の夢想により、母のために、弟の天台座主慈円と相談し、慈円の粟田口の住坊を如法経供養道場とし、夜に懺法、日の出より写経を始め、翌日母の墓所光明院において小仏事を修し、埋経している。

二　源頼朝

頼朝が母のためにしたという塔婆造営については『吾妻鏡』に記載がみえないが、治承五年（一一八一）三月一日条に、母の御忌日であるので土屋義清の亀谷堂において、箱根山別当行実を導師とし、請僧五人による仏事を修したとの記載がある。頼朝の母は熱田大宮司の藤原季範の娘で、その生没年は詳らかでないが、母逝去（平治の乱以前）にさいしては、母の弟藤原祐範の沙汰により、兼実がその説法に感心した上述の澄憲を請じて唱導師とし、七七日の仏事を厳修したとする。

祐範は季範朝臣の息、二品（頼朝）の御母儀の舎弟なり。御母儀早世の時、七々忌景を迎ふるごとに、澄憲法印を請じて唱導となし、仏経を讃嘆す。(8)

また『吾妻鏡』によると、文治四年（一一八八）四月二十三日、頼朝の持仏堂において、阿闍梨義慶を唱導師として『法華経』の講讃が始まった。「これ毎月二十三日を式日たるべし」と決められたが、この日は御台所（北条政子）の祖母の忌日であるためと記している。

三　源実朝

建仁三年（一二〇三）の九月、頼朝の子実朝（十二歳）は征夷大将軍に任じられると、十月八日元服した。十三日には法華堂において頼朝の追善をつとめ、十四日鶴岡以下諸社に神馬を奉納し、二十五日には荘厳房行勇を招請して、『法華経』を伝授してもらったが、「近習の男女、同じくこの儀に及ぶと云々」とのことである。

『吾妻鏡』に『孝経』（『御注孝経』）が登場するのは、元久元年（一二〇四）・建永元年（元久三年、一二〇六）一月十二日の将軍家読書始め（実朝十三歳・十五歳）の記事であり、侍読は両年ともに相模権守源仲章であった。実朝はまた承元四年（一二一〇）十月十五日、聖徳太子の「十七条憲法」ならびに「逆臣」物部守屋の遺領の収公田の員数・在所の記録、天王寺・法隆寺の太子什宝の目録を閲覧するとともに、十一月二十二日、持仏堂において南無仏太子像の御影を供養している。

第二節　法然と没後の孝養

『選択本願念仏集』（以下『選択集』）第十二章「付属仏名篇」は、『観経』「念仏付属文」、『観経疏』「散善義の付属文」の二文を引き、釈尊が『観経』に定散の義を説いたのは本願念仏の勝徳をあらわすためであるとし、私釈の段において、定散諸行について詳しく述べている。『選択集』のなかでも、本章の私釈の段が一番長く、法然が力をそそいだ重要な章である(9)。

『観経』の三福の経文を引き、善導の『観経疏』「散善義」の三福の釈である第一の福についての「これ世俗の善根なり。曽来《そうらい》いまだ仏法を聞かず、ただみずから孝養・仁・義・礼・智・信を行ず。ゆえに世俗の善と名づく」により、法然は私釈において、孝養父母とは、これについて二あり。一は世間の孝養、二には出世の孝養。世間の孝養とは、『孝経』等の説の如し。出世の孝養とは、律の中の生縁仏事の法の如し。奉事師長とは、これについてまた二あり。一は世間の師長、二には出世の師長。世間の師とは、仁・義・礼・智・信等を教ふる師なり。出世の師とは、聖道・浄土の二門等を教ふる師なり。たとひ余行なしといへども、孝養奉事をもつて、往生の業とするなり。

と、父母に孝養を尽くすことや、師長（恩師）に仕えるということには、「世間」と「出世」の二つがあるとする。世間の孝養とは『孝経』などに説かれているものである。出世の孝養とは、仏道を求める者が守るべき生活規範である『律蔵』のなかに、親子の縁あって生まれることができた、その親に仕えるためには仏教の信仰を勧めて、うやうやしく仕えるべき法が説かれているとおりである。（出世の）孝養を尽くし、（出世の）師長に仕えることが、往生するための業（行為）となるとしている。[10]

嘉禎三年（一二三七）の奥書がある法然の生涯を絵解きするために制作された『伝法絵流通』では、建久三年（一一九二）三月十三日に死去した後白河法皇の菩提を回向するために、大和入道見仏（藤原親盛）が八坂の引導寺において七日間念仏をつとめている。「六時礼讃」の先達は心阿弥陀仏がつとめたが、二条院に所蔵されていた能信授与の法則次第によった。この結願の日には種々の捧げ物があったが、法然がことのほか気色だち戒めたという。

念仏ハ自行のつとめ也。法王（皇）の御菩提に廻向したてまつるところに、布施みくるしき次第也。ゆめ〳〵あるへからす、といましめ給。

これを「六時礼讃」の始めなりとしていて、後白河法皇の追善供養との関係で「六時礼讃」が論じられ、国王と仏法との関係で「六時礼讃のはじまり」が絵解きされているのである。第三十三図「法王（皇）追善六時礼讃」には、善導の『往生礼讃』より、

南無釈迦牟尼等、一切三宝我今稽首礼、廻願往生無量寿国

を引き、住蓮・安楽・心阿弥陀仏・沙弥見仏（藤原親盛）の名前を銘記して、それを見つめる法然の姿が描かれている[11]。

『選択集』の第三章に説かれる、

まさに知るべし、上の諸行等をもつて本願とせば、往生を得る者は少なく、往生せざる者は多からむ。しかれば則ち、弥陀如来、法蔵比丘の昔、平等の慈悲に催されて、普く一切を摂せむがために、造像・起塔等の諸行をもつて、往生の本願としたまはず。ただ称名念仏の一行をもつて、その本願としたまへるなり。

との「あらゆる、すべての人びとを、平等に往生させる」というのが阿弥陀仏の本願である、という法然の教え（解釈）を、称名念仏に結縁を求めた人びとの側から理解する必要がある。『選択集』終末（第十六章）の「庶幾《こいねが》はくは一たび高覧を経て後に、壁の底に埋めて窓の前に遺すことなかれ。おそらくは破法の人をして、悪道に堕せしめざらむがためなり」の「壁の底に埋めて」は、秦の始皇帝の焚書坑儒ののち、魯の恭王が壁の中に塗り込められ

た石函から『古文孝経』を得た伝説（『古文孝経孔伝』）によると説明されている[12]。

法然の説いた称名念仏の信仰は、「没後の孝養」信仰としても勧進されていたのであり[13]、年忌法事に採用され、法然・浄土宗の信仰が展開することになるのである。

第三節　日蓮と父母の孝養

一　唱題のすすめ

日蓮は『守護国家論』『立正安国論』において、法然の『選択集』を謗法として痛烈に批判した。そして弟子や檀那たちには、文永七年（一二七〇）『善無畏三蔵鈔』によると、末法の正法とは『法華経』であり、『法華経』を誹って地獄に堕ちた実例が善無畏三蔵だとし、末法の仏道修行は「南無妙法蓮華経」と唱えることにあるとして、

末代濁悪世の愚人は、念仏等の難行易行等をば抛て、一向に『法華経』の題目を南無妙法蓮華経と唱へ給ふべし。


と唱題の一行を示している[14]。

建治三年（一二七七）八月二十三日付「日女御前御返事」においても、日女が本尊供養のために銭五貫、白米一駄、菓子等を送ってきたのに礼を述べるとともに、

南無妙法蓮華経とばかり唱へて仏になるべき事、尤も大切也。信心の厚薄によるべきなり。仏法の根本は信を以て源とす。

と唱題をすすめ、「日蓮が弟子・檀那の肝要、是より外に求る事なかれ」と伝えている(15)。

日蓮の弟子や檀那たちは、日蓮の他宗を非難する布教方法には少なからず危惧をもっていた。流罪地の佐渡塚原から弟子檀那中に宛てた文永九年（一二七二）三月二十日付書簡である「佐渡御書」には、この年の正月十六日・十七日に、印性房を棟梁とする佐渡国の念仏者ら数百人が日蓮の許にやって来て、

法然上人は『法華経』を抛てよとかゝせ給ふには非ず。一切衆生に念仏を申させ給ひて候。此大功徳に御往生疑なしと書付て候を、山僧等の流されたる並に寺法師等、善哉善哉とほめ候を、いかがこれを破し給ふと申き。

と批判したので彼らを折伏したことについて、日蓮は「鎌倉の念仏者よりもはるかにはかなく候ぞ。無慚とも申す計りなし」と伝えている。また、書簡文末においては、

日蓮御房は師匠にておはせども、余りにこはし（剛）。我等はやはらかに『法華経』を弘むべしと云はんは、螢火が日月をわらひ、蟻塚が華山を下し、井江が河海をあなづり、烏鵲が鸞鳳をわらふなるべし、わらふなるべし。南無妙法蓮華経。

と、その過激な布教にとまどう弟子や檀那たちを一笑している[16]。

弘安三年（一二八〇）十二月の『諫暁八幡鈔』においても、「我弟子等がをもわく、我が師は『法華経』を弘通し給ふとてひろまらざる上、大難の来れるは、真言は国をほろぼす、念仏は無間地獄、禅は天魔の所為、律僧は国賊との給ふゆへなり。例せば道理有る問注に悪口のまじわるがごとしと云々」との疑念を持つ弟子たちがいたようである。反詰するので日蓮が答えてみよといい、一切の真言師・一切の念仏者・一切の禅宗等に向って南無妙法蓮華経と唱え給えと勧進したなら、

彼等云く、我が弘法大師は……。物の用にもあわぬ『法華経』を読誦せんよりも、其口に我が小呪を一反も誦すべし。一切の在家の者の云く、善導和尚は『法華経』をば千中無一、法然上人は捨閉閣抛、道綽禅師は未有一人得者と定めさせ給へり。汝がすゝむる南無妙法蓮華経は我が念仏の障なり。我等設ひ悪をつくるともよも唱へじ。

といって拒むので、どのようにしても南無妙法蓮華経の良薬を彼らの口に入れることができないではないかと述べ、他宗を厳しく攻撃しなければならない理由を示している[17]。

日蓮は鎌倉の武家政権のもとで唱題をすすめていた。したがって、「佐渡御書」の追伸において「外典の書『貞観政要』すべて外典の物語、八宗の相伝等、此等がなくしては消息もかゝれ候はぬに、かまへてかまへて給候べし」と消息執筆のため書物を依頼しているように、武家の日常の忠孝の例を示しながら唱題をすすめていた[18]。その中心におかれていたのが『孝経』に説かれる父母の孝養であった[19]。

二　『法華経』と『孝経』

『開目抄』は日蓮が文永九年（一二七二）、流罪地の佐渡塚原の三昧堂において、法難に対する弟子や信徒の疑念を晴らすために執筆した書物である。日蓮遺文中の最長篇であり、『観心本尊抄』とともに遺文の中心をなし、『立正安国論』と合わせ日蓮三大部の一つとされている[20]。

『開目抄』の冒頭は、一切衆生の尊敬すべきものが三つある、それは主（君）・師・親である。また習学すべき物も三つある、儒（儒教）・外（仏教以外のインド諸教）・内（仏教）であることから説き始める。そして、「人身を受けたる者、忠孝を先とすべし」「人の師と申は、弟子のしらぬ事を教たるが師にては候なり」といい、

外典三千余巻の所詮に二あり。所謂、孝と忠となり。忠も又孝の家よりいでたり。孝と申すは高也。天高けれども孝よりも高からず。又孝とは厚也。地あつけれども孝よりは厚からず。聖賢の二類は孝の家よりいでたり。何況や、仏法を学せん人、知恩・報恩なかるべしや。仏弟子は必ず四恩をしつて、知恩・報恩ほうずべし。

と儒家の説く「孝」より、四恩、知恩・報恩を大切にすべきことを教えている[21]。ただ、儒教の説く「孝養」は現世に限られたものであり、過去・未来を知らなければ父母・主君・師匠の後世をたすけることができないので「不知恩の者」だという。孔子がこの土には賢聖はいない、西方に仏図（仏陀）という者がいるがこれが聖人だと述べて、外典を仏法の初門としたことを解き明かしている。「礼楽等を教えて、内典わたらば戒・定・慧をしりやすからせんがため、王臣を教えて尊卑をさだめ、父母を教えて孝の高きことをしらしめ、師匠を教えて帰依をしらしむ」の

だとする。このことは僧侶も語り、仏典にも記載されているとして、次のような文章を引いている。

・妙楽大師云「仏教の流化、実に茲に頼る。礼楽前《さ》きに駈せて、真道後に啓《ひら》く」（『止観輔行伝弘決』巻六）等云々。

・天台云「金光明経に云く、一切世間の所有の善、皆此の経に因る。若し深く世法を識れば、即ち是れ仏法なり」（『摩訶止観』巻六）等云々。

・止観云「我、三聖を遣はして、彼の真丹《(震旦)》を化す」（『摩訶止観』巻六）等云々。

・弘決云「清浄法行経に云く、月光菩薩、彼に顔回と称し、光浄菩薩、彼に仲尼と称し、迦葉菩薩、彼に老子と称す。天竺、此の震旦を指して、彼と為す」（『止観輔行伝弘決』巻六之三）等云々(22)。

そして、『観経』の韋提希夫人の「世尊、また何等の因縁あつて提婆達多と共に眷属たるや」との仏に対する疑問に答えられているのが『法華経』であり、「『観経』を読誦せん人、『法華経』の提婆品へ入らずば、いたづらごとなるべし」と説いている。『法華経』こそ来世の父母の成仏をたすけるものであることを、「提婆品」に説かれる悪人成仏と女人成仏の二箇の諌暁より教えている。

龍女が成仏、此一人にはあらず、一切の女人の成仏をあらわす。『法華経』已前の諸小乗経には、女人の成仏をゆるさず。諸大乗経には、成仏往生をゆるすやうなれども、或は改転の成仏にして、一念三千の成仏にあらざれば、有名無実の成仏往生なり。「挙一例諸《こいちれいしょ》」と申して、龍女が成仏は、末代の女人の成仏往生の道をふみあけたるなるべし。

龍女成仏は一切の女人の成仏を示したもので、末代の女人の成仏や往生の道を開いたものだとする。女人成仏・悪人成仏を顕すことで、父母の成仏を顕す『法華経』は儒家の孝養が今生に限るものであることからすれば、内典（仏教経典）のなかの『孝経』だというのである。

儒家の孝養は今生にかぎる。未来の父母を扶《たすけ》ざれば、外家の聖賢は有名無実なり。外道（は）過・未をしれども父母を扶くる道なし。仏道こそ父母の後世を扶れば聖賢の名はあるべけれ。しかれども『法華経』已前の大小乗経の経宗は自身の得道猶かなひがたし。何況や父母をや。但文《もん》のみあ（り）て義なし。今、法華経の時こそ、女人成仏の時、悲母の成仏顕はれ、達多の悪人成仏の時、慈父の成仏も顕るれ。此の経は内典の孝経也。二箇のいさめ了。（傍線は筆者。以下同）

以上、『開目抄』における父母の孝養について紹介したが、日蓮の遺文中には『開目抄』と同じ「孝」の説明がくり返しなされている。

建治三年（一二七七）四月とされる、曾谷教信（法号法蓮）の父十三回忌の消息に対しての日蓮の返書『法蓮抄』には、教主釈尊を大覚世尊というのは、釈尊が孝養第一の大人であるからだといい、『法華経』こそ仏が孝養を説かれたものであり、孝経と申すに二あり。一には外典の孔子と申せし聖人の書に『孝経』あり。二には内典、今の『法華経』是也。

内外異なれども其意は是同し。(23)


と孔子の『孝経』と『法華経』は、同じ父母の孝養を説いた「孝経」であるから、儒教・仏教の教えの中心にあるのは「孝養」であることを明かしている。

佐渡阿仏房の妻千日尼への弘安元年（一二七八）七月二十八日の返書「千日尼御前御返事」においても、外典の『孝経』等では現世は養うことができても、後世を助けることができない。父母を成仏させることこそ真実の孝養であり、ことに母の大恩に報じるためにも『法華経』の題目を一切の女人は唱えるべきことを教えている。(24)

日蓮はまた、主君や親と対立した弟子や檀那たちには、『古文孝経』「諫諍章　第二十」にみえる、

父に争ふ子あれば、すなはち身不義に陥らず。故に不誼に当つては、すなはち子以て父に争はざるべからず。

臣以て君に争はざるべからず。故に不誼に当つては、すなはちこれを争う。


を引き、「外典の『孝経』にも父・主君に随わずして忠臣・孝人なるやうもみえたり」と、不義にあたっては父や主君と諫め争わなければならないとする。そして「内典仏教云」として「棄恩入無為真実報恩者等云々」（『心地観経』）を引き、親と対立し、主君に背いても、『法華経』信仰を護持せよと説くのである。(25)

註

(1) 読書始めと『孝経』については、林秀一『孝経学論集』第四編「孝経の伝来とその影響――写本時代を中心として――」「御読書始の御儀に就いて」(明治書院、一九七六年)。尾形裕康「就学始の史的研究」(『日本学士院紀要』八-一号、一九五〇年)参照。また、田中徳定『孝思想の受容と古代中世文学』(新典社、二〇〇七年)第二部第三章「『源氏物語』における天皇の孝心」は、平安時代の日本では『孝経』が天皇の倫理観の基盤になっていたと考えられ、『孝経』に説かれる孝思想は、天皇の思考や行動の規範になっていたと考えられるとし、このことは当然物語に描かれる天皇の思考のあり方や行動にも反映したはずであるとして、『源氏物語』における天皇の孝心を読み取っている。近年の研究としては、稲城正己「菅原道真の仏教的言説とその継承――『菅家文草』から「賽菅丞相廟願文」へ――」(武田佐知子編『太子信仰と天神信仰――信仰の表現と位相――』思文閣出版、二〇一一年)が、道真が作成した天皇を仏・菩薩の応化身とする誌文や法会願文のなかで「恩」「孝」「仁」「忠」といった言葉を頻繁に使用することの意味を探り、上園孝弘「北野天神縁起絵巻と孝養思想――霊験譚「銅細工娘の段」の成立――」(『佛教大学大学院紀要文学研究科篇』第三九号、二〇一一年)が、天神信仰の展開に孝養譚の果たした役割を考察していて興味深い。

(2) 新釈漢文大系『孝経』(明治書院)の訓読による。『孝経』の伝来や研究史、諸本の訳注については、林秀一『孝経(古文孝経)』(明徳出版社、一九七九年)、竹内弘行『孝経(今文孝経)』(たちばな出版、二〇〇七年)、加地伸行『孝経(十三経注疏本)』(講談社学術文庫、二〇〇七年)等があり、参考とした。

(3) 天理図書館善本叢書和書之部第五十七巻『平安詩文残篇』(八木書店、一九八四)、『続群書類従』雑部。

(4) 【語釈】
・「三日而食」古礼、父母死して三日の間は食らわず、三日を過ぎ、納棺して、すなわち粥を食らう習わし。
・「此聖人之正也」これが聖人の[定められた喪に関する]正しい制度なのである。
・「喪不過三年」『礼記』檀弓《だんぐう》上には、「喪三年以為極亡」とある。
・「棺槨」棺は内棺。屍を納めるもの。槨は外棺。棺を納めるもの。
・「衣衾」衣は斂衣《れんい》。入棺の際、尸《しかばね》に着せるころも。衾は衾被。尸をつつむ単衣のふとん。
・「簠簋」供え物を盛る祭器。

・「哭泣擗踊」中国で葬式のとき、死を悲しんで男女がもだえおどる儀式。
・「卜其宅兆」宅は墓穴。兆は墓域。墳墓の土地を卜い定める。
・「以鬼享之」人の死して神になるを鬼という。享は祀るなり。鬼の礼を以て享祀すること。三年の喪の未だ終わらないときは、木主《いはい》を立て堂に奉じ、なお人としての礼を以てこれに事えるが、すでに三年の喪を終えると、その木主を先祖の廟に合祀して、鬼の礼を以てこれを祀った。享とは供物を供えて祀ること（林秀一『孝経』（註〈2〉）。

儒教の死生観については、加地伸行『儒教とは何か』（中公新書、一九九〇年）、前掲註（2）同『孝経』に詳しい。

（5）岩波文庫『浄土三部経』下。現代語訳については、大乗仏典6『浄土三部経』（中央公論社、一九七六年）を参考にした。

（6）村山修一『鎌倉時代の庶民生活』（臼井書房、一九四九年）前篇「鎌倉時代庶民の仏教教化と社会教育」、前掲註（1）田中徳定『孝思想の受容と古代中世の文学』、工藤美和子『平安期の願文と仏教的世界観』（思文閣出版、二〇〇八年）、小峯和明『中世法会文芸論』（笠間書院、二〇〇九年）に研究史が整理されているので列挙しないが、阿部泰郎・牧野和夫の一連の研究が高く評価される。孝子伝の研究については、黒田彰『孝子伝の研究』（思文閣出版、二〇〇一年）参照。

（7）前掲註（6）小峯和明『中世法会文芸論』一一八頁以下の「悲母の法会唱導」参照。日本においては、歴史上の人物を仏・菩薩が衆生を救済するために、仮に人間の姿にかえてこの世に現れた「権者」「権化」であり、衆生救済の生涯が語られる場合、父の存在や、その影響については語られない（今堀太逸『権者の化現――天神・空也・法然――』、思文閣出版、二〇〇六年）。

（8）『吾妻鏡』文治四年（一一八八）十一月一日条、建久二年（一一九一）八月一日条参照。

（9）大橋俊雄校注『選択本願念仏集』（岩波文庫）による。

（10）「出世の孝養」に関する仏典については『望月仏教大辞典』「孝養」に詳しい。

（11）中井真孝編『善導寺所蔵『本朝祖師伝記絵詞』本文と研究』（佛教大学アジア宗教文化研究所、二〇〇七年）。今堀太逸『本地垂迹信仰と念仏』第四章「法然上人『伝法絵流通』と関東」（法藏館、一九九九年）参照。

(12) 石井教道著『選択集全講』(平楽寺書店、一九七九年) 五三七頁、六九七頁以下。

(13) 『選択集』撰述に協力した僧侶たちは念仏勧進にも積極的であった。いずれも九条兼実や弟の天台座主慈円と関係の深い貴族出身の天台僧であり、天台円頓戒継承者である。ことに証空・源智・親鸞の念仏勧進は『選択集』に基づく勧進活動の実践である。青木淳氏は、重源入滅後、快慶の活動が天台座主慈円、安居院澄憲との関係を通じて新たな造像の場を獲得し、建暦二年(一二一二)の法然入滅前後より、法然門下との積極的な関係が結ばれていることを、東寿院像への信空・感聖の結縁、清凉寺釈迦像修理における念仏房の活動、快慶弟子行快による源智発願による阿弥陀仏像の造立から指摘している。同「仏師快慶とその信仰圏」(伊藤唯真編『日本仏教の形成と展開』、法藏館、二〇〇二年)。中西随功「証空の造形芸術と信仰」(同上)、同『証空浄土教の研究』(法藏館、二〇〇九年)。

(14) 『昭和定本日蓮聖人遺文』(以下『昭和定本』と略称) 第一巻(総本山身延久遠寺、一九五二年) 四六六頁。遺文の引用にあたっては、一部改めた箇所がある。

(15) 『昭和定本』第二巻、一三七六頁。藤井学「法華専修の成立について」(『法華宗と町衆』法藏館、二〇〇三年)。

(16) 『昭和定本』第一巻、六一六頁。日本古典文学大系『親鸞集　日蓮集』。

(17) 『昭和定本』第二巻、一八四五頁。日本思想大系『日蓮』。

(18) 『昭和定本』第一巻、六一九頁。高木豊『日蓮――その行動と思想――』(評論社、一九七三年)「Ⅳ日蓮の宗教と社会」、川添昭二『日蓮とその時代』(山喜房佛書林、一九九九年) 第二編第六章「中世の儒教・政治思想と日蓮」参照。川添氏は上記論考において、日蓮が天台の影響下に五戒五常説の立場をとり、忠・孝の実践を高唱したこと、とくに『孝経』『貞観政要』にみられる儒教思想を媒介とし、『御成敗式目』を中核とする法意識によって、信徒の武士層に儒教的善政思想を吹き込んでいたことを指摘している。『御成敗式目』第十八条～二十六条の家族法にみられる父母の恩と不孝の罪業、忠孝と親子の義絶、親の悔返権と所領安堵の下文等参照(日本思想大系『中世政治社会思想　上』所収、岩波書店)。

(19) 『持妙法華問答鈔』謗法を誡め、『法華経』の信心を勧奨する。弘長三年(一二六三)の成立とされるが、建治二年(一二七六)・弘安三年(一二八〇)の両説あり。

・其人を毀は其法を毀る也。其子を賤むるは即ち其親を賤しむ也。爰に知ぬ、当世の人は詞と心と総てあはず。

『孝経』を以て其親を打つが如し（『昭和定本』第一巻、二八二頁）。

◇『曾谷入道殿許御書』文永十二年（一二七五）三月十日付、日蓮が身延から下総の曾谷教信・太田乗明に宛てた、漢文体の書状。

・孔丘の『孝経』提レ之打二父母之頭一、釈尊の『法華経』誦レ口違二背於教主一、不孝国此国也（『昭和定本』第一巻、九〇〇頁）。

(20)『昭和定本』第一巻、五三五頁。引用は日本古典文学大系『親鸞集　日蓮集』、三二八頁以下による。

(21) 法然門下の知恩報恩の信仰については「知恩講」より指摘できる。ことに親鸞門流では、親鸞の講を「報恩講」と称し、宗祖法然と派祖親鸞の二人の祖師講が蓮如の頃まで行われていた。

(22) これらの典籍を引用して、平康頼『宝物集』、無住『沙石集』『雑談集』、『神道集』所収の諸社の縁起等において日本の神々と仏菩薩の関係が説かれ本地垂迹信仰が展開した。前掲註（6）村山修一『鎌倉時代の庶民生活』前篇「鎌倉時代庶民の仏教教化と社会教育」、今堀太逸『神祇信仰の展開と仏教』（吉川弘文館、一九九〇年）参照。

(23)『昭和定本』第一巻。

・今法蓮上人の送り給へる諷誦の状に云く、慈父幽霊第十三年の忌辰に相当り、一乗妙法蓮華経五部等を転読奉る云々、夫れ教主釈尊をば大覚世尊と号したてまつる。世尊と申す尊字の一字を高と申す、高と申す一字は又孝と訓ずるなり。一切の孝養の人の中に第一の孝養の人なれば世尊とは号し奉る。釈迦如来の御身は金色にして三十二相を備へ給ふ。（中略）是孝養第一の大人なればかゝる相を備へまします（九四三頁）。

・『法華経』と申すは一切衆生を仏になす秘術まします御経なり。（中略）仏は『法華経』をさとらせ給ひて、六道四生の父母孝養の功徳を身に備へ給へり。此仏の御功徳をば『法華経』を信ずる人にゆづり給ふ。例せば悲母の食ふ物の乳となりて赤子を養ふが如し（九四四頁）。

(24)『昭和定本』第二巻、一五四二頁。

・父母の恩の中に慈父をば天に譬へ、悲母をば大地に譬へたり。いづれもわけがたし。其中悲母の大恩ことにほうじがたし。此を報ぜんとをもうに、外典の三墳・五典・『孝経』等によて報ぜんとをもへば、現在をやしないて後生をたすけがたし。身をやしない魂をたすけず。内典の仏法に入て五千七千余巻の小乗大乗は、女人成仏かたければ悲母の恩報じがたし。小乗は女人成仏一向に許されず。大乗経は或は成仏、或は往生を許したるやうなれども仏の仮言にて実事なし。
・但、『法華経』計りこそ女人成仏、悲母の恩を報ずる実の報恩経にて候へと見候しかば、悲母の恩を報ぜんために此経の題目を一切の女人に唱へさせんと願す。其に日本国の一切の女人は漢土の善導、日本の慧信・永観・法然等にすかされて、詮とすべき南無妙法蓮華経をば、一国の一切の女人も唱ふることなし。……弥陀念仏は女人たすくる法にあらず、必ず地獄に堕ち給ふべし。
◇「刑部左衛門尉女房御返事」（弘安三年〈一二八〇〉十月二十一日の述作とされる。女房が母の十三回忌に当たって、供養料として銭二十貫文を献納したのにたいする返事）。
・夫れ外典の『孝経』には、唯今生の孝のみをしへて、後生のゆくへをしらず。身の病をいやして、心の歎きをやめざるが如し。内典五千余巻には人天二乗の道に入れて、いまだ仏道へ引導する事なし（『昭和定本』第二巻、一八〇六頁）。
（25）『兄弟鈔』文永十二年（一二七五）四月十六日、日蓮が身延から池上右衛門大夫宗仲と兵衛志宗長の兄弟に与えた書状。
・一切はをやに随ふべきにてこそ候へども、仏になる道は随はぬが孝養の本にて候か。されば『心地観経』には孝養の本をとかせ給ふには、棄恩入無為真実報恩者等云々。言はまことの道に入るには、父母の心に随はずして家を出て仏になるが、まことの恩をほうずるにてはあるなり。世間の法にも、父母の謀反なんどををこすには随はぬが孝養とみへて候ぞかし。『孝経』と申す外経にみへて候（『昭和定本』第一巻、九二八頁）。
◇『報恩抄』建治二年（一二七六）七月二十一日。建治二年六月頃死去した旧師道善房に対する報恩感謝追善回向のために撰述し、弟子日向を使者として清澄の浄顕・義城に送り、師の墓前で読誦させた。生涯法華入信を拒んだ旧師道善房の謗法を批判しつつも、『法華経』の行者の高い立場から、亡き師の聖霊を回向し救済しようとしたもの。
・外典の『孝経』にも、父母・主君に随わずして忠臣・孝人なるやうもみえたり。内典の仏教に云く、「棄恩入無為真実報恩者等云々」（『昭和定本』第二巻、一一九二頁）。
◇「下山御消息」建治三年（一二七七）六月付。日蓮が因幡房日永に代わって起草した下山兵庫五郎に提出した弁明書。

・外典の『孝経』には、子父臣君諍ふべき段もあり。内典には「棄恩入無為真実報恩者」と仏定給ひぬ。悉達太子は閻浮第一の孝子也、父の王の命を背きてこそ、父母をば引導し給ひしか（『昭和定本』第二巻、一三四五頁）。

◇「頼基陳状」建治三年（一二七七）六月二十五日。身延で日蓮が頼元（四条左衛門尉）の代作をした江馬氏への陳状。

・同下状云、是非につけて主親の所存には相随はんこそ仏神の冥にも、世間の礼にも手本と云々。

・此事最第一の大事にて候へば、私の申し状恐れ入り候間、本文を引くべく候。『孝経』に云く、「子不可以不争於父、臣不可以不争於君」。鄭玄（『鄭注孝経』）曰、「君父有不義臣子不諫、則亡国破家道也」。新序（劉向『新序』）曰く、「主暴不諫非忠臣也、畏死不言非勇士也」。伝教大師云く……。『法華経』に云く、我不愛身命但惜無上道文。『涅槃経』に云く……。文の如くば教主釈尊は日本国の一切衆生の父母也、師匠也、主君也」（『昭和定本』第二巻、一三五五頁）。

第二章　『平家物語』と神国・孝養・往生

はじめに

『平家物語』『義経記』には、天災・飢饉・疫病・社会不安により死を目前にしながら生きていかねばならなかった人びとの信心と供養が語られている。両書の重要な場面に、法然が登場して浄土宗の念仏の教えを説いている。

本章「『平家物語』と神国・孝養・往生」では、『平家物語』における源頼朝・義経、平重盛・重衡兄弟の語りを中心に、神国日本における武士の孝と忠について考える。そして、王法仏法興隆の象徴である東大寺を焼き討ちした平清盛・重衡親子、建礼門院の語りをとおして、浄土宗の念仏と鎮魂について読み解く。

第一節　源頼朝と義経

一　巻五「福原院宣」

『平家物語』はよく無常観を主題にしているといわれているが、筆者は神国日本における「武士の生き方」を示

すために作られたものだと考えている。(1)

例をあげてみる。源頼朝は高雄の文覚が福原で後白河法皇より賜ってきた「院宣」により挙兵する。伊豆で流人生活を送っていた頼朝は、命を助けられた故・池の尼御前（池禅尼）の後世を弔うために、毎日『法華経』を転読するほか他事なしとの毎日であった。頼朝に謀叛の挙兵をすすめる文覚は、「天の与えるをとらざれば、かえってその咎めを受ける。時がいたっているのに行わないと、その殃を受ける」との本文があるとし（『史記』）、父義朝の髑髏（偽物）を見せた。父の髑髏を見た頼朝が、勅勘の身であり謀叛のための挙兵はできないと語ると、文覚は福原の都に急ぎ、後白河法皇より平氏討伐の院宣を賜り持参した。その「院宣」を読んでみる（抄訳）。

平氏は王皇を蔑如して、政道に憚る事がない。仏法を破滅して朝威を滅ぼそうとしている。それ我が朝は神国であり、宗廟あいならんで神徳はあらたかである。その故に朝廷開基の後、数千余歳のあいだ、帝猷を傾け国家を危うくしようとした者は皆敗北している。しかれば則ち、かつは神道の冥助にまかせ、かつは勅宣の旨趣を守って、早く平氏の一類を誅して、朝家の怨敵を退けよ。譜代弓箭の兵略を継ぎ、累祖奉公の忠勤を抽んで て、身をたて家を興すべし。

『平家物語』では、頼朝はこの法皇の院宣を錦の袋に入れて首にかけ、石橋山の合戦を戦ったと語っている。

二　巻十一「腰越」

文治元年（元暦二年、一一八五）五月、平家滅亡後、頼朝の弟義経は捕虜となった平宗盛父子を伴い鎌倉に向かうが、兄頼朝は梶原景時の讒言を入れて腰越に追い返した。義経は大江広元に心中を訴える書状を送り、とりなしを依頼したのが「腰越状」である。

源義経恐ながら申し上げ候意趣者、御代官の其一つに撰ばれ、勅宣の御使として、朝敵をかたむけ、会稽の恥辱をすゝぐ。……将又《はたまた》、先世の業因の感ずる歟。悲しき哉、此条、故亡父尊霊再誕し給はずは、誰の人か愚意の悲歎を申しひらかん。いづれの人か哀憐をたれられんや。事あたらしき申状、述懐に似たりといへども、義経、身体髪膚を父母にうけて、いくばくの時節をへず。故守殿《（頭）》御他界の間……。

頼朝の代官の一人として、勅宣の使いとして、朝敵を傾け会稽の恥辱（平治の乱での敗戦）を濯ぐ、故亡父尊霊（義朝）の再誕がなかったならば、誰もわたしの悲歎を理解し、哀れみを垂れるものはないであろうと悲歎している。義経は身体髪膚を父母にうけて、いくばくの時節をへず孤児となった。義仲を誅戮し平家を滅ぼしたのも、亡魂（父義朝）の憤りをやすめ奉らんがためであり、年来の宿望をとげんと欲するほかに他事はないとの心境を書き記している。武勇の家に生まれた頼朝・義経兄弟は、父敗戦の恥辱を晴らさんがために挙兵したとするのである。

三　巻十二「紺掻之沙汰」

文覚は、義朝の使用人であった紺掻《こんかき》の男が東山円覚寺に納めていた、義朝の本物の髑髏を鎌倉に届けた。頼朝は亡き父の首を手厚く供養し、朝廷は亡魂に贈官贈位をおこなった。

文覚は自分の首に義朝の首をかけ、弟子の首に鎌田兵衛（正清）の首をかけさせ鎌倉に下ると、片瀬河まで迎えに出た頼朝は「色の姿」（喪服）になり、泣く泣く鎌倉に入ると、文覚を大床に立たせ、自分は庭に立って受け取った。この姿を見た大名・小名はみな涙を流し、石巌を切り払い新たな道場を作り、父の御ためと供養して勝長寿院と名付けた。公家（朝廷）においても哀れと思い、内大臣正二位を贈った。

頼朝卿武勇の名誉長ぜるによッて、身を立て家をおこすのみならず、亡父聖霊贈官贈位に及びけるこそ目出たけれ。

この『平家物語』における頼朝・義経の語りにおいては、頼朝・義経兄弟を孝子（孝道の実践者）として描いているのである。頼朝・義経兄弟が朝敵平家を討ち滅ぼすために挙兵の決意をし、源家が父の恥辱を晴らしたのである。以下、筆者が注目する『孝経』の影響を次にあげる。

第二節　平重盛と重衡

一　巻二「教訓状」

『平家物語』に登場する平重盛は、父清盛の悪逆ぶりを強調するために、平家一門のなかではただ一人理想的な善人（孝子）として描かれている。鹿ケ谷事件に際して、父清盛を諫めた話はあまりにも有名で、頼山陽は『日本外史』に、「忠ならんと欲すれば則ち孝ならず。孝ならんと欲すれば則ち忠ならず。重盛の進退ここに窮る。生きてこの感に覯《あ》はんよりは死するに若かず。大人（清盛）必ず今日の挙を遂げんと欲せば、先づ重盛の首を刎ね、然る後に発せよ」と記している。(2)

その重盛は、父を諭すのに「御運ははや末になりぬと覚え候。人の運命の傾かんとては、必ず悪事を思ひ立ち候なり」と語っている。その「悪事」については、日本国は天照大神の御子孫が国主として統治し、天児屋根尊《あまのこやねのみこと》の末である藤原摂関家が朝廷政治をつかさどる神の国である。武家である平家一門の務めとは朝敵を平らげることにある。神々の末裔ではない人臣の身でありながら、政治に関与したことが平家が滅ぶ原因になったのだと、琵琶法師たちは聴衆に語っていたのである。

・我が朝は辺地粟散の境と申しながら、天照大神の御子孫、国の主として、天の児屋根の尊の御末、朝の政をつかさどり給ひしよりこのかた、太政大臣の官に至る人の、甲冑をよろふ事、礼儀を背くにあらずや。
・世に四恩候。天地の恩、国王の恩、父母の恩、衆生の恩、これなり。その中にも尤も重きは朝恩なり。普天の下、王地にあらずという事なし。
・みだりがはしく法皇を傾け奉らせ給はん事、天照大神、正八幡宮の神慮にも背き候なんず。日本はこれ神国なり。神は非礼を亨け給はず。

『平家物語』において、場面を変え、人間を替えてくり返し出てくるのは、「日本は神の国であり、その子孫が天皇である」「神は非礼を亨けず」との一文である。また、それに加えて、武家は朝恩（朝廷・天子の恩）に報いることを第一とし、父母の恩は山よりも高い、親への孝養に努めよと説くことである。

図1　阿弥陀堂の大念仏（『平家物語絵巻』巻3　灯籠の沙汰　岡山・林原美術館所蔵）

神国日本において、武家である平家の一門が「無双の忠」「奉公の忠勤をつくす」ということは、「代々の朝敵を平らげて、四海の逆浪をしづむる事」であり、民のために「撫育の哀憐」をいたすことだと語る。そうすることにより平家一門は「神明の加護」にあずかり、「仏陀の冥慮」に背くことはないのだと「教訓」している。

二　巻三「灯炉之沙汰」

温厚・誠実な重盛が仏道に深く帰依していたことを明らかにしている。東山の麓に阿弥陀仏の四十八願になぞらえて四十八間の御堂を建て、一間に一つ、四十八の灯籠をかけたので、極楽浄土にあるという九品の蓮台が眼前に耀いているようであった。大念仏が行われると、自らも行道のなかに入り、西方に向かい「南無安養教主弥陀善逝、三界六道の衆生を、普く済度し給へ」と回向発願したと述べている（**図1**）。

ところで、『法然上人行状絵図』（巻四十五第一段）では、勢観房源智を重盛の孫、師盛の子とする。母親が法然に差し上げた子で、法然はこの子を天台座主慈円に預けたが、まもなく法然の草庵に戻り仕えた。法然はこの重盛の孫を憐れみ、晩年には、浄土の法文を教示し、円頓戒を附属するとともに、末世の人たちが手本として用いることができるようにと「一枚起請文」を授けたとする。

源智は平家の出身のようであるが、重盛の孫であることの確証はない。法然伝の作者は平曲を聞いた人たちが、法然の生涯を学ぶ効果を期待していることを考慮に入れる必要がある(3)。

三　巻十「戒文」

平重盛の弟重衡は、南都を焼き討ちした仏法の大敵であり、悪人である。その重衡に、法然が説法するくだりがある。少し長文であるが引用してみたい。

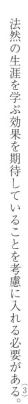

誠に受難き人身をうけながら、むなしう三途にかへり給はん事かなしんでもなをあまりあり。しかるを今穢土をいとひ、浄土をねがはんに、悪心を捨て善心発しましまさん事、三世の諸仏も定て随喜したまふべし。それについて出離の道まち〳〵なりといへども、末法濁乱の機には、称名をもッて勝れたりとす。……罪ふかければとて卑下したまふべからず。十悪五逆廻心すれば、往生をとぐ。功徳すくなければとて、望をたつべからず。一念、十念の心を致せば、来迎す……。浄土宗の至極をの〳〵略を存じて、大略是を肝心とす。但往生の得否は、信心の有無によるべし。たゞふかく信じて、ゆめ〳〵疑ひをなし給ふべからず。

図2　法然に受戒の礼を贈る重衡、黒谷に帰りゆく法然（『平家物語絵巻』巻10　戒文　岡山・林原美術館所蔵）

法然より浄土宗の教えを聴聞した重衡は受戒を願い出た。重衡が出家しなければ戒を保つことはできないのかと質問すると、法然は「出家せずとも戒を保つことはできる。世の常の習いだ」と、額に剃刀を当てて剃る真似をして十戒を授けた。重衡はそのありがたさに随喜の涙を流し、布施に父清盛の遺品「松陰の硯」を差し上げたとしている（図2）。

この法然の「浄土宗の説法」は、法然の法語集との関係が興味深い。というのも、『平家物語』原形のなかに存在していたとするなら、最古の法然の絵伝である『伝法絵流通』（嘉禎三年〈一二三七〉）、親鸞の『西方指南抄』（康元元年〈一二五六〉）、了慧道光の『黒谷上人語燈録』（文永十一年〈一二七四〉）といった門弟たちが編纂した伝記・法語・遺文集との交渉が注目されるのである。

四　巻十一「重衡被斬」

重衡の最期であるが、最期を見届けようとやって来た昔の家来（木工右馬允知時）が、仏像を調達し、狩衣の袖の紐をほどき、その紐を五色の糸に見立て、仏像の手にかけ、一方の端を持たせると、「造った罪は重いけれども、それによって本当の仏の教えにあうことができた。私の罪である南都焼き討ちは、私自身の思いで行ったことではない。王命（天皇）であり、父の命令であった。誰も背くことができないことである」との言葉を残している。ここでも朝恩や父母の恩に背いてはならないことが説かれている。

続いて、

一念弥陀仏、即滅無量罪、願はくは逆縁をもッて順縁とし、只今の最後の念仏によッて、九品詫生をとぐべしとて、高声に十念となへつゝ、頸をのべてぞきらせられける。

と念仏往生を遂げたとある。重衡の首は般若寺の大鳥居の前にかけられた。その首は胴体とともに妻の大納言佐殿に引き取られ京都日野において供養されることになるが、その弔いを手伝い、協力したのが大仏の勧進聖である重源だとする。

　頸をば、大仏のひじり、俊乗房《重源》にとかくの給へば、大衆にこうて日野へぞつかはしける。頸もむくろも煙になし、骨をば高野へをくり、墓をば日野にぞせられける。

とあるが、『平家物語』では重源と法然とは無関係である。重源は法然伝や軍記物が展開するなかで、法然の弟子となっていくのである。

読み本として展開した『平家物語』の異本である『源平盛衰記』（「通俗日本全史」所収）の重衡の段（巻三十九）では、

　上人《法然》剃刀をとり、三位中将《重衡》の頂に三度宛て給ふ。初めには、三帰戒を授け、後には十重禁をぞ説き給ふ。

と物語られる。

九条兼実が日記『玉葉』に記しているように、法然といえば授戒と念仏である。『源平盛衰記』では、

　此法然上人と申すは、本美作国久米南条稲岡庄の人なり。父は押領使染《漆間》氏、母は秦氏、一子なき事を嘆きて

仏神に祈る。母、髪剃を呑むと夢に見て妊みたりければ、父、「汝が産みなん子、必ず男子として、一朝の戒師たるべし」と（夢を）合せたりけり。

と、法然が日本国の戒師として生まれたのだと紹介している。法然伝では鎮西派の『琳阿本』に登場する記事（親鸞門流では強調されない）であり、『源平盛衰記』との交渉が注目される。それとともに興味をひくのは、重源を法然の弟子として登場させていることである（巻四十五）。

彼の俊乗上人と申は、左馬大夫季重が孫、右衛門大夫季能が息男、黒谷の法然房の弟子なり。慈悲深くしてものを憐む、上醍醐に蟄居して、専ら憂世を厭ひける程に、東大寺造営の大勧進に補せらる。

重源は、その消息や勧進状が東大寺文書として伝えられているように、『法華経』との結縁をすすめ、『大般若経』の転読もしている。法然の名声が高まるとともに弟子の一人として語られたのである。

第三節　平清盛と建礼門院

一　清盛の悪行、善根と長生き

平家の悪行について、巻五「都遷」においては、摂禄《（鎌）》の臣の御子息《（藤原良通）》、凡人の次男《（平頼盛）》に加階こえられ給ふ事……。

一天の君、万乗の主だにも、うつしえ給はぬ都を入道相国《（平清盛）》人臣の身として、うつされけるぞおそろしき。

と、武家である平家一門は「凡人」「人臣の身」であり、神の末裔で朝政をつかさどる摂籙家とを区別している。

巻八「法住寺合戦」では、勝ち誇った木曾義仲が家の子・郎等を呼び集め評議して、義仲が「（我は）一天の君に向かい合戦に勝った。主上（天皇）になろうか、法皇になろうか。主上になろうと思うも童姿にはなりたくない。法皇になるにも法師にはなりたくない。それなら関白になろう」と語っている。

それに対して、手書として随伴していた大夫房覚明が、

関白は大織冠《（藤原鎌足）》の御末、藤原氏こそならせ給へ。殿は源氏でわたらせ給ふに、それこそ叶ひ候まじけれ。

と進言したので「其上は力およばず」と、院の御厩別当となり、義仲は丹後国を知行した。そして、強引に前関白松殿（藤原基房）の娘の聟になってしまう。

これより先、巻七「主上（安徳天皇）都落」では、摂籙家を法相擁護（藤原氏の氏寺、興福寺）の春日大明神は、大織冠の御末を守護していることを語っている。義仲が公卿雲客四十九人の官職を取り上げたことを、平家のときは四十三人（巻三「大臣流罪」）として、平家の悪行に超過したとし、この解官を止めるように松殿入道（基房）は義仲に、

清盛公はさばかりの悪行人たりしかども、希代の大善根をせしかば、世をもおだしう廿余年たもッたりしなり。悪行ばかりで世をもたもつ事はなき物を……。

と諭したのである。

清盛の「希代の大善根」とは、高野山大塔建立、厳島神社の修復（巻三「大塔建立」）、福原での経の島築島（巻六「築島」）等のことである。清盛が長生きし（六十四歳没）天命を全うできたことについては、仁安三年（一一六八）十一月十一日、病に冒されたとき、たちまち存命のため出家入道し、法名を浄海と名乗ったことにより、「其のしるしにや、宿病たちどころにいえて、天命を全う」することができたのだとしている（巻一「禿髪」）。

二　父祖の罪業と子孫滅亡

『平家物語』はその冒頭において、「奢れる人」「たけき者」が滅びる理由を、異朝の例として、秦の趙高以下をあげて、これらの人びとは「旧主先皇の政にしたがわず」「楽しみをきわめ、諫めをも思い入れず」「天下の乱れる事をさとらず、民間の愁うる所を知らなかった」ためだとする。そして本朝の最近では、六波羅の入道前太政大臣平朝臣清盛公であり、その有様を伝え承るに「心も詞も及ばれぬ」ものだといい、原形の『平家物語』では最終段であった巻十二「六代被斬《きられ》」において、平家が滅んだことを「父祖の罪業は子孫にむくふといふ事、疑いなしとぞ見えたりける」ことだと教訓している。

・平家の子孫は、去文治元年（一一八五）の冬の比、ひとつ子ふたつ子を残さず、腹の内をあけて見ずといふばかりに尋とッて失てき。
・さる程に六代御前は、三位禅師とて、高雄におこなひすましておはしけるを、「さる人の子なり、さる人の弟子なり。かしらをばそッたりとも、心をばよもそらじ」とて、鎌倉殿より頻に申されければ、安判官資兼に仰て、召捕ッて関東へぞ下されける。駿河国住人岡辺（部）権守泰綱に仰て、田越川にて切られてンげり。十二の歳より、卅にあまるまでたもちけるは、ひとへに長谷の観音の御利生とぞ聞えし。それよりしてこそ、平家の子孫はながくたえにけれ。

灌頂巻「女院死去」では、

是はたゞ入道相国、一天四海を掌ににぎッて、上は一人をもおそれず、下は万民をも顧ず、死罪・流刑、思ふさまに行ひ、世をも人をも憚かられざりしがいたす所なり。父祖の罪業は子孫にむくふといふ事、疑なしとぞ見えたりける。

と結んでいる。

灌頂巻「六道之沙汰」において、建礼門院は大原寂光院において衆生救済、「一門の菩提」を祈って念仏を唱える。そして、続く「女院死去」において、阿弥陀本尊に向かい「先帝聖霊、一門亡魂、成等正覚、頓証菩提」と祈り、伊勢大神宮と正八幡大菩薩に「天子宝算、千秋万歳」を祈願し、女院は静かに念仏往生を遂げた。このように建礼門院が一族の成仏を祈らなければならなかったことは、ひとえに父である入道相国清盛の罪業が子孫に報うということの「疑なしとぞ見えたりける」ことだと教訓している。

註

（1）『平家物語』の引用は新日本古典文学大系本による。
（2）『日本外史』巻之一源氏前期平氏（岩波文庫・上）六二頁。
（3）『法然上人絵伝』下（続日本絵巻大成3、中央公論社、一九八一年、一四一頁）。菊地勇次郎『源空とその門下』（法藏館、一九八五年）所収の「源智と静遍」「武家平氏の浄土信仰」参照。

第三章　『義経記』と念仏・『法華経』

――義経・弁慶の最期――

はじめに――義経の兄弟の生涯――

源義経には八人の兄弟があり、それぞれの母と死因については諸説ある。『尊卑分脈』等を参考にして調べてみると、武勇の家に生まれると、いつ討たれるか、自害せねばならなかったことがよくわかると思う。源頼朝以外、兄弟誰一人、天寿を全うしていないのである。(1)

義平　母は橋本宿（遠江国敷智郡）の遊女。永暦元年（一一六〇）正月二十一日、六条河原において首を刎ねられる。

朝長　母は修理大夫範兼の娘、或いは大膳大夫則兼の娘。平治二年（一一六〇）正月二日、美濃国青墓の遊女の宿で傷が悪化、死を請い、父に刺殺される。

頼朝　母は熱田大宮司藤原季範の娘。建久十年（一一九九）正月十三日、鎌倉において死去。五十三歳。死因は前年の橋供養の際の落馬によるともいわれている。

義門　早世。

希義　母は頼朝に同じ。平治元年（一一五九）土佐国に配流、自害。

範頼　母は遠江国池田宿の遊女。建久四年（一一九三）伊豆修禅寺において、兄頼朝の命により討たれる。

全成　母は九条院雑仕常盤。阿野禅師と号す。建仁三年（一二〇三）北条義時の命により金窪左衛門等に誅される。

円成　母は全成に同じ。養和元年（治承五年、一一八一）正月二十四日、美濃墨俣川において平家のために誅される。二十歳。

義経　母は全成に同じ（義経については後述）。

『吾妻鏡』によると、義経は衣川館で藤原泰衡らに襲われ自害を遂げている。三十一歳であった。その経緯を紹介すると、文治五年（一一八九）年閏四月三十日、不意のことでもあり、多勢に無勢、家来たちの必死の防戦もむなしかった。妻は二十二歳、娘は四歳であった。義経の首を得た泰衡は、これを黒漆の櫃に納め、美酒に浸して鎌倉に送ると、首は六月十三日、腰越の浦において、和田義盛・梶原景時により首実検が加えられた。

義経の最期の様子については『平家物語』には語られていない。『吾妻鏡』文治五年（一一八九）閏四月三十日条では、「与州（義経）入持仏堂、先害妻〈廿二歳〉・子〈女子四歳〉、次自殺云々」と、持仏堂で妻子とともに自害したと記載するのみで、義経の自害の様子、どのような臨終行儀を行い亡くなったのか詳細は不明である。[2]

『源平盛衰記』（巻四十六）では、鎌倉に心を通わした泰衡が義経を誅すというので、妻が「我を先立てて、死出の山を共に越え給へ」と望むので、義経は南無阿弥陀仏と唱えて妻を左の脇に挟んでその首を掻き落とした。義経自身は、右に持った刀で腹を掻き割って打ち臥したと簡単に語っている。[3]

義経の最期の様子が詳しく語られるのは、室町時代初期に成立した『義経記』においてである。[4]

第一節　佐藤忠信の自害と回向文

『義経記』には当時の念仏信仰をうかがわせる記述がある。自害（切腹）の作法である（巻六）。義経が頼朝の挙兵に参陣することを決意したとき、藤原秀衡は自分の郎従佐藤嗣信・忠信の兄弟を付き添わせた。兄弟は影形に添うがごとく義経を守り戦場では武勇の名をあげるが、主君をかばい二人とも自害している。

『平家物語』巻十一「嗣信最期」によると、平家方随一の猛将能登守平教経の矢面に立って、義経の身をかばうために射落とされた。嗣信は、

主の御命にかはりたてまッて、討たれにけりと、末代の物語に申されん事こそ、弓矢とる身は、今生の面目、冥途の思出にて候へ、

と、主人の命に代わり討たれたと語り継がれることこそ冥途の思い出だと息絶え絶えに語り遺している。主人義経が近辺から尊い僧を尋ねだし「一日経」を書いて弔うことを頼み名馬大夫黒を与えたので、弟の四郎兵衛（忠信）らの強者たちも皆涙を流し「此君の御ために命をうしなはん事、まッたく露塵程もおしからずとぞ申しける」と語られている。[5]

この場面について、『吾妻鏡』文治元年（一一八五）二月十九日条では、義経は一人の僧を招き千株の松の下に

葬り、秘蔵の名馬大夫黒を与えたとする。[6]『平家物語』と異なるのは、「一日経」供養の記載がないのと、義経が後白河院より賜った名馬をもって、家人の忠節にこたえたことの強調である。戦士を撫す計らいであり、美談というほかないとして紹介している。

『義経記』巻六によると、弟の忠信は西国落ちに失敗した義経一行に同行して大和国宇陀地方に潜伏、その後、吉野山中に身を隠した。忠信は義経の身代わりとなり奮戦、吉野を脱出して都に潜伏、中御門東洞院に潜んでいたところを糟屋有季に囲まれると自害した。二十八歳の忠信は、「鎌倉殿（頼朝）にも自害の様、最後の詞も見参に入れよ」と腹を切ったのである。[7]

大刀を抜くと鎧の引き合わせを切って腹を出し、膝をつき中腰になった。刀を持ちなおして左の脇腹の下にずぶりと深く突き刺し、その刀を右の脇腹まで引き回し、心臓のすぐ上の部分を突き立てると、臍の下まで切り下ろした。刀を拭った忠信は、その切れ具合について、舞房（陸奥国の刀鍛冶）に命じただけのことはある、腹を切るのに少しも引っかかるところがなかった。ただ、東国武士たちに刀の品評をされるのはいやなことだと、鞘に収めると黄泉路《よみじ》（冥途への道）まで持って行くと、傷口に拳を入れて腸を出して中に突っ込み、「手をむずと組み、死にげもなくて（死にそうな気配もみせずに）、息強げに念仏申して」おったという。

念仏を唱えてもなかなか死ねない忠信は、義経より賜った佩刀を取ると、先を口に入れて、膝を押さえて立ち上がり、手を離してうつ伏せにがばっと倒れた。鍔は口に留まり、刀の先端は耳脇の髪の毛をかき分け、後ろにするりと刺し貫かれた。

忠信は自害するとき高声念仏を三十遍ほど唱え、「願以此功徳……」と回向したと記している。

念仏高声に三十遍ばかり申して、「願以此功徳」と廻向して、大の刀を抜きて、引合《ひきあわせ》をふつと切つて、膝をつゐ立て、居丈高になりて、刀を取直し、左の脇の下にがはと刺貫きて、右の肩の下へするりと引廻し、心先に貫きて、臍の下まで掻《かき》落し……。

回向文は善導『観経疏』（玄義分序偈）「願以此功徳、平等施一切、同発菩提心、往生安楽国」である。義経はこの佐藤忠信の腹切りをお手本として、衣川館の持仏堂で『法華経』の読誦を終えたのち、自害するのである（巻八）。

第二節　義経・勧修坊得業・法然

義経は吉野山中を彷徨したあと南都に潜伏した。『義経記』では、それを匿い、援助したのは東大寺の院主勧修坊得業《とくご》であったとする。この勧修坊は本朝第一の大伽藍、東大寺の院主、当帝（後鳥羽天皇）の御師徳、広大慈悲の知識である。院参（後白河法皇）のときは腰輿牛車に召されて、鮮やかな中童子・大童子、しかるべき大衆数多を御供として参じられるほどの高僧であると紹介している。

勧修坊は、機会あるごとに義経に、「御身は三年に平家を攻めさせ給ふとて、多くの人の命を滅ぼし給ひしかば、その罪いかでか逃れ給ふべき。一心に御菩提心を起こさせ給ひて、高野・粉河に閉ぢ籠り、仏の御名を唱へ奉り、今生幾程ならねば、来世を助からんと思し召されずや」と出家することをすすめていた。

義経は、憎い梶原景時に復讐するまでは髻を落とすことはできないと拒みつづけると、得業は再起することに協力することを約束し、万が一、味方が敗れた場合は腹を切れと励ますのであった。

……自然に味方亡び候はば、幼少の時より頼み参らせて候ふ本尊の御前にて、得業持経（『法華経』を読むこと）せば、御身は念仏申させ給ひて、腹を切らせ給へ。得業も剣を身に立てて、後生まで連れ参らせん。今生は御祈りの師、来生は善知識にてこそ候はんずれ。

義経の善知識である東大寺院主勧修坊得業は、義経の謀叛に荷担したとして拘束され、鎌倉の頼朝のもとに送られることになった。その使者に北条時政がなり、鎌倉に護送される途中、京都六波羅の持仏堂で休息することになった。時政の子息義時が世話をしていたが、何なりと望みがあれば承りますと伝えると、得業はお互いの後世（菩提）を弔うことを約束している「もとは黒谷と申す所に候ふが、この程は東山に候ふ法然坊」とひと目対面した上で、東国に向かいたい旨を告げた。

法然は大変悦び、取り急いでやって来た。「二人の知識御目見合はせ、互ひに涙に咽び給ひけり」という。そして得業は法然に九条の袈裟を、法然からは得業に一巻の『法華経』を、それぞれの形見として贈答したというのである。室町時代に成立した義経の生涯を語る『義経記』になると、勧進聖重源ではなく東大寺の院主と浄土宗の宗祖である法然とは深い親交があったと語られるのである（巻六）。

第三節　義経と弁慶の最期

やっとの思いで奥州の藤原秀衡のもとにたどりついた義経であったが、秀衡が亡くなると、一族の離反にあい、衣川館で死を迎えることになる。

不意打ち、多勢に無勢、家来たちは必死に防戦した。しかし、つぎつぎと自ら腹を掻き切って自害していく。弁慶は敵を追い払うと、長刀を脇に挟み主君義経のもとにやって来た。義経は持仏堂に籠り『法華経』を読誦していて、巻八にかかっていた。弁慶が戦も最後を迎え、すでに片岡八郎と二人となり、今一度、主君に見参のために参ったことを告げた。その場面を読んでみたい。

図１　弁慶立ち往生の像（岩手・中尊寺）

「君先立たせ給ひ候はば、死出の山にて待たせ給ひ候ふべし。弁慶先立ち参らせて候はば、三途の川にて待ち参らせ候ふべし」と告げると、義経は『法華経』を読み終えて死を迎えたい旨を告げた。「静かに遊ばしはてさせ給へ。その程は弁慶防矢仕り候はん。縦ひ死にて候ふ共、君の御経遊ばしはてさせ給ひ候はん迄は守護し参らせ候ふべし」と、弁慶は御簾を引き上げてつくづくと主君の顔を見て御前を立ち、すぐに引き返すと、来世の再会を契り一首詠んだ。

六道の道の巷に君待ちて
　弥陀の浄土へすぐに参らん
（取意）

弁慶の仁王立ち（図1）を『義経記』は伝えている。

寄手《よせて》の者共《ものども》申しけるは「敵も味方も皆討死すれども、この法師ばかり如何に狂へども死なぬは不思議なり。我々が手にこそかけずとも、鎮守大明神、厄神《やくじん》与力して殺し給へ」と祈りけるこそ可笑しけれ。

弁慶もついに討たれた。『法華経』を読み終えた義経は、北の方（妻）の乳人十郎兼房に「自害の刻限になりたるやらん。自害は如何様にしてよきぞ」と尋ねた。兼房は佐藤兵衛（忠信）が京にて仕り候ひしをこそ、人びとは後の世まで褒め候ひしか」と伝えた。

義経は、「さては仔細なし。疵の口の広きがよきござんなれ」と、

左の乳の下より刀を立てて、刀の先、後へつと通れと突立てて、疵の口を三方へ掻破りて、腸散々に繰り出し、刀をば衣の袖にて拭ひつつ、膝の下に引敷きて、衣引掛けて脇息にしてぞおはしける。

使った刀は、鞍馬寺別当より守り刀として授かった刀身六寸五分（約二〇センチメートル）、柄に紫檀を貼り、鞘尻には籐を巻いた「今剣」で、三条の小鍛冶が鞍馬寺に奉納したものである。

佐藤忠信と義経の、凄惨ではあるが迫力ある腹切りの場面を紹介した。弁慶が「仁王立ち」して義経を敵の攻撃から守護しているのは、義経が『法華経』を読み終え、自害を遂げるためであった。また、弁慶は主君義経の「おくりびと」ではない。ともに浄土に生まれ、死後も主君に仕えたのである。

これは、誰でもが念仏を称えたなら平等に弥陀の浄土に往生できるという浄土宗の教えが民間に定着した結果、成立した物語であり、読者は武士の生き方や腹切りの作法を学んだのである。武士の殉死（追い腹）の背景には、念仏信心（来世観）の確立があったのである。

註

（1）源義経に関する研究論文・研究書については、近藤好和『源義経』（ミネルヴァ書房、二〇〇五年）、元木泰雄『源義経』（吉川弘文館、二〇〇七年）参照。

（2）『吾妻鏡』（新訂増補国史大系）文治五年閏四月三十日「今日、於二陸奥国一、泰衡襲二源予州一、是且任二勅定一、且依二二品仰一也、与《予》州在二民部少輔基成朝臣衣河館一、泰衡従二兵数百騎一、馳二至其所合戦一、与州家人等雖二相防一、悉以敗績、与州入二持仏堂一、先害二妻〈廿二歳〉子〈女子四歳〉一、次自殺云々。

（3）『源平盛衰記』巻四十六（『通俗日本全史』所収）。

秀衡老死しぬ。其男泰衡を憑みて有りけるが、鎌倉に心を通はして義経を誅つ。其時妻女申しけるは、一人子なればたゞ置く事なし。残り居て憂き目をみんも心うし、我を先立て、死出の山を共に越え給へと云ひければ、義経南無阿弥陀仏と唱へて、女房を左脇に挟むかとすれば、頸を掻落して、右に持ちたる刀にて、我腹掻割りて打臥しにけり。

（4）柳田國男は、『義経記』について「我々の祖先の中世の生活に、『義経記』ほど親しみの深かった文学は他になかろうと思うが、それと同時に後々これほど粗末に扱われたものも、亦少ないようである」と述べた上で、語り物文学の流布を考察するのに遊行の僧達（時宗）の果たした役割を検討する必要を指摘している（柳田國男「義経記」〈『日本古典文学大系月報』二五〉一九五九年）。

（5）『平家物語』の引用は、新日本古典文学大系本による。

（6）『吾妻鏡』（新訂増補国史大系）文治元年二月十九日「廷尉家人継信被二討取一畢、廷尉太悲歎、屈二一口衲衣一、葬二千株松本一、以二秘蔵名馬一〈号二大夫黒一、元院御厩御馬也、行幸供奉時、自二仙洞一給レ之、毎レ向二戦場一駕レ之〉賜二件僧一、是撫二戦士一之計也、莫レ不二美談一云々」。

（7）『義経記』の引用は日本古典文学大系本によるが、日本古典文学全集『義経記』（小学館）を参照した。

第四章　室町公家と中陰・年忌

はじめに――孝子成経――

『平家物語』より父の仏事について公家の例を見てみる（巻三「少将都帰」）。治承三年（一一七九）の春、藤原成経が鬼界が島からの帰り、平康頼とともに、父成親の墓参りに行き、念仏を唱えて行道したり、『法華経』を書写、「孝子成経」と書いて卒塔婆供養をしている（**図1**）。

其夜はよもすがら、康頼入道と二人、墓のまはりを行道して念仏申し、明けぬればあたらしう壇つき、くぎ《（釘）》ぬき《（抜）》させ、まへ《（前）》に仮屋造り、七日七夜念仏申。経《（『法華経』）》書て、結願には、大なる卒兜《（塔）》婆をたて、「過去聖霊出離生死証大菩提」とかいて、年号月日の下には、「孝子成経」とかゝれたれば、しづ山がつの心なきも、子に過ぎたる宝なしとて、泪を流し袖をしぼらぬはなかりけり。……年去年来れ共、忘れがたきは撫育の昔の恩、夢のごとく幻のごとし。……忘魂尊霊（亡き父の霊魂）もいかにうれしとおぼしけん。

図1　成親の供養を営む成経と康頼（『平家物語絵巻』巻3　少将都帰りの事　岡山・林原美術館所蔵）

ところで、「忌日」「遠忌」にかわり「年忌」という語が使用され、三回忌以降の年忌仏事が盛んとなるのは鎌倉時代からのようである。鎌倉時代になり年忌仏事が展開することと、『孝経』「喪親章」の「不読の慣行」が成立したことをふまえて、室町公家と中陰・年忌について考えてみたい[1]。

第一節　山科言経と父母の仏事

清浄華院は現在上京区寺町通広小路にある浄土宗四カ本山の一つである。寺号・山号はなく、中世には浄華院と呼ばれた。十四世紀の初めに浄華房証賢が三条坊門高倉に専修念仏の道場として開創以後、浄土宗一条派の拠点となり、朝廷・公家の帰依を得て栄えた[2]。暦応二年（一三三九）に足利尊氏が等持院を建てるにあたり土御門烏丸の西に移り、天正十八年（一五九〇）豊臣秀吉の京都改造により現在地に転じた。境内には女院・皇子や公卿の墓が多く、寺宝に室町期の『泣不動縁起絵巻』がある。

浄華院の法然上人信仰を説く「法然上人伝」がある。宇高良哲氏が紹介した静岡県島田市天台宗智満寺所蔵の紙本墨書『称讃浄土経』一巻の紙背に書かれている法然の伝記である。奥書に「建暦二壬申歳二月晦日、三十五日追善畢、上人の言葉を中将姫称讃浄土経のうちに書置也、同三月二日隆寛書之」と、隆寛作とする。内容は①②の二部からなる。

①流罪赦免・勝尾寺滞留・大谷禅房居住と「一枚起請文」が源智ただ一人に授受されたものではないこと。

②法然が生前に天台宗の御願所である浄華院に法具や書籍を収めたことより、「もし遺跡と思ハんは浄華（院）なるへし」と、亡くなる前日の一月二十四日に物語ったことを「同伴残らず聞き給う」たことを記す。

制作時期は、浄華院が一条派の拠点となり朝廷・公家の帰依を受け栄える室町期とみられる。『九巻伝』と『法然上人行状絵図』（『四十八巻伝』）を参照していて、ことに近世写本しか伝来しない『九巻伝』の研究に重要な史料である。(3)

この浄華院と寺檀関係を結んでいた山科言継が天正七年（一五七九）三月二日に亡くなった。息子の言経の日記『言経卿記』によると、この日、正親町天皇は浄華院前住（末寺阿弥陀寺長老）源蓮を禁中小御所に召し、『阿弥陀経』の法談を講ぜしめた。その際に、浄華院伝来の宝物が持参され、「法然上人金名号」を拝見され、「蓮生法師（熊谷直実）への法然上人書状」等が読み上げられた。言継・言経父子も参仕していたが、父は言経の弟薄諸光邸に立ち寄り、夕飯の途中に心痛をおこし俄に死去した。

駆けつけた言経は遺骸を自宅に引き取り、夜半に浄華院の松林院に移した。三日戌刻に華開院に葬送、諷経は浄華院僧衆、引導は源蓮がつとめ、この夜より十日までの中陰は松林院僧がつとめた。日記には、日々の音信そのほかの事は、「哀傷の間、記すに及ばず、此の分後日に少々これを記す」とみえ、三日の次は四月六日の三十五日の施餓鬼の記事、四月十八日の亡母の三回忌の記事である。(4)

四月六日　父言継五七日施餓鬼　言経・薄諸光兄弟の追善写経　表白文

一、今日三十五日之間、施餓鬼被行之、已下不及記、

一、院号如此、花岳院特進亜相月岑照言大禅定門尊儀
一、法花経一部奉漸(繕)写了、薄三部経同前了、上書如此、
　右奉繕写妙法蓮華経一部、奉為
　花岳院月岑照言尊霊也、悲七十有余之頓滅、修三十五日之追福、可報者父恩、可竭者孝道也、功徳満虚
　空、利益無辺際、敬白、
　　　天正七年四月六日　　　　孝子権中納言兼左衛門督言経〈敬白〉

一、薄三部経上書、
　右奉漸(繕)写三部妙典者、奉為　先考花岳院月岑照公成等正覚頓証菩提也、早迎三十五之忌辰、恭祈十万億土
　之摂取者也、乃至法界得益平均、敬白、
　　　天正七年四月六日　　　　末子蔵人式部丞諸光〈敬白〉

四月十八日　母三回忌法事　言経・諸光兄弟
一、陽春院(言経母)殿第三廻忌之間、法事取行之、僧衆已下不及記了、左道之至也、
　三部経上書、如此、
　奉繕写一部四軸妙典者、陽春院江月妙心大禅定尼、第三回忌追孝也、早答三十五女人成仏之御願、速ニ
　成等正覚給、乃至功徳有隣、廻向不弐、敬白、
　　　天正七年四月十八日　　　　左衛門督言経〈敬白〉

一、薄三部経上書、
右奉漸（繕）写三部妙経者、為回向　陽春院江月妙心大禅定尼第三回諱辰也、願消滅五障三従罪業、速成仏果
給、乃至有情非情得益無辺、敬白、
天正七年四月十八日　　式部丞諸光〈敬白〉

言経が『法華経』や「浄土三部経」を書写供養した際に、「可報者父母、可竭者孝道也」「孝子権中納言兼左衛門督言経」「第三回忌追孝也」と上書している。言経は禁裏より『孝経〈御注〉』を借り、『論語』『孝経』『孝経抄』を書写したり講義をしている。言経はまた、真宗興正寺昭玄に『論語』と『孝経』を教え、松林院の『孝経』を借用し、日蓮宗本満寺花徳院に『孝経抄』を貸し出したりしている。儒教思想（孔子の教え）としての「没後の孝養」が中陰・年忌仏事として行われていることが確かめられる。

言経は父の月忌には念仏僧や尼に斎参りをしてもらい、自身も数万遍の念仏を両親のために唱え回向している。慶長二年（一五九七）二月二日の日記には、

亡父卿（言継）御忌日之間、金光寺比丘尼斎ニ呼レ之相伴了、念仏百万返唱レ之、二親拝了、

とみえる。金光寺は時宗の七条道場のことで比丘尼とは奥之亮のことであり、しばしば亡くなった家族の斎参りに招かれている。慶長八年（一六〇三）三月二日の父花岳院殿の二十五回忌の法事には、浄華院僧衆が『観無量寿経』一巻を読み、あとの酒食（斎）の間、是市勾当が『平家物語』二句（巻）を語っている。

第二節　吉田神道家と仏事

一　吉田神道家と法事

吉田神道家では当主は「神道」で葬送し築壇して神号を付けていた。しかし、「没後の孝養」である中陰・年忌は僧侶による仏事であった。

元亀四年（一五七三）一月に死去した吉田兼見・梵舜の父親兼右の葬送と中陰について、兼見の日記『兼見卿記』を紹介する。

元亀四年一月十日の辰刻、家君兼右が死去した。去る八日の遺言により、観音堂の東へ葬送し、壇を築き、社壇を建てることにした。

十四日　今夜丑刻御葬送、右馬助定世着烏帽子・布斎服令供奉、如御輿而以布張之、鈴鹿兵庫(右正)助・同喜介舁之納申也、僧一人モ不出也、

十五日　神事停止了。於神龍院有中陰之儀、長得院(相国寺)・茂西堂(彦材瑞茂)・維南(那)・平僧三人行堂(道カ)、自相国寺五人、当寺僧三人、昼夜追善了、伍十石可下行之由、南豊軒(相国寺・周超)各相談之由申之間、申付了、

と、十五日から神龍院において、相国寺僧を招請しての「中陰」の仏事が始まった。十六日「法華経一部、以一筆

書之、自今日書初了」。十七日「施餓鬼」、二十一日「懺法、於庭上聴聞了」、二十五日に中陰が終わり、僧衆が帰寺した。二月十五日「唯神院殿三十五日也、於神龍院在仏前之義（儀）、焼香」、四月十四日に社殿造営がなったことと、当家守護神となるとの遺言を記載している。

兼見の弟梵舜の日記『舜旧記』の慶長四年（一五九九）二月十六日条に、梵舜が船橋国賢に『孝経』を講義している。また、元和九年（一六二三）一月十日に、父唯神院殿五十年忌の追善仏事を執行し、社参の記事がみえる。「御忌日」の斎参りは、吉田家においても浄土宗や時宗寺院の僧尼に依頼している。(5)

二　法然御忌会

父母の「御忌日」に念仏を称えていた山科家や吉田神道家では、法然とその廟堂である知恩院を崇敬していて、一月二十五日の御忌法会には法談聴聞に詣でている。たとえば『兼見卿記』天正十二年（一五八四）一月二十五日にも、

> 知恩院法事為見物罷出、月斎・舜蔵主（弟梵舜）同道、衆僧百三十人在之云々、近年之繁盛驚目了、貴賤群衆也、新黒谷法談一七日在之、今日結願云々、是又群衆也、(6)

と知恩院御忌法会に参詣したこと、新黒谷金戒光明寺の法会についても賑わっていたことを記している。

室町公家社会における父母の「御忌」信仰が法然の知恩院御忌会の隆盛の背景にあったのである。

また、父母の中陰に『法華経』を供養していた公家社会においては、法華宗の念仏信仰を認めない教義が気がか

りであったようである。天正七年（一五七九）五月二十七日、織田信長の命により近江安土浄厳院で行われた浄土宗と法華宗の宗論について、『兼見卿記』同年五月二十八日条に、

　昨日法論治定也、法華宗閉口、京中門弟悉可被掃之沙汰頻也、彼宗弟錯乱無正体、今度於安土生害不（普）伝・同伝介、此度法論之張行人云々、法華僧七百余人被居籠置云々、

と記載し、兼見は翌日に村井貞勝を訪問し法論について雑談している。父の三十五日（五七日）に『法華経』を書写供養した山科言経も、念仏と『法華経』には強い関心をもっていたようで、六月二日の日記に、

　一、去月廿七日、安土城前右府（織田信長）御前ニテ、宗論如此。
　　天正七年五月廿七日、於安土城法花ト浄土法聞（問）次第。
　　浄土問　法花八軸中、念仏之儀在哉。答、日珖、念仏有。
　　　同問　既念仏無間謂、其念仏、何ソ法花説云哉。日珖、無答。
　　日蓮問　法花経所説弥陀ト、浄土ノ弥陀ト、同歟、異歟。浄土答、彼此弥陀一体。

と書き留めている[7]。

『観経』の「孝養・奉事を以て往生の業とするなり」を、『選択集』の私釈は、往生の業となる「孝養」は儒家の説く世間の孝養のことではないとするが、室町公家社会においては『観経』の説により、父母の仏事が営まれてい

たのである。

おわりに

日本全国、どんな小さな集落にも、そこに暮らす住民の葬祭と年忌仏事をつとめる寺院がある。このような寺院を「仏教」と考えるなら、仏教は日本全国に広まっていることになる。お寺参りを「仏教信仰」とするなら、日本人のほとんどが仏教信者（檀信徒）である。しかし、檀信徒の意識は、仏教信者としての自覚とは無関係で、「なぜお寺にお参りするのか」と問うてみても、お寺は我家の「菩提所」、先祖の位牌や、過去帳、墓（石塔）がある、先祖に感謝し子孫繁栄を願ってお参りするのだとの答えが返ってくる。また、自分自身の信仰とは関わりなく、寺（菩提所）との関係の存続を望んでいるとの意見もよく聞かれる。

江戸時代の村落寺院は、僧侶が勉学したり修行する場としてではなく、村や檀家たちが集団的な父母の菩提所として、自らの意志と費用で建立したものである。寺参りは我家の墓参りであった。そして、檀家と寺との関係というのは、個人ではなく累代に及ぶ関係だと意識されていた。したがって、そのような寺院の住職の仕事は、檀家の葬式と追善法要の執行であった。菩提寺院における父母の仏事、先祖の供養・回向は、本論で『選択集』、日蓮遺文、『平家物語』などにより考察したような、鎌倉期以降展開する「孝道」を中心とした仏事儀礼の展開上にあるのである。

人びとが「孝道」の実践、奨励として念仏信仰、法華経信仰を受容したことの継承であり、民間において、造寺造仏・墓碑建立・経典書写・布施寄進などの作善が、亡くなった父母への孝養の一環として行われている。「供養」

「回向」が「没後の孝養」（親孝行）と同じ意味で使われ、近世の村落寺院の成立へとつながり、父母の墓石に「孝子○○建之」と刻まれたのである。地域社会における寺院の信仰と役割については、日本人の信仰の歴史の変遷から理解する必要がある。

註

（1）林秀一『孝経学論集』第四編「孝経喪親章不読の慣行について」（明治書院、一九七六年）。

（2）室町時代の禁裏・公家の念仏信仰、寺檀関係の成立の経過は、西田圓我『古代・中世の浄土教信仰と文化』（思文閣出版、二〇〇〇年）第二篇「室町貴族の浄土教信仰」に詳しい。浄華院の寺史については、水野恭一郎・中井真孝編『京都浄土宗寺院文書』（同朋舎出版、一九八〇年）、中井真孝『法然伝と浄土宗史の研究』（思文閣出版、一九九四年）参照。

（3）静岡県天台宗智満寺蔵『法然上人伝』（宇高良哲「新出の隆寛作『法然上人伝』について」『大正大学研究紀要』第六十九輯、一九八四年）。「浄華院ハ慈覚台家をうつし天台山なれハ、予カ旧跡とならす。然しなから相伝の仏具なと無極、予取立入置候。すへの世にハ源空か遺跡とも云へし。唐よりしゆんしゃう房（俊乗坊重源）之渡しき道具なと、皆以予か所持物なり。天台山の戒儀なとハ自元予仏具なり。御願といひ、慈覚渡り法物とハ思ひなから、過去七仏・舎利・戒勧請（灌頂）の法具・釈迦大師の袈裟なと、皆以浄華院に、書物なとハ我一代手跡、浄華外ニハ不可有物也、若遺跡と思ハんハ浄華なるへしと、こま〳〵と御物語なし給たり。同伴不残聞給ひき。皆以書付置者也。同（建暦二年）三月二日　隆寛書之」。浄華院の什宝類については『清浄華院の名宝』（佛教大学宗教文化ミュージアム、二〇〇八年）参照。

（4）『言経卿記』の引用は大日本古記録による。

（5）『舜旧記』の引用は史料纂集による。

（6）『兼見卿記』の引用は史料纂集による。「吉田家霊名簿」には、鎌倉期の兼直・兼夏の墓について「御墓、在智恩院、今廃亡」と記載している。神道大系論説編九『卜部神道（上）』参照。

（7）京都の町衆の法華信仰については、藤井学『法華文化の展開』（法藏館、二〇〇二年）、同『法華宗と町衆』（法藏館、二〇〇三年）参照。

第Ⅲ部 法然廟堂知恩院の興隆

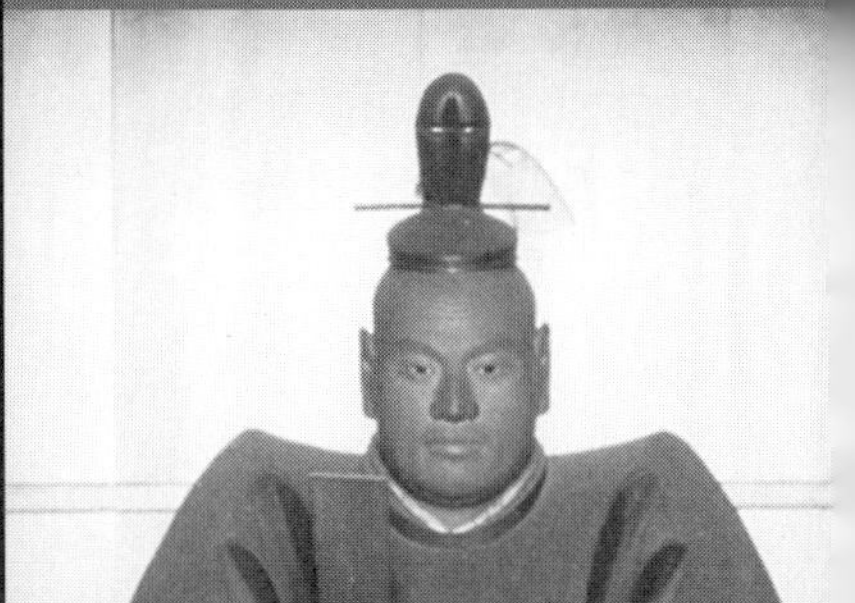

第Ⅲ部扉図版
左：超誉存牛像（京都・知恩院所蔵）
右：徳川家康坐像（京都・知恩院所蔵）

はじめに――法然と廟堂知恩院――

知恩院（京都市東山区林下町）は、度重なる法難、火災を道俗貴賤の信心と喜捨により乗り越えてきた「専修念仏」の聖地である。一般に知恩院の名で知られるが、山号は華頂山、大谷寺知恩教院と号する。法然房源空が念仏を弘め、往生をとげた地に建立された浄土宗の総本山である。

法然は長承二年（一一三三）美作国（現在の岡山県久米南町）で生まれた。比叡山に登り皇円について出家、黒谷別所の叡空のもとで浄土教を学んだ。南都遊学の後、唐の善導の『観経疏』により「専修念仏」を見出し浄土宗を開いた。承安五年（一一七五）比叡山を下りた法然は、西山広谷にいたが、やがて東山吉水に草庵を結び（現在の御影堂の東）、称名念仏によりすべての人が往生できるとの教えを説いた。

建永二年（一二〇七）、法然と弟子たちが布教する従来の貴族風の浄土教から脱皮した「専修念仏」は、他宗から不当なものと非難を受けて京都に住めなくなった。法然自身は四国讃岐に流された（「建永の法難」）。

法然は建暦元年（一二一一）、ゆるされて帰洛することになったが、吉水の房舎は荒廃しており、天台座主慈円のはからいで大谷山上の南禅院（現在の勢至堂の地）に入り、翌建暦二年正月二十五日に寂した。遺骸はその東崖上に葬られ廟堂が築かれた（現在の御廟の地）。命日には門弟らにより知恩講（追善法会）が催されたのが、知恩院の名の由来となった。

法然の影響の大きなことを恐れた延暦寺衆徒は、嘉禄三年（一二二七）専修念仏の停止を訴えて廟堂を破却した（「嘉禄の法難」）。遺骸は門弟らにより無事に嵯峨に移され、粟生野（現在の光明寺）で荼毘にふされた。文暦元年（一二三四）、弟子の源智は廟堂を修復して遺骨を安置、大谷寺と称し、法然を開山第一世と仰いだ。このときに四条天皇より仏殿に「大谷寺」、廟堂に「知恩教院」、総門に「華頂山」の勅額を賜ったという。

法然の没後、門流はいくつにも分派したが、それらのうち筑前国（福岡県）出身の法然の弟子聖光（弁長、鎮西上人）に端を発する鎮西派は、弟子の良忠（記主禅師）が東国各地の教化につとめ、武士や農民、庶民層に受容された。民衆を基盤として組織された教団は、十四世紀に京都、貴族社会への進出をはたし、法然絵伝を集大成した『法然上人行状絵図』四十八巻（国宝「法然上人絵伝」）を制作した。知恩院の名称が現れる最初の絵巻であり、法然尊崇の中心となるのは、廟堂より発展した念仏の聖地「知恩院」であることを絵と詞書で説明している。

知恩院は永享三年（一四三一）伽藍が焼けたが、住持（二十世）空禅は一人一文ずつ四十八万人の勧進（喜捨）による再建を計画している。その後の二度の火災も道俗貴賤の喜捨により再建された。応仁の乱には、二十二世周誉珠琳が近江伊香立（のち新知恩院となる。滋賀県大津市）に法然影像や霊宝類を避難させた。乱後、珠琳は、青蓮院尊応准后から寺地を安堵され、後土御門・後柏原両天皇の帰依を受け、知恩院は勅願所となった。

大永三年（一五二三）、百万遍知恩寺との浄土宗の本寺争いを経て、翌年御忌大会が始まり、天正三年（一五七五）には正親町天皇より浄土一宗僧侶の香衣着用についての綸旨執奏権を得て、浄土一宗の本寺の地位を確立した。

戦国時代の知恩院住持には三河松平氏と関係の深い人がなっており、二十八世浩誉聡補と親交があった徳川家康は、上洛すると知恩院を訪れている。家康は、慶長七年（一六〇二）生母於大の方（伝通院）が伏見城で亡くなると満誉に葬儀導師を依頼し、翌慶長八年（一六〇三）七百石余を寄進し徳川家の菩提所と定めている。浄土宗の総本山、将軍家の菩提所にふさわしい伽藍整備がはじまり、また宮門跡が置かれて後陽成天皇の皇子八宮（良純親王）が初代の門跡となった。

二代将軍徳川秀忠は、元和七年（一六二一）我が国最大級の構えを誇る一山伽藍の正面に三門と経蔵を造立寄進した。経蔵には、十二世紀に中国福建省の開元寺や東禅寺で刊行された宋版一切経が納められた。また、皇都平穏・西国鎮護のためと称して、神君様（家康）の寿像を本堂西壇に祀らせた。

寛永十年（一六三三）火災にあい大半を焼失するが、三代将軍徳川家光の命により、大殿とよばれるにふさわしい本堂（御影堂）、狩野一門による華麗な障壁画が描かれた大小の方丈、それに除夜の鐘で名高い大鐘が鋳造され、旧にまさる復興を果たした。

諸堂が再建された寛永十八年六月、家光は住持三十二世雄誉霊巌を江戸城に招き「天下和順」の法問を聴聞し、八十八歳と高齢の霊巌は杖の使用を許されたが、その滞在中客死した。

塔頭良正院は、家康二女で池田輝政夫人となった督姫の菩提所であり、寛文六年（一六六六）二月千姫（天樹院）が亡くなると、遺言により葬儀導師を三十七世玄誉知鑑がつとめ、知恩院にも分骨されて勢至堂に尊牌が祀られ、濡髪祠前に宝塔が建てられた。

明治維新には徳川氏の外護を失い、財政的に窮乏するが、寺債の発行・講社の結成などにより切り抜け、明治二十年（一八八七）には知恩院門跡が浄土宗管長となる制が定まった。昭和二十二年（一九四七）浄土宗から離脱して、本派浄土宗（のち浄土宗本派）を立てるが、昭和三十六年（一九六一）浄土宗と再合同した。

ところで、「ちおんいんさん」と親しまれている浄土宗総本山知恩院の現在の広い寺域は、その土地の高低により上段・中段・下段に分かれる。

大伽藍のある中段は、徳川家康が慶長八年（一六〇三）に造営を始めたことにはじまる。法然を祀る御影堂（国宝）を中心に、阿弥陀堂・寶佛殿・泰平亭・経蔵・納骨堂・写経塔・大鐘楼・唐門・大小方丈・集会堂（法然上人御堂）・大小庫裏（雪香殿・月光殿）等がある。下段には、全国檀信徒の宿泊施設である和順会館、三門（国宝）・黒門・塔頭寺院・華頂学園・宗務庁・平安養育院・友禅苑等が並んでいる（**図1**）。

御影堂の向かって右横の石段を、山側に上ると、江戸幕府によって拡張される以前の境内地、知恩院の中でもっとも古い建物「勢至堂」と法然の御廟のある上段の地である。勢至堂は、元の御影堂で、勢至堂と呼ばれるのは、現在の御影堂に本尊の法然の御影が移された後に、法然の幼名「勢至丸」に因み、勢至菩薩坐像が安置されたからである。

徳川家康四百回忌、千姫三百五十回忌を迎えるにあたり、筆者は知恩院の信仰誌『知恩』誌上に「知恩院と徳川家」を連載（二十四回）する機会をあたえられた。第Ⅲ部ではその際に蒐集した古記録・古文書等により、戦国期から元禄期にかけての法然廟堂知恩院の歴史と信仰をたどることにする。

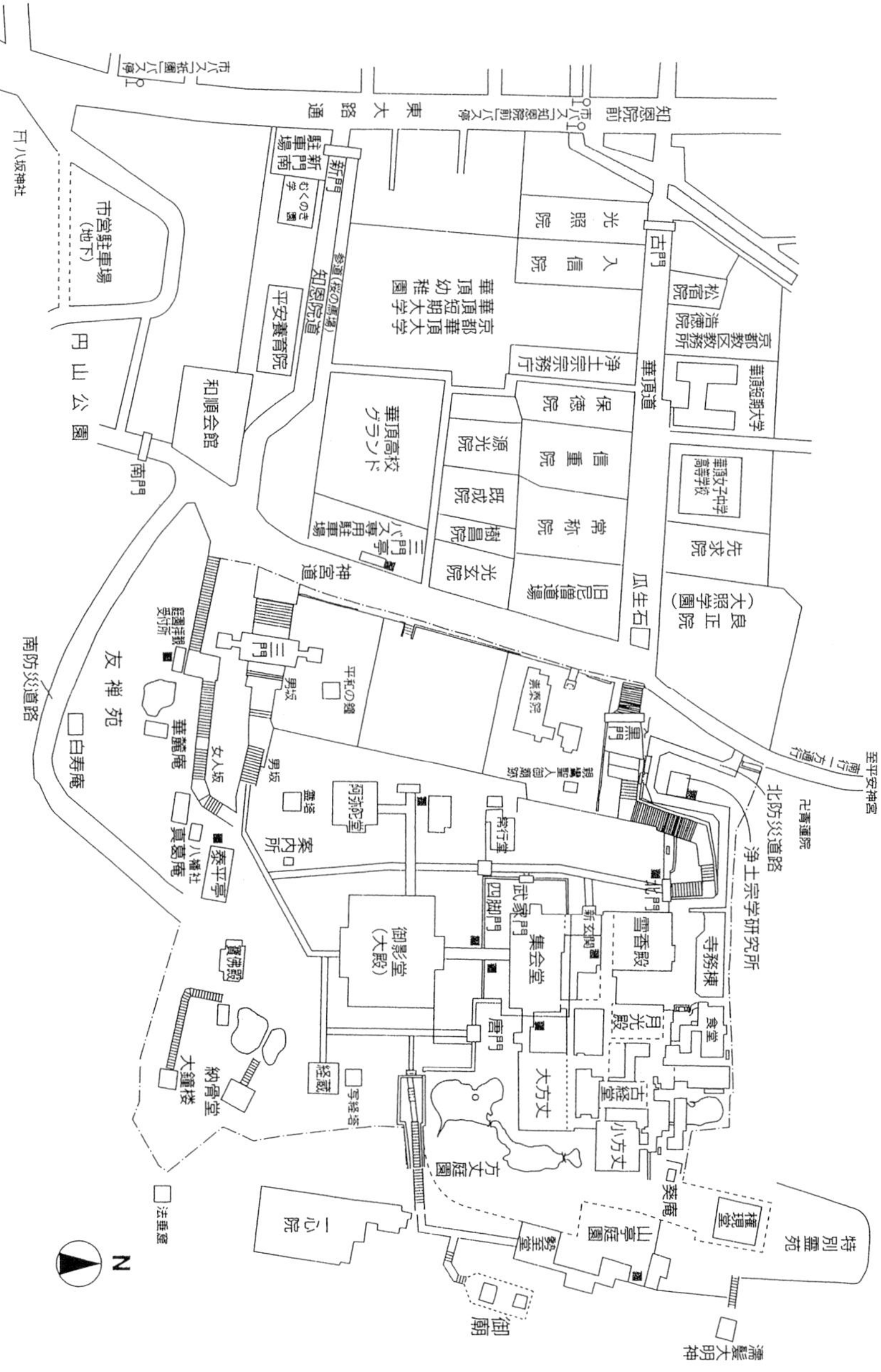

図1　総本山知恩院山内案内図（知恩院提供）

第一章　戦国期の知恩院

はじめに

戦国時代の知恩寺と知恩院の研究には、玉山成元『中世浄土宗教団史の研究』第五章「白旗派の京都進出」がある（山喜房佛書林、一九八〇年）。玉山氏は第一節「百万遍知恩寺と慶竺」、第二節「知恩院と三河浄土宗の関係」、第三節「皇室と浄土宗」の三節より、関係寺院が所蔵する古文書、公家の日記より詳しく白旗派法流の展開と天皇・公家の帰依を考察している。

本章では、戦国時代に法然の廟堂知恩院が興隆するのは、天皇・公家・武家の法然への帰依とその廟堂崇敬によるものであるとの視点から、戦国期の法然廟堂が浄土宗の総本寺として崇敬される経過を検討する。すなわち、戦国時代の知恩院の興隆を、三河松平氏と知恩院、天皇の往生と廟堂知恩院、織田信長・徳川家康と浩誉聡補、三河一向宗と家康、正親町天皇の浩誉聡補への帰依等を検討することで、法然の廟堂である知恩院の住持が勅願所として天皇の帰依をうけ、浄土宗総本寺として知恩院が興隆するにいたる経過を明らかにしたい。

第一節　三河松平家・超誉存牛と知恩院

戦国時代には、三河松平氏と関係の深い僧侶が知恩院住持となっている。家康が知恩院を菩提所に定め、三河松平氏の始祖松平親氏以下、八代の位牌が安置され供養されるにいたる縁を紹介する。

一　三河松平家と浄土宗

浄土宗鎮西派白旗流の下総国飯沼弘経寺（現在の茨城県常総市豊岡町）は、室町・戦国時代には浄土宗の中心寺院として栄え、江戸時代には関東檀林の一となった。その第二世了暁は、三河地方を布教し、御津に大運寺（現・大恩寺、愛知県宝飯郡御津町）を建立し、周誉珠琳・釈誉存冏・勢誉愚底等、多くの弟子を育てた。

三河松平氏の第三代信光は、松平郷より岩津（愛知県岡崎市）に進出して城をかまえると、存冏を招き、祖父の初代親氏・父の二代泰親の追善のための廟所を建立した。そして、寺の名を、信光に明の一字を加え信光明寺とつけた。

信光の三男親忠は、父が没すると出家、西忠と名乗り熱心な念仏行者となり、文明七年（一四七五）には、戦死した敵味方の幽魂を慰めるために、愚底を招き大樹寺（愛知県岡崎市）を草創した[1]。

二　勢誉愚底と肇誉訓公

応仁の大乱で罹災した知恩院の復興に尽力していたのが、愚底の兄弟子の周誉珠琳である。開山堂（御影堂）・

方丈・客殿・山門などを復旧、知恩院の本所である青蓮院尊応准后より、「中興の開山と謂うべし」とその功績をねぎらわれた(2)。知恩院では珠琳を中興の祖と仰ぎ、一月二十六日には周誉忌を勤修していた。知恩院の役所『日鑑』にも、「周誉忌、法要・御斎、毎年之通」と記載されている。伊藤唯真氏は珠琳が知恩院二十一世であることは動かし難いと考証したように、当時の古文書や仏像の銘文・典籍奥書等では、珠琳は知恩院「二十一世（代）」である(3)。ただし知恩院住持の世代の数え方は、元禄頃に確定したようで珠琳を二十二世とする（以下、これに従う）。また現在、御影堂安置の珠琳の位牌・過去帳の命日は四月二十三日となっている。

珠琳は後継住持に弟弟子の愚底を指名したので、愚底は永正元年（一五〇四）、知恩院二十三世となった。愚底は在住七年ののち、永正八年（一五一一）大樹寺に帰ると、寺院機構の整備につとめた。松平氏の勢力が増すに従い、大樹寺は当地方の中心寺院となるとともに、天文四年（一五三五）には後奈良天皇の勅願寺となった。

その愚底の跡を継ぎ、永正八年に知恩院二十四世となったのが、信光明寺第二世の肇誉訓公である。訓公は、知恩院在住中の永正十四年（一五一七）八月、火災にあうが、復興につとめ、東福寺内万寿寺の堂宇を移して阿弥陀堂とし、ついで方丈・庫裏・総門を再建、復興の半ばの永正十七年（一五二〇）に寂した。

三　超誉存牛

訓公の跡を継ぎ、知恩院に入ったのが、訓公の遺言により後継住持に推挙された松平親忠の五男超誉存牛である。存牛は存冏について出家、訓公の跡を継いで信光明寺三世となり、松平家の菩提所を守っていた。

存牛は固辞したが、後柏原天皇の綸旨と知恩院門末寺院の懇請により、永正十八年（一五二一）、知恩院二十五世住持となった。知恩院には、浄教寺開誉・智恵光院浄誉・法然寺徳誉・知恩寺伝誉・報恩寺慶誉・宝泉院上誉が

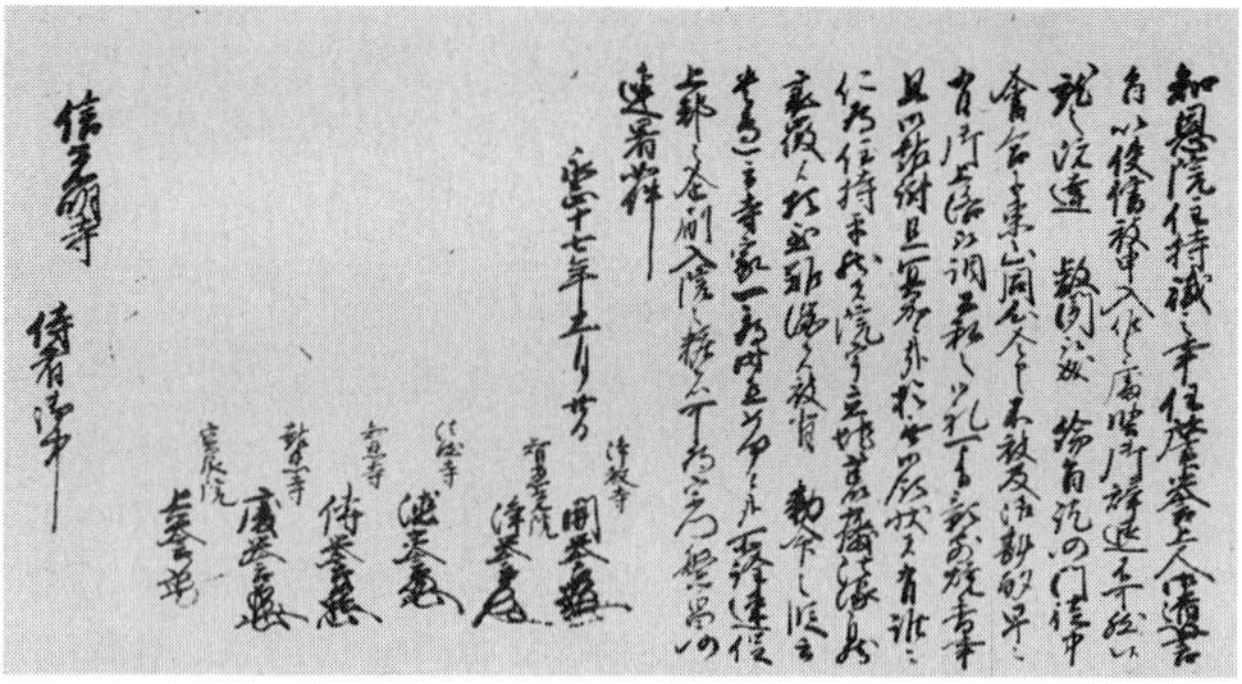

図1　超誉存牛招請状（京都・知恩院所蔵）

連署した「信光明寺侍者御中」宛、永正十七年十一月二十日付「超誉存牛招請状」（**図1**）が伝来する。

知恩院住持職の事、肇誉上人の御遺言の旨に任せ、使僧を以て申し入られ候の処、堅く御辞退然るべからず候。之に就き、既に叡聞に達し、（後柏原天皇）綸旨を成され訖。仍て門徒中東山に会合、同心申さしめ候。御斟酌に及ばれず、早々御上洛有り、公私の御礼を調えられ、影前焼香有るべき事、且は御報謝、且は冥加に候哉。[4]

存牛は天皇家との関係を深め、京都における浄土宗の布教につとめた。その結果、大永三年（一五二三）百万遍知恩寺との間に起こった浄土宗の本寺争いに勝利、同年六月、知恩院は浄土門総本寺の公称を許可された。

翌大永四年（一五二四）正月十八日には、存牛は後柏原天皇より、法然の忌日を迎えるごとに、京畿の門葉を集め、七日間の御忌を修せよとの次の詔書を賜った（知恩院文書）。

知恩院住持超誉上人に詔す。朕聞く、流派を挹《く》む者は、緬《はるか》に其源を尋ぬ、枝葉を愛《いと》しむ者は、為《ため》に其根を培《つちか》う。蓋《けだ》し知恩教院は、浄宗創業の道場、祖師入寂の霊跡、遺教海内に布《し》き、属利国中に徧《あまね》し。苟《いやしく》も其末流たる者、寧《いずくん》ぞ本源を忘《わす》る可《べ》けん乎、今より而《し》て後、孟春の月に遇《あ》はば、宜《よろし》く京畿の門葉集会令《せ》しめ、一七《いちしち》の昼夜、法然上人の御忌を修すべし也。追遠の誼《ぎ》想《そう》、応《まさ》に此《かく》の若《ごと》くなすべし。故に茲《ここ》に詔示す。宜く知悉すべし矣。

知恩院の御忌はこの詔書に基づくものであり、「大永の御忌鳳詔」と呼ばれている。存牛は大永七年（一五二七）に知恩院を退くと、信光明寺に帰り、松平親氏の菩提寺の高月院（愛知県豊田市）に隠棲、天文十八年（一五四九）寂、八十一歳であった。

四　遺訓と「葵紋」の由来

知恩院所蔵の明和五年（一七六八）「起立開山名前・御由緒・寺格等書記」には、存牛の遺訓を掲載している。

我れは、法然上人の遺跡に勅を蒙り住職せしむ。法皇（後柏原）ご終焉の知識の勅請を蒙る事は浄土宗の光輝なり。我れ松平の苗姓を受け出家し、法然上人の遺跡に住職せしめ、法皇の勅許・勅請を蒙る事は、我が規模（名誉）なり。我が規模は氏姓松平家の規模なれば、我が住職を後代に残さんがため、当山の紋は後世に至る迄、我が氏姓の葵紋とすべし。（傍線は著者）

と知恩院の寺紋が松平の家紋の「葵紋」であることの由来が説明されている。(5)

また、高月院の古記録（『知恩院史』所収）は、八歳の竹千代（家康）が松平家廟所に参詣した際に、存牛と対面、清談があったとし、家康が「後年しばしば密語し、天下を平治するの功、超誉存牛の勧諭による」と語っていたと伝えている。

知恩院では、権現様家康が存牛の御遺示を聴き、重ねて永世当家の葵御紋を用い、天下安全・武運長久の祈願をするようにと仰せ付けられるとともに、ご先祖存牛が知恩院住持の由緒の故に、先祖八代の位牌を建て置きなされたものだとの由緒を語っていた。

天保三年（一八三二）八月、幕府寺社奉行土井大炊頭利位からの問い合わせに答えた由緒書の控えである「御菩提所知恩院御由緒」にも、

東照宮様御代々の御宗門と申は、御先祖新田義重公御帰依浅からさりし開山円光大師の旧跡〈この旨、勅修御伝審ニ相載せこれ有り候〉。なお又その後、和泉守信光君、知恩院廿三世勢誉愚底上人御帰依浅からず。その上、廿五世超誉存牛大和尚は、右京亮（松平）親忠君第五男なり。右等の御由緒を以て、神君様、伏見御城において、廿九世満誉（尊照）大僧正御師檀の御契約を遊ばされ、御治世の最初、知恩院を御菩提所に定め置きなされ候。

と記載されている(6)。

第二節　御忌鳳詔と絵巻叡覧・写経奉納・勅額下賜

大永の御忌鳳詔（大永四年正月十八日の詔書）を賜った知恩院では、毎年の御忌法会は、宗祖法然への報恩謝徳の

もっとも重要な儀式となった。詔書を下賜した後柏原天皇の念仏往生、「知恩教院」「大谷寺」の勅額を下賜した後奈良天皇の浄土宗への帰依、二十七世住持となる徳誉光然と天皇家との縁について紹介する。

一　後柏原天皇

後柏原天皇が在位（一五〇〇～二六）した時代は、応仁・文明の乱のあとで諸国が疲弊し、即位の礼は践祚後二十二年を経過した大永元年（一五二一）となった[7]。

後柏原天皇は常に朝儀の再興に心を掛け、永正四年（一五〇七）、兵革が連続、洛中が不穏となった際には、伊勢神宮などに天下和平、国家安全を願った。また、大永五年（一五二五）十一月、疱瘡が流行すると終息を願い、宸筆の『般若心経』を延暦寺と仁和寺に納めている（『実隆公記』）。

天皇は浄土宗にも深く帰依し、禁裏では毎年、春季一月十六日・夏季五月十六日・秋季九月十六日の各持斎日に、百万遍念仏が行われていた。この禁中百万遍念仏は、元弘元年（一三三一）秋に疫病が流行したとき、後醍醐天皇の命により、知恩寺の善阿空円が禁裏に招かれ、疫病鎮めの百万遍念仏を修したことに由来する。空円はその功により百万遍の勅号と大念珠等を授かった[8]。

後柏原天皇は大永二年（一五二二）九月、知恩寺の伝誉慶秀から、法然と諸碩学の浄土宗義の論義である「大原問答」の進講を七日間連続して受けている（『二水記』）。

大永六年（一五二六）四月七日、天皇崩御の際には、知恩院の超誉存牛が臨終に参内した。『二水記』によると、

七日、卯刻遂以崩御也〈御年六十三〉、近臣只惘然、非涙哭声、皆以消魂、臨此期又奉移記録所訖、智恩院長

老伺候、有御十念、称名殊御高声也、正念御終焉、御往生無疑者也、頃之有御北首事〈以御枕為北、本南枕御也〉、（上欄補書）（喜渓長悦）「泉涌寺長老・僧衆六七人参候、密々唱光明真言」、

臨終の善知識として御十念を授けた超誉存牛には、天皇所持の恵心僧都源信筆「阿弥陀来迎図」が下賜された。天皇の皇子青蓮院尊鎮法親王の裏書がある。

此一鋪者、先皇号後柏原天皇御持尊也、今般為御臨終知識之間、去月廿日従当今所被附下知恩院超誉上人也、依彼住持所望如裏書畢、

大永六歳次丙戌五月二日〈甲申〉

遍照無量金剛（花押）親王記之

五月三日、泉涌寺において火葬され、中陰の法要は般舟三昧院、百カ日法会は泉涌寺および般舟三昧院であり、『二水記』の著者鷲尾隆康も「浄土三部経」を書写供養している。

二　後奈良天皇

後柏原天皇崩御のあと、四月二十九日、皇子の後奈良天皇（**図2**）が践祚した。戦国乱世の三十二年間の在位（一五二六～五七）となり、即位の礼は十年後の天文五年（一五三六）二月、大内・北条・今川等地方豪族の費用献上により挙げている。

天文九年（一五四〇）、諸国に洪水があり飢饉と疫病が蔓延し、改元が相談されるほどの大災害となった。後奈良天皇はこの天災を終息させるために、醍醐寺三宝院義尭を禁中に召し不動法を修せさせ、自らも『般若心経』を書写、醍醐寺に奉納している。その奥書に「朕、民の父母と為りて、徳覆うこと能わず、甚だ自ら痛む」と、災害を防ぐことができなかった責任を述べ、書写が妙薬となることを願っている（醍醐寺蔵「後奈良天皇宸翰紺紙金字般若心経」奥書）。

今茲天下大疫、万民多阽於死亡、朕為民父母、徳不能覆、甚自痛焉、窃写般若心経一巻於金字、使義尭僧正、
供養之、庶幾虜為疾病之妙薬矣、于時天文九年六月十七日、

図2　後奈良天皇像（京都・浄福寺所蔵）

また、諸国の一宮にも宸筆の『般若心経』を奉納し、死者を弔い流行の終息を祈っていて、その数は二十四カ国に上り、阿波・伊豆など七カ国のものが現存する。

大嘗祭を断念した後奈良天皇は、天文十四年（一五四五）八月、伊勢神宮に宣命を奉り陳謝するとともに、上下和睦し民戸の豊饒、宝祚（天皇の位、皇位）長久の所願成就を祈願した。

三　「法然上人絵伝」叡覧、写経奉納・勅額下賜

父後柏原天皇と同様に、仏道に深く帰依した後奈良天皇は、法然、浄土宗の信

仰を深めた。

大永六年（一五二六）七月、知恩院超誉存牛と知恩寺伝誉慶秀は、代始めの参内をし、翌年正月十六日の禁裏百万遍念仏会の当日に拝賀した。伝誉は正月二十六日にも参内し、知恩寺霊宝の松陰の硯を叡覧に供した。この硯は、興福寺・東大寺を父平清盛の命により攻撃、堂塔伽藍を焼亡させ、捕虜となり南都に送られ刑死する重衡が法然より十戒を授けられたとき、布施にと差し上げた父清盛の遺品である（『平家物語』巻十「戒文」）。

存牛は同年の三月十八日、天皇に知恩院の什宝「法然上人絵伝」（『法然上人行状絵図』）四十八巻を叡覧に供し、六月二十四日、三河に帰国するにあたり参内すると賜品があった（『御湯殿上日記』）。

この後奈良天皇の禁中における『法然上人行状絵図』叡覧が、それ以後の天皇と知恩院との結びつきを、より強固なものとする機縁となった出来事として注目したい。

周知のように、『法然上人行状絵図』は四十八巻からなり、知恩院の名称が現れる最初の絵伝である。日本の絵巻史上で最大の規模を誇る大作であり、全篇二百三十七段は、法然の生涯の主要な事績のほか、天皇・公家・高僧から庶民にいたる帰依と門弟の列伝、法話・教説からなる。絵伝には、後白河法皇や高倉天皇、また摂政・関白九条兼実以下の有力な貴族たちの法然への帰依が絵画と詞書で説かれている。それとともに、女房たちが「大谷の禅房」を訪問し、法然より「女人往生」の法談を聴聞している様子を描き、法然尊崇の中心となるのは、廟堂より発展した念仏の聖地「知恩院」であり、「浄土宗の教え」（鎮西義）であることを明らかにしている。

法然への天皇の帰依、廟堂知恩院の歴史を学んだ天皇は、父後柏原天皇の年忌仏事は般舟三昧院で修されていたが、三回忌には自ら書写供養した『阿弥陀経』を知恩院に奉納している（知恩院蔵「後奈良天皇宸翰紺紙金字阿弥陀経」奥書）。

右繕写一巻、所以者何、先皇廿五之期月、四七之日天、染翰精神、貫華功力、以茲一軸、恭寄上方、爰知恩教院者、海内名藍、門中本寺、宗派歴代、叡賞幾朝、心在菩提、念是回向焉、

また、嘉禄三年（一二二七）、延暦寺が専修念仏の停止を訴えて法然の廟堂を破却した（「嘉禄の法難」）。その廟堂を源智が「大谷寺」として復興して、法然を開基としたのが知恩院である。四条天皇は仏殿に「大谷寺」、廟堂に「知恩教院」、総門に「華頂山」の勅額を下賜された。この先例により後奈良天皇は、享禄三年（一五三〇）、知恩院に御影堂が再興されると宸翰の勅額「知恩教院」「大谷寺」を下賜した。

翌四年閏五月八日にも、徳誉光然が『法然上人行状絵図』を進講している。廟堂知恩院への天皇の崇敬がますます深まっていくのである（徳誉は天皇の皇子正親町天皇の母栄子〈吉徳門院〉の兄弟）。

ちおんゐんとく《（徳誉）》よまいりて、御まへにてほうねん《（法然）》のてんき《（伝記）》よみまいらせらるる（『御湯殿上日記』）。

四　徳誉光然

超誉存牛のあとの知恩院住持は、保誉源派（大納言日野豊光の息）・徳誉光然（内大臣万里小路秀房舎弟）・浩誉聡補（秀房四男）・満誉尊照（万里小路惟房猶子）と継職されていく。

保誉は、知行兼備の僧として大永七年（一五二七）に住持となるが、翌年の辞山で事績が不詳である。徳誉は万里小路秀房の弟ということなので、父は参議賢房である。二十四世肇誉訓公を師として剃髪、訓公の命により三河

へ下り、松平家の菩提所大樹寺で修学したあと、桑名光徳寺、山城国山崎の大念寺を開基、後奈良天皇の綸旨により住持となった。

なお、万里小路家では、十四世紀の初めに浄華坊証賢が専修念仏の道場として開き、浄土宗一条派の拠点となり、朝廷・公家の帰依を得た浄華院（現・清浄華院）と寺檀関係を結んだ。九世定玄、十世等凞は同家出身である。等凞は、後小松天皇や称光天皇、また将軍足利義持の帰依を受け、香衣綸旨を賜り、新黒谷金戒光明寺を再興した。没後、その功績により、後花園天皇から浄土宗最初の国師号となる「仏立慧照国師」を授けられている。

ところで、万里小路賢房の娘栄子（吉徳門院）は、後奈良天皇の妃となり、永正十四年（一五一七）天皇の皇子（正親町天皇）を生んでいる。また、万里小路秀房の娘房子（清光院）は、正親町天皇の後宮に入り、典侍となり皇子の誠仁親王（後陽成天皇の父）を生んだ。

天皇の知恩院への崇敬が厚くなる背景には、万里小路家を通した天皇家と知恩院住持との縁戚を考慮に入れる必要がある。

第三節　浩誉聡補と信長・家康

松平家の菩提所大樹寺（愛知県岡崎市）は、享禄年間（一五二八～三二）より大伽藍の造営が開始されている。七堂伽藍が整備され、天文四年（一五三五）、多宝塔（重要文化財）が建立されるとともに、本寺知恩院を通して寺格をあげ、後奈良天皇から勅額と勅願所の綸旨を賜った。[9] 松平家からは知恩院に報謝米三石と鳥目三十貫の寄進が毎年あった。二十八世浩誉聡補と織田信長・徳川家康との縁などを紹介する。

一　浩誉聡補と織田信長

浩誉聡補は、内大臣万里小路秀房の四男で、二十七世徳誉光然の甥、妹の房子は正親町天皇の後宮に入り、誠仁親王の生母となった。聡補は、大樹寺九世鎮誉祖洞を師として剃髪、弘治二年（一五五六）勅請により知恩院住持となり、文禄四年（一五九五）十月辞山、慶長三年（一五九八）十一月十七日寂、年齢は不詳である。

元亀四年（一五七三）三月、信長は、将軍足利義昭が反信長の兵を挙げると入京、知恩院に陣し軍を洛外に配置、上京を焼き討ちし、七月には室町幕府を滅亡させた。

知恩院文書、六月二日付「織田信長戦勝謝状」によると、信長は、今度の上洛・勝利はひとえに知恩院の祈禱の力によるものであると喜び、願い出の寺領を寄進するので織田家の武運長久を祈るようにと依頼している。

信長は、室町幕府が滅亡すると村井貞勝を京都所司代に任命し、七月二十八日、信長の奏請により朝廷は天正と改元した。信長の聡補宛九月十二日付「修覆料寄進状」によると、知恩院に白銀五百枚、鳥目五百貫文、米三百斛を贈り、二度の本陣を勤め、寺僧らが粉骨をつくしてくれたことを感謝している。

二　安土宗論と本能寺の変

近江安土の浄厳院は、もとは浄厳坊隆尭が栗太郡金勝谷に開いた浄土宗の寺院であったが、天正五年（一五七七）、信長が鷹狩りのとき立ち寄り、住持応誉明感と懇意となり帰依、安土に移築させたものである。

同七年五月、信長の命で浄厳院で行われた日蓮宗僧と浄土宗僧貞安らとの討論「安土宗論」は、日蓮宗の活動に反感を持っていた信長が計画的に日蓮宗側の負けとして弾圧したものとされている。実は、この宗論が開催される三カ月前の二月十八日、貞安から知恩院が法然の本所（遺跡）であるとの由緒を聞いた信長は、いよいよ仏法紹隆怠慢ないようにと、新たに寺領百石を加増、法然、浄土宗への崇敬を深めている（知恩院浩誉上人御房宛「寺領寄進状」）。

天正十年（一五八二）六月二日の早暁、明智光秀は本能寺を囲み信長を急襲した。信長は自ら弓・槍をもって防戦するが、自刃して果てた。光秀がさらに二条御所を襲うと、嫡男信忠や村井貞勝らは討ち死にした。信長と懇意にしていた阿弥陀寺（現・京都市上京区寺町今出川上ル）の住持清玉は、自刃の直後に本能寺にかけつけた。

信長と阿弥陀寺清玉とが昵懇の間柄であったのは、清玉が東大寺再興の本願を依頼されたことによる。永禄十年（一五六七）十月、松永久秀と三好三人衆の兵火で東大寺大仏殿が炎上した。正親町天皇は翌年三月二十七日、大仏殿再興の綸旨を諸国に下した（『御湯殿上日記』）。阿弥陀寺文書によると、清玉に東大寺が伽藍再建の本願上人を依頼する旨を松永久秀・三好長逸が伝えていて、幕府も洛中洛外における清玉の勧進を保障している（四月二日付「松永久秀書状」、四月十八日付「三好長逸書状」、十月六日付「京都所司代村井貞勝折紙」）。信長は、元亀三年（一五七二）六月、清玉に大仏殿再興のため、全国に勧進させている（東大寺本願清玉上人宛「織田信長朱印状」、東大寺文書）。清玉は弟子とともに、信長の遺骸を運び出し、秘かに葬ったのが阿弥陀寺の墓だとの伝承があり、「信長の本墓」と呼ばれている。[10]

また、貞安は信忠追善のため一寺を建立、信忠の法号にちなんで大雲院と称した。京都の民政に携わった村井貞勝も、熱心な浄土宗の信者となり、邸内に寺を創建していたが、戦死すると、雅号春長軒にちなむ春長寺を寺名とする菩提所となった。

三　長篠合戦と家康の手紙

ところで、天正三年（一五七五）五月二十一日、信長と家康が、甲斐の戦国大名武田勝頼を三河国南設楽郡長篠（愛知県新城市）において、新鋭の兵器である鉄砲の威力により壊滅させた戦いは、長篠の合戦としてよく知られている。武田勝頼が父信玄の喪を秘して西上作戦を続け、遠江の高天神城を陥落させ、さらに長篠城を大軍で包囲し、家康に圧力を加えてきたのを、家康が信長との同盟関係により克服した戦いである。

長篠城主奥平信昌は、岡崎城の家康に窮状を伝えるため、鳥居強右衛門をひそかに城外へ脱出させた。家康は、これにより岐阜城の信長から来援を受けることに成功し、敗れた勝頼は、多くの家臣を失い、勢力衰退のきっかけとなった。

知恩院には、聡補が家康に使僧を遣わして、長篠の合戦の戦勝を祝ったことに対する、家康の六月二十二日付の返信（**図3**）が伝来する。

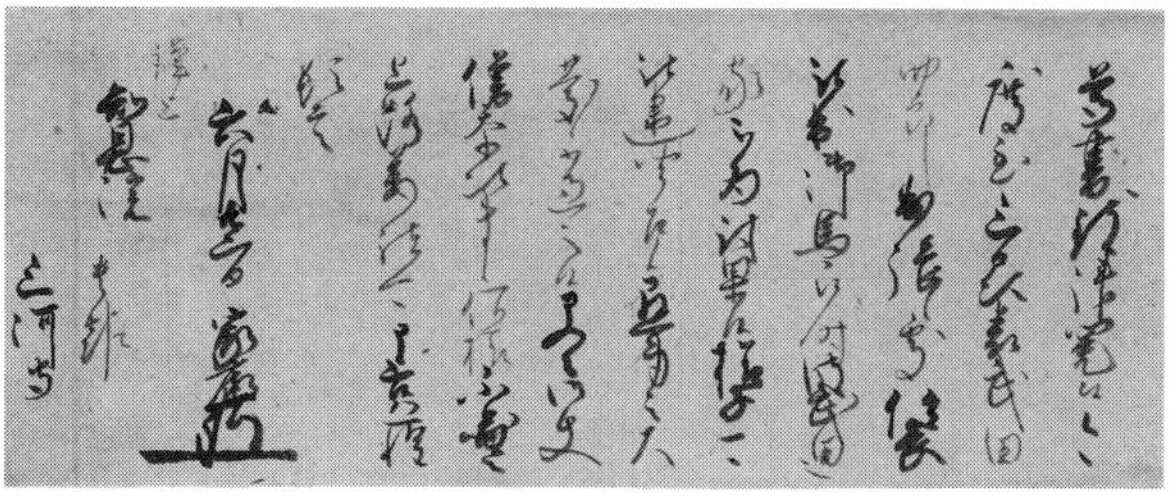

図3　徳川家康書状（京都・知恩院所蔵）

尊書拝閲致し候、今度三刕（州）表に至り、武田四郎出張候処、信長御馬を出され、即時、彼の武田の家、討ち果され候様子、聞召し逮ばるべく候。愚身の大慶、之に過ぎず候。早々御使僧、忝なき次第に候。何様、不図上洛せしめ、万緒申し上ぐべく候。恐惶頓首。

六月廿二日　　家康（花押）

謹上　知恩院　貴報
（ウハ書）「三河守」

家康が上洛した際には、知恩院を訪問して歓談したいと述べているが、家康と聡補が非常に親しい間柄であることを窺わせる文面である。

四　家康の知恩院訪問

聡補は大樹寺で修学し、知恩院住持として四十年余り在山していて、この間、家康とは長年にわたる親交があった。家康は上洛のつど知恩院を参詣し、聡補もまた伏見・大坂・二条の御城等へ参上している。

山科言経の日記『言経卿記』によると、家康は文禄三年（一五九四）五月六日、知恩院を訪問している。家康は、京都の公家や文化人と饗宴をし、お茶や食事、囲碁や将棋をして都の夕べを楽しんでいた。

> 未刻に亜相（家康）知恩院へ御出の間、迎に罷り向い了ぬ。次に相伴了ぬ。亜相・柳原（淳光）・予（言経）・寺住（浩誉聡補）・同弟子（満誉尊照）・山名禅高・月斎・宗カツ（喝）・了頓等なり。済々の儀なり。酉の下刻に各おの御帰り畢ぬ。予暮れ過ぎて帰宅し了ぬ。

また、慶長二年（一五九七）五月には、家康は七日に吉田神社を訪問、言経や細川幽斎・船橋秀賢ら二十四、五人と饗宴、宿泊、朝餐を相伴したあと、知恩院に参詣している。[11]

この頃には、家康の従兄弟、石川日向守家成（一五三四～一六〇九）の邸宅が知恩院の近くにあった。家成の母は家康の母於大の方（伝通院）の実姉（妙西尼）である。父は安芸守清兼で三河国西野（愛知県豊田市松平町）の生まれで、永禄六年（一五六三）の三河一向一揆に際して一族と別行動を取り、浄土宗に転宗して家康に従った。言経とも親交があり、たびたび知恩院に参詣している記事が『言経卿記』にみられる。

第四節　厭欣旗・黒本尊と酒井忠次墓塔

勢至堂へと向かう長い石段を登った華頂山山腹の知恩院総墓地に、徳川四天王の一人、酒井忠次夫妻の墓塔（大宝塔・五輪塔）がある。三河の一向宗と一揆、家康の持仏と厭欣旗、忠次と知恩院の縁を紹介する。

一　親鸞と一向宗

親鸞在世中の肖像に、上畳に敷皮を敷いて坐し、両手で念珠を爪繰る「安城御影」（西本願寺蔵）がある。前に火桶、草履、鹿杖を置いた遊行の念仏聖親鸞の姿を描いた、讃の末尾に「愚禿親鸞八十三歳」（建長七年〈一二五五〉）との署名のある、三河国安城において相伝所持されていた一向宗の祖師像である。

矢作川流域の西三河地方には、関東高田門徒系の一向宗が弘まっていたが（『三河念仏相承日記』）、この門徒は親鸞面受の法脈を大切にし、先師聖人（法然）の他力念仏を弘めていた。室町時代に本願寺蓮如の教化により、針崎勝鬘寺・野寺本證寺・佐々木上宮寺の三カ寺が本願寺派に転じると、一家衆寺院の土呂本宗寺が創建された。寺内町が形成され、検断権不入の一大政治勢力となった。[12]

二　三河一向一揆

酒井忠次は家康の父松平広忠に仕え、その妹碓井姫を妻とした。広忠の死後、竹千代（家康）に近侍し、人質として駿府の今川家に行くときにも同行し、永禄三年（一五六〇）五月、織田信長との桶狭間の合戦で義元が敗死、岡崎に戻ると家老として補佐した。家康は、碓井姫の母の於富（源応尼・華陽院）が母於大（伝通院）の実母でもあったので、十五歳年長の忠次を敬重した。

領国統一をいそぐ家康は、本願寺派の寺院にも軍役を強化することをせまられ、永禄六年（一五六三）から翌年にかけて、先の三カ寺を中心とする本願寺派寺院・門徒と対立することになった。発端は、家臣の上宮寺からの兵粮米の強制徴発とも、本証寺寺内での喧嘩を処理するさいの不入権の侵害に対する蜂起であったともいわれている。一揆の中核となったのは、各寺内に籠る坊主衆であるが、一族が敵味方に分裂し、信仰と松平家への忠節の板挟みとなる国人衆も多くいた。一揆には、家康が信長と結ぶことに反対する家臣たちが加勢し、本拠の岡崎城を襲撃した。南無阿弥陀仏の旗をかかげ、かね・太鼓で気勢をあげて進撃している挿画が残されている（『絵本拾遺信長記』(13)）。

三　三河守徳川家康

寺内を破却された坊主衆は、家康の改宗命令を拒否して国外に退去したので、天正十一年（一五八三）十二月に還住が許可されるまでの二十年間、西三河には本願寺派の寺院が存在しなくなった。軍事的な危機であったが、反抗的な家臣、国人領主を一掃することができた。

家康は東三河の今川氏の吉田城を攻略し、渥美郡を押さえて一国統一の基盤を整えると、東三河を酒井忠次、西三河を石川数正に支配させ、領国を統治する組織を整えた。家康は永禄九年（一五六六）十二月、従五位下、三河守に任ぜられ、正親町天皇の勅許を得て松平姓を徳川と改め（二十五歳）、戦国大名の仲間入りをはたした。

四　恵心作阿弥陀仏像と厭欣旗

明眼寺（現・妙源寺、愛知県岡崎市）は、家康方にくみし上宮寺の一揆軍と対峙し、家康が本尊に一揆平定を祈願した高田門徒の名刹である。家康が送った三月二十二日付（永禄八年、ないし九年）の明眼寺宛の手紙が伝来する。当寺安置の恵心僧都作阿弥陀仏像を他寺へ寄進のためではなく、自身の持仏堂に安置するためにと、寄贈を懇望したものである。(14)

恵心の阿弥陀申し請け度候由候処、御本寺へ仰せ届らるべく候段、相意得候。然ら者、先其内預ケ置るべく候旨申し入れ候処、御領掌祝着せしめ候。自然余寺へ寄進たるべくも様ニ御内証候哉、聊か其儀にあらず候。家康持仏堂ニ安置せしむべくためニ候。委細雅楽助《酒井正親》申し入るべく候。恐々謹言。

この像は、家康の念持仏として岡崎城に安置され、二代将軍秀忠のとき江戸城内に安置、のち増上寺に奉納された。家康の廟堂安国殿の本尊阿弥陀如来立像として崇敬され、像の金泥が黒色に変じていることから「黒本尊」と呼ばれ、江戸庶民にも尊崇されてきた。(15)

松平家では、戦に「厭欣旗」（厭離穢土、欣求浄土〈このけがれた娑婆世界を厭い離れて、極楽浄土に生まれたいと願うこと〉の御旗）が用いられた。家康も佳例として戦陣に持参し、先の一揆の際には、一向宗の門徒と間違わないため、浄土宗の旗はこの句を書き掲げて用いたと伝えられ、日光東照宮の御神宝となっている（『徳川実紀　家康公伝』付録）。

厭欣旗の起源・由緒については諸説ある。大樹寺や知恩院の古記録には、家康の大樹寺住持登誉天室への帰依について、先祖の菩提所であるため崇敬し、たびたび来寺して浄土宗の安心ならびに天下治定の籌策を評談したこと、出陣の際には、登誉授与の背中に弥陀の名号を書き、念誦加持した白衣の軍衣を着けて、御十念を請けたこと、登誉が授けた厭欣旗を吉例の御旗としたとの伝えがある。

五　酒井忠次と知恩院

天正十四年（一五八六）、酒井忠次は家康に従い入洛すると、豊臣秀吉より京都桜井に邸宅と近江国に千石の采地（所領）を賜り、従四位下左衛門督に叙任された。家康は、親しく邸を訪れ猿楽を楽しみ、子息には諱一字を与えたので、家督を継いだ長男は家次、本多忠次の養子となった次男は康俊と名乗った。

酒井忠次は六十二歳となった同十六年（一五八八）十月、致仕（隠居）した。隠居の身となると、浄土宗の信仰を深め、昔なじみの助念（大樹寺登誉天室の弟子）に帰依、助念を庵主とする仙求庵を開いた。また、本堂（現・勢至堂）より法然の廟堂にいたる参道に、庶民の参詣が楽なようにと石段を敷いた。

慶長元年（一五九六）十月二十八日、忠次は助念の弟子助航を臨終の善知識として、七十歳で亡くなった。遺命により阿弥陀ケ峰で火葬され、華頂山に墓塔（「先求院殿天誉高月縁心居士」）が建立され、仙求庵が菩提所となり、寺名が先求院と改められた（現・華頂学園の東）。

妻の碓井姫も慶長十年（一六〇五）十月十七日に亡くなると火葬され、忠次の南隣に五輪塔（「光樹院殿宗月九心大信女」）が立てられた。酒井家より跡地が知恩院火葬場として寄進された。享保十三年（一七二八）十二月五日付『書翰控』に「二条御奉行所へ、大雲院（知恩院六役者）持参の書付、左の如し」として、

一、知恩院火葬場、阿弥陀峰にこれ有り候。これ者、慶長元年酒井左衛門尉忠次、法名先求院殿御死去の節、黄金一枚にて相調えられ寄附致さる。同奥方光樹院殿、御両人共火葬致し場所にて御座候。

との記載があるが、知恩院火葬場は使用されることが希れで、焼け穴ばかりとなり、享保十八年（一七三三）に廃止された。

第五節　正親町天皇と毀破綸旨

徳川家康の帰依と外護を得た二十八世住持浩誉聡補の活動には、きわめて幅の広いものがある。天皇近侍の女官が書き継いだ『御湯殿上日記』の記事を中心に、禁裏との交遊、後奈良天皇の年忌、正親町天皇の浄土宗の信仰と知恩院の総本寺としての地位の確立をたどる。

一　「山越の阿弥陀」

正親町天皇（一五一七〜九三）は、父後奈良天皇が弘治三年（一五五七）九月五日、六十二歳をもって崩御、十月

二十七日践祚した（在位一五五七～八六）。後奈良天皇の葬礼についての詳細は不明であるが、十一月二十二日泉涌寺において火葬、二十五日に遺骨が深草法華堂と般舟三昧院に納められた。

聡補が弘治三年十一月二十七日、正親町天皇代始めの参内をし、扇と祈禱の巻数を献上すると、知恩院に「やまこし（山越）のあみた（阿弥陀）」を賜った。

山越の阿弥陀とは、山の端に阿弥陀如来が上半身を現し、観音・勢至らの菩薩衆が飛雲に乗り、死の迫った念仏行者を浄土に迎えに来る様を現した来迎図である。恵心僧都源信が比叡山横川で感得した形相と伝え、来迎図の阿弥陀如来の指先に糸くずの跡があるのは、臨終の枕本尊として使用され、念仏行者との間に五色の糸を交わした名残りである。

知恩院什宝の後奈良天皇寄贈「阿弥陀三尊来迎図」一幅は、父後柏原天皇の御念持尊を、二十五世超誉存牛が臨終の善知識をつとめたことによる下賜なので（画像裏書）、正親町天皇が父後奈良天皇臨終の枕本尊の「山越の阿弥陀」を知恩院に納められたものと思われる。

知恩院には「阿弥陀二十五菩薩来迎図」がある。山並みにそって斜め向きに往生者のもとに向かう阿弥陀如来と諸聖衆の姿が描かれている。この「早来迎」との別名のある来迎図や、『法然上人行状絵図』に描く、紫雲たなびくなか、山を越えて阿弥陀仏が来迎する法然の臨終場面は、祖師の往生として念仏者たちの手本となったのである。左大臣徳大寺公継が法然に深く帰依し、枕本尊の阿弥陀来迎図に結縁、光明が頭上に差し込むなか、五十三歳で念仏往生を遂げた場面があるが、なによりも、法然が招請され、室内に阿弥陀仏をまつり端座念仏し眠るが如く往生をとげた後白河法皇の臨終場面を叡覧することで、阿弥陀浄土への信仰（結縁）を深められたのであろう。

法然の絵伝は、絵で示しながら信仰を弘めるという当時最新のメディアだったが、万人に教えを伝える工夫を進化させ、一切衆生と法然の廟堂知恩院との結縁を願って制作されたのが『法然上人行状絵図』四十八巻なのである。

二　季節の贈り物と知恩院花見

浩誉聡補が弘治三年（一五五七）十二月二十六日、歳末御礼の挨拶に参内すると、正親町天皇は親しく学問所において対面している（聡補は天皇の母栄子の甥であり、天皇の皇子誠仁親王の母房子の兄弟。知恩院前住徳誉は天皇の母の兄弟であり、聡補はその甥）。

知恩院は季節ごとに、それぞれ恒例の贈り物をしている。翌永禄元年（一五五八）の品物を紹介すると、二月二十七日紅梅の枝、三月二十九日羊羹一折、五月二十九日白瓜、閏六月二十九日桃、八月二十一日昆布・お茶、九月三日栗を贈っている。季節恒例の品として、五月の筍・竹、九月の柿・松茸があり、七月に蚊帳が献上されたこともあった（『御湯殿上日記』）。

華頂山の一帯は、古来、ひときわ美しい桜の名所として知られていて、禁裏に仕える女房衆や公家たちも、遊興をかねて知恩院に参拝している。永禄二年（一五五九）二月十九日には、正親町天皇の若宮（誠仁親王）が花見に訪れている。また、十二月五日には、禁中の女房衆と前内府（万里小路秀房）らが参詣している。

住持の聡補にとって、若宮は妹房子の息子、甥であり、秀房は父であり、二十七世徳誉の兄である。『御湯殿上日記』両日に「一日のあそひなり」「終日のあそひ」と記載されていて、茶の湯や料理が用意された賑やかな宴が伝わってくる。

三　後奈良天皇の年忌と談義

正親町天皇（**図4**）は、父後奈良天皇の祥月命日の九月五日には、浄土宗の僧を禁中に招き、法談を聴聞し、受戒している。永禄七年（一五六四）には聡補の法談を聴聞、杉原紙と扇が下賜され天杯があった。

困窮した朝廷経済のなかでの追善法会の勤修には困難なものがあり、近侍の公卿として、先に紹介した家康・家成（家康の従兄弟）と昵懇であった山科言経の父言継が費用調達に奔走している。永禄元年（一五五八）九月の諒闇（天皇が父母の喪に服すること）終了儀式の費用は、伊勢の国司北畠具教に依頼し三千疋を調達している。永禄十二年九月の十三回忌の法会費用は徳川家康に依頼されている。

言継は七月、三河に赴く途中、岐阜城の織田信長に面会すると、信長は六十二歳の言継を労り、代わりの使者を三河に遣わし費用を集めてくれた。織田・徳川家による二万疋の献上により、般舟三昧院での十三回忌法華懺法講が滞りなく厳修されたのである。[16]

天正九年（一五八一）九月五日の二十五回忌の法会は般舟三昧院で修されたが、九月二・三・四日の三日間、天皇は聡補を小御所に召し、浄土宗の法問を聴聞している（『御湯殿上日記』）。

九月二日、（略）、ちおんゐん《知恩院》、けふ《今日》より御たんき《談義》申さるる。たいの物にてくこん《九献》小御所にてありて、そのままたふ。おとこたちもしこう《伺候》なり。宮の御かた、わかみやの御かた、おかの御所、五みや、女中みなみな御まいり。

九月三日、けふ《今日》もちおんゐん、ほうたん《法談》申さるる。二色五か《荷》まいる。小御所にて御さか月まいる。宮の御かた、わかみやの御かたなる。
九月四日、けふ《今日》もちおんゐん、ほうたん《法談》申さるゝ。小御所にてあり。宮の御かた、わかみやの御かた、五のみや、おかの御所、女中御ちやうもん《聴聞》あり。おとこたちもしこう《伺候》、上らう《臈》けふより御さしあい。

四　「一枚起請文」と毀破綸旨

正親町天皇の祖父、後柏原天皇の祥月命日は四月七日である。正親町天皇は永禄六年（一五六三）四月七日の年忌には、法会を般舟三昧院で修し、聡補を小御所に召して、法然の「一枚起請文」を読ませ、談義を聴聞した。

けふの御けちゑん《結縁》に、ちおんいんに一まいきしやう《起請》、こ御所にてよませらるゝ。ちおん院より三色三かまいる。おとこたちしこう《伺候》にて、御たんき《談義》ののちくこん《九献》たふ。ちおいんにすきはら《杉原》・御あふき《扇》たふ。かたしけなきよし申さるる（『御湯殿上日記』）。

図4　正親町天皇像（京都・泉涌寺所蔵）

「一枚起請文」は、浄土宗に帰依する人びとによりくり返し書写されているが、正親町天皇も書写している（知恩院什宝）。
また、永禄十二年（一五六九）八月十一日にも聡補を召して、知恩院の霊宝を叡覧、『無量寿経』四十八願文のうち、第十八願「念仏往生願」の談義を聴聞している。

ちおゐん、色いろのれいほうけさん《霊宝》に入らるる。つゐてに四十八くわん《願》のうち、十八くわんの事、たんき《談義》申さるゝ（『御湯殿上日記』）。

浄土宗の信仰を深めた天皇は、知恩院と聡補への外護を惜しまなかった。香衣着用は勅許を得た僧に限られ、紫衣につぐ重要な法衣とした。室町時代以後、香衣着用が各宗の寺院において普及するが、被着の手続きは、各宗の本寺より禁裏に奏聞され、勅許されると、本寺住職に伴われ参内し、御礼（本、香箱代）に四百疋を献上するのを例とした。知恩院からは、毎年、末寺三〜五カ寺の僧の香衣被着を執奏しているが、江戸時代には、綸旨を賜った僧が住持する寺を「香衣地」といい、寺格の名称となった。

正親町天皇は、天正三年（一五七五）九月二十五日、諸国の浄土門下僧の香衣着用の許可に際し、本寺である知恩院に限り認めるとし、その他の本寺からの奏聞は毀破すべし（認めない）との綸旨と宸翰消息を知恩院に与えた。

（包み紙）「知恩院住持浩誉上人御房　　左中将（中山親綱）」

当院の事、浄土一宗の本寺たるの旨、後柏原院宸翰等明白なり。然上者、諸国門下出世香衣着す事、自他流を簡ばず、当院より奏聞致さるべし。若し上儀を掠め、綸旨を申請うに於いては、何時たると雖も毀破せらるべしの由、天気候所也。仍って執達件の如し。

天正三年九月廿五日　　左中将（花押）

知恩院住持浩誉上人御房

この綸旨には知恩院が浄土宗の総本寺であることを認める重要史料として「毀破綸旨」の名がある。(17) 知恩院は香衣執奏の専管権を得ることで、寺院経営を安定させるとともに、総本寺としての体面を著しく整えることになった。

第六節　太閤検地と禅宗寺院、大仏千僧会

天正十年（一五八二）六月二日、織田信長が天下統一の志を半ばにして四十九歳の生涯を閉じると、京都は事実上、明智光秀を滅ぼした羽柴（豊臣）秀吉の支配下に入る。秀吉による検地と朱印状の下付、禅宗寺院の興隆、関白豊臣秀次の切腹と供養、大仏千僧会と知恩院等を紹介する。

一　検地と朱印状下付

秀吉は、長さと面積の単位を統一し、京枡を全国共通のものとし、村の境を確定して、村ごとに田畑・屋敷地の面積・等級を調査、その石高を定めた。そして、直接耕作者（百姓）を名請人とし、税率を二公一民とする検地（太閤検地）を天正十三年（一五八五）から死去する慶長三年（一五九八）まで継続して実施した。

京都の寺社については、天正十年（一五八二）七月に支配する土地（当知行）の台帳を提出させていたが（指出検地）、支配の実態にあわせて所領安堵の朱印状を下付した。

知恩院文書の秀吉朱印状によると、天正十三年（一五八五）十一月に寺領百九十石の朱印を付し、翌年に二百石に加増、文禄二年（一五九三）九月十三日には、更に二百四十六石七斗二升に増量している。

また、知恩院領の記録としては、「知恩院御領水帳（検地帳）」として、天正十七年（一五八九）・慶長八年（一六

〇三）・寛永十一年（一六三四）・元禄十一年（一六九八）の水帳の写し、元禄十一年の知恩院塔頭の寺領帳、宝永五年（一七〇八）の粟田口村名寄帳、享保七年（一七二二）の知恩院塔頭知行高帳等が伝来する。

二　秀吉と禅宗寺院

室町幕府の外交には、五山僧が従事し、来朝する明使や朝鮮使との交渉、あるいは外交文書の作成を担っていた。秀吉も、相国寺の西笑承兌や東福寺・南禅寺の僧を外交顧問として登用し、頻繁・複雑となった対外関係の処理にあたらせるとともに、相国寺に寺領千三百二十石、東福寺に寺領千八百五十四石、南禅寺に八百石を寄せ、伽藍・塔頭の復興と整備の支援をしている。

大徳寺は天正十年（一五八二）十月十五日、秀吉が信長の葬儀を執り行ったことを契機として、秀吉やその配下の部将と強く結びつくこととなった。信長の菩提所として総見院、小早川隆景の黄梅院、石田三成の三玄院、細川忠興の高桐院、黒田長政の龍光院、小堀政一（遠州）の孤篷庵がある。

秀吉の母（天瑞院）は、天正二十年（一五九二）七月二十二日に死去した。秀吉は、日蓮宗本国（圀）寺での仏事、大徳寺での葬儀を人びとに見物させている。山科言経は日記に、

> 今日（八月七日）巳刻ニ大徳寺ヨリ蓮台野ニテ火葬也云々、諸寺の僧悉く焼香ニ出と云々。龕以下の美麗、筆に及ばずと云々、貴賤道俗の見物方、万々也。

と記載している（『言経卿記』）。

三　関白秀次と供養

豊臣秀次は秀吉の甥、父は三好吉房、母は秀吉の姉のともである。天正十九年（一五九一）八月、秀吉の長男鶴松が死去すると養子となり、関白となった。しかし、秀吉に二男秀頼が誕生すると、太閤として実権を握る秀吉との間に矛盾が生まれ、謀叛を企てたと高野山に追放、文禄四年（一五九五）七月十五日、切腹させられ二十八歳の生涯を閉じた。

京都に持ち帰られた首は、三条橋の下に置かれた。秀吉は八月二日、貴賤群衆の見物するなか、三人の遺児と妻妾三十余人に首を拝ませたあと処刑した。切られた首は、秀次の首と同穴に埋められ、墳墓が築かれた。

翌文禄五年（一五九六）、熱心な法華信者であった秀次の母は、出家し瑞竜院日秀と名乗り、息子の菩提を弔う瑞竜寺（現・滋賀県近江八幡市）を建立した。寺はその後、徳川家康・家光により手厚く保護され、寺領や建物が寄進され、皇室や摂関家からの入寺があり、日蓮宗唯一の尼門跡寺院となり、村雲御所と呼ばれた。

四　大仏千僧会と知恩院

秀吉による大仏殿建立の計画は、天正十四年（一五八六）に始まり、文禄四年（一五九五）、東山に大仏・大仏殿・回廊が完成した。

秀吉は、秀次の子と妻妾を三条河原で処刑した翌月の九月二十五日、完成した大仏に祖父母の冥福を祈る千僧供養を発願し、洛中・洛外の各宗本山に対して、出仕することを命じた。その会場となったのが、大仏殿の隣に再興された天台宗妙法院で「大仏経堂」とも呼ばれた。

天台・真言・律・五山（禅）・浄土・日蓮・時宗・一向宗（真宗）の本山から各百人の僧侶が招かれ、早朝より座次（順番）に従い法要が勤められたことが、『言経卿記』文禄四年九月二十五日条に記載されている。

大仏経堂ニテ、太閤ヨリ、御母儀故大政所（天瑞院）御父母栄雲院道円幽儀・栄光院妙円幽儀等、御弔トシテ、八宗ニ被仰付法事有之、昔ヨリ八宗都ニ無之分有之間、新儀ニ先真言衆（ママ）〈東寺・醍醐寺・高山（寺）〉・天台宗〈七十人、加三井寺三十人〉・律僧・五山禅宗・日蓮党（ママ）・浄土宗・遊行・一向衆（ママ）等也、一宗ヨリ百人ツ、也云々、一宗ツ、ニテ斎有之、貴賤群衆也、寅下刻ヨリ相始、申刻ニ相済了、見物予（言経）・四条（言経室の弟隆昌）・阿茶丸（子息言緒の幼名）等罷向了、

天台宗と真言宗の間でどちらが第一番に勤めるかや、各宗の間で座次争論があったが、国家の祈禱を担ってきた天台宗や真言宗と、鎌倉仏教の新宗派が対等に参加する法会はこの千僧会が初めてである。醍醐寺三宝院義演は、八宗ではない浄土宗・日蓮宗・時宗・一向衆（ママ）の大仏千僧会への出仕を「八宗ノ次ニ出仕、末世末法アサマシキ次第也、雖然無力也」（『義演准后日記』慶長五年一月二十五日）と歎いている。

千僧会に出仕した僧侶には斎料理が出され、本膳の牛蒡・こんにゃく・汁あつめ・煎り麩・煎り昆布・荒布・飯のほか、菓子・酒により供養された。その費用は、米に換算して一人分は五升七合七勺であった。後には布施米に変更されたが、妙法院文書のなかに、知恩院に対して与えられた布施米の請取状が残っていて、一回につき、三十五石を請け取っていた。浄土宗寺院の出仕は、知恩院のほか百万遍（知恩寺）・黒谷（金戒光明寺）であり、永観堂（禅林寺）と誓願寺は交替で出仕していた[18]。

大仏千僧会は、秀吉没後は毎月一宗、四月・六月に限り八宗が勤めることになり、豊臣家が滅亡する慶長二十年（一六一五）まで行われた。

註

（1）玉山成元校訂『大樹寺文書』（史料纂集、一九八二年）、『大樹寺の歴史』（大樹寺、一九八二年）。
（2）以下、知恩院の歴代住持の事績については、『総本山知恩院旧記採要録』（近世前期写本、内閣文庫蔵、『大日本仏教全書』第一一七巻寺誌叢書第一）、『華頂誌要』（『浄土宗全書』第一九巻）、『知恩院史』（知恩院、一九三七年）による。
（3）伊藤唯真「知恩院周誉珠琳と浄厳坊宗真――珠琳の一書状をめぐって――」（『鷹陵史学』八、一九八二年。のち『浄土宗史の研究』所収。伊藤唯真著作集Ⅳ、法藏館、一九九六年）。高橋大樹「新知恩院の典籍・古文書」（大津市歴史博物館『研究紀要』一九号、二〇一四年）。
（4）以下、知恩院文書の引用は水野恭一郎・中井真孝編『京都浄土宗寺院文書』（同朋舎出版、一九八〇年）による。
（5）「起立開山名前・御由緒・寺格等書記」は、明和五年（一七六八）に幕府からの起立開山名前・由緒・寺格等についての問い合わせに答えて提出した由緒書の控えである。『御当山開山草創・御菩提所・御祈願所之記』に収録。『知恩院史料集　古記録篇一』（総本山知恩院史料編纂所、一九九一年）に翻刻。
（6）「御菩提所知恩院御由緒」は『御当山開山草創・御菩提所・御祈願所之記』に収録。前掲註（5）『知恩院史料集古記録篇一』に翻刻。
（7）後柏原・後奈良・正親町天皇等、天皇の生涯については、肥後和雄『歴代天皇記』（秋田書店、一九七二年）、米田雄介編『歴代天皇・年号事典』（吉川弘文館、二〇〇三年）参照。
（8）宮中百万遍念仏については、三田全信『浄土宗史の新研究』（隆文館、一九七一年）、西田圓我『古代・中世の浄土教信仰と文化』（思文閣出版、二〇〇〇年）参照。
（9）後奈良天皇の綸旨は天文四年（一五三五）と推定され、勅額を賜った際の、青蓮院尊鎮法親王の知恩院徳誉光然宛の副状が伝来する。前掲註（1）『大樹寺文書』、『大樹寺の歴史』参照。

(10)「阿弥陀寺由緒書（信長公阿弥陀寺由緒の記録）」（前掲註（4）『京都浄土宗寺院文書』）、藤井学『本能寺と信長』（思文閣出版、二〇〇三年）。

(11)『言経卿記』慶長二年（一五九七）

五月七日

吉田二位へ内府（家康）御出之間罷向了。乗物冷小者・西御方下部等雇レ之。先神龍院へ罷向休息了。次改二衣装一了。吉田二位（吉田兼見）へ罷向之処、中・少将棊・碁等有レ之。終日之儀也。内府・余（山科言経）・外記・極﨟（船橋秀賢）……其外二十四五人有レ之。夜八時分マテ種々之事有レ之。丁寧之儀也。

同五月八日

神龍院ニテ改二衣装一、極﨟同道細川幽斎へ罷向了。吉田ニ小家有レ之。遊山所労ニ依テ被レ居了。内府（家康）御出之間、早朝ヨリ罷向了。昨日衆大略有レ之。少々京へ帰了。朝餐相伴。内府・予・極﨟・吉田二位、其外廿人計有レ之、済々儀也。未刻ニ内府、知恩院御出也。

(12)『本願寺史』第一巻（本願寺史料研究所、一九六一年）、図録『親鸞聖人と三河の真宗展』（真宗大谷派三河別院、一九八八年）、『本證寺――その歴史と美術――』（安城市歴史博物館、一九九七年）。

(13) 北島正元『徳川家康』（中公新書、一九六三年）二七頁。

(14)『三縁山史』第二巻（『浄土宗全書』一九所収）、中村孝也『新訂徳川家康文書の研究』上巻（日本学術振興会、一九八〇年）。

(15) 曽根原理「増上寺における東照権現信仰」（井上智勝・高埜利彦編『近世の宗教と社会2　国家権力と宗教』所収、吉川弘文館、二〇〇八年）参照。

(16) 今谷明『言継卿記――公家社会と町衆文化の接点――』（そしえて、一九八〇年）。正親町天皇による泉涌寺の復興については藤井学「織豊期の泉涌寺再興」「御寺泉涌寺の成立」（同『法華宗と町衆』法藏館、二〇〇三年）参照。

(17) 知恩院には「寛永年中毀破綸旨及奉書類　華頂文庫」として、慶長から寛永年間（一五九六～一六四四）に、本寺知恩寺・金戒光明寺・浄華院の執奏により末寺住持が香衣勅許された際の綸旨・女房奉書・各本寺の添状が「毀破綸旨」として保管されている。中野正明「知恩院所蔵文書――毀破綸旨――」（『華頂短期大学研究紀要』三五号、

一九九〇年)、『知恩院史料集　近世文書篇一』(総本山知恩院史料編纂所、二〇一七年)に翻刻、紹介。

(18)「千僧会布施米請取状」(『妙法院古文書』、『妙法院史料』第五巻、吉川弘文館、一九八〇年)。河内将芳『秀吉の大仏造立』(法藏館、二〇〇八年)参照。

第二章　徳川家康の知恩院造営

第一節　満誉尊照と後陽成天皇、関東の檀林

天正十八年（一五九〇）に後北条氏が滅びると、徳川家康は豊臣秀吉より、駿府城から後北条氏の旧領の伊豆・相模・武蔵・上野・上総・下総の六カ国への転封を命じられた。江戸を本拠に豊臣政権下で最大の大名となり、五大老の筆頭として大きな勢力を持つ。官位も慶長元年（一五九六）には正二位内大臣に昇進した。本節では後陽成天皇と二十九世知恩院住持となる満誉尊照、宮門跡、関東の檀林について紹介する。

一　後陽成天皇と満誉尊照

知恩院に花見に訪れたこともある正親町天皇の皇子誠仁親王が、天正十四年（一五八六）七月、践祚に先立ち病没すると（三十五歳）、十一月に親王の皇子後陽成天皇が践祚、即位の礼を挙げた。後陽成天皇は、秀吉が平安京内裏跡に築造した聚楽第に行幸、豊臣姓を与え太政大臣に任じた。また、家康・秀忠を征夷大将軍に任命するなど、慶長十六年（一六一一）に政仁親王（後水尾天皇）に譲位するまでの二十六年間、公家社会に安定と繁栄をもたらした。

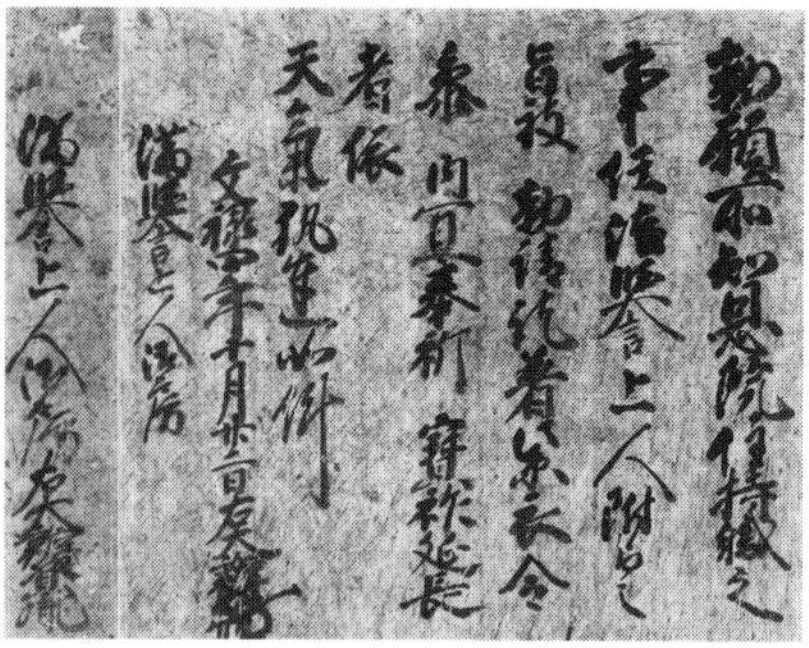
勅願所知恩院住持職之
事任浩誉上人附与之
旨被勅請訖着紫衣令
参内宜奉祈宝祚延長
者依
天気執達如件
文禄四年十月廿二日右大弁
満誉上人御房

図1　後陽成天皇綸旨（京都・知恩院所蔵）

後陽成天皇は和歌・雅楽・書道・立花に堪能であり、好学の天皇は木製活字を作らせ和漢の古典を刊行（慶長勅版）しているが、知恩院にも宸翰名号「南無阿弥陀仏　観音　勢至」一幅が伝来し、書道史上の名品として知られている。

知恩院浩誉聡補は、勅願所にふさわしい後継住持として、正親町天皇の皇子として養われ、元亀三年（一五七二）十一歳で廬山寺で剃髪した満誉尊照を入室させた。尊照は橘家貞の子（万里小路秀房の孫）で聡補の甥にあたる。天正四年（一五七六）、浄土宗の学問を学ぶため下総国生実《おゆみ》大巌寺（千葉市）の安誉虎角のもとに下向、研鑽を積んでいる。聡補が昵懇の家康に尊照を紹介すると、家康は猶子（仮に結ぶ親子関係）とし、文禄四年（一五九五）、後陽成天皇の綸旨（**図1**）により知恩院二十九世住持となった（知恩院文書[1]）。

勅願所知恩院住持職の事、浩誉上人附与の旨に任せ、勅請せられ訖。紫衣を着し参内せしめ、宜しく宝祚延長を祈るべし者、天気により、執達件の如し。

文禄四年十月廿二日　右大弁（中御門資胤）（花押）

満誉上人御房

二　知恩院と関東の檀林

檀林とは栴檀林の略で僧徒が集まって学問、修養する道場や寺院を栴檀の林にたとえたものである。僧徒は、古くは東大寺・延暦寺・金剛峯寺などの大寺で修学したが、中世になり凋落すると地方に談所とか談義所と呼ばれる施設ができた。これらが室町末期に「檀林」と称された。江戸幕府の教学振興策を背景に、各宗において学制が整備されると、僧林・叢林・学林などとも呼ばれたが、明治以後、宗立の学校に移行した。

浄土宗では、家康の領国である関東に檀林が設けられ、増上寺（現・東京都港区芝公園）がその統括寺となった。増上寺は、もとは光明寺と称した真言宗の寺院で武蔵国豊島郡貝塚にあったのを、明徳四年（一三九三）聖聡が改宗して増上寺と改名、千葉氏や佐竹氏の寄進により伽藍が再建され、江戸における念仏布教の中心道場となった。永禄六年（一五六三）に十世となる存貞の頃、伝法道場となり、学問所としての基礎が完成している。天正十八年（一五九〇）、家康は入府とともに十二世源誉存応との間に師檀関係を結んだので、徳川家の菩提所となり、慶長三年（一五九八）に現在地に移った(2)。

大巌寺は、十六世紀の中ごろ、生実城主原胤栄夫妻を開基に、道誉貞把（増上寺九世）を開山として創建された道誉流伝法の根本道場である。天正十八年（一五九〇）七月には家康より旧領を安堵され、翌年朱印百石を寄せられ、十八檀林の一つに列し、多くの碩学・高僧を輩出している。

尊照が師事した虎角は、大巌寺二世であり、家康から禁制や安堵状をもらっている。貞把より浄土宗の学問を学び、虎角から戒脈を授かり、天正十五年（一五八七）大巌寺三世となったのが雄誉霊巌である。霊巌は徳川家の帰依を受け、三代将軍家光の台命（将軍の命令）により寛永六年（一六二九）三十二世知恩院住持（台命住職）となる。

家康は浄土宗寺院に、自身が高徳と認めた僧侶を任じ、幕府の祈願寺、一族や家臣の菩提所とするが、これら寺院の本寺を知恩院としている。

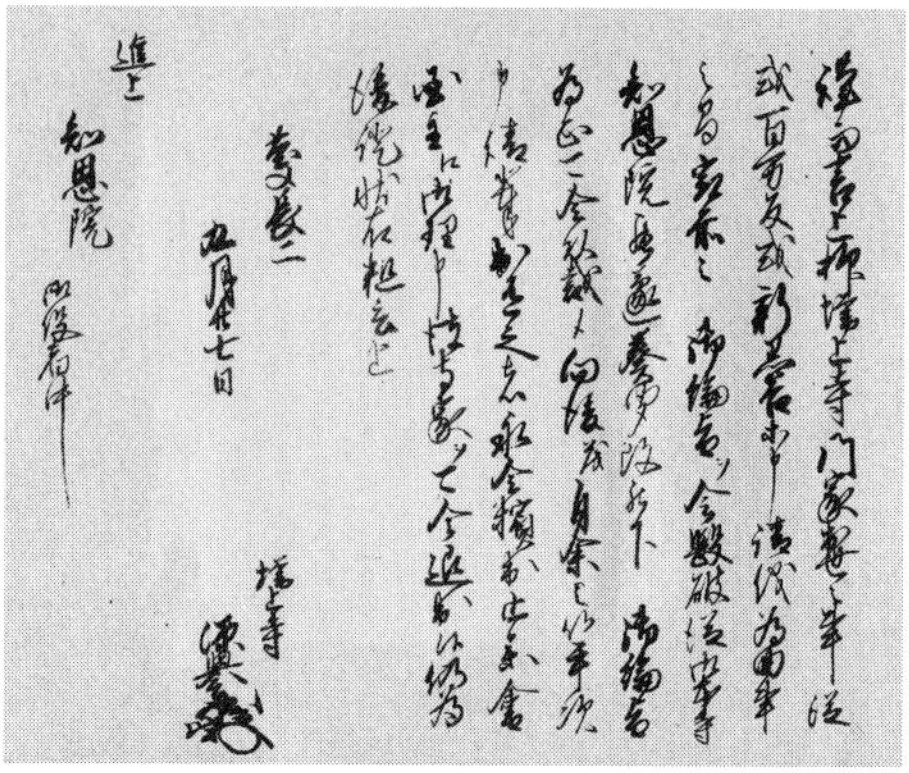

図2　増上寺源誉証状（京都・知恩院所蔵）

慶長二年（一五九七）九月二十五日、尊照は内大臣家康と相談して、「関東檀林規約」（関東諸寺掟書）五カ条の法度を下付した。家康がこの法度に従うように命じた添書が増上寺と川越蓮馨寺に残り（『大本山増上寺史』）、知恩院にも次の写しが伝来している（知恩院文書）。

関東浄土宗法度の儀、本寺知恩院より相定めらる條々、各々違背の
儀有るべからず者也、

慶長二年

九月廿五日　　　内大臣　判

諸談（檀）林

また、同九月二十七日、増上寺の源誉存応は、配下の出世綸旨の手次（取り継ぎ）は、本寺知恩院に限ることを約束する「証状」（**図2**）を提出している（知恩院文書）。

謹んで言上す。抑も増上寺門家出世の事、或いは百万反（知恩寺）・或いは新黒谷（金戒光明寺）等より申し請るの儀、曲事たるの間、最前の綸旨を毀破せしめ、御本寺知恩院より奏聞を罷り遂げ、改めて御綸旨を下さる。正の為め頂戴せしむべく候。向後も自余の手次を以て申し請るの輩これ有るに於いては、永く擯出し参会を止めしむ。国主え御理を申し、彼の寺家を退出せしむべく候。仍って後の証状のため、右粗ら言上す。

慶長二
九月廿七日　　　　　　　　　　増上寺源誉（花押）

進上　知恩院　御役者中

慶長四年（一五九九）九月六日、存応は知恩院の執奏により後陽成天皇より紫衣綸旨を賜り、紫衣の被着が勅許されている。

第二節　家康の母於大と伽藍造営

慶長三年（一五九八）八月十八日、豊臣秀吉が六十二歳（一説に六十三歳）で没すると、翌年一月豊臣秀頼は大坂城に移り、家康が伏見城に入った。四月に秀吉の墓所阿弥陀ケ峰の麓に吉田兼見が神主となり豊国廟が建てられると、後陽成天皇は豊国大明神の神号と正一位の神階を贈った。

家康は慶長五年（一六〇〇）、豊臣政権の主導権をめぐる関ヶ原の合戦に勝利、武家政権の代表者としての地位を獲得、同七年（一六〇二）五月一日参内・院参し後陽成天皇と正親町上皇に拝謁、翌二日女院（新上東門院）御所で催された猿楽を天皇とともに鑑賞している。同八年（一六〇三）二月に征夷大将軍の宣下を受けて江戸に幕府を開いた（六十二歳）。

家康は、慶長十年（一六〇五）四月、将軍職を子の秀忠に譲り、同十二年（一六〇七）駿府城に隠退した後も大御所として実権を掌握した。本節では、この間の家康生母（於大）の上京と葬儀、知恩院の伽藍造営を紹介する。

一　於大の上京

天文十年（一五四一）岡崎城主松平広忠に嫁いだ刈谷の城主水野忠政の娘於大は、翌年家康を産んだ。その二年後、兄が織田方についたため離縁され、久松俊勝と再婚、康元、勝俊、定勝の男子をもうけた。家康と信長の同盟後は、於大は徳川家と行き来し、家康も義弟たちを優遇し、慶長七年（一六〇二）春には七十五歳の老母を上京させ伏見城で世話をした(3)。

上京した於大は、秀吉没後落飾して京都三本木に隠棲していた秀吉の正妻、北政所おねの邸を同年五月十八日に訪問している。おねは豊国社に月参りをしていたが、この訪問により社参を取りやめたことを、吉田兼見の弟で豊国社の社僧梵舜が日記に「政所、御用により社参なし」（『舜旧記』(4)）と記している。於大は五月二十二日に参内、後陽成天皇に拝謁、その翌日豊国社に参詣して九十貫文を奉納している。

七月になり於大が病に臥せると、朝廷は病気平癒の祈禱を命じる綸旨を、石清水八幡宮以下の諸社寺に下した。醍醐寺三宝院の義演も、七日間の祈禱をし「内府母儀の祈禱結願、巻数を伝奏へ遣わす」と祈禱の報告を日記『義演准后日記』に記している。

七月廿六日
綸旨到来了。
就内府御母儀所労、一七ケ日、別而可レ被レ抽二懇祈之丹誠一旨、可下令レ申二入三宝院准后一給上、仍執啓如レ件、
七月廿三日　　左少弁総光〈広橋也〉

謹上　大納言法印御房

右、今日到来、遅引不可説。則写レ之、寺務代理性院（公秀）へ遣レ之。則時山上・山下、彼奉書ヲ以テ相触了。

八月四日、晴

内府母儀祈禱結願、巻数、伝奏へ遣レ之。

二　於大の葬儀

家康の母於大は、慶長七年（一六〇二）八月二十八日の夜半に伏見城で亡くなった（『舜旧記』、命日は二十九日）。満誉尊照はただちに登城し法号「徳泰院殿蓉誉光岳智香大禅定尼」を授けた。知恩院において満誉導師のもと葬式、中陰の法事が執行され、遺骸が江戸下向したことを『総本山知恩院旧記採要録』は次のように記載している[5]。

慶長七年八月廿九日、於二伏見御城一大御方様御逝去。満誉大僧正登城、即徳泰院殿蓉誉光岳智香大禅定尼と御法号奉二指上一。御葬式御中陰御法事等、於二御当山一御執行。御導師満誉大僧正被二相勤一候。御遺骸は御葬式後、直ニ江戸表御発途、御旅中山之僧供奉仕候。

義演もまた『義演准后日記』九月六日に、諸宗の諷経の後、遺骸が江戸に送られたことを、

内相府母儀中陰、東山知恩院ニテ在之云々。仍関東へ御経不レ送レ之、祝着〻〻。母儀ハ伏見城ニテ御他界也。

雖レ然、其御身ハ江戸へ御下也。於二彼所一御葬送在レ之歟。如何。

と記載している。(6)

遺骸は八月晦日に京都を発ち、九月十三日に江戸に到着した。同十六日寿経寺に入り、十八日、増上寺十二世源誉存応を導師として大塚で火葬にされ、寿経寺に葬られた。

晦日に伏見より御骨（ママ）を御輿にて御下し。水野日向守・松平隠岐守以下、御一門衆御供にて、九月十三日に江戸へ御下向。同十六日、小石川の寺へ御入。扨十八日、小石川大塚の原にて御葬礼、寺より西に涅槃堂あり。夫より御葬礼との間、六地蔵立てられ、火屋の幕はさや黄色、水引は赤地金襴也。御棺は萌黄の金襴、天蓋も同色萌黄紗にて張り申候。灯籠四十八未敷開敷の蓮華、日光・月光其外美麗の粧《かざ》り、凡そ近代無双の御葬礼なり
（『小石川伝通院志』(7)）

この江戸での葬儀の際に授与された法号が「伝通院殿蓉誉光岳智香大禅定尼」である。寿経寺は寺号を法号の「伝通院」に改称された（現・東京都文京区小石川）。家康は慶長十三年（一六〇八）八月二十九日、伝通院の七回忌法会を修すと、九月二十三日に参詣し、寺領三百石を寄進、檀林とし、住持に増上寺存応の弟子正誉廓山を任命、中興開山とした。

於大の死去が明らかになると、京都においては禁裏より触穢の通知が出された。豊国社においては注連縄が引かれて神事が停止、九月十七日から二十七日までの間、祭神秀吉に神供は供えられず、おねも参詣を取りやめている。

『舜旧記』九月十六日
内府母義、大方触穢之事。自二禁裏一依レ被二仰出一、豊国社同巫女屋迄、触穢注連可レ引之由、二位卿（吉田兼見）申付、社ニ
注連引也。次神官共ノ門ニモ注連引也。
同十七日　今日ヨリ豊国社ヘモ神供、当月廿七日迄不レ備也。
同十八日　依二触穢一、政所不参也。

なお、おねは高台院の号が許されると、慶長十年（一六〇五）、夫秀吉の冥福を祈ることを家康にはかり、家康は酒井忠世・土井利勝に命じて東山に高台寺を建立した。おねは高台寺に移り、後家尼としての生涯を送った。寛永元年（一六二四）九月二十六日没すと、遺骸は寺内豊公廟の下に葬られた(8)。

三　菩提所知恩院と徳泰院坐像

慶長八年（一六〇三）正月、家康は伏見城において諸大名・親王・公家衆・諸門跡等の年賀を受けた。二月に征夷大将軍となり江戸に幕府を開くと、知恩院に伽藍造営を命じ、大伽藍（「大御影堂」）が完成すると、西仏間中央に母の尊像を安置、参詣のつど拝んでいたという(9)。

知恩院で於大の葬儀が行われたのは、文禄年末に家康が満誉尊照との間で、徳川家の菩提所とする契約を結んでいたためである。天保三年（一八三二）の「御菩提所知恩院御由緒」には、家康が母の菩提のために、知恩院に大伽藍を造立する決意をしたことを伝えている。

図3　徳泰院（伝通院）坐像（京都・知恩院所蔵）

一、神君様伏見お城に於いて、廿九世満誉大僧正え御師檀の御契約遊ばされ、御治世の最初、知恩院を御菩提所に定め置かれ候。これに依って、慶長七年御母公徳泰院様〈伝通院様御事〉御菩提のため、速やかに大伽藍を御建立、本堂西の壇上に尊影・尊牌をご安置。

また、それに加えて、「西国鎮護のため神君様御束帯の神影、同壇上に御安置仰せ出され候」、家康自身の木像の安置も命じたと記している。(10)

徳泰院の知恩院における年忌仏事について、宝暦八年（一七五八）に編纂された『年中行事録』八月二十九日に、

一、徳泰院殿御向月、尊前御出勤、大衆集会、四奉請・弥陀経〈十方恒沙仏文〉・念仏一会、御下堂、御霊膳三汁九菜供え候事。

とみえる。(11)徳泰院の百回忌は元禄十四年（一七〇一）、百五十回忌は宝暦元年（一七五一）に厳修されていて、逮夜・御斎法事の次第が『日鑑』に記載されている。(12)

知恩院では「徳泰院」様として年忌を勤めていたが、明和二年（一七六五）八月、十代将軍家治の台命により、

鎌倉光明寺より五十五世住持として晋山した興誉正含は、翌三年一月七日、「伝通院」様と申すようにとの尊意を知恩院役所に伝えた。同日『日鑑』に、

一、徳泰院様御法号の事、伝通院様と申し候て然るべき旨、仰せ聞かされ候。役所より申し上げ候は、最初当山え入りなされ候と申す儀、永世失脚なきためニ、徳泰院様と申し来たり候。然りながら、尊意（興誉正含）、ご尤もに存じ奉り候。

（傍線は筆者。以下同）

とみえる。知恩院役所においては、以後、於大の像（図3）を「伝通院」様と呼ぶようにした。この年八月二十九日の『日鑑』に、

一、伝通院御忌日。尊影前勤行、尊前（興誉正含）御参堂、大衆中出仕。尤も今日御祥月ニ付き、御戸これを開く。

と記載しているので、徳泰院像を伝通院像と呼び供養するようになった。

四　伽藍造営と「大工差置状」

寺地の造成から開始された知恩院造営事業は、これまでの知恩院の山容をまったく一新する大工事であった。工事は九鬼守隆・分部光信らの大名が分担した。現在の知恩院の中・下段の境内には、青蓮院門跡の領地、臨済宗五山派の名刹常在光院（現・雪香殿の地）、聖徳太子を本尊とし鎌倉時代に律宗の叡尊が庶民に菩薩戒を授けた太子堂

（速成就院、現・華頂高校付近）、金剛寺（現・福寿院、浩徳院の地）、親鸞聖人廟所（現・崇泰院跡）等があった。青蓮院には東九条村の十八石三斗余が替え地とされ、常在光院は相国寺内に、太子堂は下寺町に移転、親鸞聖人の廟所は鳥辺山の延年寺山（東山五条）に移された(13)。

義演は『義演准后日記』の慶長八年（一六〇三）三月十七日に「永観堂・慈照院等見物。帰路ニ知恩院作事見物、将軍ヨリ御沙汰也」と記している。五月には、家康の孫娘千姫（七歳）が母小督（崇源院）に伴われて江戸より伏見に到着した。千姫は七月二十八日、大坂城の秀頼（十一歳）に嫁いでいる。

家康が母の一周忌の慶長八年八月二十九日に知恩院に参詣したことを、梵舜は「将軍家康、知恩院屋敷御覧、伏見より御上洛」（『舜旧記』）と記している。また、十月には、家康は知恩院の寺領を七百三石二斗余に加増した。その打ち分けは、西院村内＝三百十石一斗九升。仏光寺村内＝二十九石二斗三升。岡崎村内＝四十七石七斗。浄土寺村内＝三十七石。粟田口村内＝十九石二斗。祇園の内＝七十七石八斗。四条・五条の間＝三石九升。東九条の内＝百七十九石四升。合せて七百三石二斗五升である。このうち、五百石を方丈領、二百三石二斗五升を役者分とし、寺中門前、山林竹木、諸役守護不入とし、仏事勤行・修造等において懈怠のないようにと命じている(14)。

慶長九年（一六〇四）には、本堂の造営工事が順調にすすんだ。船橋秀賢は日記『慶長日件録』に、

慶長九年五月十七日、
祇園・清水寺へ参詣。次霊山正法寺へ行。次智恩院新造之堂宇見物ニ行。漸渡レ桁者也。
同年九月十七日、
四条（隆昌）・冷泉（為満）令二同心一清水寺参詣。帰路知恩院本堂造作令見物。

と、二度も見物に訪れている[15]。

義演の日記『義演准后日記』慶長九年八月十五日にも、

寅剋、法住寺ヨリ祇園参詣。夜中之間神前ニ徘徊。天明ノ後、知恩院本堂作事見物。日出時分、法住寺へ帰、斎受用了。

と本堂造営の見物記事を載せている。

この大規模な伽藍造営を大工頭として陣頭指揮したのが、幕府の重要な土木・建築工事に敏腕をふるった中井正清（通称、藤右衛門）である。慶長九年（一六〇四）閏八月六日、正清は、下命のあった知恩院作事にあたる大工組頭二十名の「書付」と、万の普請にぬかりなく精を出すことを使僧に申し渡した旨の書状を、知恩院方丈（満誉尊照）に進上している。書付とは、同日付「中井正清大工差置状」のことで、一条宗賀組東洞院井筒屋町の惣右衛門尉以下、二十名の名が列挙されていて、近世の大工組の貴重な文書である[16]。

家康は慶長十年（一六〇五）四月、将軍職を秀忠に譲り大御所となった（六十四歳）。慶長十四年（一六〇九）になると、知恩院住持満誉尊照は僧正法印に任ぜられ、四月十七日に参内、清涼殿において後陽成天皇に拝謁、御礼の進物を献上している[17]。この年、家康は母の月命日の七月二十九日知恩院に参詣、黄金二百枚を持参している[18]。

慶長十五年（一六一〇）五月、伽藍が落成すると、前年に朝廷より僧正法印に任ぜられた満誉尊照は、駿府の大御所家康、江戸の将軍秀忠に御礼のため東海道を下った。『総本山知恩院旧記採要録』収載の「留記」や明和五年（一七六八）「起立開山名前・御由緒・寺格等書記」収録の古記録によると、駿府での宿坊は報土寺、登城すると大御所家康が満誉と随行の役者法雲・聞益・宗把・永伝を手厚くもてなし、江戸からの帰京の節も登城するようにと命じている。駿府から江戸までの道中には、幕府より道中に伝馬三十疋、人足三十人が付けられ、将軍家菩提所となった知恩院住持にふさわしい道中となった。また、帰国の際に駿府城を訪問すると、家康は満誉とともに食事をした。また、宿坊まで暇乞いにやって来た家康より、白銀百枚・綿百把を拝領している。[19]

第三節　結城秀康・良正院（督姫）と知恩院

徳川家康の最初の妻は、弘治三年（一五五七）、十六歳で結婚した築山殿である。長男信康と長女亀姫が生まれた。母と息子は、織田信長に甲州武田氏への内通の嫌疑をかけられ、天正七年（一五七九）殺害された。亀姫は家康の家臣奥平信昌に嫁ぎ、四男一女をもうけた。

二番目の妻は、家康を臣従させたい羽柴（豊臣）秀吉により、夫の佐治日向守（一説に副田甚兵衛）と離縁させられ、天正十四年（一五八六）五月、四十四歳で家康に嫁いだ秀吉の異父妹朝日姫である。朝日姫は同十六年、母の病気見舞いに上洛すると聚楽第にそのまま留まり、同十八年正月十四日亡くなった。秀吉は妹の死を秘し、東福寺に埋葬した（四十八歳、諡号「南明院」）。家康は霊殿・客殿・方丈等を建立した。[20]家康はこれ以後、正室を置くことがなくなり、約十五人の側室との間に十一男五女をもうけた。

家康の二男は結城秀康、二女は督姫であるが、その葬儀導師は知恩院の満誉尊照が勤めた。本節では知恩院との縁を紹介する。

一　二男秀康と浄土宗

天正二年（一五七四）二月八日、家康とお万の方（氷見氏、長勝院）との間に生まれた秀康、幼名於義丸は小牧・長久手の合戦の講和に際し、大坂に赴き、秀吉の養子となった。元服すると、従五位下・三河守となり、秀吉の秀と家康の康の偏諱をうけ、羽柴三河守秀康と名乗り、河内国に二万石の所領を与えられた。

秀康は、豊臣一族の大名として頭角をあらわしたが、天正十八年（一五九〇）八月、結城晴朝の養子となり、下総国結城十万一千石を相続、結城三河守と称した。文禄の役には、秀吉に従い肥前国（佐賀県）名護屋に駐屯した。

秀康は、秀吉が没すると父家康に従い、慶長五年（一六〇〇）、関ヶ原の合戦の論功行賞により越前国六十八万石を賜り、翌年北庄（福井の旧称）に入部、城下町を整備した。秀康は慶長十一年（一六〇六）五男の五郎八（直基）に結城の姓を継承させ、その後は、禁裏の増築・仙洞御所造営の総奉行、伏見城の留守居として父家康を助けたが、翌十二年三月、病により越前に帰国した。

秀康の病の治療のため、京都から当時評判の名医三名が下向し（『当代記』）、朝廷では内侍所で臨時御神楽が奏され病平癒が祈られたが（『御湯殿上日記』）、慶長十二年（一六〇七）閏四月八日、北庄城で死去、三十四歳であった。

結城家の菩提寺の曹洞宗孝顕寺（福井市）に葬られ、法号「孝顕寺殿吹毛月珊」として弔われたが、このことを聞いた父家康の「浄土宗たるべき」との意見により、浄土宗に改葬され、浄光院（運正寺）が建立され、「浄光院殿森巌道慰（ママ）運正」と号した。[21]

この葬儀導師として福井に招請されたのが知恩院の満誉尊照であり、浄光院の開基となった。知恩院の「御菩提

所知恩院御由緒」には、家康の上意（命令）を、

神君様聞召なされ、我家は浄土宗也。結城を名乗り候ハ、然るべく候へ共、既ニ復姓松平の上は、今般禅宗ニ改められるべき事は如何と、上意これ有り候也。

と記録している。[22]

二　督姫の生涯

最初の側室といわれているのが西郡局である。永禄五年（一五六二）、家康が三河国西郡の城を攻略、城主の鵜殿長忠が松平家に仕えるようになると、娘（西郡局）も岡崎城の奥勤めに出て、同八年二月督姫（**図4**）を産んだ（『寛政重修諸家譜』）。

西郡局は慶長十一年（一六〇六）五月十四日、伏見城内で死去したが、熱心な法華信者であったので、法華宗の本禅寺に葬られた（法号「蓮葉院日浄」）。本禅寺には、西郡局の父長忠、大久保忠隣の墓もある。家康は側室や家臣の宗旨を尊重し、その信心や供養を否定しなかった。[23]

天正十一年（一五八三）八月、家康は甲斐国をめぐって対立していた北条氏直と講和を結ぶにあたり、督姫（十九歳）を氏直に嫁がせた。その後、秀吉の小田原攻めで小田原城が落ち、氏直は赦免されて一万石を与えられるが、天正十九年（一五九一）十一月四日、疱瘡を病み死去した。

子のなかった督姫は、秀吉の仲立ちにより、文禄三年（一五九四）十二月、三十歳で三河国吉田城主池田輝政に

再嫁した。夫は関ヶ原合戦の功績で慶長五年（一六〇〇）、播磨五十二万石、姫路城主となった。督姫に忠継・忠雄・輝澄・政綱・輝興の五人の男子が生まれ、夫輝政は西国随一の大名となるが、中風を患い慶長十八年（一六一三）一月二十五日、姫路城において五十歳の生涯を閉じた(24)。

翌慶長十九年（一六一四）の大坂冬の陣には息子たちが馳せ参じた。督姫も父家康を見舞うが、その滞在中に疱瘡を患い、翌年（一六一五）二月四日、二条城で病没した（命日は五日、五十一歳）。息子の忠継も母死去から十八日後の二月二十三日、母と同じ疱瘡のため岡山城で病没した。

三　塔頭良正院

督姫の葬儀は、家康の上意により知恩院満誉尊照を導師として執行された。知恩院の裏山に埋葬され、遺影と位牌は知恩院方丈に安置された。

図4　良正院像（京都・良正院所蔵）

法然の御廟のある裏山、勢至堂へと向かう石段を上り詰めた知恩院総墓地の一角に、石柵で囲まれた墓域の中央に、「慶長廿年二月五日　良正院殿智光慶安大禅定尼」と、督姫の法号が刻まれた五輪塔が西に面して立っている。

後に岡山城主となった督姫の子息忠雄には、母の埋葬地である知恩院山内に菩提寺を建立する宿願があり、母の弟の二代将軍秀忠の許しを得た。知恩院では、有力な役者（寺務僧）宗把の住房浩翁軒（院）をもって菩提所とすることにした。寛永八

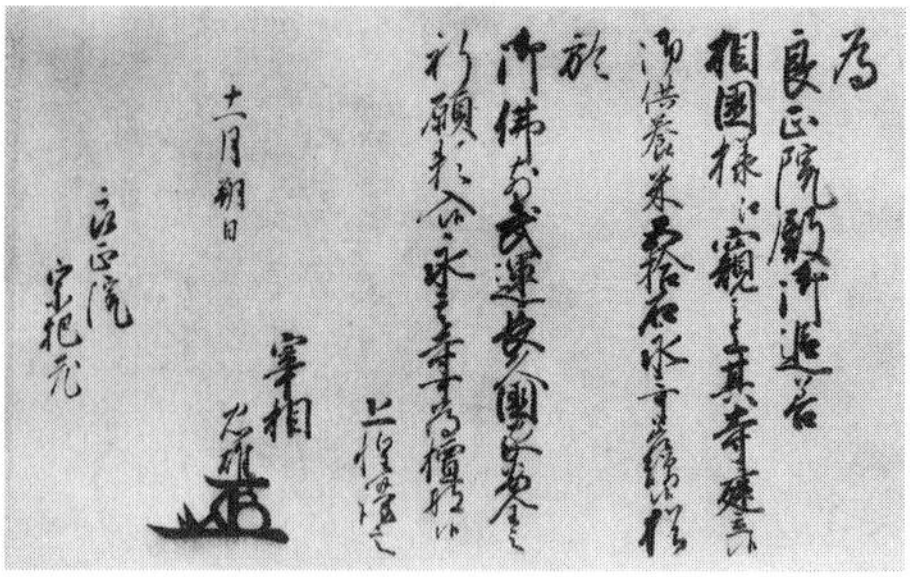

図5　池田忠雄書状（京都・良正院所蔵）

年（一六三二）に造営がなると、供養料五十石が寄進され、寺号も法号の良正院に改められた（良正院文書「池田忠雄書状」[25]。図5）。

良正院殿（督姫）御追善として、相国（秀忠）様え窺いの上、其の寺建立候、御供養米五拾石、永々差し贈るべく候。猶、御仏前に於いて、武運長久・国家安全の祈願頼み入り候。永く其の寺檀那たるべく候。恐惶謹言。

十一月朔日　宰相忠雄（花押）

良正院宗把老

その後、良正院は、忠雄の子光仲が因幡鳥取城主に国替えとなり、以後は鳥取藩主池田家の菩提寺となった。

知恩院では、毎年七月五日、良正院殿御水向法要が山上墓所においてあり、鳥取藩京都留守居から供養料が納められた。

寛保元年（一七四一）『日鑑』七月五日

一、例年の如く、良正院殿御水向法要、山上御墓所において執行。施餓鬼・長奉請・弥陀経・後唄。畢って、御斎有り。且つ亦、御施物ハ大衆三銭目宛、衆外・行者ハ弐銭目宛之を下され候事。尤も大僧正（四十九世称誉真察）御出也。

一、松平相模守殿（鳥取藩主池田宗泰）ゟ使者植村与左右衛門（京都留守居）を以て、残暑甚だ候得共、弥御勇健珍重に存じ奉り候。随て例年の如く、良正院殿御水向相備え申候。宜しく御供養頼み奉り候の由ニて、白銀五枚持参。則ち月番罷り出、挨拶に及び、ご返答申す。

また、雨天の場合は、本堂（御影堂）の東仏壇において法事があり、その際には墓所が見えるように山側の障子が開けられた[26]。

第四節　大坂の役と日課念仏・遺言

家康が二度にわたる大坂の役（冬の陣・夏の陣）で豊臣氏を滅ぼすと、戦国期以来の戦乱の世は終わり、平和が回復された。元和年間（一六一五～二四）に武が偃むの意味から元和偃武と呼ばれている。元和二年（一六一六）、新年を迎え七十五歳となる家康は、好きな鷹狩りだけは止められなかった。駿府近くの田中に鷹狩りに出かけた正月二十一日の夜、にわかに痰をつまらせ発病した。本節では、家康の病と遺言、吉田神道、知恩院住持満誉尊照の中陰下向と家康画像の新作等を紹介する。

一　鐘銘事件と大坂の役

家康が孫娘千姫の夫秀頼に対面したのは、慶長十六年（一六一一）三月、後陽成天皇の譲位、後水尾天皇の即位式に出席のため上洛したときのことである。秀頼にとって京都は、慶長四年（一五九九）に伏見城を出て大坂に移って以来十二年ぶりであった。

二人は二条城で対面したが、京中の人びとが二条城の広庭に集まり、成人した秀頼（十九歳）の姿を拝み、涙をながし声をあげたものもいたと伝えられている。太閤びいきの京中の人たちの間に政情を風刺した、

御所柿は独り熟して落にけり　木の下に居て拾ふ秀頼

との落首がもてはやされた。御所柿とは家康のことで、老人の家康（七十歳）は先に死に、天下が豊臣氏にかえるだろうとの意味である[27]。秀頼の凡庸でないことをみてとった家康は、大坂を討ち滅ぼす決意をしたといわれている。

京都東山に、秀吉が国家鎮護のため建立した大仏殿は、慶長元年（一五九六）閏七月の地震で倒壊した。その後の工事で、同十七年（一六一二）に本堂が再建され、同十九年（一六一四）四月無事竣工、新たに鋳造された鐘の銘には「国家安康」「君臣豊楽、子孫殷昌」との字句が刻まれた。

この銘に家康は、前者は家康の名を分断したものであり、後者は豊臣家を君主として繁栄することを望んだものであると、異議を唱え、開眼供養の延期を命じた。

豊臣氏が片桐且元を駿府に送り交渉すると、豊臣氏の国替えか、淀殿の江戸人質かを迫った。大坂方は開戦に踏み切り、十月には家康も大坂征討を命じた（大坂冬の陣）。十二月には大坂城の外堀を埋めることで講和が成立した。しかし、家康が講和の条件を破り内堀まで埋めにかかったため、戦端が開かれ、翌慶長二十年（一六一五）五月八日、淀殿と秀頼が自害し、豊臣氏は滅亡した（大坂夏の陣）。

二　日課念仏と母の十三回忌

家康は晩年、大御所として駿府に隠居してからは、法然への崇敬と念仏信仰を深めている。毎日すると決めた念仏を日課念仏というが、法然は善導の教えと恵心僧都の勧めにより、毎日六万遍の念仏を称えていた。

家康も若いときから六万遍の日課念仏を誓約し、慶長十七年（一六一二）の頃、日課として「南無阿弥陀仏」と称えていたことは、史実と考えられている。ただ、家康が称えた念仏を紙片に書き留め、南無阿弥陀仏（名号）と日付、家康の署名のある紙片が伝来しているのは、すべて偽書とのことである[28]。

家康は慶長十五年（一六一〇）一月、二尊院蔵の「法然上人七箇条起請文」を見ている。また、同十六年（一六一一）秀頼と対面した際には、駿府に帰る前日の四月十七日、知恩院に参詣している。

鐘銘事件のおこった慶長十九年（一六一四）の八月二十九日は、母伝通院（知恩院では徳泰院）の十三回忌である。家康は増上寺に銀千枚、母の七回忌の慶長十三年（一六〇八）に建立された伝通院に寺領三百石を寄進した。

慶長十九年（一六一四）十月十一日の大坂征討の駿府出立には、増上寺十二世源誉存応の弟子廓山と了的の二人が随行している。途中家康は、岡崎城に宿泊した際には先祖の菩提所大樹寺と信光明寺に参詣している。家康は京都に滞在すると、母の月命日である十月二十九日に知恩院に参詣、一山の僧侶たちに菓子と白銀を贈った。

知恩院住持の満誉尊照はたびたび陣中を見舞っているが、十一月八日、家康の依頼により、大坂方の戦死者を回向している。翌年（一六一五）五月五日、大坂夏の陣で二条城を出陣のとき家康は、「厭欣旗」（厭離穢土、欣求浄土）を岡崎以来の佳例として用いた。

三　家康の病と遺言

元和二年（一六一六）正月の鷹狩り以降、家康は駿府城で静養していたが、二月になっても一進一退、食物が喉をとおらなくなった。病状が京都に知らされると、朝廷では内侍所で神楽、清涼殿で普賢延命法、諸寺社においても様々な祈禱が始まった。病状がよくならないなか、朝廷では三月二十一日、家康を太政大臣に任じ、広橋兼勝と三条西実条が勅使となり駿府に下った。口宣が伝えられると、家康は感激し鄭重に饗応した。

死期が迫っていることを悟った家康は、側近の本多正純・金地院崇伝・南光坊天海を枕元に呼び、死後の対応を指示している(29)。

崇伝は、京都所司代板倉勝重宛の四月四日付書状において「相国様（太政大臣の唐名、家康のこと）の御煩い、追日御草臥なされ、御しやくり、御痰なと指し出で、御熱気増し候て、事の外、御苦痛の御様体にて、将軍様（秀忠）始め、下々迄も御城に相詰め」ているとの様態を知らせている。それとともに、家康が「自分が死んだら遺骸を久能山に葬ること。葬礼は増上寺で行い、位牌は三河大樹寺に立てること。一周忌が過ぎたら、日光山に小さな堂をたてて勧請せよ、関八州の鎮守となろう」と遺言したことを報告している(30)。

四　家康と吉田神道、梵舜

当時、「神道」といえば、吉田神社の神職吉田兼倶が創始した吉田神道（唯一神道）のことである。家康は、当主の吉田兼見、その弟の禅僧で吉田家の菩提所神龍院住職で豊国社の社僧梵舜とは深い親交を結んでいた。

家康が内大臣であった慶長二年（一五九七）五月七日、吉田神社を訪問した際には、山科言経・細川幽斎・船橋秀賢ら二十四、五人と囲碁・将棋、賑やかな饗宴を楽しんでいる。翌日、家康一行は朝餐を相伴、その後に知恩院に参詣している。家康にとって知恩院とともに、吉田神社は文化人との社交の場だったのである。(31)

豊国社建立に関与し、自ら神主となり盛況の基礎をつくった兼見が、慶長十五年（一六一〇）九月二日に死去した。家康は弟の梵舜に「神道已下の作法」をますます学問するようにと命じている。慶長十八年（一六一三）二月に片桐且元らが大坂城の鎮守に豊国社を遷宮したときには、その事情聴取のため、梵舜は急遽駿府に呼びつけられ、四月から六月まで滞在している。この頃に家康は、死後は神となり、徳川の天下を鎮護するとの決意を固めたようである。

その意向が崇伝には伝えられていたのか、崇伝は梵舜に家康の病気見舞いの駿府下向を要請したようである。梵舜は、元和二年（一六一六）三月四日、破却された豊国社に参詣、吉凶の御鬮を取り、七日には豊国大明神の神慮の趣きを懇ろに祈念していて、なみなみならぬ決意の下向であったことが窺える。

元和二年四月十五日、崇伝より梵舜に、将軍御用との書状が来て登城すると、神道・仏法の両義における臨終・葬礼の作法が尋問された。翌十六日、「神道の義をもって、神位に駿府久能へ遷座の義」が定まった。家康は翌十七日に他界、七十五年の生涯を閉じた。霊柩は夜の内に久能山に遷され、中井正清らにより仮殿が建てられ、吉田神道の作法により遺体が廟内に納められた。

五　満誉下向と家康画像の新作

増上寺の古記録中に、元和二年（一六一六）二月四日、家康が子秀忠、孫の家光とともに、大樹寺本尊に松平・徳川家の孫子は浄土宗たるべきことを誓約した古文書の写がある。四月六日、家康は増上寺の存応とその弟子了的・廓山、それに大樹寺魯道に引見し、先祖の供養と没後の法要等を依頼している。
増上寺における五月十七日から晦日までの中陰の法事には、知恩院からは、住持満誉尊照が下向した。将軍秀忠は江戸城において満誉と対面、満誉は秀忠より施物のほか、銀子二百枚・帷子単物五十を拝領している。
大樹寺に安置された家康位牌の法号は「安国院殿徳蓮社崇誉道和大居士」である。この法号は慶長十三年（一六〇八）九月、家康が駿府城において存応より浄土宗の伝法を相承、血脈を受けたさいに授与されたものである。[32]
九月十日、知恩院では、家康の衣装の調進をしていた山科言緒（言経の子）に、家康御影（肖像）の制作の相談をしている。『言緒卿記』九月十日に、

知恩院宗巴《把》、駿府前将軍太政大臣ノ御影可造之由申、万御装束以下ノ談合ニ来了、

とみえる。言緒は、三月に駿府に家康を見舞い、四月二十六日まで滞在していた。そして、十一月二十九日条に、宗把が絵描きを連れて訪問していることが、

知恩院宗巴《把》、左兵衛ト申絵書ト来、相国家康公ノ御影ヲ新作之間、装束以下ノ事問申間、具ニ申聞了、

と書き留められていて、知恩院における御影制作の経過を知ることができる。[33]

註

（1）知恩院文書の引用は、水野恭一郎・中井真孝編『京都浄土宗寺院文書』所収（同朋舎出版、一九八〇年）による。
（2）本章における関東での浄土宗寺院の展開、僧侶の活動、また徳川家康と浄土宗との結びつきについては、『大本山増上寺史　本文編』『同　年表編』（大本山増上寺、一九九九年）、玉山成元『普光観智国師——近世初期における浄土宗の発展——』（白帝社、一九七〇年）、同『三縁山増上寺』（大本山増上寺教務部、一九八七年）、宇高良哲『近世関東仏教教団史の研究——浄土宗・真言宗・天台宗を中心に——』（文化書院、一九九九年）、同『近世浄土宗史の研究』（青史出版、二〇一五年）を参考にした。
（3）以下、中村孝也『家康の族葉』（講談社、一九六五年）、同『家康伝』（国書刊行会、一九八八年）による。
（4）『舜旧記』（史料纂集、続群書類従完成会）による。
（5）『知恩院史料集　古記録篇二』所収（総本山知恩院史料編纂所、二〇一六年）。
（6）『義演准后日記』（史料纂集、続群書類従完成会）による。
（7）『小石川伝通院志』（『浄土宗全書』一九所収）。宇高良哲『関東浄土宗檀林古文書選』（東洋文化出版、一九八二年）。
（8）高台寺は、おねが生母吉子（朝日局）のため京極北に創建した康徳寺を前身とする。日本歴史地名大系『京都市の地名』（平凡社、一九七九年）「高台寺」参照。
（9）知恩院蔵『御当山開山草創・御菩提所・御祈願所之記』所収。『知恩院史料集　古記録篇一』（総本山知恩院史料編纂所、一九九一年）に収録。於大・家康・秀忠の三像が平成二十八年六月、京都国立博物館で開催された徳川家康没後四百年記念特集陳列に出展された。図録『徳川将軍家と京都の寺社——知恩院を中心に——』（京都国立博物館、二〇一六年）参照。
（10）「御菩提所知恩院御由緒」（『知恩院史料集　古記録篇一』所収、総本山知恩院史料編纂所、一九九一年）。
（11）前掲註（5）『知恩院史料集　古記録篇二』所収）。
（12）元禄十四年（一七〇一）『日鑑』八月。
　廿八日　晴
一、明廿九日、伝通院様御百年、今夜御法事、弥陀経・初夜讃・中曲念仏畢。御盛物二合、御菓子、御膳等例

　　の如し。御影様（徳泰院像）御開帳。
　廿九日　陰
　一、今朝御法事。伽陀・小経読経。回向・御半斎。引声奉請・四誓偈・短後唄・念仏畢。善導寺・聖徳寺・浄
　　雲院・春長寺・勝巌院・西園寺・浄円寺・大雲院、当一山出座也。御斎供養。

宝暦元年（一七五一）『日鑑』八月。
　廿八日　雨天
　一、徳泰院殿百五十回御忌、御逮夜御法事。山内大衆勤行これ在り。
　廿九日
　一、徳泰院殿百五十回御忌、本堂において御法事。（京都）門中一﨟帰命院・二﨟大泉寺・役中・山内大衆等
　　出勤。御斎正五菜。御門前代官等迄御斎下さる。
　一、右、御逮夜御法事。四奉請・重誓偈・初夜礼讃。御斎。御法事。伽陀・観経読誦・回向文・念仏・御回向。

(13)「常在光院」「本願寺幷親鸞上人墳墓」「太子堂　号速成就院」の由緒は、『華頂山由緒系図本記』「古蹟部」に詳しい。『華頂山由緒系図本記』は、知恩院の古文書・古記録・堂舎に安置する本尊と位牌、境内の金石文・鐘銘・地誌等を収録、編纂は文政元年（一八一八）以降、明治二十二年（一八八九）の書写本が伝来する（前掲註（5）『知恩院史料集　古記録篇二』）。『華頂誌要』（『浄土宗全書』一九所収）、『知恩院史』第三篇第六章「史蹟と伝承」（知恩院、一九三七年）、『本願寺史』第一巻（浄土真宗本願寺派宗務所、一九六八年）等参照。

(14) 慶長八年（一六〇三）十月六日付「徳川家康判物写」（前掲註（1）『京都浄土宗寺院文書』所収）。

(15)『慶長日件録』（史料纂集、続群書類従完成会）による。

(16) 慶長九年（一六〇四）閏八月六日「中井正清書状（折紙）」、同「中井正清大工差置状」（前掲註（1）『京都浄土宗寺院文書』所収）。

(17) 井家豊家等連署書状「進物請取状」（前掲註（1）『京都浄土宗寺院文書』所収）。

(18)『鹿苑日録』（史料纂集、続群書類従完成会）「七月廿九日　自朝雨天　大御（所）様、辰刻、東山知恩寺（院）へ出御と云々。黄金弐百枚御持参と云々」。

(19)『総本山知恩院旧記採要録』（前掲註（5）『知恩院史料集　古記録篇二』所収）「慶長十（十五）年五月、諸堂舎御再建成

就之御礼として、満誉大僧正参府之節留記」、明和五年「起立開山名前・御由緒・寺格等書記」（『御当山開山草創・御菩提所・御祈願所之記』、前掲註（9）『知恩院史料集　古記録篇一』所収）。

明和五年「起立開山名前・御由緒・寺格等書記」は、駿府城登城を、

一、登城之日、知恩院登城仕、不二相待一候様ニと、再三上意之由ニ而、鉄之御門迄、板倉伊賀守殿御出迎。

一、御小広間御目見、御上段左之方大御所様御座、右之方少し下り満誉着座、御礼相済、役者四僧独礼御目見得。満誉江上意有レ之、宿坊江退出仕、早速上使被二下置一。上意ニ、猶亦、帰京之節登城との御事。

と伝え、帰国の際の駿府訪問を、

一、登城、御料理被二下置一候。大御所様御着座。如二最初一御上段江満誉被レ為レ召、御相伴被二仰付一、着座如二最初一。

一、知恩院江為二御暇乞一、宿坊報土寺江大御所御成。御供藤堂和泉守殿。白銀百枚・綿百把被二下置一拝二領之一。

と記録している。

（20）前掲註（3）『家康の族葉』二五九頁以下。『東福寺誌』（思文閣出版、復刻版、一九七九年）七七九頁。

（21）前掲註（3）『家康の族葉』三六三頁以下。

（22）前掲註（9）『知恩院史料集　古記録篇一』所収。

（23）『池田氏家譜集成』『池田家履歴略記』。寺田貞次『京都名家墳墓録』（初版一九二二年。村田書店復刻版、一九七六年）。前掲註（3）『家康の族葉』、水野恭一郎『吉備と京都の歴史と文化』第二部第一章「知恩院塔頭良正院の草創――附・良正院古文書選――」（思文閣出版、二〇〇〇年）参照。

（24）督姫は、幼少時に疱瘡を患ったが、法華宗の日受上人の祈禱で平癒した。督姫も母や祖父と同様に熱心な法華信者であり、夫輝政没後に剃髪、「華光院殿妙春日厳」と称した。本教寺蔵「督姫画像裏書」（鳥取市歴史博物館平成二六年度特別展図録『鳥取のお殿さま――天下人と歩んだ池田家――』、二〇一六年）参照。

（25）良正院文書の翻刻は、前掲註（23）『吉備と京都の歴史と文化』所収「良正院古文書選」参照。

（26）宝暦八年（一七五八）知恩院『年中行事録』七月五日（前掲註（5）『知恩院史料集　古記録篇二』）。

一、良正院殿（督姫）・清泰院殿（督姫息池田忠雄）御墓参。一汁五菜の御霊膳二膳〈但し、高盛り也。揚げ豆腐・かんてん・こんにゃく・葉にんしん・ずいき〉。盛物縁高二〈饅頭・干菓子、小半斤〉。御両方分蠟燭

壱丁・油少。奠茶・奠湯之土器小・水向桶等御廟所え遣す。大衆中登山。尊前（知恩院方丈、台命住職）は車寄せより山駕籠召され、御登山。御霊供・御供養、畢って施餓鬼。四奉請・弥陀経・念仏一会。但し、雨天の節は、本堂（御影堂）東仏壇ニて山の方を開け、法事これ有り。一山え御斎これ有り（但し、山内大衆、及び行者・一臈えは銀三匁ツ、。衆外・其の外の行者えは弐匁ツ、、御施物遣ス）。右施物、御内証より包み出し候事。

(27) 北島正元『徳川家康』（中公新書、一九六三年）、二〇〇頁。

(28) 徳川義宣『新修徳川家康文書の研究』第二輯（徳川黎明会、二〇〇六年）、七一七頁以下。

(29) 辻善之助『日本佛教史』第八巻近世篇之二（岩波書店、一九五三年）参照。

(30) 『本光国師日記』（続群書類従完成会）四月四日付崇伝「板倉勝重人々御中宛書状」

一、相国様御煩、追日御草臥被レ成、御しやくり、御痰なと指出、御熱気増候て、事之外御苦痛之御様体ニて、将軍様を始、下々迄も御城に相詰、気を詰申体、可レ被レ成二御推量一候、伝奏衆上洛之以後、事之外相おもり申体候、拙老式義ハ、日々おくへ召候て、忝御意共、涙をなかし申事候、

一、一両日以前、本上州、南光坊、拙老御前へ被レ為レ召、被二仰置一候ハ、臨終候ハ、御体をハ久能へ納、御葬礼をハ増上寺ニて申付、御位牌をハ三川之大樹寺ニ立、一周忌も過候て以後、日光山に小キ堂をたて、勧請し候へ、八州之鎮守に可レ被レ為レ成との御意候、皆々涙をなかし申候、

(31) 『言経卿記』（大日本古記録、岩波書店）慶長二年（一五九七）五月七日・八日。

(32) 慶長十三年八月二十六日、大御所家康は駿府城において増上寺源誉存応の法問を所望、存応は所化衆百三十人と登城、家康は将軍秀忠とともに聴聞している（『舜旧記』『徳川実紀』）。この法問の後、家康は三日間の精進潔斎をし、存応より浄土宗の血脈を伝授されている（『当代記』巻四〈『史籍雑纂』第二〉）。血脈伝授の際に、存応より院号「安国院殿」と法号「徳蓮社崇誉道和大居士」が授与された。知恩院所蔵「諸寺院由緒書」（内題「寛政二戌〈一七九〇〉年九月、御宮・御霊屋・御廟・尊牌等御当山之分書上帳、増上寺役者」）、『知恩院史料集　古記録篇一』収録、前掲註（9）参照。

(33) 『言緒卿記』（大日本古記録、岩波書店）元和二年（一六一六）九月七日・十一月二十九日。

第三章　将軍秀忠・家光と知恩院

第一節　日光東照社・増上寺安国殿・知恩院権現堂

二代将軍徳川秀忠は、天正七年（一五七九）四月七日、遠江浜松城で家康の三男として生まれた。母は側室西郷氏於愛の方（宝台院）である。長兄信康が自害、次兄秀康が羽柴（豊臣）秀吉の養子となり結城氏を継いだため、世継の地位についた。慶長十年（一六〇五）、将軍となると、大御所家康が没する元和二年（一六一六）まで、駿府・江戸の二元政治の一翼を担い、東国を中心に大名の統率にあたった。

家康死去の後、本格的に実権を握ると、幕府の基礎固めに力を発揮し、徳川幕府二六〇年の基礎を築いた政治手腕は高く評価される。秀忠による日光東照社・増上寺安国殿の造営、知恩院本堂（御影堂）への秀忠像の安置、御神殿（権現堂）造営について紹介する。

一　日光東照社の造営

秀忠は、父家康の遺言「一周忌が過ぎたなら、関東の鎮守の神となるので下野国日光山に小さな堂（神社）を建てよ」を実行するため、吉田神道の梵舜による神葬祭により、久能山の仮殿に遺骸を納めた。五月になると、家康を神と祀るための神号をめぐり、金地院崇伝と梵舜の推す明神号と、日光山の貫主天海の推す権現号とに意見が分かれた。

明神（吉田神道）には秀吉の悪例（「豊国大明神」）もあるとの天海の主張がとおり、山王一実神道（延暦寺の鎮守日吉大社の山王権現の信仰から生まれた天台宗の神仏習合神道）により、家康の霊は権現として祭祀されることになった。翌元和三年（一六一七）二月、朝廷より神号「東照大権現」が勅許され、日光山に薬師如来を本地とする神仏習合の東照社が完成する。一周忌にあたる四月十七日、盛大に正遷宮の儀が営まれた。

東照社は、江戸城中の紅葉山に元和四年（一六一八）に建立されたほか、全国に家康を祭神とする神社は、小祠も含めると五百社を超えた。三代将軍家光は東照社の「宮」への格上げを望み、正保二年（一六四五）十一月、後光明天皇より日光東照社に宮号が与えられた。以後、各地の東照社はすべて東照宮と称することになり、翌正保三年（一六四六）から毎年、朝廷より日光東照宮に奉幣使が派遣されると、国家守護の神として伊勢神宮とならび崇敬された(1)。

二　増上寺安国殿と真影安置

徳川秀忠は家康が亡くなると直ちに増上寺に家康の霊廟（安国殿）造営を命じたが、翌元和三年（一六一七）二月に落成した。秀忠は、日光山に家康の霊柩の遷座する前月の命日三月十七日に安国殿に参詣、家康の真影に正遷宮を報告している。

寛政二年（一七九〇）九月に増上寺役者の作成した「御宮・御霊屋・御廟・尊牌等御当山之分書上帳」に、家康の霊廟を院号の「安国院殿」ではなく、「安国殿」と称することについて、次のように説明している。

一　安国殿御宮

右御宮の儀は、最初元和三巳年（一六一七）二月十七日、台徳院様（秀忠）御造営遊さる。次に寛永十一戌年（一六三四）大猷院様（家光）御造替遊さる。その後、同十八巳年（一六四一）大猷院様重て御造替遊さる。則ち当時の御宮ニて御座候。右御殿号の儀は、慶長十三申年（一六〇八）神君様駿府御在城の節、同年九月十五日、御当山中興普光観智国師（源誉存応）を駿府御城え召しなされ、則ち神君様三日の間御潔斎ニて、浄土宗の御血脈を、右観智国師より御請け遊され候節、安国院殿と御院号差し上げ奉らる。且つ御法号を徳蓮社崇誉道和大居士と御授与申し上げられ候。

然る処、元和二辰年（一六一六）、東照大権現の御神号勅諡の御儀ニ付、台徳院様上意ニて、板倉内膳正殿え京都えの御使い仰せ付けられ、御同人上京の節、御院号をも称すべきやの旨、御窺いこれ有り候処、同年七月十六日勅命に、故大相国の御事、神に崇め申さるゝ上は、院の字これ有るべからずとの御儀に付き、安国殿と候儀に御座候。

また、安国殿に安置の家康木像（現・芝東照宮御神体）は、慶長六年（一六〇一）正月、還暦を迎えた家康が自ら命じて彫刻させた等身大の寿像である。家康は駿府城で自らこの像の祭儀を行い、死に臨むと、増上寺の僧侶たちに像を鎮座させ、永世国家を守護せんと遺言したとのことである。上述の増上寺役者の書上帳には、

慶長六丑年《（一六〇一）》、神君様六拾歳の御時、翌年六拾壱歳御厄除けの御為に、御形代の御寿像御彫刻仰せ付けられ候。尤も神君様御束帯にて在せらる。全くこの通りに彫刻仕まつるべしの上意に付き、天眼鏡を以て、御身体を移《（ママ）》

　　し、御等身に彫刻奉り候。

と記載し、「厄除け御影」とか「鏡の御影」と称し、また胎内に家康の爪と髪の毛が納められていることより「御爪髪の御影」と称しているという(2)。

なお、享保年間（一七一六〜三六）に増上寺において作成された「御菩提所幷御祈願御来由」には、家康四十二歳、厄年の時の真影であり、家康他界の後、遺言による安置であり、厚い念仏信仰によるものだと伝えている。

　　権現様、観智国師（増上寺源誉存応）え上意遊ばされ候は、我れ万歳の後、神殿を本堂の後ろ、平生の勤行、誦経・念仏の法音相聞こえ候処に建て、住持昇堂の毎度、武運長久の祈念致し候様仰せつけられ候。之によって、御宮は最初、本堂の後ろにこれ有り候処、大猷院（家光）様御再建の砌、只今の所え御移し遊ばされ候〈御場所、狭き候に付き(3)〉。

三　将軍秀忠像の御影堂安置

知恩院では、慶長の大伽藍造営当初より、御影堂に徳泰院像（家康母・於大）とともに、束帯の家康木像を「西国鎮護の尊影」と称して安置していた。

秀忠は、知恩院御影堂に安置する自身の坐像（木像。**図1**）の制作を、七条仏所第二十二代大仏師康猶に依頼している。坐像は元和六年（一六二〇）四月に完成した。「御菩提所知恩院御由緒」にも、

　　神君様の思し召しを継ぎなされ、台徳院様……、（神君様）御同様、御真影同壇上（御影堂西仏壇）え、御安置

仰せ出され候。

と記載されている。

また、『日鑑』宝永二年（一七〇五）七月十八日には、三門本尊と十六羅漢の作者が大仏師康猶であることを、役者（忠岸院）が東町奉行（安藤駿河守次行）に報告した記事がみえる。

手紙ニ而申し遣わし候は、先刻仰せ聞かされ候仏師の事、吟味仕り候処、当院三門台徳院（秀忠）様御代御造立の時分、本尊并に十六羅漢の作者、大仏師康猶と申す者ニ而御座候。この外、日光山并に江戸紅葉山諸尊像、康猶作申し候由、伝記ニ御座候。右康猶子孫ハ康伝と申し、居所ハ堀川丸太町辺の様ニ承り及び候。

図1　徳川秀忠坐像（京都・知恩院所蔵）

知恩院では家康・秀忠の二像を「帝都鎮護の御影」と呼び、その影前において天下安全・武運長久の祈願を修している。秀忠は一門や大名の改易を通じて権力基盤を固めるとともに、徳川将軍家の権威と崇敬の確立につとめている。

四　知恩院御神殿（権現堂）

家康没後まもなく、知恩院にも御神殿と呼ばれる家康の御霊屋が建てられたが、寛永十年（一六三三）一月の火災で焼失した。慶安元年（一六四八）、三代将軍家光の命を受けた京都所司代板倉重宗により再建されると、江戸時代の古記録に「御神殿、権現様御神影御鎮座、台徳院様尊影御安座」と見えるように、家康・秀忠親子の尊像が安置されていた。

御神殿は『日鑑』によると、知恩院を参詣した武家衆が必ず参詣する廟堂である。後には家光像も安置されて、昭和十二年（一九三七）発行の『知恩院史』には、堂内には徳川三代の束帯の土像が祀られ、今も毎月十七日には法楽を勤修すると記載されている。現在の権現堂は、昭和三十一年（一九五六）八月七日全焼したのを、昭和四十九年（一九七四）二月、開宗八百年記念事業として再建したものである(4)。

第二節　三門造営と金右衛門夫妻、勅額と下乗石

徳川幕府は、元和元年（一六一五）「禁中並公家諸法度」十七条を制定して、天皇の学問や公家の席次、官位・紫衣・上人号の授与などを規定した。また天皇や朝廷が大名たちや寺社に利用されたり、独自な行動をとらないように、京都所司代・禁裏付武士らに警戒させた。将軍秀忠は幕府と朝廷とが融和することに心を配り、娘和子（東福門院、三代将軍家光・千姫の妹）を後水尾天皇の女御として入内させ、京都の人びとの崇敬が厚い知恩院に三門と経蔵を寄進した。

一　東福門院の入内

大御所家康は、慶長十六年（一六一一）、後陽成天皇から後水尾天皇への代替わりを、幕府の意向により行い権

力の強さを示した。そして、孫娘和子を入内させる手筈をととのえながら、実現をみることなく生涯を閉じた。(5)

秀忠は、後陽成上皇が元和三年（一六一七）八月、四十七歳をもって崩御すると、延期の状態となっていた天皇と娘和子との縁組をすすめた。同四年（一六一八）九月、幕府は女御御殿の造営のため、小堀政一（遠州）と五味豊直を造営奉行に任命した。

元和六年（一六二〇）六月、和子は十四歳で入内すると、同九年（一六二三）十一月には秀忠の外孫となる皇女（幼称は女一宮、諱は興子。後の明正天皇）が生まれ、中宮となり東福門院と号した。皇女は父天皇の紫衣事件などによる譲位により寛永六年（一六二九）十一月受禅、翌寛永七年九月十二日即位式が行われた。奈良時代の称徳天皇（孝謙天皇重祚）以来の女帝となり、在位は十五年にわたった。

二　知恩院三門と経蔵の造営

この間、秀忠は上洛すると将軍家の菩提所である知恩院を参詣している。京の町の平和と繁栄を願い三門と経蔵の寄進を発願すると、元和五年（一六一九）九月、造営奉行に五味豊直と川勝信濃守広綱・宮城丹波守豊盛の三名を命じた。三門と経蔵はおおむね同七年（一六二一）秋に完成した。

三門二階の中央には、本尊宝冠釈迦牟尼仏、善財童子・須達長者の両脇侍像、その左右に八体ずつ十六羅漢像が安置され、天井には龍天人図、虹梁には麒麟・飛龍などが描かれた。

仏像を制作したのは、御影堂安置の秀忠像の作者、大仏師康猶を中心とした七条仏師たちである。文化財調査でも釈迦像内の頭部に「七条大仏師法眼康猶、元和中六年拾弐月吉日」との墨書銘があることが確かめられている。(6)

また経蔵には、十二世紀に中国福建省の開元寺や東禅寺において刊行された宋版一切経五六〇〇余帖が納められている。

三　五味金右衛門豊直と伝説

知恩院奉行となった五味豊直、通称金右衛門は関東出身の武将である。父政義は甲州武田氏の家臣で、武田勝頼が敗れたあと家康に仕えて武蔵国に移り、天正十八年（一五九〇）死去している。

八歳で父の跡を継いだ豊直は、秀忠の信州上田城攻撃に従い、大坂冬の陣の際には秀忠の信任厚く、落城後の大坂城内の金銀の点検と管理を任された。また、大工頭の中井家や絵師職人を支配下におく狩野家を統括して、城郭や社寺を造営する作事・普請奉行として活躍した。その後、山城国の天領二万石の支配を命じられ、丹波国の郡代にもなり、寛永十一年（一六三四）には所司代を助けて京都の行政を担う代官奉行となった[7]。

豊直は、禁裏・仙洞御料の支配をはじめ、朝廷や幕府の蔵を管理し、幕府の上方支配に重要な役割を果たした。その功績により正保二年（一六四五）十二月、従五位下備前守に任じられ、万治三年（一六六〇）八月九日死去、七十八歳であった。遺骸は寺町二条の日蓮宗妙伝寺内の正善院に葬られた。法名は日覚である（『寛政重修諸家譜』）。のち知恩院三門に夫妻の像が安置されたと伝えられている。

図2　五味金右衛門夫妻像（京都・知恩院所蔵）

知恩院三門の中二階に安置された夫妻の像（**図2**）は、いつしか大工の棟梁金右衛門夫妻の像と信じられ、伝説が生まれた。

三門・経蔵造営の際の責任者であった棟梁金右衛門は、小規模にとの内命にもかかわらず、見事な三門に仕上げたために造営費がかさんだ。大勢の職人たちに支払う金がなくなった棟梁夫妻は、二人の木像を作り白木の棺桶に入れ三門の中二階に安置し、一切の責任を負って自害したというのである。知恩院七不思議の一つとして語り継がれている。

四　勅額「華頂山」と下乗石

三門正面の「華頂山」の大額は、正徳元年（一七一一）正月、法然上人五百回遠忌法会を迎えるにあたり、霊元上皇（後水尾天皇の皇子。**図3**）より前年の宝永七年（一七一〇）十一月二十三日に賜った宸翰を謹刻したものである。大きさは、中味の鏡板が縦一・七メートル横一・一二メートル。外縁を加えると総縦長二・五一メートル、総横幅一・六メートルである。裏面に「宝永七年」の銘がある。宸翰は別に宝庫に保管されている。

四十三世住持応誉円理は、勅額を三門に掲げるにあたり、所司代松平信庸に参詣者の下乗（乗り物から降りること）を相談している。信庸は絵図面を提出させ、自ら検分して設置場所を決めた(8)。勅額は御遠忌の始まる正月十三日に掲げられ、下乗札は木製であったが、その年の四月二十四日に北向雲竹筆の「下乗」石に改められた（『花洛名所図会』）。

図3　霊元天皇像（京都・泉涌寺所蔵）

元禄四年（一六九一）と五年に、オランダ商館長に随行し知恩院を訪問したドイツ人医師・博物学者のケンペルは、『江戸参府旅行日記』に、

われわれは知恩院に着いた。将軍家の立派な寺である。三門は立派で大きく、高く二重の屋根がある。こういう屋根は、この国で城の天守閣や寺院でよく見られるものである。われわれは乗物から下りて、足を地面につけたが、下乗するのは敬意の表し方の一種で、将軍《ママ》のほかは、この国のすべての高貴な人々もこのようにするのである。

と記して、三門軒下木組みの立派さと、乗り物から降りて歩いて参詣する下乗という仕来りに驚き、ヨーロッパに紹介している(9)。

第三節　秀忠夫妻と増上寺・台命住職

一　二条城行幸

徳川幕府が安定した元和九年（一六二三）七月、二代将軍秀忠は、将軍職を子息家光に譲り大御所となった。京の町も、天皇・公家・僧侶・武家や上層の町衆により伝統文化が復興し、風格ある清新な文化が作り出された。その文化が繁栄した「洛中洛外図屛風」が制作された。寛永三年（一六二六）の後水尾天皇の二条城行幸を描い

た作品で、佛教大学所蔵の屛風もその一双である。屛風の右隻には内裏と天皇の鳳輦が出発するところ、左隻には二条城までの行列と警護の武士が描かれている。また、洛中の店舗が克明に描かれ、暖簾の屋号や家紋が読み取れ、社寺も参拝客で賑わっていて、経済の繁栄を描いた作品となっている。

寛永三年の二条城行幸とは、上洛した大御所秀忠と将軍家光が九月六日から十日の五日間、後水尾天皇と中宮（秀忠の娘和子、後の東福門院）や二人の間に生まれた娘（女一宮、後の明正天皇）らを二条城に招き、饗応した盛儀のことである。幕府がこれまで円滑ではなかった朝廷との融和をはかろうとした政治的意味合いの強い儀式であった。したがって、屛風の制作は、朝廷と幕府とが融和したことで、京の町が平和と繁栄を謳歌していることを表現したものといえる。

二　秀忠夫妻と増上寺

秀忠・家光父子が京都に滞在中の寛永三年（一六二六）九月十五日、将軍家光、千姫や和子ら二男五女をもうけた秀忠夫人小督（江、崇源院）が死去した。享年五十四、増上寺に埋葬され、従一位の位が追贈された[10]。葬礼は、増上寺において十月十八日に行われ、二十六日まで諸宗の僧侶が参詣、納経・諷経があった。中陰の法事には、「浄土三部経」（『無量寿経』『観無量寿経』『阿弥陀経』）が一万部読経されたが、浄土宗における万部経法会の始まりといわれている（『三縁山志』）。知恩院では勢至堂に位牌が安置された。

秀忠は江戸城における仏教諸宗の年賀拝賀のあと、浄土宗の法問（論義）をよく聴いている。知恩院も江戸時代をとおして、毎年正月、代僧が年頭に参府、登城している。その際には、先例による献上物として、知恩院からは緞子一巻と杉原紙二十帖が贈られていて、知恩院には秀忠の御内書（お礼の折紙。**図4**）が所蔵されている。

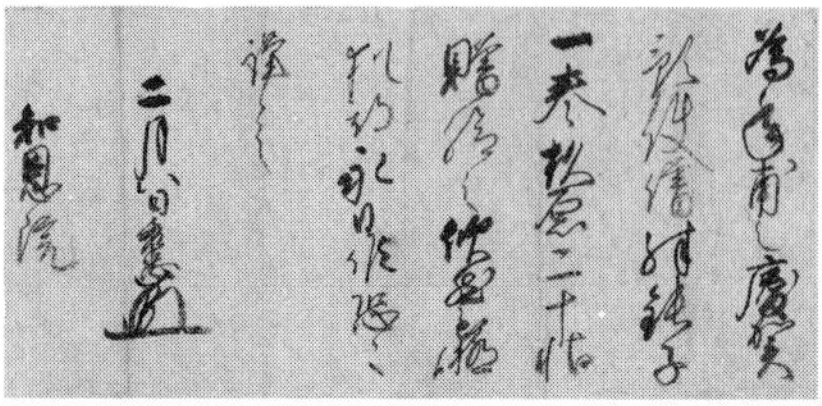

図4　徳川秀忠御内書（京都・知恩院所蔵）

年甫之慶賀として、使僧に預かり、殊に鈍《（緞）》子一巻・杉原二十帖之を贈り給ふ。欣然至極に候。猶、永日を期し候。恐々謹言。

二月八日　　　秀忠（花押）

知恩院

寛永八年（一六三一）十二月、増上寺十六世深誉伝察が遷化した。大炊頭土井利勝が伝通院住持定誉随波を後任住持とすることを秀忠に報告すると、大御所秀忠は、

我が老病日々におもり。ほどなく増上寺に駕（遺体）をうつすべし。其時は彼寺の住僧導師の任にあたれり。我が導師たるものをば、本城にても後年優待せらるべきなり。いかにも歯徳（年功と徳行）共に兼備のものならではかなひがたし。了学といふ僧、我もとよりしれり。今に現存せば定めて大老ならん。いそぎ召出すべし。

と命じた（『徳川実紀』）。

翌寛永九年（一六三二）正月十五日、下総佐倉清光寺の照誉了学が増上寺十七世となった。秀忠はその九日後の二十四日に死去、五十四歳であった。

三　台命住職

知恩院に在住すること二十六年、知恩院興隆の基礎を築いた二十九世満誉尊照が、三門と経蔵を造営中の元和六年（一六二〇）六月二十五日遷化した（五十九歳）。

尊照は後継住持について、幕府との間で「知恩院無住の節は、関東の十七檀林の内より器量の僧を選び、先住が申し置くこと。幷に京都・大坂の知恩院末寺が相談の上、書付をもって（幕府に）言上すること」との取り決めをしている。(11)

尊照は万里小路家出身で甥の玄証（後の然誉源正）を後継に望んだが、下総大巌寺で修学中であり、法臈がみたず見送られた。知恩院の役者（寺務僧）として尊照を補佐していた浄福寺の城誉法雲が三十世住職に推挙された。法雲は生前の家康とも懇意であり、満誉とは大巌寺安誉虎角門下の兄弟弟子である。

法雲は江戸城において将軍秀忠より知恩院住持に任命された。これ以後、知恩院住持は、その遷化とともに江戸城において任命されることから「台命住職」（「台命」とは将軍の命令のこと）と呼ばれている。通例は寺格上位の鎌倉光明寺か伝通院の住持が推挙され、辞退の場合は、寺格下の檀林住持が任命された。

法雲が寛永四年（一六二七）遷化すると、大巌寺で修学中の玄証（然誉源正）が寛永五年（一六二八）七月、家光の台命により知恩院住持に決定したが、翌月の八月五日江戸で急逝した。(12)知恩院では、家康・秀忠・家光の三代にわたり将軍家の帰依の深い雄誉霊巌を迎えることにした。

四　雄誉霊巌

雄誉霊巌は、天文二十三年（一五五四）四月八日、駿河国沼津氏勝の三男として生まれた。永禄七年（一五六四）同国浄運寺増誉のもとで出家し肇叡と名乗る。永禄十一年（一五六八）下総国生実《おゆみ》（千葉市）の大巌寺に行き道誉貞把に師事し、霊巌と改名した。貞把没後は高弟安誉虎角に戒脈を受け、虎角の後をつぎ天正十五年（一五八七）大巌寺三世となった。のち上洛して倶舎・唯識を講義し、山城宇治に称故寺、大和添上郡に霊巌院を建立している。伏見城に滞在していた徳川家康に大巌寺再住を命じられ、文禄二年（一五九三）大巌寺に戻る。

霊巌は、慶長八年（一六〇三）安房国に退くと、里見安房守忠義の帰依により大網に大巌院を建立、元和元年（一六一五）八月、祖跡巡拝の旅に出ると、元和四年（一六一八）には知恩院に登山、法然の御廟に七日間参籠している。江戸に帰国すると、しばしば江戸城西の丸に招請され、秀忠・家光に浄土の法問を説いている。また、深川に霊巌（岸）島を築き、寛永元年（一六二四）霊巌（岸）寺を建立、学徒の教育を行い、安居の僧は一千人に及んだ。家光の台命により、寛永六年（一六二九）六月二十五日、三十二世住持として知恩院に入院することになった。

霊巌の知恩院住持任命について、明和五年（一七六八）「起立開山名前・御由緒・寺格等書記」には、次のように記載されている(13)。

一、源正差次雄誉霊巌は、武州深川霊巌寺住持。先住源正申し置く。京都・大坂末寺相談の上、役者言上書を以て、願い奉り候。左の如し。

今度言上仕るべく次第の事

知恩院住職の儀、雄誉霊巌上人、本末共懇望存知奉り候。但し、自余の衆御尋ねに於いては、円誉潮也上人の儀、申し上げらるべく候。此外、余人仰せ出でなさるにおいては、筋目の通り、御年寄衆迄御佗事申し上げらるべく候。以上。

忠岸院　源察判
九勝院　九伝判
徳林院　源廓判
信重院　栄順判
大超寺　誓誉判
長徳寺　観誉判
浄善寺　天誉判
浄福寺　顕誉判

三月（寛永六年）廿五日

一、同年（寛永六）六月二十五日、雄誉霊巌登城仰せ付けられ候。
一、御黒木書院、公方（徳川家光）様出御、内三畳目召しなされ、御懇の上意、知恩院住職仰せ付けらる。則ち、着座。御老中御用番の御方御取合い成し下され、退出。御白木書院に於いて、御老中御祝詞下さる。御用番の御方、役者を召しなされ、ただ今、霊巌寺雄誉霊巌、知恩院住職仰せ付けられ候。一宗の僧徒崇敬致し候様、相触べく候条、仰せ付けられ候事。

第四節　寛永の伽藍炎上と「炎焼次第書」

江戸城における三代将軍家光の台命により、知恩院三十二世の法灯を継いだ雄誉霊巌の晋山式は、寛永六年（一六二九）十月二十五日に行われた。この月の十日には、将軍家光の乳母斎藤福が参内して、後水尾天皇に謁し春日局の称号を賜っている。十一月八日には後水尾天皇が、秀忠の娘和子（東福門院）の産んだ明正天皇に譲位した。霊巌は知恩院住職となり参内すると、女院御所へも招かれ、女房たちに御十念を授けている。

一　霊巌の姫路下向

霊巌は、寛永八年（一六三一）八月、本多忠政の葬儀導師を依頼されると姫路に下向している。

本多忠政は、天正三年（一五七五）三河国に生まれ、家康に仕えると、小田原攻めに初陣、家康の嫡男岡崎三郎信康の娘を娶り、関ヶ原の合戦には秀忠に従い、真田幸村の上田城を攻撃した。信康の娘との間に生まれた子息忠刻とともに大坂冬の陣・夏の陣に勇戦した。

息子の忠刻が母とともに駿府に、大御所家康の老病を見舞うと、家康は千姫との婚姻を命じた。忠政は元和三年（一六一七）播磨国姫路に転封、十五万石を領し、翌年姫路城を修築した。千姫の夫となった子息忠刻が寛永三年（一六二六）五月七日、三十一歳の若さで亡くなると、姫路書写山に葬られた。

秀忠は将軍職を譲ってから暫くは比較的健康だったが、次第に病がちとなり、寛永八年（一六三一）七月十七日、江戸城内紅葉山の東照社に参詣したあと病が悪化した。幕府は諸社寺に病平癒を祈らせ、東福門院も宮中内侍所に臨時神楽を奏し父の病平癒を祈り、知恩院も祈禱の巻数を献上した。

姫路城主の忠政は、大御所病むとの知らせをうけると江戸へと急ぎ、その旅の途上で病を得て、江戸に到着した日の八月十日に没した（五十七歳）。遺骸は姫路に帰り、葬儀の導師は霊巌が依頼され、姫路に下向した。

七十八歳の霊巌はすこぶる元気で、寛永八年（一六三一）十月二十六日には、後水尾上皇のお召しにより仙洞御所に招かれた。霊巌は門末の長老二十人を随行、「弥陀超世別願」の法問を講じた（『孝亮宿禰記』）。翌寛永九年

（一六三二）一月、逝去した秀忠の増上寺における中陰法要にも参府している。

二　大伽藍の炎上

知行兼備の霊巌を慕う貴賤により賑いをみせる知恩院が火災に見舞われた。寛永十年（一六三三）正月九日、家康が造営した御影堂・衆（集）会堂、大小の方丈・衆寮・庫裏など、中段の地の主要な堂宇が建造後二十余年にしてことごとく焼失した。

中段の地に離れて建つ経蔵・宝蔵、上段の地の享禄三年（一五三〇）建立の勢至堂と古阿弥陀堂、下段の地に秀忠が造営した三門がわずかに難を免れた。

家康の娘督姫の菩提所として建立された知恩院塔頭良正院に、知恩院炎上の古文書が伝来する。知恩院の役者であった院主の宗把が炎上の様子を、正月十三日に江戸増上寺の役僧である源察・九達に充てて書き送った二通の書状（折紙）の控「知恩院炎焼次第書」「炎焼覚書」である。炎上の詳しい記録が残されていないので貴重な記録である。(14)

三　「知恩院炎焼次第書」

「知恩院炎焼次第書」によると、火事は九日の亥刻（午後一〇時ころ）、方丈から出火した。少し読みづらいが原文を付して紹介しておく。

宗把が駆けつけたときには、すでに小方丈の北側に火が移っていた。宗把は、動顛した住持霊巌が火中に入ろうとするのを助け出し、家康・秀忠から拝領の霊宝・文書を無事運び出したことを記している。

当月九日亥刻火事出来、一番ニ宗把方丈へかけ入、火本へ参候処ニ、早小方丈北かわ過半火移申候。方丈火中へ入らんと被仕候処ヲ、沙汰之限之由申、引留、人ヲ付候て、則宗把儀ハ、奥へはいり、両御所様御朱印・諸霊宝不残、権現様ゟ拝領之連署、悉取出し申候……。

宗把は、その後直ちに御影堂に火が移らないように、京都所司代から駆けつけた武家衆とともに廊下を切り取ろうとしたが、間に合わず、炎上した様子をまざまざと記している。

この時、所司代板倉周防守重宗は、京都を留守にし江戸に滞在中であった。宗把は、留守中の知恩院焼失を所司代重宗が如何にお怒りであろうかと、その胸中を思いはかっていて、手紙の末に、幕府からの如何なるお咎めがあるかと恐れ、不安にかられていることを、増上寺役僧に伝えている。

中〳〵難申尽候。公儀向おそろしく奉存候間、少成共、周防守様御ことはのはつれもやハらかなるやうす不承候ハヽ、中〳〵罷下儀ハ存も不寄候。此段御分別尤ニ候。

知恩院にとってもっとも重要な法要である御忌法会の執行についても記載している。正月十九日からの大切な法要は、門末が協力して怠りなく実施されたようである。

御忌前無余日ニ付、法事等之儀、門中談合被レ仕候へ共、方丈(霊巌)ハ取乱之上に病気、第一公儀之憚、彼是を以、難レ被レ及二返答一由候、就レ其、門中衆被レ申ハ、いにしへも加様之儀出来之刻も、法事無二懈怠一執行仕り候先例候間、隠(穏)

便以少執行可レ仕旨、何も被レ申候事。

京都所司代の内衆からも、江戸滞在中の所司代板倉重宗に急報があった。重宗から増上寺にも伝えられた。それを聞いた増上寺においては、みな夜も寝られないほど驚き案じていると、宗把を見舞っている（良正院文書、正月十四日付宗把宛「増上寺源察等連署書状」）。

正月六日御飛札、同十二日晩参着仕り、拝見申し候。御年寄衆えの書状、何れも残らず、我等共持参仕り候。先ず申し上べきを（は）、その元方丈向き、炎上仕り候儀、板（倉）周防守様御内衆より飛脚、今十三日江戸参着仕り候。則ち、周防守殿、我等共へ仰せ聞され、驚き入り、昼夜共に安（案）シ暮らす計りに御座候て、夜もねられさる仕合ニ御座候。方丈様幷に御寺中衆御機色、慮外ながら察し奉り候。それに就き、僧衆・行者衆内、壱人成りとも指し登るべきと存じ候え共、とてもかへらさる儀と存じ、御法事向き大事ニ存じ、執行仕り候。爰元御法事相済み候ハヽ、早々我等も罷り上り申し上ぐべく候。爰元様子、委しくは喜右衛門申し上べく候条、具に能わず候。恐惶敬白。

正月十四日　（源察以下七名署判）

良正院様

第五節　大梵鐘勧進と「天下和順」の法問

寛永十年（一六三三）正月九日、大伽藍が炎上した知恩院では、直ちに住持霊巌が参府して幕府に再建を願い出た。四月、将軍家光は霊巌を江戸城中に召すと、知恩院は浄土宗の本寺である故、前の伽藍のように営造するようにと命じた。造営奉行に片桐石見守貞昌・堀田兵部少輔一通・芦浦観音寺が任ぜられ、慶長造営に匹敵する大工事が十二月より始まった。

一　秀忠三回忌と家光の上洛

翌寛永十一年（一六三四）正月十五日、台徳院（秀忠）三回忌万部経法会が増上寺において開白、二十四日に結願、家光は開白と結願の両日に参詣している。知恩院からは霊巌が出仕すると、二十六日、江戸城に招かれ法問を講じている。

帰京した霊巌は、知恩院の執奏（取次）により飯沼弘経寺十一世南誉雪念が常紫衣の綸旨勅許を得ると、五月十九日、雪念とともに参内、宮中で法問を講じた。のち雪念は寛永十六年（一六三九）、増上寺二十世住持となっている。

家光は、寛永十一年七月十一日に三度目の上洛をし、八月五日まで二条城に滞在した。この将軍上洛は、寛永三年（一六二六）の二条城行幸以後、紫衣法度事件・後水尾天皇譲位など朝幕の対立が続くなかで、供奉の将士は三十万七千余人、「これを拝せんとて都鄙近国の男女、膳所より京まで立錐の地もなく群集せり」という、将軍家の権勢を示すものであった（『徳川実紀』）。

滞在中、家光は七月十八日、参内して姪の明正天皇に拝謁、次いで後水尾上皇の仙洞御所、妹の東福門院の女院御所を訪れた。また、京都各町の町年寄らを二条城白洲に呼び寄せ銀五千貫目を与え、後水尾上皇には新たに七千石を献じて仙洞御料を一万石とし、大坂・堺・奈良の地子銭を免除している(15)。

霊巌も七月十六日、二条城において各宗の僧侶、神官とともに家光に拝謁したが、この上洛を機に将軍の上洛は幕末まで行われず、将軍の知恩院参詣も幕末までなくなった。

二　大梵鐘の勧進と鋳造

幕府の威信をかけての知恩院伽藍の再建は、寛永十六年（一六三九）五月御影堂立柱、七月上棟となり、同十八年（一六四一）正月に集会堂、大小方丈、大小庫裡などが完成、旧を倍する壮麗な伽藍となった。

霊巌はこの諸堂再建を契機に、幕府の力を借りずに、諸国の門末寺院や広く十方の檀信徒に呼びかけ、大梵鐘（銅鐘）の鋳造を発願した。梵鐘は寛永十三年（一六三六）九月鋳造され、霊巌の筆蹟による「南無阿弥陀仏」の六字名号が鋳られた。

現在の鐘楼にかけられたのは、三十八世住持玄誉万無の時代に円山安養寺の地を得て、鐘楼が建立された延宝六年（一六七八）三月からである。

江戸後期の歌人香川景樹が「御忌の比、京を思ひやりて」と題して、

吉水の大鐘の声ひびくなり　山の心も動くばかりに

と詠んでいるが、御忌法会の日中と逮夜の登嶺時刻を知らせるために撞く鐘として人々に親しまれた。

ところで、ケンペルは元禄五年（一六九二）三月、二度目の訪問の際に、大きさと仕様に驚き、その鐘の音に興味を示し、撞いてもらっている。[16]

われわれは広々とした丘を四〇〇歩ばかり登り、とてつもなく大きな釣鐘の所へ行ったが、それはモスクワにある二番目の巨鐘と同じぐらいで、長さ、つまり高さでは、むしろ勝っているように見えたが、しかし高さがあまり長過ぎていたので均整がとれていなかった。われわれの方の様式だと鐘の縁は外に曲がっているのに、この鐘の縁は内側に曲がっているので、鐘の響きは中にこもるに相違なかった。われわれの眼前で撞木で鐘を突いてくれたが、撞木はほとんど使われたことがなく、新しいもので、鐘のわきに結んであった。

三　「天下和順」の御前法問

寛永十八年（一六四一）四月七日、霊巌は将軍家光に江戸城において拝謁、伽藍造営の御礼を述べた。八十八歳となった霊巌は、法然像に、「貧道齢すでに九旬になんなんとす。生来の願望悉く成就せり。今度遠境の発錫、帰京覚束なく候えば、生縁東武に尽きなば、蓮上にて尊容を拝し奉らん。仰ぎ願わくは宗運復興、伽藍安寧なさしめたまえ」と祈念しての出立であった。[17]

知恩院文書の六月七日付「寺社奉行安藤重長等連署折紙」によると、将軍家光は霊巌を労り、手厚くもてなし、「天下和順」の法問を所望している。寺社奉行は、深川霊巌寺の所化（学侶）三十名ほどを召し連れ、十四日昼前登城するようにと、霊巌の侍者に伝えている（同十三日付折紙）。
六月十四日、江戸城白木書院において、霊巌と所化衆は『無量寿経』に説かれる、次の経文を論義した。

仏の遊履するところの国邑・丘聚、（仏の）化を蒙らざるはなし。天下和順し、日月清明たり。風雨時をもってし、災厲起こらず、国豊かに民安んじ、兵戈用いることなし。（人々は）徳を崇め仁を興し、務めて礼譲を修む。

この御前法問を、家光と親交の深い増上寺二十一世業誉還無や臨済宗大徳寺派の沢庵宗彭、それに譜第大名衆も聴聞している。

この日（十四日）知恩院方丈を白木書院にめして法問聞し召る。霊巌寺の所化廿余人召れてこれにあづかる。各、治国利民、天下和順、日月清明、国豊民安、兵戈無用のむねを問答せしめらる。増上寺還無、東海寺沢庵も侍座す。毛利甲斐守秀元・加藤式部少輔明成、其他譜第大名聴聞せしめらる（『徳川実紀』）。

知恩院には、このとき将軍家光から霊巌が拝領した鳩杖と団扇が伝来する。七月になると霊巌は病の床につき、霊巌寺において九月一日遷化した。寿八十八。法名は「檀蓮社雄誉上人松風霊巌大和尚」である。遺骨は、霊巌ゆかりの寺に分骨され、各地に墓所が築かれた。

第六節　家光の東照宮崇敬・年忌法要

三代将軍家光が慶安四年（一六五一）四月二十日、江戸城において四十八歳の生涯を閉じると、葬礼と埋葬地は、家康・秀忠と同様に遺言により決まった。老中列座するなか、御三家当主に、大老酒井忠勝は「常々権現様（家康）を別て御信仰遊され候間、御他界候ハヽ、早速御尊骸を東叡山（寛永寺）え入れ奉り、追て日光大師堂（天海廟、慈眼堂）の近所へ御廟所を構え、葬り申す様、仰せ出され候」との上意（遺言）を伝えていた（『徳川実紀』）。

朝廷から太政大臣・正一位の追贈があり、院号が大猷院と決まると、下野国日光山に霊廟が造立された。家光の東照社（宮）崇敬、増上寺における両親の年忌法要と三河大樹寺の整備、知恩院住持の任命と声明衆の下向を紹介する。

一　東照大権現の崇敬

将軍職を継職すると家光は、日光山を管轄する天海に、山王一実神道の立場より、家康の一生と東照社創建の由来を起草させた。家光はそれを五巻二十段の縁起絵巻に仕立て、後水尾上皇・尊純法親王（後陽成天皇猶子・日光山法務）・門跡・公卿らに詞書の執筆を依頼、絵は幕府御用絵師の狩野探幽に描かせ、寛永十七年（一六四〇）の東照社二十五回神忌に奉納した(18)。

また家光は、神殿に鎮座する東照大権現の夢をよくみていて、みた夢を権現霊夢像として描かせた。寛永二十年（一六四三）には三度描かせ、日光山に奉納している（探幽裏書）。

寛永二十年（一六四三）十月に天海が没すると、家光は翌年（一六四四）に日光山の組織を再編、後水尾上皇の皇子幸教親王（守澄法親王）を日光山山主（門主）に定めた。正保二年（一六四五）には、東照社に宮号宣下され、翌年日光例幣使が制度化されると、街道が整備された。

慶安元年（一六四八）、東照宮三十三回神忌には、将軍家光を檀越（施主）とする日本初の刊本一切経（天海版、折本、木活字二十数万字）が完成し、日光山に奉納された。各巻の末には、

今上皇帝玉体安穏　東照権現倍増威光
四海泰平国家豊饒　仏法紹隆利益無窮

図5　徳川家光画像（伝・狩野探幽筆　京都・知恩院所蔵）

と、「征夷大将軍左大臣源家光公武運長久（後には吉祥如意）」を祈る願文が掲載されている。

二代将軍秀忠は、家康の一周忌が過ぎたなら日光山に小さな堂をたてて勧請せよとの遺言により、社殿を造営した。それを祖父を敬慕する三代将軍家光が現在に残る権現造の社殿に大改築し、日光は徳川幕府の聖地となった。

二　年忌法要と大樹寺造営

家康は君臣・父子の別をわきまえ、上下の秩序を重んじる儒教、こと

に朱子学を幕府の学問（武家の教養）とした。家光は儒官林羅山より『論語』や唐の皇帝と名臣の問答集である『貞観政要』を聴講し、孝道を学んだ。

父母の命日や年忌には、家光は必ず増上寺の台徳院殿（父・秀忠）霊廟、崇源院殿（母・小督）霊牌所に参詣している。日光社参に際しても、出発する前と、社参を終えて帰城すると、ただちに増上寺に参詣して、両親の御霊に無事の社参を報告した。病気がちになる寛永十一年（一六三四）以降は少なくなるが、正月・五月・お盆・歳暮には必ず増上寺に参詣した。

松平家の菩提寺の三河大樹寺は、家康の位牌を大樹寺に立てよとの遺言により、将軍家菩提所となり、御霊屋には家康木像が祀られた（現在は本堂内陣に安置）。大樹寺の造営修理は、幕府の手で行われるようになり、家康の先祖である松平八代の墓も修復、再建された(19)。

家光は知恩院再建中の寛永十三年（一六三六）、大樹寺の本堂以下の堂舎の新造を命じ、同十八年（一六四一）十一月、諸堂が完成している。家康九男の尾張藩主徳川義直は、父の誕生から死没および日光への改葬にいたる年譜を、五巻一冊の「御年譜」にまとめ、自筆本を大樹寺に奉納するとともに、正保三年（一六四六）四月十七日、将軍家光に献上している。

家康三十三回神忌にあたる慶安元年（一六四八）閏正月十六日、大樹寺住持の栄誉存栄が家光に拝謁すると、四月十七日の家康の法要に先立ち、三月六日に家康の父松平広忠の百年忌法要を営み、千部経読誦することを命じられ、米五千俵を給わった。法要には、松平定綱が代参した。

三　台命住職と声明衆の下向

知恩院住持（台命住職、将軍が任命する住持職）は、三十二世雄誉霊巌が寛永十八年（一六四一）九月に遷化すると、翌十九年、家光は鎌倉光明寺隠居の円誉廓源（六十六歳）を三十三世とした。在住六年、廓源が遷化すると、慶安元年（一六四八）八月、岩槻浄国寺、飯沼弘経寺に歴住した心誉文宗が三十四世に命ぜられた。高齢の文宗は翌二年十二月、在住一年で遷化した。

心誉文宗の晋山について、知恩院の古記録は、心誉が七十五歳の老年に及び、上洛がかなわない旨を将軍家光に申し上げると、家光より「宗祖の旧跡・一宗の惣本寺・帝都鎮護の御影前、拝礼を遂ぐるは本懐たるべく旨」の厚き上意の趣きがあり、心魂に徹した文宗が知恩院の法灯を継いだことを伝えている（『総本山知恩院旧記採要録』）。知恩院では、文宗が老病を患っていたこともあり、関東談義所において「宗門口伝の達士、学徳抜群」である鎌倉光明寺勝誉旧応を、あらかじめ後継住持に願い出ていた。家光は慶安三年（一六五〇）正月、勝誉を江戸城に召し、謁見の上、三十五世とした。

家光は、増上寺における父秀忠の年忌法要には、知恩院声明衆の下向を要請した。寛永十五年（一六三八）の父七回忌の万部経法会には、一周忌・三回忌同様に知恩院から二十名の声明衆と行者二人が下向している。また、寛永寺における慶安四年（一六五一）六月七日の家光の葬儀、納経拝礼には、知恩院からは住持旧応と、寺中（塔頭）より良正院以下九名の僧衆と行者土佐、京都門中より、上徳寺・勝円寺・法伝寺・智恵光院・浄福寺・長香寺・見性寺・信行寺・大雲院・一心院の十カ寺が下向した。

知恩院の集会堂に大猷院（家光）尊影（伝・狩野探幽筆。**図5**）、大方丈御仏間に位牌が安置されると、京都所司代・両町奉行・京都に滞在する武家衆、近国の大名藩主の参拝があった。

註

（1）辻善之助『日本佛教史』第八巻近世篇之二（岩波書店、一九五三年）、曽根原理『徳川家康神格化への道』（吉川弘文館、一九九六年）、同『神君家康の誕生』（吉川弘文館、二〇〇八年）、菅原信海・田邊三郎助編『日光　その歴史と宗教』（春秋社、二〇一一年）参照。

（2）知恩院所蔵「諸寺院由緒書」（内題は「寛政二戌年〈一七九〇〉九月、御宮・御霊屋・御廟・尊牌等御当山之分書上帳、増上寺役者」）。『知恩院史料集　古記録篇一』（総本山知恩院史料編纂所、一九九一年）に収録。なお、家康木像は平成十九年開催の「大徳川展」（東京国立博物館）に出品された（図録『大徳川展』、大徳川展主宰事務局、二〇〇七年）。曽根原理「増上寺における東照権現信仰」（井上智勝・高埜利彦編『近世の宗教と社会2　国家権力と宗教』所収、吉川弘文館、二〇〇八年）参照。

（3）「御菩提所幷御祈願御来由」は知恩院蔵『御当山開山草創・御菩提所・御祈願所之記』に収録されている。『知恩院史料集　古記録篇一』（前掲註（2））に翻刻。

（4）昭和三十一年（一九五六）に焼失する以前の権現堂について、『知恩院史』（知恩院、一九三七年）は次のように解説している。

・「俗にお黒御殿とも云ふ。方三間瓦葺南面す。総黒漆塗にして三方に扉を有し、所々に徳川家紋を配す」。

・また、建築様式として見るべきものとして、「屋上降棟鬼瓦が銅製龍頭を以てせられ、口より水を噴ける形面白く、内部に於いては須弥壇前羽目に附したる唐獅子彫刻、或は壇上左右に安置する厨子の彫刻装飾等は、江戸時代初期を過ぎんとして前代より伝へたる桃山式を漸く失はんとする一転期に在るを示すもの。又軒先に用ひたる二手先科栱が絵様彫刻化して、一種の雲科栱、或は花肘木の如きに化したるところなどに、江戸時代の特色濃厚に現はれたるを見る」。

（5）久保貴子『徳川和子』（吉川弘文館、二〇〇八年）。

（6）『重要文化財　知恩院三門修理工事報告書』（京都府教育委員会、一九九二年）。

（7）五味豊直の京都における活動については、京都の歴史5『近世の展開』（学藝書林、一九七二年）に詳しい。

（8）下乗石はもと三門横に建設されたが、明治初年に移動、別の場所に安置されている。下乗石建造の経緯については、正徳五年（一七一五）九月、京都西町奉行諏訪正篤の証文方役人よりの問い合わせに答えた、知恩院役者の返答に詳しい。

すなわち、九月二十二日、証文方より宝永八年（一七一一）正月に三門に勅額を掛けることになり下乗札を立てたが、方丈（応誉円理）が所司代松平信庸に設置を直接願われたのか、町奉行に取り次ぎを依頼してのことなのか、奉行所の書留ではよくわからない。よって、その設置の経緯を詳しく教えてほしいとの問い合わせである。知恩院役所では、当時の『日鑑』を調べて返答したが、その書面に対して、その日の内に奉行所より再度問い合わせがあり、知恩院役所からは、所司代が絵図面をご覧の上、指図され、立てた旨を返答している。正徳五年九月二十四日の役者書簡を紹介しておく。

正徳元年正月、松平紀伊守様歳首御仏参の節、大僧正（応誉円理）直に申し上られ候者、勅額も近々三門え掲げ申すべく候。左候者、下乗立て置き申すべき旨申し上げ候処、尤の由、紀伊守様仰せられ候御事。

一、同（正徳元年正月）十一日、役者保徳院、紀伊守様え参上の節、勅額来ル十三日ニ掲げ申すべく候。下乗の義、如何仕るべく候哉と御伺い申し上げ候処、場所の絵図仕り、明日持参仕るべく旨仰せ渡され候事。

一、同十二日、役者光照院、中根摂津守様（西町奉行・中根正包）え参上。御直に三門前下乗場所の絵図御覧成され候節、伺い申し候処、直ニ紀伊守様へ参り、御用人衆を以て、伺い申すべき由仰せられ候故、何とぞ此元より御伺い下さるべき旨申し上げ候処、今日此御用計ニてハ参らず候不吉（ママ）義候間、右の通り参上仕り申し上ぐべき由、御差図仕り伺公、御用人安達喜兵衛を以て、其の段申し上げ候得者、絵図御覧成され、三門の南松原の方、然るべくの旨仰せ渡され候。

一、同十四日、紀伊守様御参詣の節、御直ニ三門前御覧成され、御差図を伺い相立て申し候。当分ニ石ニ而仕り難き候に付、角札仕り、其の後四月廿四日、今の石の下乗成就、相立て申し候。以上。

右の通ニ御座候。以上。

九月廿四日

（9）『江戸参府旅行日記』（平凡社東洋文庫、斎藤信訳、一九七七年、底本は『日本誌』第二巻五章、一九六四年ハノー・ノーベック覆刻本）による。第四章第一節三「オランダ人の訪問」参照。

（10）徳川家の増上寺における葬儀・年忌については、『大本山増上寺史　本文編』『同　年表編』（大本山増上寺、一九九九年）に詳しい。

（11）明和五年（一七六八）「起立開山名前・御由緒・寺格等書記」。前掲註（2）『知恩院史料集　古記録篇一』に翻刻。

一、知恩院無住の節者、関東十七檀林の内、器量の僧を撰び、先住申し置き、幷に京都・大坂末寺相談の上、書付を以て、言上仕るべきの事、仰せ付けられ候事。

一、満誉遷化、差次城誉法雲は、台徳院（秀忠）様思し召しを以て、武州越ケ谷天獄寺（一説に京都浄福寺）より住職仰せ付けられ候事。

一、城誉遷化、差次然誉源正、大猷院（家光）様思し召しを以て、下総国生実大巌寺所化仰せ付けられ候。右、両代、言上書に及ばず候。

（12）然誉源正の大巌寺修学と知恩院住持への晋山における、後見役としての役者宗把の活動については、宇高良哲『近世浄土宗史の研究』第七章「山役者良正院宗把の斡旋行為について」（青史出版、二〇一五年）参照。

（13）前掲註（11）。

（14）良正院文書は、水野恭一郎『吉備と京都の歴史と文化』（思文閣出版、二〇〇〇年）に翻刻、紹介されている。

（15）家光の生涯については、藤井譲治『徳川家光』（吉川弘文館、一九九七年）参照。

（16）前掲註（9）『江戸参府旅行日記』。

（17）後藤真雄『雄誉霊巌上人伝』（円通寺、一九七九年）。霊巌寺首座霊石集・同後学首座存統校『霊巌上人伝』。

（18）日光と東照宮の崇敬については、前掲註（1）のほか、世界遺産登録記念「聖地日光の至宝展」図録（ＮＨＫ、二〇〇〇年）、企画展図録『日光東照宮と将軍社参』（東京都江戸東京博物館・徳川記念財団、二〇一一年）参照。

（19）『大樹寺の歴史』（大樹寺、一九八二年）。

第四章　将軍家京都菩提所の興隆

第一節　左甚五郎と七不思議、オランダ人の訪問

将軍徳川家康・秀忠の遺志を引き継いだ三代将軍家光により、現在の知恩院の山容が完成すると、徳川幕府においては、伽藍の維持と管理に関心が向けられることになる。また、幕府は寛永十六年（一六三九）ポルトガル船の来航を禁止、オランダ商人との貿易のみを認める鎖国体制を完成させた。伽藍護持の伝説とオランダ人の知恩院訪問を紹介する。

一　伽藍護持の伝説

御影堂大棟の中央上には、二枚ずつ四枚の「葺き残しの瓦」がある。「満つれば欠くる世の習い」、わざと瓦を置くことで、御影堂がまだ完成していないことを示している。大建築が完成すると魔が差し不吉なことがおこるので完成しないことにしておくためだと伝えられている。知恩院の護持繁栄の願いと、時代の素朴な庶民の信仰とが結びつくと、さまざまな伝説が形作られた。

よく知られているのが、大方丈菊の間の襖に描かれた雀が飛び立ったとされる（襖には跡がある）［抜け雀］。大

方丈廊下の杉戸に描かれた猫の絵で、どちらから見ても、猫が正面から睨んでいる［三方正面真向きの猫］。御影堂の軒下の［忘れ傘］。踏むと鶯の鳴き声がする［鶯張りの廊下］。三門楼上の造営奉行の一人五味金右衛門夫妻の［白木の棺］。大方丈入り口に置かれている衆生を救済する阿弥陀仏の慈悲をあらわす［大杓子］。黒門の西にあり、瓜の蔓が一夜で石から伸びて実をつけたという［瓜生石］の話で、知恩院の「七不思議」と呼ばれている。

二　左甚五郎と「七不思議」

［忘れ傘］とは、御影堂正面東の軒下に置かれている傘のことである。この傘には三つの伝説がある。

一は、寛永十六年（一六三九）、再建の際の住持霊巌が弥陀の名号を書き、火除けのまじないとしたという。

二は、知恩院の伽藍を守護する濡髪童子という白狐の仕業との伝えである。霊巌の説法に救われた狐が、その御恩に報いるため火災守護を約束し、その神通力を示すために置いたという。鎮守濡髪の祠は、勢至堂墓地にあるが、髪（紙）が濡れるということより男女の縁結びの神として花柳界の信仰を集めている。

三は、一見置き忘れたように見える傘であるが、左甚五郎が魔除けのために置いたと語られる話である。

御影堂から集会堂、大方丈・小方丈に続く廊下は、静かに歩けば歩くほど床板をとめた鎹《かすがい》がよく軋み、鶯の鳴くような音がする。この細工をしたのが左甚五郎だと語られるのが［鶯張りの廊下］の伝説である。

左甚五郎については、延宝三年（一六七五）の黒川道祐著『延碧軒記』に、左手で細工を上手にする左の甚五郎というものがいて、北野天満宮の透かし彫り、豊国神社の龍の彫り物を作ったことが、左の甚五郎と云うもの、栄徳が弟子にて細工を上手にす。今の北野の社のすかしほりもの、幷豊国の社頭のほりもの龍は、栄徳が下絵にて彫れり。それゆへに見事なり。左の手にて細工を上手にしたるものなり。

と紹介されている。[1]

甚五郎の作品としては、日光東照宮の眠り猫など全国に数多く伝えられているが、その制作年代には隔たりがあり、実在の人物とすると何人もの甚五郎がいたことになる。喜多村信節が「左甚五郎」を「飛騨の甚五郎と称せられたのが、後に左と誤り伝えられたもの」と考証している（『嬉遊笑覧』[2]）。信節の指摘するように、姓の左は名工を多く輩出する飛騨国から生まれた、伝説上の欄間彫刻の名人というのが真相に近いようである。

三　オランダ人の訪問

オランダ東インド会社の日本支店（オランダ商館）は、慶長十四年（一六〇九）肥前の平戸に置かれ、ポルトガル船の来航禁止により長崎出島が空き屋になると、寛永十八年（一六四一）四月に平戸から出島に移転した。

オランダ商館長の江戸参府は、寛永十年（一六三三）、将軍家光の時代より始まる。毎年定例として、寛政元年（一七八九）まで行われ、翌二年から五年目ごと（四年に一度）になった。

オランダ商館長の一行は、毎年正月に出島を旅立ち、三月に江戸城で将軍に拝謁した。彼らには日本を知る唯一の機会であり、その帰りの京都での二泊の休暇は楽しみの一つであった。夕方到着し、翌日に所司代と両町奉行を訪問し贈り物をうけた。衣類や小間物など土産物を購入したが、通詞が点検して仏像などは返却された。出立の日は、最初に将軍家京都菩提所である知恩院を訪問し、祇園社、清水寺などを訪れ伏見から船で淀川をくだった。[3]

知恩院を元禄四年（一六九一）と五年に訪れた一行の医師ケンペルは、前述したように、乗り物から降りて歩いて訪れる「下乗」という仕来り、釣り鐘の響き音、仏堂の構造・須弥壇の荘厳や賽銭箱、仏像の表情に関心を示した。また、将軍の遺骨（ママ）と位牌の安置、仏間に飾られた厳有院（家綱）肖像と追善の法式など、将軍家菩提所としての知恩院を興味深く観察している。ケンペルはまた、方丈の庭園に感激し、きのこ・煮豆・果物・焼菓子と酒でのもてなし、住持（四十一世宏誉良我）は親しみやすく丈夫そうな老人であり、世話をしてくれた若い僧は屈強で健康、学のあるように思えると述べている。(4)

商館長一行の知恩院訪問については『日鑑』にも記録されている。

元禄十二年（一六九九）三月二十一日『日鑑』の「九ツ時分、当院見物ニ参候、阿蘭陀人」が初見である。

翌十三年（一七〇〇）三月二十四日条には、オランダ人には酒とたばこ、同行の大通詞横山又次右衛門とその子息、小通詞志筑孫平・荒木四郎右衛門の四人には蕎麦切り・吸い物・酒でもてなしたことを掲載している。(5)

> 九ツ時前ニ阿蘭陀人参る。大通辞（詞）横山又次（ママ）右衛門・小通辞志筑孫平・荒木四郎右衛門・又次右衛門子息。右の四人え蕎麦切・御吸物・御盃下され候。阿蘭陀人え御酒核御馳走これ有り候。多葉粉一包宛下され候。

以後は来訪の事実のみの記載となるが、宝永三年（一七〇六）三月二十四日『日鑑』に「阿蘭陀人四人幷に与力・同心・通詞弐人、方丈内一見。小方丈において、右の人数へ饅頭・吸物・酒核出る」と記載のように、毎年、かなり鄭重にもてなしていた。ただ、方丈内の見学はさせても、将軍家の位牌を安置する厨子の扉は閉じられ、拝むことを許さなかったことが寛保三年（一七四三）三月二十五日『日鑑』に、阿蘭陀人来ル。山内徳林院（弁誉鑑授）案内。御座敷向き、別て尊牌前の唐扉閉め候様等、下納所え申し渡す。

と記している。雨天のため見物できない年や、担当の僧（塔頭徳林院）が出かけていて、方丈内の見学を断ることもあった。また、簡単な記載ではあるが、参詣者のオランダ人の名前が記載されている年もある[6]。

『日鑑』元文二年（一七三七）三月二十六日

一、阿蘭陀人三人、
かひたん　やんはんでんころいす（ヤン・ファン・デル・クライセ）歳三十八
役人　てれきはんほうるはつか　三十四
外科　へんでれきはんあすとる　歳三十　来ル。丈内・諸堂巡見。案内徳林院。

徳林院とは、崇泰院の南、三門の北にあった塔頭で、慶長年間（一五九六〜一六一五）に一誉法意の開基（同十四年没）である。オランダ人を案内した弁誉鑑授は、『日鑑』によると、享保九年（一七二四）八月十二日、山内の塔頭浩徳院より転住、在住二十五年余りした寛延三年（一七五〇）五月二十日の朝に死去している。その後住には、方丈（五十世霊誉鸞宿）より塔頭真源院の感碩が六月十八日に転住を命じられている。

第二節　松平定勝・定綱と念仏寺一切経

知恩院御影堂の西仏壇には、家康・秀忠二代の将軍像とともに、家康の母徳泰院（於大、伝通院）像が安置、供養されている。家康は、母が久松俊勝と再婚して産んだ三人の異父弟を取り立て、ことに松平定勝・定綱父子は親族として松平家・徳川家の法事を奉行した。定勝・定綱と知恩院、袋中良定への帰依と念仏寺一切経、淀藩主永井尚政の石灯籠の寄進等を紹介する。

一　松平隠岐守定勝

永禄三年（一五六〇）、十九歳の家康は、尾張阿古居の久松俊勝の屋敷に母を訪問、三人の弟、康元・勝俊・定勝に松平の姓を与え、葵の紋章の使用を許した。定勝は生まれたばかりであり、家康は「長福（定勝の幼名）は今年生まれて、襁褓の中より見え奉る事の嬉しさよ」と喜んだ（『徳川実紀』）。

成人した定勝は、慶長五年（一六〇〇）、関ヶ原合戦では遠江掛川城を守り、掛川城主三万石、隠岐守に任ぜられた。同七年（一六〇二）の春、家康の招きで母於大が上洛するとき、康元と定勝の嫡子定行が同行している。於大がその年の八月二十八日、伏見城で死去、知恩院での葬儀・法会の後、江戸に遺骸が送られるのには定勝が随行している。

家康は定勝の娘を自身の子として養い、慶長十年（一六〇五）四月、化粧田千石を付け、山内一豊の子国松に嫁がせた。定勝は慶長十二年（一六〇七）、家康が天下枢要の地とした伏見城代五万石となると、掛川三万石を定行に譲り、大坂冬の陣では伏見、夏の陣には京都二条城を守護した。

元和三年（一六一七）、定勝は伊勢桑名城主十一万石に移封となり、家光は同九年（一六二三）の上洛時、桑名城に立ち寄っている。定勝は、寛永元年（一六二四）三月十四日、腫れ物により桑名で没（六十五歳）、法号は「崇源院殿霊巌円徹」である。定行は父定勝の菩提のため、父が母於大の位牌を安置、菩提所とした掛川天然寺より、伝誉三甫を迎え崇源寺（後、照源寺）を創建、寺は知恩院末寺となった。

二　松平越中守定綱

定勝の三男定綱は、慶長七年（一六〇二）、家康に謁して秀忠に仕えた。秀忠は元和九年（一六二三）伏見城が廃城となると、定綱に命じて、大坂から京都に入る要衝地の淀に城を修築した。定綱が初代藩主として寛永二年（一六二五）に入城した淀城は、五層の天守を持つ堂々の構えであったが、慶応四年（一八六八）の鳥羽・伏見の戦いで破壊され、城壁をとどめるだけとなった。

寛永十年（一六三三）一月九日、知恩院の伽藍が炎上した際には、知恩院の要請により、淀藩主定綱と高槻藩主松平紀伊守家信は人足を提供している（宗把「知恩院炎焼次第書」）。[7]

その一カ月後の二月十一日、定綱の妻浅野長政の娘（智相院）が淀城で死去した。定綱は生前の帰依により、知恩院三十二世雄誉霊巌に葬儀導師を依頼した。また、火事で蟄居中の霊巌のため、淀城の妻の居室を知恩院に仏殿として移築（智相院、後の入信院）し、供養料として伊勢の地百石を寄進している。[8]

三　定勝・定綱と袋中良定

定勝は伏見城代として伏見に滞在中、浄土宗の学僧で琉球国に渡り、国王尚寧の帰依をうけ桂林寺を建立、慶長十四年（一六〇九）に帰洛、木幡浄土寺に滞在していた袋中良定に深く帰依している。定勝は、

浄土安心起行のありさま、本願念仏のいみじきことども、御聴聞ありて、深く上人の化導に帰依し玉ふ。やがて師弟の契約浅からず。その後は寒暑の音問、四事の供養に至る迄、相続して絶ることなし。

と深い契りを結んだ（以下『涅槃山菩提院袋中和尚略伝』(9)）。

定綱もまた「先考（父定勝）の遺徳を追ふて、ますます（袋中）上人に帰依ましまし、浄業不退の大信者となり、日々、日課念仏たゆみ玉ふ事なし」とのことであった。

定綱は、上人に帰依するばかりでなく、京都所司代板倉周防守にも、「東山（知恩院）御仏詣あらせられ候はゞ」必ず三条橋詰の（檀王）法林寺を訪問するようにとすすめている。所司代は袋中の「本願念仏の効能、浄土の安心起行の趣」を聴聞すると、渇仰のあまり師檀の契約を結び、法林寺の伽藍再興を支援した。

四　南都念仏寺一切経と知恩院

南都の降魔山念仏寺（奈良市漢国町）は、伏見城代定勝の建立、袋中開基の寺である。子息定綱は、父の遺言により位牌殿を建立し菩提所とし、祖母於大（伝通院）の位牌を安置するとともに、家康・秀忠・家光の三代の将軍

の法号の掛け物を寄進している。(10)

袋中は、念仏寺に定勝の菩提のため経堂を建立すると（棟札）、経堂に浄瑠璃寺の堂舎が破壊し、散佚しかけた一切経を譲り受けるとともに、一蔵全備したことが『袋中上人絵詞伝』に、

脱巻逸帙の経論をば、或はみづから書写し、或は他をたのみて書写せしむ。これによりて経論欠くることなく、一蔵全備せり。その中に紺紙金泥の経論多し。今、南都念仏寺の蔵本これなり。

と見える。(11)この袋中手沢の写経を、嘉永五年（一八五二）に調査、蒐集したのが、明治七年（一八七四）知恩院七十五世となる養鸕徹定である。徹定がこのとき蒐集し、知恩院宝蔵に寄贈したのが渡来品の『菩薩処胎経』（西魏時代）、『大楼炭経』（唐時代）であり、現在国宝に指定されている。(12)

五　権現堂石灯籠

淀藩は、定綱が寛永十年（一六三三）、美濃大垣に転封となると、永井尚政が下総古河から十万石で入封した。尚政は、京都所司代を中心とする上方幕政において相談役的な地位にあり、知恩院にもたびたび仏参している。

永井尚政は、知恩院に、諸大名が日光東照宮に寄進したのと同形の石灯籠一基を権現堂中門脇に慶安三年（一六五〇）九月に寄進した。二年後の慶安五年二月（一六五二）にも、日光東照宮の境内にしか見られない変形の五重石灯籠一基を寄進していて、東照宮家康への厚い崇敬が窺われる。(13)

第三節　徳川幕府と宮門跡

一　宮門跡

宮門跡とは、法親王、または入道親王の居住する寺院のことである。知恩院では宮門跡のことを、常には「門主」と呼んでいた。

知恩院の第一世門跡良純法親王は、後陽成天皇の第八皇子として慶長九年（一六〇四）三月二十九日生誕、徳川家康が慶長十二年、後陽成天皇に奏請して、宮門跡に決まった。同十九年（一六一四）十二月親王宣下（直輔親王）、翌元和元年（一六一五）六月に家康の猶子となった[14]。

知恩院の宮門跡については、元和元年（一六一五）七月公布の「浄土宗法度」（「元和条目」）第一条において、知恩院の寺務経営には一切関与しないことが規定された。また、葬儀の導師となり死者に引導を渡すことや、年忌や法会の導師となることは認められず、ただ十念においては結縁のために、門主自身授与あるべき事と定められた。

増上寺文書の「知恩院門跡心得書」の「御条目心得之事」に、「浄土宗法度」の第一条「一、知恩院の事、宮門跡を立て置き、門領各別相定る上は、寺家に混雑すべからず。引導・仏事等は脇住持を定め、先記の如く執行せらるべし。十念においては結縁のため、門主自身授与あるべき事」にみえる「脇住持」と、これまでの知恩院方丈（住持）との関係を説明するのに、「脇」について、この時始て門室御建立これ有るに付き、ケ様御改め候と見え候。その故は、この脇住持の脇の字、能く了簡肝要候。脇と申すは、所対する有るべく様と存じ候。宮門主立て置かるに付き、今迄の住持に脇の字付られ候。又引導・仏事等は、門主の執行に有らず故、このため計《ばか》りに脇住持を立てられ、先規の如く執行候様にと取り分て改め置かれ候と存じ候。然る処、唯今迄の通りに候得は、この脇と申す字、御条目以前も今日迄も同前、曾て御改の印にこれ無き様に存じ候。（傍線は筆者）

と「脇住持」とは、これまでの「住持」のことだと説明している。[15]

また、知恩院役者宗把が作成した「知恩院門跡ニ付、役者宗把覚書」によると、家康が知恩院に仏詣した際に、二十九世住持満誉尊照が「御門跡御請待遊され、有りがたく存じ奉り候。左様に御座候得は、頓《やが》て関東え御下向成りなされ、四、五年御学問遊され候は、某当時隠居仕り、御門跡え相渡し申すべし」と申し上げると、家康は返答せずに還御した。

その後、三十日ほどがたち、尊照が役者宗把を二条城に家康見舞いの使者として遣わした。その際に、宮門跡の事を再度申し上げると「権現様御諚として、知恩院宮門跡立て置く事、その寺方丈の住持に非ず、居《す》え置きなさる事、寺の荘《かざ》り計りに立て置く事に候間、左様に御心得候様に」との尊照への返答を承った。

この返答にも不審を持った尊照は、宗把を再度江戸に派遣した。その時の御諚の趣においても、宗把が門跡は知恩院方丈、すなわち知恩院の住持ではないとの御意を得たことを掲載している。[16]

なお、知恩院の運営は、「役所」においてなされ、末寺の公事（訴訟及び審理）は知恩院「役者」が担当していた。役者には塔頭から任命される「山役者」と、京都門中の六カ寺から任命される「六役者」がいた。山役と六役の勤め方（役割）については、対立や争論があった。

二　良純法親王

直輔親王は、家康没後の元和五年（一六一九）九月十七日、二十九世満誉尊照を戒師として得度（十六歳）、名を良純とあらためため、知恩院境域下段の北部（現在の華頂学園付近）に造営された御殿とよばれる宮室に入室した。

良純法親王は、門主という象徴的な立場に安んずることなく、知恩院住持にかわり、寺務職を執行することを望んだ。また、将軍家の年忌法会のため江戸に長期滞在することが頻繁となり、将軍家光に帰洛を促されている。法親王には反幕の気風もあり、寛永二十年（一六四三）十一月十一日、幕府の忌避により、甲斐国天目山に左遷された（四十歳）。『徳川実紀』は「知恩院門主良純法親王、近年の放蕩の所行あるにより、罪蒙りて甲州天目山に左遷せらる」と記載している。

左遷された法親王は、万治二年（一六五九）六月二十二日、勅免により帰洛、泉涌寺内の新善光寺に居住した（五十六歳）。寛文四年（一六六四）四月十三日、還俗すると以心庵と号し、新居を北野に構えたが、同九年（一六六九）八月一日死去、泉涌寺に葬られた（六十六歳）。百回忌に当たる明和五年（一七六八）八月、本位に復し、「無礙光院宮専蓮社行誉心阿自在良純大和尚」が追贈された。

三　帝誉尊空

良純門主が寺務を執ることを望んだのは、三十二世雄誉霊巌が住持のときである。霊巌は門主の意向を阻止するため伏見宮家に願い出て、尊空（伏見宮邦頼親王の子、一説に仁和寺一露入道親王の子）を後継者に迎えた。霊巌は、尊空を増上寺の学寮に入れ、宗規による修学をさせた。

尊空は「師命を守り、貴族を離れ、凡下の輩と等しき思食《おぼしめし》にて、御仏道御精修後、増上寺学寮にて御修学、二十三年成功の段、上聞（将軍家綱）に達し」た（『総本山知恩院旧記採要録』）。

尊空は、三十五世勝誉旧応が明暦三年（一六五七）三月一日示寂すると（在住七年）、江戸城において、その年の六月、四十五歳の若さで三十六世住持に任じられた。在住六年余り、寛文三年（一六六三）十二月十八日、浄土宗寺院と日蓮宗寺院との争論に対し誤った裁断をしたとの理由で千葉来迎寺に退隠、のち江戸本所霊山寺に閑居、七十六歳となった元禄元年（一六八八）十一月七日遷化した。

四　尊光法親王

知恩院は、寛永二十年（一六四三）より、慶安四年（一六五一）に将軍家光が所司代板倉重宗に門跡再興を命じるまでの前後九年、門跡不在となった。重宗は、後水尾上皇の第十二皇子、正保二年（一六四五）九月二十九日生誕の栄宮を推挙した。

栄宮は慶安四年（一六五一）二月、将軍家光の猶子となり、承応三年（一六五四）四月六日、親王宣下（良賢親王）、明暦二年（一六五六）五月八日、三十五世勝誉旧応を戒師として得度、名を尊光と改め入室した。

同年の八月二日、増上寺二十三世遵誉貴屋・伝通院八世頓誉智哲（後に増上寺二十五世）は江戸城に登城し、将軍家綱に上洛の暇乞いをしている。この上洛は幕府の命によるもので、同二十九日、参内して尊光法親王の檀林留学を奏請している。

参内した貴屋は、東福門院（秀忠娘、後水尾天皇中宮）の斡旋により、仙洞様（東福門院の娘の明正上皇）との対面をはたしている。上皇が対面したのは、公方様（徳川家）の御寺（知恩院）の儀であるからで、知恩院門主尊光の江戸留学は、幕府の意向を受けた女院と仙洞の支援によるものである[17]。

明暦四年（一六五八）一月の台徳院（秀忠）二十七回忌法会に尊光の下向が決まると、増上寺に旅館造営が命じられた。法会が修了すると、江戸城において饗応のため猿楽が催され、帰洛に際して、幕府より先例の如く千石の門跡領が約束され、時服二十・銀三百枚が贈られた。

尊光は十八歳、寛文二年（一六六二）三月、修学のため関東に下向すると、増上寺に学問所が建立された。将軍家綱は、尊光にたびたび贈り物をし、江戸城での猿楽に招待している。四年の修学を終えた尊光は、寛文六年（一六六六）帰洛すると、八月十一日、仙洞において父後水尾法皇に「一枚起請文」を講じている。

尊光は三度の江戸留学をしているが、疱瘡を患い、病弱のため、延宝八年（一六八〇）一月六日、三十六歳で亡くなり、一心院に葬られた。法号は「無量威王院宮大蓮社超誉勝阿神龍尊光大和尚」である。

第四節　千姫葬儀と知恩院・伊勢寂照寺

一　千姫と飯沼弘経寺

大坂落城までの十一年余り、徳川家康の孫娘である千姫と豊臣秀頼には子どもは生まれなかった。秀頼には側室がいて、慶長十三年（一六〇八）に国松を、翌十四年（一六〇九）に娘を産んでいる。八歳の国松は大坂城落城の日、豊臣家再興を託され脱出したが、逮捕され、五月二十三日に六条河原で斬首され、遺体は誓願寺に埋葬された。

娘は命を助けられ、後に千姫の養女（天秀尼）となり、鎌倉の尼寺東慶寺に入った（千姫をめぐる人間関係は、後掲**図2**　千姫略系図」参照）。千姫は父秀忠のいる江戸城に引き取られ、元和二年（一六一六）九月、家康の遺命により、伊勢桑名城主本多忠政の子忠刻に嫁いだ。千姫には、化粧料十万石が与えられた。義父の本多忠政の妻は家康の子信康の娘であることからの婚儀の実現であり、忠政は翌元和三年播磨姫路城主となった。

千姫は忠刻との間に、一男一女をもうけた。娘（勝姫）は成長して岡山藩主となる池田光政の室となった。息子が夭折したことを秀頼の怨霊のためかと畏怖した千姫は、伊勢慶光院の周清尼に供養を依頼、周清尼は秀頼自筆の名号「南無阿弥陀仏」と祈願文を観音像の胎内に納めて祈禱している[18]。

千姫は、寛永三年（一六二六）五月七日に夫本多忠刻が姫路城で没し、九月十五日に母の秀忠夫人小督（崇源院）が亡くなると、その年の十二月、飯沼弘経寺十世の照誉了学に請い、浄土宗の奥義と五重伝法を受け、「天樹院殿吟誉源法大姉」を授けられた。了学は、祖父家康・父秀忠の授戒の師であり、後陽成天皇から紫衣綸旨を賜った高僧である。秀忠の要請により増上寺十七世となり、秀忠の葬儀導師をつとめている[19]。

千姫の弟の将軍家光は、竹橋門内に屋敷を与え、出家した千姫を優遇すると、大奥などに隠然たる力を持ち、家光の二男綱重の養育にもあたった。千姫は弘経寺を菩提所と定めると、本堂以下の堂舎修築のため莫大な寄進をし、諸堂が完成すると染筆「弘経寺」の額を贈った。晩年の千姫は、弘経寺の十八世玄誉万無を邸宅に招き浄土宗の法問を聴聞している。万無は浄土宗の発願文、善導の『往生礼讃』の中にある一文である「到彼国已得六神通入十方界救摂苦衆生」（浄土に往生して阿弥陀仏を見奉りて、六神通を得てのちに、還って穢土の衆生を救わん）を説講した。

浄土へ往生した後には、松平の子孫を守りたいと発願した千姫は、自身の思いを院号に籠め置くことを望み、万無より「天樹院殿」の次に「栄誉源法松山」を授与された。万無が千姫にその意味を「栄誉とは御子孫栄昌の義、松山とは松平の御代堅固不動の義、源法とは浄土の法門は、東照宮（家康）、別て御帰依あらせられければ、源氏の法門の義に候」と教えると、ことに喜び、いよいよ信心を増進した[20]。

二　玄誉知鑑と千姫葬儀

千姫が寛文六年（一六六六）二月六日、七十歳で亡くなると、幕府は、弘経寺十六世相閑が住職をつとめる伝通院において、同寺十五世で知恩院三十七世の玄誉知鑑を招聘し、葬儀を執り行った。

知鑑は銀三百枚・小袖十・米百俵の布施を賜り（『徳川実紀』）、御菩提所の定例により知恩院にも分骨された。また永代常行念仏のための祠堂銀が下賜され、勢至堂に位牌を安置、背後の眺望絶佳な濡髪祠前に宝塔（**図1**）が建立された。

図1　千姫の墓（京都・知恩院）

「御菩提所知恩院御由緒」には、千姫追善供養と勢至堂永代常念仏（不断念仏）について、次のように記載されている[21]。

一、台徳院様（二代将軍秀忠）御長女天樹院様（千姫）御逝去の節、御帰依により、知恩院方丈玄誉知鑑上人え、御導師仰せ付けらる。参府、則ち御導師・御焼香相務めらる。御寄附物数多御座候。且つ帰京の上、知恩院山上へ御分骨御納め、御宝塔迄御建立あらせらる。其上、御追福のため尊牌御安置、本地堂（勢至堂）において、永代常念仏相勤むべく旨仰せ付けらる。結構に御祠堂銀下し置る。只今に退転なく相勤め来り候。

図2　千姫略系図

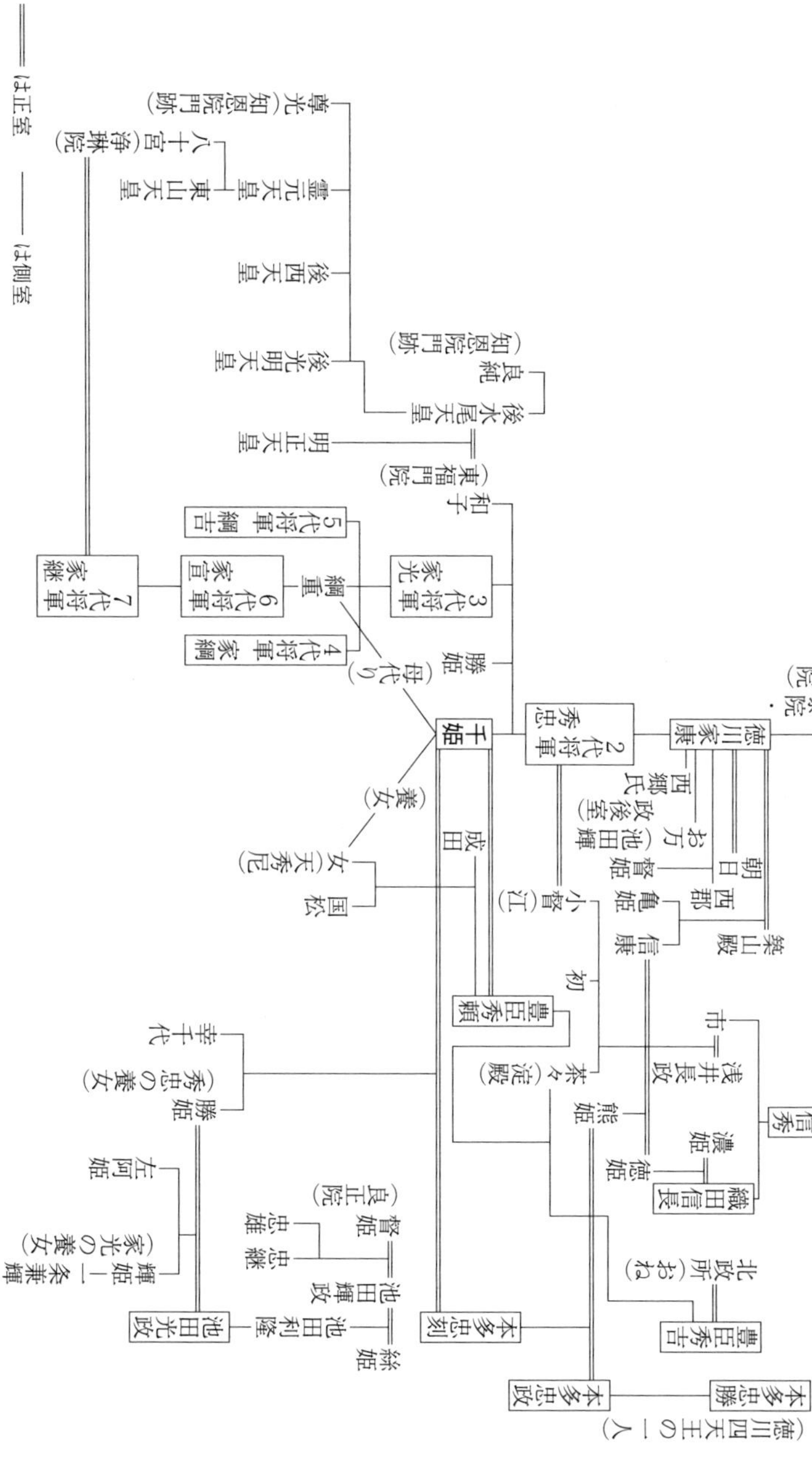

※本図は千姫研究会編『千姫ものがたり』（2005年水海道TMO水海道まちづくりネットワーク）、姫路文学館『江の娘　千姫』（2011年）を参照。

千姫の葬儀導師について、弘経寺の古記録は、本来は現住の玄誉（万無）であったが、相閑が幕府に「玄誉」とのみ報告したため、知恩院の玄誉知鑑が依頼されたとしている。そして、「当今、檀林当住職の誉号を、諸檀林の諸所化に用ゆる事は、一同の制となりし事、此時より初れり」と伝えている（同上『飯沼弘経寺志』）。

三　伊勢寂照寺と月僊

葬儀導師を勤めた玄誉知鑑は、十三歳で将軍秀忠の生母（西郷氏於愛）の菩提所である駿府宝台院の登誉知童（増上寺十九世）の室に入った。四十六歳のとき、檀林川越蓮馨寺（九世）の住持となるが、このとき近村に破損した源信作阿弥陀像があることを知ると請い受け、修復したのが知恩院集会堂の本尊（現在・大方丈仏間）である。檀林飯沼弘経寺から檀林鎌倉光明寺（四十二世）を経て、寛文三年（一六六三）十二月、知恩院三十七世となった。在任中に秀忠の三十三回忌、家康五十回忌を厳修、寛文十一年（一六七一）には、御影堂の大修理を行っている。

玄誉知鑑は、延宝二年（一六七四）四月、知恩院を辞山すると、家康の側室お夏が家康の菩提を弔うため建立した伊勢山田の清雲院に退隠、近くに千姫追福のため栄松山寂照寺を創建、同六年清雲院において遷化した（七十三歳）。寂照寺は檀家のない寺であったため、次第に窮乏した。荒廃を嘆いた知恩院五十七世檀誉貞現は、安永三年（一七七四）、その再興を画僧の月僊に依託した。

月僊は、寛保元年（一七四一）名古屋の味噌商人の家に生まれ、捨世主義をとり浄土律を興隆させた関通上人ゆかりの名古屋円輪寺で得度、増上寺学寮に入った。増上寺四十六世名誉定月に絵の才能を見いだされると、上京して知恩院で修行するとともに、円山応挙に師事し、与謝蕪村の影響を受け、中国絵画を学んだ。

寂照寺住職となった月僊は、描いた絵を売り寺運を回復させるとともに、宇治山田奉行所に貧民救済の資金として画料金千五百両を寄進するなど社会福祉事業に力を尽くし、文化六年（一八〇九）正月十二日、六十九歳の生涯を閉じた。[22]

知恩院什宝に、月僊が御影堂の法然像を写し、上部に檀誉貞現が勢至円通の賛を書いた「法然上人像御影」「関帝昇降竜図」「古人遊賞図」「草花図」等がある。

四　増上寺の「書上」

知鑑後継の知恩院住持には、延宝二年（一六七四）五月、増上寺方丈（住持）の書上により、鎌倉光明寺の住持（四十二世）となっていた玄誉万無が任命された。増上寺の推挙により知恩院住持が任命されたことについて、知恩院では、知恩院の住持請待の言上書に、後住僧の誤記（別の僧侶名を記載）があったことによるとしている。[23]

この頃、初代良純門主（宮門跡）と同様に、尊光門主も知恩院方丈（住持）として寺務を執行することを懇望している。関東の檀林が反対し、浄土宗内が「混雑」している（『総本山知恩院旧記採要録』）。後柏原天皇の「鳳詔」を戴き、宗祖の御忌を厳修する知恩院には、京都門中が関東の檀林住持ではなく、宮門跡を住持に望み、言上書に記載したとも考えられる。

第五節　家綱尊影と勢至堂万日回向

東叡山寛永寺（東京都台東区上野）は、比叡山延暦寺が平安の都を守る国家鎮護の寺であるのに対し、江戸城の鎮護を目的とする祈禱寺として、寛永二年（一六二五）に創建された。

寛永寺での徳川四代将軍家綱の葬儀と知恩院での尊影安置、三十八世玄誉万無による鹿ケ谷法然院の創建、門前にあった宮崎友禅の店、千姫孫娘と知恩院、千姫の寄附による知恩院万日回向を紹介する。

一　家綱尊影の安置

将軍の葬儀と葬地（御霊屋）は、将軍の遺言によるもので、東照宮を崇敬する三代将軍家光は、寛永寺で葬儀をし日光山に墓所大猷院廟が造営された[24]。寛永寺境内に東照宮が勧請されると、寛永寺は幕藩体制を護持する寺院の頂点に立つことになった。

天海の後継者に迎えられた後水尾上皇の皇子守澄法親王は、日光山山主と寛永寺貫主を兼ねるとともに、明暦元年（一六五五）天台座主に就任した。守澄法親王に輪王寺宮の称号が勅許され、寛永寺において輪王寺門跡が三山（輪王寺・寛永寺・延暦寺）を統括する体制が整った。

四代将軍徳川家綱は、父家光の死により、慶安四年（一六五一）八月十八日、十一歳で将軍宣下を受けた。延宝八年（一六八〇）五月八日、四十歳で死去するまでの在職中、上洛することがなく、将軍家の菩提所知恩院に仏詣することのない将軍となった。

家綱は遺言により寛永寺において葬礼が執行された。五代将軍綱吉の葬礼も寛永寺で執行されたので、寛永寺は増上寺と並ぶ将軍家の菩提寺となった。

家綱の葬礼は天台宗寛永寺で執行されたが、松平家・徳川家の菩提所である浄土宗の増上寺や檀林寺院においても、霊牌を奉安し諷経を勤めるようにと、寺社奉行より上意（将軍綱吉の命）が伝えられた。

将軍家の京都菩提所である知恩院には、寛永寺の宮殿（棟のある厨子）安置の厳有院（家綱）木像を伝・狩野永真が写した絵像（**図3**）が送られ、宮殿に納め供養するように命ぜられた。知恩院では、家光の絵像（伝・狩野探幽筆）とともに集会堂御仏間に安置した。

図3　徳川家綱画像（伝・狩野永真筆　京都・知恩院所蔵）

二　法然院創建と友禅の店

知恩院三十八世を継いだ玄誉万無は、延宝七年（一六七九）、三門前に新道を設け、祇園社に替え地として、松原町の千八百余坪の領地を渡した。また、別に祇園社から鹿ケ谷に替え地を収得した。

鹿ケ谷の替え地は、建永元年（一二〇六）、法然が弟子の住蓮・安楽と六時礼讃を勤めた旧跡であり、万無は弟子の忍澂とともに法然院を創建、法然の遺徳を偲ぶとともに、般舟三昧の道場、浄土律院とした(25)。

知恩院門前は、総門より縄手通に至る古門前通と、表門前より縄手通に至る新門前通からなり、二筋の間を分けて白川が流れている。本末制度・檀家制度が整い、家の宗旨と檀那寺が固定化されてくると、知恩院の門前も、末寺住職や檀信徒の本山参り、御忌や御身拭い式、毎月二十五日の勢至堂御報謝説法等の参拝客で賑わった。

古門前石橋町には、平戸松平家と熊本細川家の藩邸が置かれていた。今は古美術商が軒を並べていて、古い京情緒がただよっている。また、新門前は、祇園につづく遊楽の地であり、茶屋や貸座敷、諸道具屋が店を構えていた。両門前町は元禄期の前後に開けたもので、正徳四年（一七一四）門前八町の家数は百八十一軒、知恩院雑色が支配し、洛中の町組に編入されることなく独自の領域を維持した。

井原西鶴の『好色一代男』には、宮崎友禅が描いた扇が京都では大層評判であるとの記載があり、その店は知恩院門前にあった。元禄九年（一六九六）刊行の『人倫重宝記』には、「都にはやる友禅扇はちかごろの名物」と紹介され、「ゆうせん」の暖簾をかけた店先で法体姿の友禅が絵筆をとり、そのかたわらで扇の地紙を折る女が描かれている(26)。

友禅は色彩はなやかな友禅染の手法を考案し、その祖とされるが、「染工」としての事績は不明である。知恩院門前に住み、扇絵や小袖の文様を描く絵師として名声を博していたことは確かなことである。晩年は金沢に住み、元文元年（一七三六）八十三歳で亡くなったと伝えられている。友禅斎顕彰会では、昭和二十九年（一九五四）に生誕三百年を記念して、三門の南、女人坂に沿っての庭園（友禅苑）に、日本を代表する文様染の祖、宮崎友禅の膝立像を建立した。

三　一条大政所（輝姫）と知恩院

知恩院には「当院常念仏中興大旦那」である千姫とその娘・孫娘の位牌を納めた厨子があり、勢至堂において供養されている。御厨子中央に天樹院（千姫）、左側に本多忠刻と千姫の長女で池田光政の室で綱政の母である円盛院（勝姫、将軍秀忠養女）の位牌、右側に円盛院の娘で右大臣一条教輔に嫁ぎ、関白兼輝の母である靖巌院（輝姫、池田光政二女、将軍家光養女）の位牌が納められている(27)。

千姫の孫娘輝姫（輝子）の廟堂知恩院への深い帰依を紹介しておく。輝姫は千姫と本多忠刻の娘勝姫が秀忠の養女として嫁いだ池田光政の二女として、寛永十三年（一六三六）五月二十二日に生まれた。輝姫は将軍家光の養女として一条教輔に慶安二年（一六四九）十二月二十五日に嫁いだ。慶安五年（一六五二）四月十三日、長男兼輝が生まれ、夫の一条教輔は承応四年（一六五五）右大臣となり、万治二年（一六五九）に辞すと、息子兼輝が万治四年（一六六一）右大臣となっている。

輝姫の祖母千姫は寛文六年（一六六六）二月六日に逝去（七十歳）。母勝姫が延宝七年（一六七九）十月に逝去すると（六十一歳）、将軍家の京都菩提所である知恩院に紺紙に金字で自ら書写した「浄土三部経」を奉安、母を供養している（源輝子知恩院奉安浄土三部経『阿弥陀経』巻尾）。

吾聞、信受誦持盛於今日、莫若浄土三修多羅、自非有縁何得、而爾功通験速豈可議耶、繇是三部経四巻　書以金泥、安于洛東智恩精舎、奉為先妣円盛院殿高居士七宝勝妙台焉、所冀、安養慈尊及諸菩薩冥薫和、被誘彼淑霊者也、

延宝七年歳次己未十月五日　　　従三位源輝子

子息一条兼輝は天和二年（一六八二）関白となり、貞享四年（一六八七）には東山天皇の摂政・関白をつとめ、霊元上皇の院政を補佐している。輝姫は、元禄十一年（一六九八）二月、知恩院において祖母千姫三十三回忌をつとめ、仏参したことが『日鑑』に記載されている[28]。

輝姫の子兼輝は親に先立ち宝永二年（一七〇五）九月十日死去（五十四歳）、次いで夫教輔が宝永四年（一七〇七）一月六日、死去している（七十五歳）。

法然と浄土宗の信仰を深めた輝姫は、正徳二年（一七一二）九月二十三日、知恩院に参詣すると「大師（法然）

御骨」「神変不思議之舎利」を御拝、大僧正（四十三世応誉円理）より御十念を授与されると、紗綾二巻・伊部焼の花生・獅子の香炉を寄進している。次いで、徳川家の位牌を安置する大方丈本尊を拝み、祖母千姫と母勝姫の位牌前に香典として金弐百疋を遣わし、勢至堂、御廟（千姫墓塔）、法然御廟に参詣したことが『日鑑』九月二十三日にみえる。(29)

輝姫は、翌正徳三年（一七一三）五月二十二日の奥書のある「浄土三部経」を知恩院に奉安している。その『阿弥陀経』巻尾には、輝姫の夫の後唯心院殿右大臣藤原朝臣教輔公、夫妻の子女である円成寺殿前関白藤原朝臣兼輝公・慧照院殿以清円鑑童子・玄心智空大童子・芳桂院殿孤月清光童女・涼台院殿浄智元祐童子・智雲院殿月岑自照童子の六名。輝姫の祖父母である円泰院殿前中書黄山蒼雄大居士（本多忠刻）と天樹院殿栄誉源法松山大姉（千姫）。輝姫の両親の通源院殿前羽林次将天質義晃大居士（池田光政）と円盛院殿明誉光岳泰崇大姉（勝姫）。それに、慈雲院殿梵音性海大姉、清鏡院殿照誉霊光大信女の法号が記され供養されている。

右所奉書写浄土三部経妙典、寄置之東山知恩院勢至堂。以彼是有縁之地也。伏願藉此良縁、乃令上件連署霊鬼、速昇八池円徳之宝殿、疾躋三身即一之大果者也、

正徳三年癸巳年五月廿二日　　従三位源輝子

この輝姫書写の「浄土三部経」は、輝姫の帰依する義山により巻子に仕立てられ、知恩院に翌正徳四年（一七一四）四月二十九日に納められた。『日鑑』同日条には、輝姫のこの浄土三部経書写は、父池田光政三十三年の菩提を弔うためであったことが、

一、一条大政所御方御染筆三部妙典、箱入ニて、義山より請取り候。是ハ当年松平新太郎殿（池田光政）三拾三年御菩提のため遊され候由、此度当山勢至堂え相納め申すべく由。

と記載されている。

輝姫は享保二年（一七一七）四月十四日、八十二歳で逝去。その臨終の善知識は義山が勤めている[30]。輝姫の遺言により東福寺へ葬送された。

享保二年『日鑑』四月十五日

一、一条政所様、十四日の夜、丑ノ刻、御逝去遊され候。御遺言ニ而東福寺へ御葬送の由、御当山ニても御法事御執行下され候様ニ、追て仰せ遣わさるべくの旨、御使者槙島与惣兵衛、信重院迄参り申置き候由。

廿六日

一、一条政所様御葬送ニ付、亥刻、東福寺において諷経。御代僧として清光寺并に霊雲院・常称院・忠岸院、東福寺へ罷り越し候。三人の御局方へ、御土産遣わされ候。御使僧善龍・片山伊賀（行者）罷り越し候。

五月二日

一、御丈室（四十五世然誉沢春）、一条様へ御悔ニ御越し。内諷経御勤なされ候。但、納経并に野菜一籠遣わされ候。霊雲院御供、御非時出候由、御相伴義山和尚。

一条家より知恩院に法事執行の依頼があり、五月六日に施餓鬼法事があった。

一、靖巌院様御法事仰せ付けらる。巳ノ上刻より御施餓鬼御執行。御代参諸大夫、一条様より納経一部。智君御方より金三百疋御香典。常陸・石見・播磨より銀一封宛。外ニ銀弐両宛三包。但し、御布施金拾両御上ケなされ候。

そして六月一日、大政所御所より、前述した天樹院《千姫》殿・円盛院《勝姫》殿・靖巌院《輝姫》殿の位牌を一つに祀る新造の厨子が届けられ、六月八日より勢至堂において靖巌院殿四十八夜別時念仏が開白した[31]。

四　勢至堂万日回向

江戸時代、一日参詣すると万日分の功徳に値するとされる万日回向は、庶民に人気の法会であった。知恩院の万日回向は天樹院（千姫）の菩提回向のため、天樹院の寄付金をもって執行されていた。

一万日回向は、千姫二十五回忌に当たる元禄三年（一六九〇）三月八日より十六日までの法要であった。孫娘の大政所（輝姫）は、千姫の命日に知恩院に参詣、また万日回向には香奠と御進物を届けている。

元禄三年『日鑑』二月五日

一、天樹院殿御法事、初夜七ツより初む。寺中大衆・方丈内所化五人ニテこれを勤む。大方丈御位牌荘厳、大けそく（花足）盛物二つ・小けそく二十四・前菓子。円盛院殿御位牌前、けそく二つ。四奉請・阿弥陀経・初夜礼讃・行道、幷に一夜念仏開闢。

六日

一、朝、観経読誦・伽陀・廻向。門中一老二老両人、方丈内所化五人・寺中大衆・六役衆五人。飯斎、四奉請・阿弥陀経、御斎一汁三菜・菓子迄。施餓鬼法事、右之人数念仏廻向。大政所様御成り。施餓鬼法事御会なさる。その後、勢至堂へ御成り。八つ過ぎ還御。

三月八日
一、万日廻向の開闢四つ半に始。初夜、御名代の焼香一心院。後夜・晨朝、欣誉へ仰せ付けられ候。

十二日
一、大政所様へ昨日御代参、香奠幷に御進物参り候御礼旁々、御使僧栄玄遣わされ候。三重折進ぜられ候。

十六日
一、万日念仏惣廻向、四つ前幷に開闢。念仏廻向の結衆四拾人、御布施下さる、御暇。其の外、寺中大衆・一心院・勢至堂・欣誉・方丈内僧衆残らず御布施下され候。
一、大政所様より、念仏廻向首尾能く相済み候由ニて、御使者参り候ニ付、御礼旁、徳林院・保徳院相添、御使僧ニ恵誉参り候。

二万日回向は享保三年（一七一八）三月八日より十五日まで、御影堂において「勢至堂不断念仏二万日回向」として執行されている。二万日回向執行につき、知恩院役所よりの申し渡しを紹介しておく。

享保三年『日鑑』三月三日

一、二万日廻向の儀、大衆中・行者・各庵・代官、万事申渡候覚え。開闢廻向、両度共惣出仕。その余ハ勝手次第。本堂勤行、朝夕常の通り。但シ、夜ハ参詣停止。善導忌、朝夕例年の如し。十五日法事これ無し。祭礼もこれ無し。鎮守へ備え物計り上ル。廻向の後、御祝儀申上の筈。十五日朝ハ、寺中挑灯出すべくの事。門前は昼の内。自身番、先年の通り仕るべく候事。

右、万々先格の通り申渡し候事。

三万日回向は千姫百回忌に当たる明和二年（一七六五）三月十日より十九日まで、十日間の法会として勤められた。当初、三万日回向は、明和二年三月六日開白、十五日に総回向・総供養施餓鬼の予定であったが、徳川御三家の紀伊中納言（徳川宗将）が二月二十六日に逝去、三月三日の夜、三日より九日まで鳴り物停止の御触書が届いた。翌四日、知恩院では急遽、市中の張り札の日付を書き直し、大坂・堺へも通知を出した。奉行所には、延引の書付とともに、中日十五日よりの雑色警固、御忌と同格の法会であることより、大鐘を撞くことの届けを出している。九日には池坊の門弟が登山し、立花両瓶は松の一色、御忌の通り行われた。十日の早朝、法会開白を知らせる大鐘が撞かれ、五十四世曹誉沢真は、毎日の日中回向に出座し御十念を授与した。

五　勢至堂墓地と浄琳院廟所

京都には天皇家とゆかりの深い尼門跡の寺院（比丘尼御所）が九カ寺ある。浄土宗寺院は上京区の三時知恩寺（入江御所）と光照院（常盤御所）である。

後水尾天皇の皇子で二代将軍秀忠の娘東福門院を母とする後西天皇（実母は逢春門院）の皇女たちも出家し七カ

寺の門跡となっている。

八歳で光照院に入った寿宮は、清浄華院天誉雲龍を戒師として十二歳で得度（法名尊慶）、享保四年（一七一九）亡くなると華開院に葬られた（四十五歳）。その妹の貞宮は六歳で三時知恩寺に入り、九歳で得度し尊勝と称した。『日鑑』によると、元禄十六年（一七〇三）二月二十八日、尊勝はお連れ一行と知恩院に花見に登山している。唐門より小方丈に入り、四十二世住持白誉秀道と対顔のあとお茶屋でご馳走になっている。尊勝はその翌月、三月二十五日の朝、七ツ時に逝去（二十八歳）した。知恩院よりお悔やみの使僧が遣わされ、翌日、廟所を勢至堂の裏にとの望みで墓域が決定している。

尊勝の墓塔である宝篋印塔は、勢至堂墓地の東崖に西面し、三時知恩寺の歴代尼門跡の墓塔は、千姫の墓の南隣にある。

徳川家ゆかりの女性の廟所として、忘れてならないのが浄琳院廟所である。元禄九年（一六九六）十一月の、二代将軍秀忠孫娘である明正上皇崩御の後、将軍家は天皇家との結びつきを強固にするため、天皇の皇女との婚姻を望んだ。

浄琳院とは、霊元法皇の姫宮八十宮のことである。正徳五年（一七一五）九月二十三日、わずか二歳で七歳の七代将軍家継との間に婚約が成り、翌正徳六年（一七一六）二月十八日に結納の儀が行われた。天皇の姫宮と徳川将軍の婚約は、これまでに例のないことであり、八十宮は七歳になる五年後に江戸下向が予定された。

しかし、家継は結納が交わされた二カ月後の正徳六年四月三十日に死去（法号有章院）、八十宮の江戸下向もなくなり、幕府から終身五百石を与えられ京都で暮らすことになった。享保十一年（一七二六）十一月二十八日、内親王宣下があった（吉子内親王）。

『日鑑』によると、八十宮の御所からは、毎年家継の命日四月三十日には、香奠と草花一筒が届けられ、八十宮の家司が代拝し、住持に宮の口上を伝えていた。延享三年（一七四六）四月二十五日には八十宮が仏参し、饗応を受けている[32]。

宝暦八年（一七五八）九月二十二日、四十五歳で亡くなると、遺言により知恩院に葬られた（院号浄琳院[33]）。

註

（1）『日本随筆大成』一期。

（2）『日本随筆大成』別巻。

（3）オランダ人の京都滞在については『阿蘭陀宿用向手続』の出立日「蘭人出立先払い、知恩院・祇園社・二軒茶屋・清水寺・大仏・三十三間堂参詣、稲荷前休息の事」（『神戸市立博物館所蔵品目録美術の部9　文書Ⅱ』、一九九二年）による。片桐一男『阿蘭陀宿海老屋の研究Ⅱ史料編』（思文閣出版、一九九七年）、同『京のオランダ人――阿蘭陀宿海老屋の実態――』（吉川弘文館、一九九八年）にも翻刻紹介されている。

（4）『江戸参府旅行日記』（平凡社東洋文庫、斎藤信訳、一九七七年）。ベアトリス・ボダルト・ベイリー「ドイツ博物学者ケンペルの見た元禄時代の知恩院」（『知恩』五六三号、一九九二年）。

（5）片桐一男氏の「平戸より長崎へ移転通詞一覧」に横山又右衛門、志築孫兵衛の名が見える。同『阿蘭陀通詞の研究』（吉川弘文館、一九八五年）、一〇頁。

（6）『日鑑』寛保三年（一七四三）三月二十五日にも、

阿蘭陀人来ル。山内徳林院（弁誉鑑授）案内。御座敷向き、別て尊牌前の唐扉閉め候様等、下納所え申し渡す。

カヒタン　ヤアコツフハンテルワアイ　三十二才

役人　ニコラアスシルウコフ　三十七才

外科　ヒイリツヒイトルムスコルス　三十三才

とみえる。

（7）水野恭一郎『吉備と京都の歴史と文化』所収「良正院古文書選」（思文閣出版、二〇〇〇年）参照。
（8）『知恩院史』第三篇第三章「塔頭誌」（知恩院、一九三七年）。
（9）横山重編著『琉球神道記　弁蓮社袋中集』（角川書店、一九七〇年）所収。袋中については、信ケ原良文・石川登志雄『檀王法林寺　袋中上人――琉球と京都の架け橋――』（淡交社、二〇一一年）参照。
（10）天保十年二月、念仏寺貫誉が松平越中守御役人中に差し出した「御由緒大略」（念仏寺蔵）参照。前掲註（9）横山重編著『琉球神道記　弁蓮社袋中集』所収。
（11）前掲註（9）横山重編著『琉球神道記　弁蓮社袋中集』所収。
（12）藤堂祐範『増訂新版浄土教文化史論』（山喜房佛書林、一九七九年）、京都国立博物館編『知恩院の仏教美術』（養鸕徹定上人没後一〇〇年記念特別展観、総本山知恩院、一九九〇年）、寺本哲栄編『徹定上人』（総本山知恩院、一九九〇年）、『仏教文化研究』第三六号「養鸕徹定上人特集号」（浄土宗教学院、一九九一年）等参照。
（13）石灯籠銘文
　東山　智恩院　奉寄進石燈籠　雍劢淀藩主　従四位信濃守大江姓永井氏尚政　慶安三年龍集庚寅九月吉祥日
五重石灯籠銘文。
　東山　智恩院　奉寄進五重石燈籠　城州淀藩主　従四位信濃守大江姓永井氏尚政　慶安五年壬辰二月吉祥日
（14）知恩院宮門跡についての研究に『知恩院史』第二篇第六章「知恩院宮門跡」（知恩院、一九三七年）、江島孝導「知恩院宮門跡御殿の組織」（『鷹陵史学』一二号、一九八六年）、中井真孝「知恩院門跡初代良純法親王及び二代尊光法親王について――『東山門室記録』を中心に――」（『佛教文化研究』六〇号、二〇一六年）がある。
（15）増上寺文書「（一〇一）知恩院門跡心得書」「（一〇二）知恩院門跡ニ付、役者宗把覚書」（『増上寺史料集』第一巻、大本山増上寺、一九八三年）。
（16）増上寺文書「（一〇二）知恩院門跡ニ付、役者宗把覚書」（前掲註（15）『増上寺史料集』第一巻）。役者宗把が三十六世住持となる帝誉尊空のために作成した「心得書」である。宗把が江戸城で示された家康の「浄土宗」「知恩院宮門跡」「知恩院住持」に対する考え方が興味深いので、次に紹介しておく。なお、宗把の知恩院役者としての幅広い活動については、宇高良哲『近世浄土宗史の研究』第七章「山役者良正院宗把の斡旋行為について」（青史出版、二〇一五年）参照。

その時御諚の趣は、その寺に宮門跡立て置く事、直にその寺住持に成さるべくに非ず。ただ寺の荘りとして計りに立て置き候。その門跡計い、ただ今四五年学問成され候共、末々は児喝食より直に住持これ在る様に成り候は、中々学問に及ぶ間敷く候。左候え得は、一宗の源、軽く成り然るべからず。浄土宗は諸宗超過の宗旨なり。諸宗は理の宗旨故、成仏成り難し。浄土宗は事理縦横の宗旨故、成仏成り易し。然らば諸宗超過の宗旨、左様に法儀門軽く成り候ては、一宗の源軽く成り候間、御門跡は方丈、住職となすべからずの旨、御意成され候。

(17) 増上寺文書「(一四八) 東福門院附三宅陳忠書状」(前掲註(15)『増上寺史料集』第一巻)。

増上寺院参に就き、三宅玄番(蕃)より信濃守殿(永井尚政)え書状

尚々、増上寺御対面遊さるべく旨仰せ出され、御大慶思し召すべく候。委細は十(廿ヵ)九日に面上申し上べく候。以上。

一筆申し上げ候。然らば、増上寺院参候に付き、仙洞様(明正上皇)御対面の事、女院御所様(東福門院和子)より仰せ遣わされ候へは、仙洞様仰には、今程は御年も寄りなされ候に付き、誰にも御対面遊され間敷き旨思し召され候ての事候へ共、女院御所様より仰せ遣わされ候と申し、公方様(徳川家光)御寺の儀に御座候間、此度も御対面成さるべく由仰せ出され候間、その御心得成され候様、私方より申し上べく旨、右まつ代殿仰せ渡され候。大慶奉存じ奉り候。恐惶謹言。

三宅玄番(蕃)

(明暦二年)八月廿七日

信濃守様

参人々御中

(18) 千姫の生涯、秀頼自筆六字名号、周清尼自筆願文等については、橋本政治『千姫考』(神戸新聞総合出版センター、一九九〇年)、『江の娘　千姫』(姫路文学館、二〇一一年)参照。

(19) 『大本山増上寺史　本文編』第二編六「徳川幕府と増上寺」(大本山増上寺、一九九九年)。

(20) 『飯沼弘経寺志』(『浄土宗全書』第一九)に、天樹院(千姫)が玄誉(万無)より聴聞した次の法義を掲載している。

或時、公主(天樹院)の御簾外にめされ、玄誉、「到彼国已得六神通入十方界救摂苦衆生」と云へる祖釈を説

講の時、公主、御身にも、浄土へ往生の後、六神通を得て此世界へ還来し、松平の御子孫を守らせ遊されたきとの意願を発させられ、此発願の意を寿号に籠置され度とのむね、玄誉へ仰せありしかは、御院号の次へ「栄誉源法松山」と連続授与し奉りけるに、其意を尋させられし時、「栄誉」とは御子孫栄昌の義、「松山」とは松平の御代堅固不動の義、「源法」とは浄土の法門は東照宮別て御帰依あらせられけれは、源氏の法門の義に候と祝し奉りしかは、殊にめでよろこはせ給ひ、いよいよ信心を増進なし給へりとぞ。

（21）知恩院蔵『御当山開山草創・御菩提所・御祈願所之記』所収。水野恭一郎監修『知恩院史料集　古記録篇一』（総本山知恩院史料編纂所、一九九一年）に収録。

（22）弟子定僊撰「画伯月僊上人之碑」（文化七年九月十二日建。『浄土宗全書』第一八所収『略伝集』に収録）。浜口良光『月僊上人　その伝記と作品』（月僊上人顕彰会、一九六九年）。

（23）本書第Ⅳ部第一章「京都菩提所と台命住職」参照。

（24）浦井正明『上野寛永寺将軍家の葬儀』（吉川弘文館、二〇〇七年）。

（25）前掲註（16）宇高良哲『近世浄土宗史の研究』第十九章「法然院文書の研究――特に忍澂の時代を中心にして――」参照。

（26）京都の歴史5『近世の展開』（学藝書林、一九七二年）四五八～四六二頁。

（27）勢至堂安置の位牌。

厨子中央「当院常念仏中興大檀那　天樹院殿栄誉源法松山大姉」（千姫）。

左側「円盛院殿明誉光岳泰崇大姉神儀」（池田光政室勝姫、綱政の母）。

右側「靖巌院殿従三位英誉松岳意清大姉」（一条教輔室輝姫、関白兼輝の母）。

（28）元禄十一年（一六九八）『日鑑』二月。

二日　晴天

一、大政所様より白銀三十枚。来ル六日天樹院殿三十三回忌の法事料遣わされ候。

五日　雨天

一、天樹院殿三十三回忌逮夜、初夜法事申ノ刻。礼讃行道念仏開闢。

六日　雨天

一、伽陀・観経読誦・廻向、飯斎、四奉請・四誓偈。巳ノ上刻、大政所様御成り。以後、施餓鬼讃・四奉請・弥陀経、行導念仏廻向。正覚寺・正法院・六役、寺中・大衆一山幷に方丈内より七人。法事過ぎ御斎。一汁三菜。但し、施餓鬼ハ斎過ぎ也。

一、大政所様、小方丈え御通り。御雑煮・吸物・酒核出ル。勢至堂御茶屋にて蕎麦献上、杉重幷に島台品々馳走。晩七ツ過ぎ還御遊され候。

(29) 正徳二年（一七一二）『日鑑』九月廿三日。

一、一条大政所様御成り。小方丈へ御入り。大師（法然）骨仏幷に神反（変）不思議の舎利、御拝なされ度由申し来り、拝みなされ候。大僧正（応誉円理）御対面、十念御請けなされ候。大僧正へ紗綾弐巻・伊部焼花生・獅子香炉遣わさる。大方丈本尊へ金百疋、天樹院殿（千姫）・円盛院殿（勝姫）御位牌前、御香典として金弐百疋ツ、遣わさる。その後、勢至堂幷に御廟参り。大師御廟へも御参詣。一心院へ御成り。常住の舎利御拝覧、方丈より杉折、御近習中迄遣わさる。大サ壱尺壱寸、下重嵯峨野饅頭、二重メ（目）羊羹・唐餅、上ノ重煮付け色々、役者四人へ金弐百疋ツ、下さる。

(30) 『洛東華頂義山和尚行業記幷要解』（『浄土宗全書』第一八）。

(31) 享保二年（一七一七）『日鑑』六月。

一日

一、勢至堂ニこれ有り候天樹院殿・円盛院殿・靖巌院殿、三本の位牌。今度、大政所御所より厨子壱ツニ三本入、新造出来候事。

一、右保徳院より届これ有り。且又、靖巌院殿御菩提のため、今日方丈へ御使者ニて、四十八夜料金拾両参り候て、見道（勢至堂看坊）へ渡り候。来ル七日より別時修行の由、見道届け。於方丈□中直に申渡しこれ有る由、その意得難く候。

八日

一、勢至堂ニて、靖巌院殿四十八夜別時開闢。御丈室御出。浄福寺・霊雲院登山。右ハ金十両参候由。見道支配。

廿五日

一、勢至堂へ、政所様内衆より幡弐流上り、供養。方丈仲ケ間出ル。

（32）延享三年（一七四六）『日鑑』四月廿五日

一、八十宮御方、晩七つ過頃、御拝礼なされ度思召し候旨、小林大学、使者を以て案内これ有り。仍て武家方玄関より御入り。尊牌前、有章院殿（徳川家継）御戸開け、蠟燭・香火を設ケ、月番御案内。御拝礼なされ候て小方丈え入りなされ候様申上げ候処、集会堂西寄にて暫時御休息遊さるべく由ニ付、毛氈二・三枚敷設ケ、御茶・たはこ盆・干菓子出す。御慰ニ御酒なりとも差上げ申すべき哉と窺い候処、然るべきと、大学申され候に付き、宮様幷に御老女えハ白三方、次ニ御局両人え、塗り木具ニて、吸物・核二種、取核ニて御酒差上げ、暫く御座なされ暮方ニ還御。

（33）宝暦八年（一七五八）『日鑑』九月～十一月参照。

第IV部

知恩院の「近世」

台命住職と役所『日鑑』

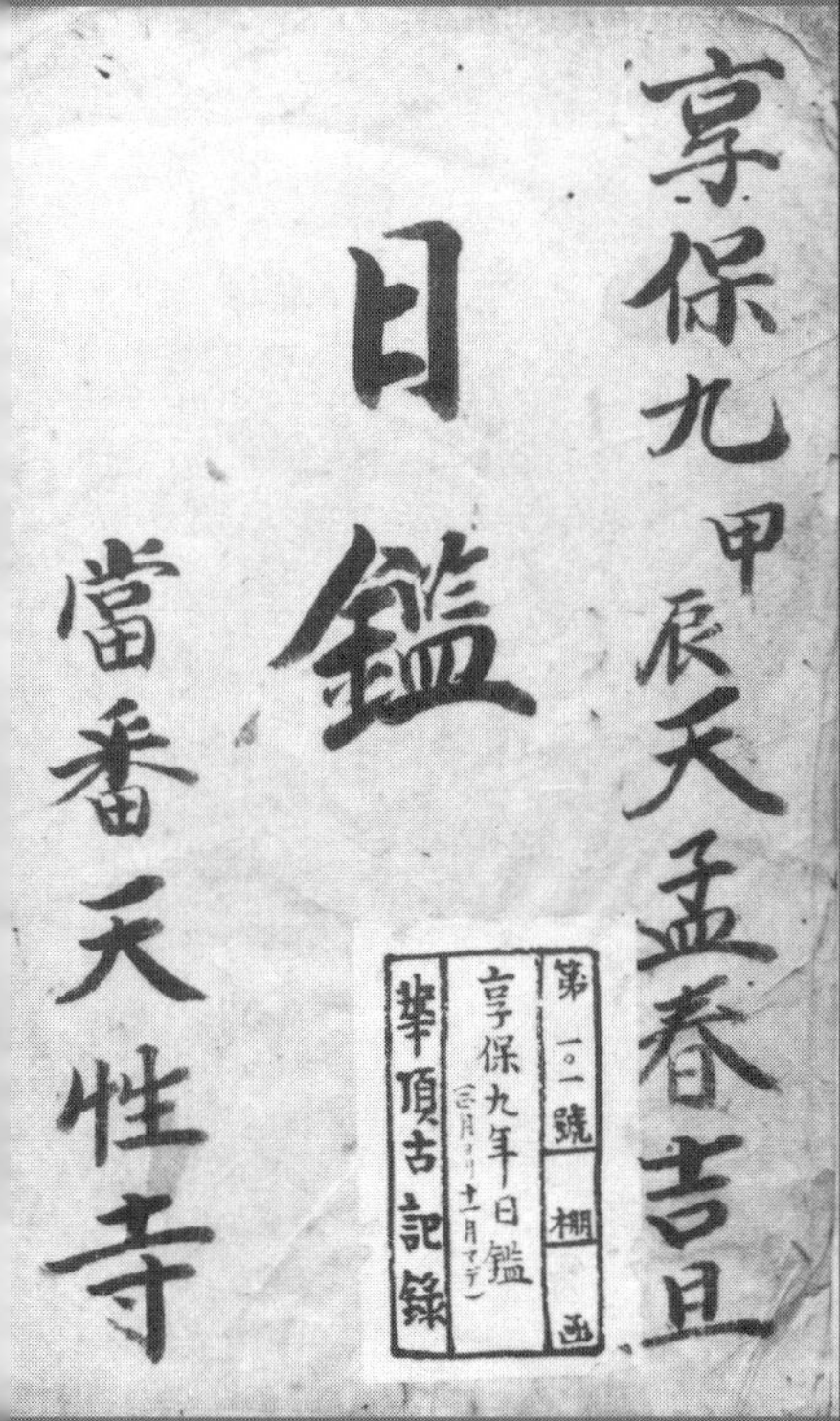

第Ⅳ部扉図版
日鑑（京都・知恩院所蔵）

第一章　京都菩提所と台命住職

第一節　住持任命と位牌安置

一　住持の任命

戦国期の知恩院住持の任命、徳川家康が菩提所とするための大伽藍造営以後の住持任命については、本書第Ⅲ部においてその変遷を紹介した。

明和五年（一七六八）、知恩院が幕府からの問い合わせに返答した「起立開山名前・御由緒・寺格等書記」には、ただいまの知恩院は、法然上人入滅の建暦二年（一二一二）より慶長八年（一六〇三）の秋まで三九二年が過ぎ、上人の大谷の庵室三カ所を大檀那権現様が「知恩院一寺に御開基成し下され置き候」慶長八年より明和五年まで一六六年になると述べている。(1)

近世の知恩院では、家康が知恩院を京都菩提所としたことについて、先祖松平親忠五男の超誉存牛住持の寺であったことによると説明している。紫衣は出家行徳の衣服、緋衣は出家僧正の任服とされたが、徳川幕府による知恩院住持の大僧正任命について、

一、慶長十五年五月、住持満誉尊照江戸参府、御城において、大（ママ）僧正に仰せ付けられ緋衣下し置る。上意を以
て、殿中において紫衣を脱し、拝領の緋衣を着し退出仕り候。

と江戸城での満誉任命を先例としてあげ、大僧正任命の際には殿中において緋衣を着し退出することになっているという。また権現様家康が、満誉大僧正に、隠居を願い退寺しても紫衣を着服するようにと仰せ置かれたことより、知恩院住持に限り隠居後も紫衣着服を許されているとしている。

知恩院住持は、その遷化とともに、江戸城において後継の住持が任命された。将軍により任命されることから「台命《たいめい》住職」（「台命」とは将軍の命令のこと）と呼ばれている。延宝二年（一六七四）五月、三十八世玄誉万無から知恩院住持の任命は増上寺方丈（住持）の「書上（かきあげ）」による。「書上」となった理由については知恩院側の後住僧の誤記によるとしている。

延宝二年春、隠居（三十七世玄誉知鑑）願い奉り候処、願いの通り隠居仰せ付けられ候。然して後住願い言上書、後住の僧間違い御座候故、請待の六役強くお叱りを蒙り、これ以後は、知恩院後住、増上寺方丈器量の僧を択び、書上仕るべく候条仰せ付けらる。諸事鎌倉光明寺・伝通院同様、御白木書院において、御老中御用番御方仰せ付けらるべく候との御事。

二　尊影・尊牌・御廟所

家康の知恩院造営の目的は、将軍家（徳川家）の菩提を弔う施設を必要としたためであり、将軍家の尊影や位牌が諸堂には安置されていた。いま御影堂と呼ばれている大伽藍は本堂と呼ばれ、その西須弥壇の厨子には家康と、その母伝通院（於大、徳泰院殿）、子息の二代将軍秀忠の木像が安置されていた。本堂裏の集会堂御仏間には三代家光と四代家綱の絵像、大方丈御仏間には家康の位牌以下、歴代将軍の位牌。小書院御仏間には家康の先祖、松平親氏以下八代の位牌を安置、また御霊屋（御神殿）には東照宮と台徳院（秀忠）の尊影が祀られていた。

知恩院諸堂における尊影・位牌安置の様子を、知恩院役者が寛政三年（一七九一）四月に作成した『尊牌御廟等御安置御由緒書』付載の「尊影・尊牌御安置幷御廟所之覚」を次に掲載しておく(2)。

「尊影・尊牌御安置幷御廟所之覚」

◇本堂御仏殿

東照宮様御束帯の尊影

　右、最初御建立の節、西国鎮護のため御安置。

台徳院様御束帯の尊影

　右、東照宮様の思召を継ぎなされ御安置。

伝通院様蓉誉光岳智香大姉尊影

　右、東照宮様当山御菩提所に御定の最初、御安置遊ばされ候。

◇集会堂御仏間

大猷院様尊影御絵像（家光）

厳有院様尊影御絵像（家綱）
宝台院様御位牌　台徳院様御尊母（秀忠母、西郷氏）
天崇院様御位牌　台徳院様御姫君（秀忠娘、勝姫）
浄徳院様御位牌　常憲院様御長男（綱吉息、徳松）
　右、御安置。
◇大方丈御仏間
東照宮様御位牌　台徳院様御位牌　大猷院様御位牌　厳有院様御位牌　文昭院様御位牌（家宣）　有章院様御位牌（家継）　惇信院様御位牌（家重）　清揚院様御位牌（綱重）　天英院様御位牌（家宣室、熙子）　浄琳院様御位牌（家継婚約者、吉子内親王）
　右者、公儀より御安置。
常憲院様御位牌（綱吉）　有徳院様御位牌（吉宗）　孝恭院様御位牌（家基）　浚明院様御位牌（家治）
　右者、当山ニ而安置奉候。
◇小書院御仏間
芳樹院殿御位牌（松平親氏）　良祥院殿御位牌（泰親）　崇岳院殿御位牌（信光）　松安院殿御位牌（親忠）
掉舟院殿御位牌（長親）　安栖院殿御位牌（信忠）　善徳院殿御位牌（清康）　瑞雲院殿御位牌（広忠）
　右、御先祖、親氏公より広忠公に至る御八代御位牌、東照宮様上意により、御安置。
◇御神殿
東照宮様御神影御鎮座

台徳院様尊影御安座

右、慶安元年大猷院様御位牌上意により、御所司代板倉周防守源重宗朝臣御神殿御造営、御安置。

◇勢至堂　常行念仏道場

崇源院様御位牌　台徳院様御台様（秀忠室、小督）

天樹院様御位牌　台徳院様御姫君（秀忠娘、千姫）

桂昌院様御位牌　常憲院様尊母公（綱吉母、本庄氏）

右、公儀より御安置

◇天樹院様御廟所

右者、当山三十七代玄誉知鑑大和尚、御帰依により、御新葬導師相勤候ニ付、御菩提所の定例を以て、山上ニ造立奉る。

◇浄琳院二品内親王御廟所

霊元院帝皇女、有章院様御縁女、右尊骸当山え入りなされ、山上ニ御造立。

◇良正院殿智光慶安大姉御廟所（家康娘、督姫）

東照宮様御嫡女、右者、台命により、当山え入りなされ、御廟所山上ニ在り。

◇超誉上人御廟所、山上にこれ有り候。

寛政三亥年四月

知恩院役者

第二節　住持・弟子衆と役所

知恩院住持の交代は住持遷化によることであったので、長命であると鎌倉光明寺・伝通院の住持も高齢となり、任命されても、高齢、老衰等で法務が遂行できないとの理由での辞退もあった。その場合は、寺格の下の檀林の住持が任命された。知恩院役所において『日鑑』が毎年作成されていたので、元禄二年（一六八九）以後の住持の動向が分かる（ただし、所在不明の『日鑑』もある）。亡くなった住持の場合、その医者の投薬、臨終の準備、葬式、中陰の仏事等が詳しく記載されていることもある(3)。

元文三年（一七三八）四月二十六日、四十八世堅誉往的が遷化した際に、知恩院役者高樹院が西町奉行（島長門守正祥）証文方八田新左衛門に差し出した元禄十六年（一七〇三）以来の「知恩院代々入院・遷化」についての記録を次に紹介する。前住寺院・年齢は『知恩院史』の「歴代誌」による(4)。入院・遷化の月日が「歴代誌」とは異なる場合もある。

四十二世白誉秀道大和尚　元禄七年正月入院（六十四歳　伝通院）、宝永四年三月十一日遷化（七十七歳）。

四十三世応誉円理大僧正　宝永四年五月入院（七十一歳　鎌倉光明寺）、正徳五年五月隠居、享保十年九月五日遷化（八十九歳）。

四十四世通誉岸了大和尚　正徳五年八月入院（六十九歳　鎌倉光明寺）、享保元年七月十七日遷化（七十歳）。

四十五世然誉沢春大和尚　享保元年九月入院（六十六歳　伝通院）、同三年七月二十五日遷化（六十八歳）。

四十六世然誉了鑑大僧正　享保三年八月入院（六十八歳　伝通院）、同十二年八月五日遷化（七十七歳）。
四十七世照誉見超大和尚　享保十二年十月入院（七十四歳　伝通院）、同十七年正月六日遷化（七十九歳）。
四十八世堅誉往的大僧正　享保十七年三月入院（六十五歳　伝通院）。

医師の診察と施薬については、四十四世通誉岸了と四十五世然誉沢春の二人について『日鑑』に詳しく記載されている。享保元年（一七一六）七月十七日、七十歳で死去した通誉岸了については、『日鑑』に、

享保元年七月九日
・御丈室、昨晩方又また吐これ有り。殊更御草臥の様子相見え候故、医師衆に相談。
七月十日
・御丈室、御脈計りなりとも相伺い候様ニ、弟子中へ申し談じ、何れニても呼び申され候様に申し入れ候え共、未だその儀なく候。
・御丈室医師衆、又また相談の上、鬮ニて取り、上り候ハ三輪了哲と相定り、明日申し遣し候筈。

とみえる。

『日鑑』には医師衆として、三輪了哲のほか飯田玄泉・柳川靖泉・大森仙庵・辻玄竹・浦野道永らがいる。いずれも在洛の医師として『良医名鑑』（『改正洛陽医師鑑』）や「文献所見近世町人一覧（医師）」にその名がみえる医師である。(5)

先に述べたように、住持が法務を遂行できるうちは交代がない。したがって、必然的に老住持を支える弟子たちの役割が重要になってくる。その弟子たちは檀林で勉強した「長老」である。嫡弟子は「寮坊主」とか「寮主」と呼ばれ、弟子衆が在住中は「帳場」を預かり、将軍家の「菩提所」としての法務・寺務全般にたずさわり、寮坊主がその中心となり、役所との連絡・調整にあたっていた。

住持が亡くなると、弟子衆は一週間程度で財務等帳簿の整理をして帳場『日鑑』（納所『日鑑』ともいう）を役所に提出するとともに、役者に在住中の会計（決算）を報告、下山した（「寺引き渡し」）。

役所では京都所司代・両町奉行所に点検した旨の届けを出した。中世には寺社勢力といって寺院や神社が一大勢力を形成し、戦国大名も宗教一揆には悩まされたが、徳川幕府では、一代、一代、財務内容を点検して本山（寺社勢力）が力を持たない工夫がなされていた。

下山後の弟子衆の動向であるが、末寺の有力寺院の住持となっている。浄土宗の寺院には長老地（寺）と平僧地（寺）があり、村落寺院の大部分は平僧の寺である。『日鑑』には、弟子たちが長老寺の住持が死去したり、隠居した場合に住持に任じられる記事が見受けられる。

第三節　住持葬儀と「寺引き渡し」

一　四十八世堅誉往的

伝通院住持であった堅誉往的は、享保十七年（一七三二）二月二日台命を受け、三月入院し、元文三年（一七三八）四月二十五日遷化、七十一歳であった。臨終から、寺引き渡しにいたる経過を、役所『日鑑』により紹介しておく。

元文三年四月二十五日

・申刻過ぎ、役中・山役・御由身《（好身）》中を召なされ、御臨終御行式念仏を開白する。

・亥刻前、正蓮社前大僧正、堅誉良阿不却往的大和尚が遷化、世寿七十一である。

四月二十六日

・二条三所《（所司代、東・西町奉行所）》への遷化届と地穢れなき「書付」を差し出す。増上寺に、遷化と後住請待のため参府する旨の飛札を出す。弟子衆と役所との間で密葬・葬式の日取りの内談があった。密葬は明日二十七日戌刻前、五月一日表御葬式と決められた。四月二十八日・二十九日の両日は有章院様《（徳川家継）》二十三回忌御忌法事の執行のためである。

・阿弥陀峰荼毘所を使用する。御殿御用掛りは、離穢して山役崇泰院と常称院が勤める。また、役所より、住持請待の参府を役者智恵光院誠誉・山役源光院順栄・行者片山出雲に申し渡した。（五月十六日、後住職に鎌倉光明寺称誉が仰せ付けられた）。

四月二十七日

・今晩の密葬の節に、集会堂の門・中門・黒門・惣門御通りの時、竹の仮門を用いるように、下納所に申し渡す。御入棺は申刻、両役（山役・六役）中・弟子中が献香拝礼する。御棺は三尺五寸に五尺余りである。

・阿弥陀峰荼毘所の火舎は、二間半四面。番所一カ所（二間に一間）を火舎の北に南向きに建てる。

・御出棺前、両役中・弟子中・御由身中・山内大衆中・各庵中が居間において勤行する。阿弥陀経・初夜礼讃・念仏の間に献香一拝。戌刻前に御出棺、小庫裏の板間を内玄関東の廊下より集会堂へ、同所玄関より大庫裏西の庭上に出て、黒門を出る。
・集会堂より黒門迄の庭上には、方丈より挑灯を出す。役院門前には月番（称名寺）より両張、山内各院の門前には二張出す。荼毘所迄の行列の内は、おのおの無言である。但し、前後四カ所において引磬《いんきん》打ちをする。役中・山役・山内大衆中は供奉せず、弟子中その外、よんどころない御由身中の供奉とする。
・役所は、何れも山内を守ることとするが、来月当番の報恩寺は表御葬式に出ないので密かに御供をし、高樹院も各別の事ゆえ同断とする。
・荼毘所の勤行は、長四奉請・阿弥陀経・念仏。夜中は御由身中が念仏を勤める。火舎屋の屋根は枌《そぎ》、四方布は白幕、番所の板囲屋根はネズ（杜松）板にする。良恩寺前には番人三人を置き、青蓮院様より庄屋が出る。このことは、山役信重院と青蓮院役人が対談、その申し合せによる。

四月二十八日　本堂葬式の準備と荘厳・入り用負担、臨終念仏、本堂位牌安置について記載する。

・本堂葬式の荘厳等を行者中に申し渡す。但し、御葬式諸入用は弟子中より調達する。
・御臨終念仏は今日迄は内々由身中が勤めてきたが、例の如く、本堂東仏壇前へ移り、各庵三人加増して七人で勤める。引移りの節には、役中・山内大衆中・弟子中等が出席する。
・本堂東仏壇に尊牌を立て、盛物三合・前菓子を供える。蠟燭は十二挺立、きうひ（糗糒）を大机に厳る。前々は御代々御位牌前を荘厳したが見分宜しくなく、尊牌は三尊前に安置する。
・無住中の納所は、通照院・保徳院に申し渡し、入用諸帳面を調える。

四月二十九日　明日の御葬式のとき、本堂勅額を覆う白布を行者が調える。

五月一日　役所月番は報恩寺、加番称名寺。

・御葬式は巳半刻宝龕、集会堂上段に御入り。集会堂より武家玄関へ出て、庭上より本堂正面へ御入り。門中・各庵・寮舎は先達て維那、焼香・奠茶・奠湯を供え、一老（臈）へ問迅、本堂に相詰る。宝龕御入り、讃・鉢の内、一臈月輪寺拈香三拝、四奉請の中、役者称名寺・高樹院献香一拝、山役信重院同断。

・右畢て二臈徳寿院已下、次第焼香〈不及拝〉。智恵光院・源光院は参府中のため、報恩寺は月番のため不出。余は別記。宮様（尊胤法親王）御代僧の善想寺、正面南表北向に立列、焼香はなし。

・役中・山役・山内へ御斎下さる旨を、（寮坊主）幡的が役所に入来、申し入れる。

・明日の非時も、門中・各庵・寮舎へ下さる旨を伝える。

・増上寺役者中へ、御遺命の趣を書状により申し遣す（書翰留に記す）。

・御葬式相済み次第、先々の如く、裏門は閉め置き、くゝり（潜）より往来するように納所方に申し渡す。

・この日、有章院（徳川家継）二十三回忌御忌法事が無事執行された届けを、御香奠帳を添え、二条奉行所にする。

五月二日　本堂御位牌前荘厳・御位牌前諷経。

・本堂御位牌前の荘厳は、先格の如く、役中・山内大衆出勤し、四奉請・阿弥陀経・念仏・回向する。両役より金二百疋を供える。御斎は一汁、役中・山役・大衆は鶴の間。一心院・入信院は香五菜・御菓子・朧饅頭三ツ宛。勢至堂看主には菊の間において御斎を下さる。かつ又、役中は斎過ぎ、御対面所において焼香・四奉請・四誓偈・念仏を勤める。

・午刻、門中・各庵・寮舎集会し、本堂〈東仏壇〉において御位牌諷経〈四奉請・阿弥陀経〉。おわって、幡的・天性寺・演的代覚春、月番同道して門中への挨拶がある。各庵・寮舎へも同断。集会堂において非時。月番・加番も挨拶に及び、弟子中へも同断。今夕より、門前鳴り物停止を免める旨を、門前へ触れ申す旨を（門前の）両代官へ申し渡す。

二　弟子衆と「寺引き渡し」

四月二十八日　綸旨勘定、供養料、什物・諸色等引き渡し。

・綸旨勘定の儀、当年二月三日より六月（ママ）十八日迄、都合百三十二通、外に八通、旧冬の越しあり。この上納銀幷に御局方職事料、合銀五十三貫七百六十目。外に御報謝銀・諸役礼銀等、右官僧人数高の通り、嫡弟子（寮坊主）幡的より役所へ渡される。請取書を遣わす。

・故大僧正御供養料として、山内各院へ銀子二百枚下さる。もっとも御供養料は、前々の通りに執行するようにとすること。大衆内より斎会等には及ぶ間敷きこと、少分も各院相続のためになるようにとの仰せの旨を、具さに幡的より山役へ申し達せられる。よって御弟子中迄、大衆一同に御請け申し上げる。もっとも、役所へも同断。右銀子は当分役所に預け置く事。役所より幡的迄、請取書を遣す。

・「役所よりの幡的宛て請取書」

覚

一、銀子弐百枚

右は、堅誉前大僧正御供養料として、山内各院え《（へ）》下さる。慥に請取り候なり。

元文三年四月廿八日　称名寺印　良正院印　信重院印

幡的和尚

御無住え御遣し銀拾貫目、先格の如く、弟子衆より役所え相渡さる。則ち請取書遣す。左の通り。

覚

一、銀子拾貫目なり。

右は、御無住え御置銀として、古格の如く、当役所え御渡し。慥に請取り候畢ぬ。

元文三年四月廿八日　称名寺印　高樹院印　信重院印

幡的和尚

なお、堅誉弟子として『日鑑』に登場するのは、寮主幡的と沢雄・演的・信的・義潤・的湛・往信らである。後住の四十九世称誉真察の場合は、『日鑑』元文三年六月二十三日に「御弟子四人、御弟子次両人、所化衆十五人程・近習拾人程、御召供の由申し来る」と、総勢三十数名である。

四月二十九日　帳場『日鑑』を役所に納める（「享保十七年この節迄の帳場日鑑、悉く役所え納む」）。

五月二日　紫衣綸旨・大僧正口宣等の提出、遺品の寄付の記事。

一、幡的役所え入来、紫衣御綸旨幷に大僧正口宣等相渡さる。これを請け取る。
一、幡的役所え入来、御対面所床に掛け置かれ候、普陀落山石摺観世音彩色一鋪、当山火防安鎮として、御対面所の床に懸け置き候。尤も数十年御信仰、度たび火伏せの現益有り。この段、後代え具に奏達候様頼み入れ候旨、はた又、備前伊部焼獅子大香炉・槻敷板共、小方丈大床にこれを置く。右は寺町法然寺先住豸誉寄附候。これに依って当山什物にこれを御残し置く。右御意を得置き候旨申し聞され候ニ付、何れも承知致し候旨、挨拶に及び候。

五月三日　寺引き渡し。

・卜充・幡刹が役所に堅誉故大僧正御代の帳場帳面を役所に持参したので請け取る。本堂・集会堂・阿弥陀堂・小方丈・大方丈・大庫裏・小庫裏・御対面所・大茶堂・御居間通・奥土蔵、そのほか山亭・米蔵等迄、引き渡しを済ませた。届けのため、報恩寺が二条三所（所司代、東・西町奉行所）に出かけ、口上書を差し出した。

口上の覚

知恩院什物、其外諸色残らず相改め、先住堅誉前大僧正弟子中より、六役者・山役者えこれを請け取り申し候。これに依って、先格の通り御届け申し上げ候。以上。

五月三日　　知恩院役者　報恩寺

東役所にて〈当番西尾甚右衛門〉え、右書付相渡し候。披露の上、承知致し候旨、西尾甚右衛門は公事役に候処、今日は当番候旨申し、取り次がれ候事。西役所当番入江吉兵衛、口上書相渡す。東御役所にて相済み候事故、後刻達し申すべき旨なり。御所司は雨森善左衛門え申し入れ、退出。

・幡的已下の御弟子中は残らず下山、残る人数は三十八人と帳面に記し、下納所より役所に差し出した。

・内玄関の夜番二人を申し付ける。今夕より勤番、門出入りは暮六ツを限る。よんどころない用事があれば、役所幷びに納所方迄断りを遂げ申す旨、定番より申し渡す。寺内の夜番等を申し付ける。

・この日の『日鑑』には、火の元に念を入れるようにとの記事とともに、愛宕代参の記事がある。

・愛宕代参、今日早々差し遣わす。当山御内の者ハ地穢れの恐れ有るにつき、入江又兵衛に申し付ける。又兵衛方より人を仕立て、差し越し候事。大花二本・御影五枚・火防札、尤も山内へ配り、御札を張らせ候事。

五月二十六日

・先御代納所の的湛・説山より、無住納所通照院・保徳院に、知行米の諸勘定を済し残米を渡した旨の届けが役所にあった。寺の引き渡しを済ませ下山した嫡弟子幡的が六月二十日夜九ツ過ぎ、かねてからの病が急変、差しおこり、新門前において死去した。その葬儀が二十二日、黒谷金戒光明寺において執行されたことが『日鑑』元文三年六月二十二日に、「山の大衆出勤執行これ有り候。これに依って、当役所よりも両役惣代として、その刻、称名寺・報恩寺・信重院出席。尤も御丈室（四十九世称誉真察）御在府故、惣代ニて相勤め申し候。月番等勤番いたし候事」とみえる。

［**参考資料**］　**四十五世然誉沢春**

知恩院四十五世然誉沢春は、在住二年にみたず享保三年（一七一八）七月二十五日遷化した（六十八歳）。『日鑑』には、前住通誉同様に、医師の施薬の記事。遷化の後、弟子・好身法類による借銀の返済についての記事がみえる。弟子の嶺中が安土浄厳院住持に決まるまでの経過を紹介しておく（浄厳院住持には知恩院方丈嫡弟子が入寺している）。

『日鑑』享保三年七月二十四日　住持病と役所の対応、医師の診察と遺言。

・御丈室、昨夜より殊の外御草臥の体に相見え、しやくり強く出申し候由、これに依って、嶺中より知らせ、早朝手紙来ル。登山。先ず保生院へ申し遣し候処、御異変の様子、心元なく存じ候。外の医師へも相談致し申すべくの旨、御見廻いも申す間敷と申し来り候事。安房守殿（山口直重・東町奉行）へ崇泰院参り候所、御対面なされ候て、様体、昨日よりの義、委細申し上げ、かつ又昨日保生院登山、別条無きと申され候段申し入れ候。然れ共右の品故、心元なく存じ候間、思召しに寄り、医師方へ御申し付け下され候ハヽ、忝く存候旨、少し口上も申し入れ候事。入念申し来り候旨、その意をえ候由、医師三輪了哲・飯田元仙（玄泉）へ申し遣すべく候と、御申しの事。

・山脇道隆へ申し遣し候所、早速登山。漸く薬一ふく進られ候。帰りなり。保生院、又また存寄せず、見廻い申され候事。三輪了哲・飯田元仙、八ツ半時一度ニ登山。その外味岡玄意相詰め居り、挨拶これ在り候所、とかく両人共、薬辞退ニて罷り帰り申され候故、又また申し遣し相談なり。

・九闇院、安房守殿へ又また参る。飯田元仙薬所望ニ存じ候間、御申し付け下さるべき旨、申し入れ候所、早速御申し遣し、これ在るべくの旨、早々薬取りニ遣し申すべく旨。暮過の頃、元仙へ薬取りニ遣し候処、一服参り候事。

・御側へ六役三人、この方（山役）三人罷り出で候所、御頼み申し置きの事。「弟子中の事、御頼み思召し候。何もこれ迄情入れ、珍重に思召し候由。かつ又嶺中事、近江浄厳院へ後住約束致し候様ニ頼み思召し候旨、右御舌内相聞かたく、物も御申しなされかたく相聞え、殊の外御つまりと相見え候事」。五ツ過ぎ下山。これより九闇院へ参る。江戸表・当山内万々申し合せ、内相談共、夜半帰寺。

『日鑑』七月二十五日　**遷化の記事**（臨終行儀の記載はない）。

・飯田元仙、朝の内登山。薬も一ふく来ル。いよいよ御草臥強し。安房守殿へ、昨日医師方御礼の使僧。様体申し入れ、かつ又三輪了哲へも礼の使い遣す。御隠居大僧正（四十三世応誉円理）、御見廻（舞）い御登山。御対面なされたく思召し候旨、御使い伊織来ル。殊の外差しつまり、御挨拶等もなり難く、御容捨（赦）下さる様ニ申し上げ候事。

・然誉上人遷化、申上刻、寿六十八。

・何れも奥へ参り、拝礼、内証悔み申し入れる。今日ハ晩方ニも罷りなり候。所々手廻シ悪敷く候故・明朝、方丈内・寺中、その外へも披露致し候筈、相定め置き候。これに依って、明廿六日ニハ、今晩七ツニ遷化と申し触れ候事。右用事相済み、夜ニ下山候事。

『日鑑』七月二十六日・二十九日　**方丈の借銀と弟子・好身《よしみ》による返済義務**。

・七月二十六日「嶺中、役中へ申し候ハ、御内証金銀不足故、借銀何角万々不埒ニ御座候。然れ共、沢雄罷り登り候ハ、、相談を遂げ、存命ニさへ候ハ、、随分返納申すべく覚悟ニ候。これに依って、唯今差し当り返済の儀ハ罷りなり難く候故、存寄せず、先ず浄厳院へ契約致し、両人の内壱人、住職仕り候様ニ仕るべく存じ候。何角万々不調の旨、宜しく頼み存じ候旨。何れも申し候ハ、別て（前住・四十四世）通誉上人御寄附、大塔建立の金は、何とぞ少々ニても、差戻し申さるべしと、段々申し候事」。

・同廿九日「嶺中へ借金の儀、役中対談候処、沢雄上京の上、好身法類会合、その上埒《らち》明け申すべく旨。弟子中、当分保徳院・信重院へ引き取り申し候断り」。

『日鑑』閏十月七日・十五日・十八日　安土浄厳院、隠居・後住願い・宅誉嶺中への住持仰せ付け。

・閏十月七日「江州安土浄厳院、病身ニ付、隠居仕度く願い出で候事」。

・同十五日「安土浄厳院後住願いのため、末寺正覚院、組宝積寺・地蔵院・浄宗院、寺家両院、当分留守居、旦那五人連判を以て、願い出で候事」。

・同十八日「浄厳院無住ニ付、宅誉嶺中長老、住職仰せ付らる、その段、末寺・旦那へ申し渡し候事」。

註

（1）『知恩院史料集　古記録篇一』（総本山知恩院史料編纂所、一九九一年）。

（2）『知恩院史料集　古記録篇二』（前掲註（1））。

（3）『知恩院史料集』に収録する『日鑑』『書翰』は本章註末参照。本書に引用するにあたっては、原文が翻刻されているこどもあり、読み下して引用した。送り仮名、仮名遣いを一部改めている。

（4）『知恩院史』（知恩院、一九三七年）第一篇第二章「歴代誌」。

（5）『良医名鑑』（『改正洛陽医師鑑』、『京都の医学史資料編』所収、京都府医師会、一九八〇年）、「文献所見近世町人一覧（医師）」（『京都市姓氏（歴史人物）大辞典』角川書店、一九九七年）。

◇**『知恩院史料集』「日鑑・書翰篇」「日鑑篇」（総本山知恩院史料編纂所）刊行目録**

＊『知恩院史料集　日鑑・書翰篇一』（一九七四年三月十五日「開宗八百年記念出版」）
［日鑑］元禄二年・三年・四年・四年（浄書抜粋本）・五年・七年。［書翰］「延宝五年江戸年頭御書留帳」「天和三年御案詞留帳」・元禄二年役者中書翰控・二年来翰・四年来翰・五年役者中書翰控・六年役者書翰・七年役者書翰・八年書翰。

＊『日鑑・書翰篇二』（一九七五年）［日鑑］元禄九年・十一年・十二年・十三年・十四年。［書翰］元禄九年・十年・十一年・十三年・十四年。

＊『日鑑・書翰篇三』（一九七八年）［日鑑］元禄十六年・十七年・宝永二年・三年。［書翰］元禄十六年・宝永二年。

＊『日鑑・書翰篇四』（一九八五年）［日鑑］宝永五年・正徳二年。［書翰］宝永五年・八年（正徳元年）・正徳二年。

＊『日鑑・書翰篇五』（一九八六年）［日鑑］正徳三年・四年・五年。［書翰］正徳三年・四年・五年。

＊『日鑑・書翰篇六』（一九八七年）［日鑑］正徳六年（享保元年）・享保二年。［書翰］正徳六年（享保元年）・享保二年。

＊『日鑑・書翰篇七』（一九八八年）［日鑑］享保三年・四年。［書翰］享保三年・四年。

＊『日鑑・書翰篇八』（一九八九年）［日鑑］享保五年・六年・七年。［書翰］享保五年・六年・七年。

＊『日鑑・書翰篇九』（一九九二年）［日鑑］享保八年・九年。［書翰］享保八年・九年。

＊『日鑑・書翰篇十』（一九九四年）［日鑑］享保十年・十一年。［書翰］享保十年・十一年。

＊『日鑑・書翰篇十一』（一九九五年）［日鑑］享保十二年・十三年（七月〜十二月）・十四年。

＊『日鑑・書翰篇十二』（一九九六年）［日鑑］享保十五年。［書翰］享保十四年・十五年・十六年。

＊『日鑑・書翰篇十三』（一九九八年）［日鑑］享保十六年・十七年。

＊『日鑑・書翰篇十四』（一九九九年）［日鑑］享保十八年・十九年（七月〜十二月）。［書翰］享保十七年。

＊『日鑑・書翰篇十五』（二〇〇〇年）［書翰］享保十八年・十九年・二十年。
＊『日鑑・書翰篇十六』（二〇〇一年）［日鑑］享保二十年。［書翰］享保二十年。
＊『日鑑・書翰篇十七』（二〇〇二年）［日鑑］享保二十一年（元文元年）。［書翰］元文二年・三年。
＊『日鑑・書翰篇十八』（二〇〇三年）［日鑑］元文二年・三年。
＊『日鑑・書翰篇十九』（二〇〇四年）［日鑑］元文四年・五年。
＊『日鑑・書翰篇二十』（二〇〇五年）［日鑑］元文六年。［書翰］元文四年・五年。
＊『日鑑篇　二十一』（二〇〇六年）寛保二年・三年。
＊『日鑑篇　二十二』（二〇〇七年）寛保四年（延享元年）・二年。
＊『日鑑篇　二十三』（二〇〇八年）延享三年・四年・五年（寛延元年）。
＊『日鑑篇　二十四』（二〇〇九年）寛延二年・三年・四年（宝暦元年）。
＊『日鑑篇　二十五』（二〇一〇年）宝暦二年・三年・四年。
＊『日鑑篇　二十六』（二〇一一年）宝暦五年・六年・七年。
＊『日鑑篇　二十七』（二〇一二年）宝暦八年・九年・十年。
＊『日鑑篇　二十八』（二〇一三年）宝暦十一年・十二年。
＊『日鑑篇　二十九』（二〇一四年）宝暦十三年・宝暦十四年（明和元年）。
＊『日鑑篇　三十』（二〇一五年）明和二年・三年。

第二章　知恩院役所の勤め方

——六役と山役——

はじめに

知恩院役所の『日鑑』は、役所月番である役者（当初は山役）が執筆していた。宝永五年（一七〇八）の『日鑑』から、月の冒頭に、月番である役者の塔頭名が記載されている。役所の運営の中心が塔頭の住持である「役者（山役）」を中心に運営されていて、知恩院役者といえば「山役」のことであり、京都門中から選ばれた「六役」が知恩院役者として連印することはなかった[1]。

それが、正徳四年（一七一四）、六役が役所の勤め方を、徳川幕府が定めた元和元年（一六一五）発布の「浄土宗法度」（「元和条目」）の条目「京都門中、撰器量之人六人、為役者、可致諸沙汰」をよりどころに、知恩院住持である方丈（台命住職。四十三世応誉円理）に役所の勤め方を改めることをもとめた。

方丈・山役と六役が争論、訴訟を経て、享保九年（一七二四）十一月二十九日、西町奉行本多忠英より、知恩院「役者」とは「六役」のことで、条目に記載のない「山役」は「役者ではない」ことが申し渡された。本章では山役・六役の勤め方の変遷を役所『日鑑』より考察する。

第一節　正徳四年の六役・山役争論

一　六役の条目書付願い

山役・六役の勤め方争論は、正徳四年（一七一四）二月二十五日に、六役中が知恩院方丈（住持、四十三世応誉円理）に勤め方願いの書付を提出したことに始まる。

二月二十五日、六役の面々が内々願っていた二条への正月御礼（挨拶）不次第のことや、六役中へ「御条目」を申し請けたい願いにより知恩院に登山した。

役所月番の役者（山役）が取り次ぎ、方丈（応誉）への面会がかない、次の「書付」が差し出された。

指し出され候書付

一、先規御条目のごとく、六役として諸沙汰致すべし。尤も山役相加わり、諸式吟味を遂げ、曽て贔屓偏頗有るべからず。若し私曲これ有るにおいては越度たるべき事。

一、毎月御仏参の日は、早朝より、両人宛登山せしむべき事。

一、遠近を論ぜず、若し公事沙汰申し出、了簡及びがたき義においては、御奉行所え訴え出で、遅滞なく裁許致すべき事。

一、壱ケ月六日の式日を定め、六役闕減なく登山せしめ、諸事評義《ママ》致すべき事。

一、惣じて評義に及ぶときは、多分の了簡に随い、縦え下座たりといえども、道理を申し出る者においては、おのおのその儀に順うべき事。

附り、評義決断の上においては、六役・山役おのおの同時に罷り出で、披露を遂ぐべき事。

一、諸末寺より、本山へ訴え出での義は、六役月番えも同前たるべき事。

一、六役闕減これ有り候ときは、同役として相応の人、評義致し、書付を以て披露を遂ぐべし。相違なきにおいては、入り役せしめ、早速に山役一人同道を致し、御奉行所え御届け申し上ぐべく候の事。

已上

方丈（応誉）との面会の席において、六役の一人西園寺は「これ迄御条目を相破り、面々、役目を盗れ居り申し候。この御改め、仲間へ御条目下され候ハヽ、末山へも触れ聞かせ、向後、急度相勤め申したく、達して御願い申し上げ候。左様候えは、公儀公事の通り、六度の日を諸方より相考え、訴え出候様に罷りなり候。その余の日は、取り上げ申さず候えは、山役中も隙に罷りなり候。この段、何れも申され候」と申し出た。

方丈（応誉）は「この書付の趣、条目出し候事、後代の遠慮もこれ有り、なり難く候。併てこの書付の通り、是非、相務められたく存候ハヽ、何方になりともこの書付張り置き申すべく候。よく〳〵了簡致され候様に」と返答した。

また、同席の六役清光寺も「末代迄の亀鑑と仕りたく、幾重にも御願い申し上げ候間、御判壱つならす、二つも三ツも御すへ、御条目頂戴仕り候段」をと願い出た。

『日鑑』十一月二十七日によると、方丈（応誉）は、登山した六役に公儀出礼は十月に二条三所（所司代、東・西町奉行所）にお願いすることとする。条目については、山役光照院（江戸滞在中）と相談の上、所司代にも申し上げるとし、その「御了簡次第」とする旨を伝えている。

二　山役の反対、方丈の隠居願い、六役役儀赦免の願い

正徳四年（一七一四）三月十七日、帰京した山役光照院が六役と対談した。

光照院は、「先ごろ書付差し出され候義、何れも内見もこれなく、直に御前え御出し候義、ケ様にはこれなき事と存し候。先ず以て、段々書付願いの通り、当役（山役）は申すに及ばず、取り次ぎ候事も罷りならず候と申し候。併せて、なお又、その向後、一所に願主に罷りなり候事は申すに及ばず、寺家大衆中一統にその意を得ず候条、ケ条の内、了簡もこれ有り候哉、有無の儀、明日返答をも申すべし」と不快感を伝えている。

翌十八日、山役光照院は六役惣代専称寺に対して、「昨日御申し談じ候義、何れもへも申し聞せ候所、兎角この分六役書付、願いの趣、寺家へ相障り候につき、その意を得ず候条、何も左様相心得らるべし」と拒否の返事をした。

この返答を聞いた六役中は、三月十九日登山すると、光照院に対して、昨日の六役惣代への返答承知の旨を伝え、その後、六役だけで方丈（応誉）に面会して、次の申し立てをしている。

内々に相願い候儀、先達て山役三人に相談を遂げ、願い上げ候。かつ又光照院は参府前相談致し候処、「何れも勝手次第願いの趣、書付を以てなりとも、申し上げらるべし」と申され候所へ、光照院罷り出て、「その儀は山役え相障る儀にてこれなく候ハヽ、留守の内にても宜しく御願いなされるべし」とこそ申し候へ、左様に

は申さず候訳を申し立て、引込み候。

この抗議に対して、方丈（応誉）は「内々の書付の願い、先年よりこれなき事、後代の存寄もこれあり候へハ、書付出し候儀、堅く罷りならず候旨、段々仰せられ」た。

怒った六役西園寺は、方丈（応誉）に「最前段々相願い候節ハ、御許容もこれ有るべくようにこれ有り候所、ケ様に仰せられ候ハヽ、願い相止め申す品もこれ有り候。この趣段々申し上げ候。その上、旧冬より出礼の義、山役御意と申され、六役え相談もこれなく、公儀表相済し仰せ渡され候段、その意を得ず候」と納得できない旨を述べ、礼そうとした。

この席に山役三人も出てきて、西園寺を不埒な申し出だと責めたので、両役の間で諍いが始まり、六役西園寺と山役九誾院が取っ組み合いの喧嘩をした。

面前でのこの醜態に、方丈（応誉）は「さては何れもこの方へ退屈と相聞え候」と怒り、隠居願いを所司代に申し出ると告げ、奥へ引き下がってしまった。

三月二十一日、応誉のご機嫌を損ねた六役が登山、山役光照院・崇泰院に取りなしを頼んだ。

『日鑑』には山役二人の意見が「六役中一昨日も申され候通り、願い相止め候ハヽ、ご機嫌も御直り候間、相済む事に候」と書き留められている。四月七日、六役は意を決して、応誉近習（弟子）衆宛て役儀赦免取りなしの口上書を提出した。(2)

三　東町奉行公事沙汰と裁許

京都門中物代による仲裁もうまくいくことなく、正徳四年（一七一四）六月には東町奉行山口安房守直重のもとでの公事沙汰となった。

六月十一日、山口安房守公事場に六役・山役が呼び出され、双方の対論が始まった。『日鑑』には公事場における吟味返答が記録されていて、六役の勤め方が読み取れる。

「六月十五日に山役光照院（知恩院役者）が公事方に提出した六役の勤め方」。

　　六役中務方

一、諸末寺公事の節は、毎度六役立会い、始終沙汰仕来り候事。

一、上使毎度当山え御入りの節、御送迎仕来り候事。

一、御所司始て御仏詣、初て御招請の砌、御送迎仕来り候事。

一、江戸において御法事御座候節、方丈拝礼名代として、参府仕来り候事。

一、知恩院住持代りの時分、六役壱人・山役壱人、江戸下向仕来り候事。

　右の通り、先規より相務め申され候儀、相違御座なく候、以上。

　　（正徳四年）午六月十五日　　　　知恩院　役者

七月二十一日、山口安房守公事場において、山役光照院・九闇院・崇泰院（先求院は病気のため不出）と六役が呼び出され、六役五人、西園寺、山役三人、九闇院へ、裁許の書付（各一通、四通）が渡された。

「知恩院六役（清光寺・報恩寺・浄福寺・専称寺・天性寺）宛て裁許の書付」

〈六役の訴え〉

知恩院六役の儀、御条目なし下され、相勤め来り候処、近年は、山内の役者我儘に取り計ひ、諸末寺の願い・出入り等、山役にて評議相済し、申し渡しの節計り、六役立会い候様に罷りなり、出礼等の列も前後、役儀の規模もこれなし。第一御条目に相叶い申さず候の段、歎ケかわ敷く、この度改め、六役の勤め方書付差し出され候様に方丈え相願い、「一旦許容」（四字ミセケチ）候の処、山役障り候哉、「俄に違変有之候」（七字ミセケチ）。許容これなく候。強て願い候も如何に存じ、六役一同に役儀辞退の願い申し達し候の由、これを申す。

〈山役の答え〉

山役の役者答え候は、六役中の勤め方、御条目の通り、末寺の諸沙汰、滞りなく相勤め来り候処、今般新規の願いこれ有り。争論に及ぶの由これを申す。

〈吟味と裁許〉

度たび詮議を遂ぐるの処、六役よりは、諸事山役我意に任すの由これを申す。山役よりは、六役に差し加り諸事立会い勤め来るの由を申す。双方の申し分相違せしめ、決し難く候。

畢竟六役の勤め方は御条目に載せられ、大切の事に候えは、かつて混乱これ有る間敷きの処、猥りに致し、争論に及び候段、双方不届きの至りに候。就中、この度六役中の願い、方丈許容これなきによって、退役を願い候仕形、六役の儀、御条目にも載られ候役儀の事にも候へは、憚りもこれ有るべくの処、自分存念相立たざるによって、役儀辞退一同に願い候の仕形、方丈え対し不礼と申す迄にてこれなく、甚だ不届きに候。然りと雖も、この段は吟味の内、銘々誤り候旨、口上書差し出し候に付き、用捨せしめ候。

右の通り、六役の勤め方の儀は、御条目にも、諸沙汰致すべくの旨載せられ候の上は、諸事六役の評儀《ママ》、勿論に候条、向後、いよ〳〵双方和融致し、有り来る通り、山役を差し加え、諸事評儀の上、方丈え相違し、相勤むべき事。

右、詮議の趣、松平紀伊守《所司代》殿え相伺い、申し渡し候条、違背これ有る間敷き者なり。

　正徳四年午七月廿一日

「知恩院山内の役者（光照院・先求院・崇泰院）宛て裁許の書付」

この度門中六役の勤め方願いに付き、たび〳〵召し出し、吟味せしむるの処、六役・山役の申し分、相違せしめ、決し難く候えども、畢竟、六役の儀は、御条目にも、諸沙汰致すべくの旨載せらるるの上は、諸事六役の評議勿論の儀に候処、近ごろ山役の仕形、宜しからざる儀もこれ有るによって、出入りに及び候趣に相聞え、不届きに候。向後、いよ〳〵双方和融致し、山役の儀、有り来る通り、六役に差し加り諸事立ち会い評儀の上、方丈え相達し、諸沙汰これ有るべく候事。

右、詮議の趣、松平紀伊守殿えこれを窺い、申し渡し候条、急度相守るべく者なり。

　正徳四年午七月廿一日

七月二十七日、「六役願御裁許御文言」の中の「当山方丈、願之品一旦許容、然所山役相障候哉、俄ニ違変有之由」の文言は、応誉の要望により修正され、翌二十八日、東町奉行山口安房守公事方より書き直した裁許の書付が渡された。

方丈（応誉）は、六役・山役の跡役（後任）は「入れ札」とすることにし、六役西園寺跡役には大雲院秀誉が仰せ付けられた。

この争論を通して、知恩院役所の「役者」と称しているのは山役である。文書においても役者と署名している。この勤め方争論の裁定により、「浄土宗法度」（「元和条目」）に基づき六役が「役者」となり、山役は「六役に差し加り諸事立ち会い、評儀《ママ》する」ことに決まったが、この裁許が遵守されることはなく勤め方争論はつづいた。

第二節　享保の勤め方争論

一　享保元年の勤め方「定」

享保元年（正徳六年、一七一六）になり、十一月十日、六役中ならびに山役の崇泰院・九勝院は、対面所において、方丈（四十五世然誉沢春）ならびに弟子の沢雄・嶺中列座のなかで、先住通誉岸了（四十四世、七月十七日遷化）遺書として、次のような「定」を申し渡された。

定

一、方丈参府の節、六役の内壱人、山役の内壱人、供を仕るべき事。
一、六役の内月番壱人、毎日役所に詰め申さるべき事。
一、訴状・願書等を取り次ぎ、帳場え差し出し、役者会合の節、帳場披露致すべき事。
一、祠堂金、年中に一度時日を定め、六役・山役壱人も闕けず相寄り、詮議・算用これ有るべき事。
一、官銀・御報謝銀壱枚之内、百疋は勢至堂念仏料、百疋は御報謝、相残りは役料として、六役中え受納致すべき事。
右、五箇条の軌則は、先住通誉岸了遺書たるに依り、今度両御奉行所えも相届け、証判を以て、相定むる上は、双方和融致し、永く退廃なく、厳重に相勤めらるべき者なり。

享保元年丙申年十一月

当山四十五代朱印

然誉判

六役中

山役中

この定書を弟子の沢雄が読み聞かせた上で、六役に渡された。その上で「向後、書通の判形等をも致され候様に」との六役への申し渡しがあった。

第二条に六役の月番は毎日役所に詰めることが定められたが、役所には十一月十二日より六役月番とともに、加番として六役一名が詰めるようになったことが、十二日の『日鑑』に、今日より六役月番天性寺、加番の由にて清光寺相詰められ、月番の外に加番一ケ寺宛、相詰め候事。

と記録されている。

この年の『書簡控』所収文書を点検してみると、

・署名は「知恩院役者」として山役二名、または四名の署名である（六月まで）。七月三日の佐渡国相川の法界寺と惣御門中宛の文書には、知恩院役者として山役四名と六役の十名が連印している。

・七月二十五日の覚えにも「山役四人、六役六人、印形」と記録されているが、これは前住持通誉上人大塔建立の発願の喜捨、千両の宝庫納入の「覚」である。

・九月二十三日付増上寺役者宛書簡に「知恩院役者九勝院・浄福寺」と六役浄福寺の署名があるほかは、役者として山役二人ないし四人が（署名）差し出している。

・先の十一月十日の定書の申し渡しの際に、六役も役所発給の文書に署名するようにと見えるが、十一月二日の書簡に（山役）保徳院の署判がある以後、この年の書簡には役者の寺名が省略されているので確かめられない。翌年、享保二年『書簡』には、一月の書簡に「本山役者　四人・清光寺」「知恩院役者　四人印・清光寺」「三人・清光寺」とみえるように、六役の月番や加番の連印があり、山役と六役の両方を「知恩院役者」としている。しかし、十二月の書簡に「役者四人・大雲院」「知恩院　役者・大雲院」などとみえ、山役四人を「役者」としていることから、役所が山役を中心に運営されていることがわかる。

二　『日鑑』月番山役・六役の並記――享保三年二月〜同七年五月――

・享保三年（一七一八）一月まで、『日鑑』の月番の署名は山役の塔頭名である。
・二月からは、山役・六役の月番が並記されるようになり、二月「九闇院・六役月番大雲院」、三月「当番崇泰院・六役報恩寺」である。享保七年五月まで、山役・六役の寺名が並記されている。
・享保四年（一七一九）十一月の書簡の署名では「知恩院役者　十判」「役者十判」「月番印」「役者五人印形」となっていて、「山役」「六役」の区別をなくし、両役を「役者」と称している。

享保四年『日鑑』六月十五日に宝蔵虫払いの次の記事がある。

一、同時に申し入れ候ハ、宝蔵虫払いの儀、先日も六役立ち合にて虫払い仕り候様に御申し渡し、その意を得難く候。前々より寺内にて相済み候事。尤も先々も拝見はこれ有り候事。見せ申す間敷にてハこれなく候。了碩（寮坊主）申し候ハ、この段は、役人中霊宝の品御存じ然るべしと存じ、かくの如く仰せ出され候なり。又申し候ハ、それ共に何れも入蔵等ハ堅く罷りならず候間、左様の沙汰もこれ有り候は、御止めなさるべく候。この儀申し入れ置くべし。かくの如く候段、その内意のため、かくの如く申し入れ候訳。

この記載からして、役所『日鑑』は山役の「役者」が執筆していたこと、また、京都門中である六役は、知恩院宝蔵に入蔵できなかったことがわかる。

享保六年（一七二一）十一月十五日の『日鑑』に、

一、六役より役者へ、九ケ条の書付を以て、向後、山内万事の義、一同に勤め申し度き旨申し談ぜらる。これに依って、追て返答申し入れるべく候旨、申し置き候事。

との記載がある。

十一月の月番は六役大雲院と山役九勝院である。役所においては、依然として山役が「役者」と称し、また『日鑑』を山役が執筆していて、京都門中の六役たちが知恩院役所の運営に不満をもっていたことがわかる。

三　享保七年五月七日「方丈申し渡し」――六役月番と『日鑑』――

享保七年（一七二二）五月三日の『日鑑』に、

一、両役出入りニ付き、ご用不弁に候。
一、両役争論致し、御裁許の御届けのため、二条両御奉行所へ、春恕和尚（寮坊主）参られ候。

五月四日、方丈（四十六世然誉了鑑）による両役争論の裁許があり、六日、六役中が山役中に差し出した九ケ条の覚書に裏判を捺し、七日には山内衆中・行者・各庵・代官に対して、両役列席のもとに、次のような方丈の趣の申し渡しがなされている。

「先年公儀御裁許の儀、御両代役筋御定の節より、何角、法度相改むべきの処、銘々怠慢致すに付き、この度重ねて仰せを蒙る。これに依って、向後、両役立ち会い、万事下知致すべく候間、おのおのその意を得らるべく候」。

この日、両役立ち会い、宝蔵に入り御判物（「元和条目」）等を拝見した上、月番（「月番専称寺（六役）・崇泰院（山役）」）が相判している。

そして、翌六月より『日鑑』冒頭の月番は六役浄福寺一寺のみの記載となっている。

知恩院役所が六役を中心に運営されることになったのである。このことは、六月三日、二条奉行所に差し出した「塔頭知行高之覚」（表紙「寺中知行之高覚」）の奥書と付札からも指摘できる。(3)

右の高書は、二条御奉行所より、差し出すべく由仰せ出され候ニ付、役者中より源光院え、その段申し渡され候。即ち昨夕、彼院大衆寄合い、人別に吟味致し書付、六役月番浄福寺え差し出し候写しなり。右の内ニ高の知り難き院これ有り候。是は高知レ候院ニ順シ割付け候て、書付差し出し候。以上。

享保七壬寅年六月三日　　順栄写之

「付札ニこの時山役の義は、六役と出入りニ付、離山致し候故、この節は山役これなく候。諸事六役片にて相勤められ候故、書付も、六役え相渡し申し候。已上」。

寅六月三日

ただこの古記録は写しであり、「付札」の「六役との出入り（五月の裁許不満）により、山役が離山して、役所に山役がいなかった」と、山役の離山を説明することについては、『日鑑』では山役の「勤め方」の変更となっていて、関係史料の検討が必要である。

・七月の月番は常林寺・大雲院、山役は加番として出仕の日に記載されている。
・八月は月番天性寺、九月は月番大雲院、十月（無記載）、十一月光徳寺（印）、十二月（無記載、九日に月番浄福寺）である。役所の運営が月番の六役を中心に運営されることになったことが確かめられる。
・享保七年（一七二二）の『書翰』には、山役、六役ともに文書に連印しているのであるが、肩書きに「知恩院役者」「本山役者」とあるのは、四月までは山役である（四月二十三日付京都両奉行所宛口上書に「知恩院役者　崇泰院」とみえる）。
・『日鑑』にみえる五月七日の方丈裁許の後になると、堺超善寺宛の書状の差出人が六役二名「光徳寺、大雲院」、六月六日付大坂四ケ所御役者宛の書状においては、「本山役者　専称寺印・浄福寺印」と六役が「本山役者」と名乗っている。

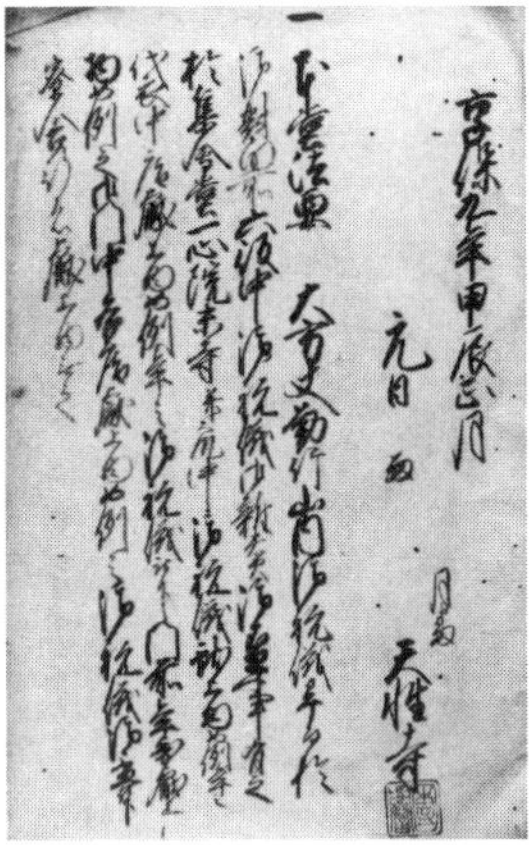

図1　『日鑑』享保9年元日条
（京都・知恩院所蔵）

・それ以後の書状には、「本山役者六人判」「六人判」とみえ、「山役」連印の文書がなくなっている。

また、六月からは六役が役所の『日鑑』を執筆しているのであるが、九月二十四日の伊勢清光寺と樹敬寺の座席前後の争論の記事に「役者中へ窺い候へは、左の如く申され候」とみえていて、『日鑑』の執筆者である六役の月番が山役を「役者」と呼んでいる。従来は「役者」とは「山役」のことであり、知恩院役所において、「六役」に限り「知恩院役者」と呼ぶようになるのは、享保七年五月七日の方丈申し渡しからである。享保八年（一七二三）『日鑑』の正月の冒頭「当番　専称寺念誉、幷保徳院、源光院」とみえ、山役も役所の当番をしていたが、二月の『日鑑』月番以後は役者（六役）の寺名のみの記載となる。

四　享保九年の西町奉行の「書付」

勤め方争論をへて、知恩院役者が「山役」から「六役」となり、役所の運営も役者である「六役」が中心となり、それを山内役僧である山役二名が補佐する体制が確立された。

この役所の勤め方が二条三所より正式に認められ、書付が申し渡されたのは、享保九年（一七二四）十一月二十九日である。(4)

筑後守殿（西町奉行本多忠英）御渡しなされ候御書付、左の如し。

申し渡しの覚

一、元和年中仰せ出され候御条目の御旨、逐一疎略なく、厳重に執守るべく候。知恩院の事、宮門跡を立て置き、門領おのおの別に相定むる上は、寺家の儀を混雑すべからず。則ち御箇条の趣候えは、急度相敬い忘却すべからず候。併せて御門主の御事は、一宗の規模たるの間、一派門徒いよ〳〵尊崇致すべき事。

一、御条目の趣は、六人を役者となし、諸沙汰致すべきの儀なり。山内役僧の事は、御文言これなき上は、一山及び諸末寺等の儀まで、六人の役者、向後猶を申し合せを以て、一宗の万事我意を挟まず、正路取り行い、毛頭依怙贔屓有るべからず候。かつ又、山役の儀は、自今弐人相定むべき事。

一、毎日御祈禱勤行の儀、前々の通りに従い、山内役僧懈怠これ有る間敷き事。

一、関東え年頭の代僧、或は御法事、又は臨時参上の節は、六役の内壱人罷り下るべき事。

一、方丈入院・継目の御礼等、参府せしむるの節は、先規の通りに従い、六役壱人・山役壱人を供と致すべき事。

一、僧家の面々、近ごろ壮年の輩住持を辞し、閑居せしむるの儀、然るべからず候。これより後、年齢未だ七十に及ばざる者、その謂れこれなく、隠居致すべからず候。あまつさえ後住の僧、若年にて一寺住職たるの儀、不都合候の間、以後は、年来相応の僧その人品を択び、看坊に差し置くべき事。

一、古より伝来候寺法、おのおの堅く相守り、六役・山役共に我意を以て、毫毛これを改むべからず。万端方丈に達し、その差し図を受けて相勤むべき事。

一、当院役所において、評議これ有らば、何事によらず、山役は先ず六役へ通し、六役より方丈、その裁断に随い相究むべき事。

一、知行方その外、金銀勘定の儀、六役立ち会い吟味を遂ぐべく候。いささかも私に取り計うべからざる事。

一、什物幷に古来の記録等取り扱いの節は、六役・山役立ち会い、宝蔵の出納致すべく候。勿論、双方合符たるべき事。

一、六役の内壱人宛、月番を定め、昼夜の間、不断方丈に相詰め、山役も壱人宛罷り在るべき事。

右の条々、今度申し渡すの間、おのおの遵行致すべく候。六役・山役数年来争論止まざる事は、何れの時代よりか、六役の輩も元和御制禁を重んぜず、自ら怠惰に至り候故、山役の者、諸事頭を取り悖逆の事起り候。畢竟、双方共に上裁の御旨にあらず候。自今以後、六役・山役、その分々の務め遺失有るべからず候。

若し違犯の輩これ有らば、厳しく御制法に処すべく者なり。

享保九年辰十一月

この書付の第二条に、御条目の趣は六人を役者とし、諸沙汰致すべきの儀がある。山内役僧の事についての「御文言」がない上は、知恩院一山及び諸末寺等の儀まで、向後は六人の役者が申し合せをして、一宗の万事に我意をさし挟まず、正路（正しく）取り行うこと、毛頭にも依怙贔屓のないように、かつ又、山役の儀は、今よりは二人を定めるべき事とみえるように、一宗の万事を京都門中から選出された六人の役者が担当することとなる。知恩院役者としての山役については、「元和条目」に文言がないことより否定された上で、新たに山内の役僧（山役）として二名が認められた。

新規の山役二名には、十二月二日、山内塔頭より保徳院・源光院が任ぜられ、色袈裟着用が許された。

そして、享保十二年（一七二七）十一月、方丈（四十七世照誉見超）は、これまでの知恩院における綸旨弘め、開衣式を改め、諸門中の諸礼式を定めるとともに、[5]十二月二十九日、新年よりの役所の勤め方を定めた（日付は翌十三年正月）。

定

一、六役の内、当番壱人・加番壱人、毎日両人勤役たるべき事。

一、山役両人は、壱人宛、隔日に出勤なすべき事。

一、毎月朔日・十五日・廿五日、残らず会合有るべき事。

一、惣て願訟等これ有るにおいては、その役掛りにて相済すべき事。若し決し難き義たらば、会合の節、委しく僉議を遂げ、その趣を以て、右の役掛りにて相済し申すべき事。

一、万事の諸沙汰、贔屓偏頗有るべからざる事。

右の通り、怠慢なく相勤むべき者なり。

申《(享保十三年)》正月　　　方丈（昭誉見超）

『知恩院史』の「当山事務職制について眺むるに、さきに第二十九世満誉尊照住持の元和元年に徳川家康が浄土宗法度三十五条を制定して以来、当山の事務は、京門中より役者六人を選び、山内の役者と共に役所を組織し、一切を処理するやうになった事は前述（恢弘期）したが……」（一〇四頁）は、訂正しなければならない記載である。また、『知恩院史』が寛政六年（一七九四）六月二十日の『書翰控』所載「六役者・山役者・行者職分之事」により解説する役所の勤め方は、享保十三年（一七二八）正月からの勤め方なのである。

事務《(ママ)》

註

（1）宝永年間の知恩院文書では、「役者」といえば「山役者」の事であり、山役と書かずに単に「役者」と署名し、「六役」と区別されていた。役者と呼ぶ場合、知恩院山内においては山役者、すなわち山役の事を表していることが明らかにされている。江島孝導「知恩院塔頭について――元禄期以前を中心として――」（『日本宗教社会史論叢』、国書刊行会、一九七二年）は、知恩院史を研究するのに必読すべき文献である。江島論文に掲載されている慶長元年（一五九六）から元禄元年（一六八八）、宝永六年（一七〇九）、享保十六年（一七三一）「知恩院塔頭一覧」「塔頭配置地図」は便利である。また、山役者（塔頭）を中心に知恩院寺務が運営されていたことは、宇高良哲氏が先求院宗把の活動から考察されている。宇高良哲・中川仁喜編『先求院文書』（文化書院、二〇一二年）、同氏解題参照。

「宝永五年～享保十二年、知恩院住持・役所月番一覧」

・宝永五年（一七〇八）四十三世応誉円理。

《役所月番》一月から八月は記載がない。

⑨月番保徳院、⑩月番光照院、⑪月番九閭院、⑫月番先求院。

・正徳二年（一七一二）四十三世応誉円理。宝永六年・七年・八年（正徳元年）の『日鑑』は未収録。

《役所月番》無記載、二月。

①月番先求院、③月番九閭院、④月番崇泰院、⑤月番光照院、⑥月番先求院、⑦月番九閭院、⑧当番崇泰院、⑨光照院、⑩月番先求院、⑪月番崇泰院、⑫月番九閭院。

・正徳三年（一七一三）四十三世応誉円理。

《役所月番》無記載、四月・五月・七月・八月・十二月。

①月番光照院、②先求院、③崇泰院、閏⑤当番崇泰院、⑥光照院、⑨当番崇泰院、⑩月番光照院、⑪先求院。

・正徳四年（一七一四）四十三世応誉円理。

《役所月番》一月は五日迄の記事が欠、不明。無記載、九月・十二月。

②月番九閭院、③月番崇泰院、④月番光照院、⑤崇泰院、⑥光照院、⑦崇泰院、⑧光照院、⑩当番光照院、⑪月番崇泰院。

・正徳五年（一七一五）四十三世応誉円理五月二十二日隠居、四十四世通誉岸了六月十九日台命住職。

《役所月番》無記載、六月・八月。

①先求院、②光照院、③先求院、④崇泰院、⑤崇泰院、⑦崇泰院、⑨九勝院、⑩月番信重院、⑪信重院、⑫九勝院。

・正徳六年（享保元年、一七一六）四十四世通誉岸了七月十七日寂・四十五世然誉沢春八月六日台命住職。

《役所月番》無記載、三月・四月・五月・六月・八月・九月。

①月番先求院、②崇泰院、閏②九勝院、③崇泰院、⑩九勝院、⑪崇泰院、⑫月番浩徳院。

・享保二年（一七一七）　四十五世然誉沢春。

《役所月番》無記載、三月・四月・五月・八月・九月。十月・十一月・十二月は抄本のため不明。

①当番崇泰院、②当番浩徳院、⑥浩徳院、⑦崇泰院。

・享保三年（一七一八）　四十五世然誉沢春七月二十五日寂・四十六世然誉了鑑八月十二日台命住職。

《役所月番》二月より役者（塔頭）月番とともに、六役月番（京都門中寺院）を記載する。

①月監《（ママ）》九勝院、②九闇院・六役月番大雲院、③当番崇泰院・六役報恩寺、④月番霊雲院・浄福寺、⑤九勝院（六役無記載）、⑥九闇院・天性寺、⑦崇泰院・大雲院、⑧霊雲院・西方寺、⑨月番九闇院・浄福寺、⑩崇泰院・天性寺、閏⑩九勝院・大雲院、⑪月番報恩寺・霊雲院、⑫西方寺・九闇院。

・享保四年（一七一九）　四十六世然誉了鑑。

《役所月番》六月、住持より、これまで門中諷経等の住持名代は良正院が勤め、不都合の際には役者（塔頭）が勤めてきたのを、六役中（京都門中寺院）が勤める申し渡し。また、宝蔵虫払いに六役立会いの申し渡しに対して、役者（塔頭）より苦情がでる。

①当番崇泰院、②専称寺・九勝院、③九闇院、④霊雲院、⑤九勝院、⑥専称寺・崇泰院、⑦月番天性寺・霊雲院、⑧月番大雲院・九闇院、⑨報恩寺・九勝院、⑩浄福寺・崇泰院、⑪霊雲院、⑫天性寺・九闇院。

・享保五年（一七二〇）　四十六世然誉了鑑。

《役所月番》

①崇泰院、②霊雲院、③浄福寺・九闇院、④九勝院、⑤崇泰院、⑥霊雲院、⑦九勝院、⑧報恩寺・九闇院、⑨浄福寺・崇泰院、⑩専称寺・霊雲院、⑪天性寺・九勝院、⑫崇泰院・光徳寺。

・享保六年（一七二一）　四十六世然誉了鑑。

《役所月番》一月は記事欠。

②崇泰院、③霊雲院・専称寺、④天性寺・九闇院、⑤大雲院・九勝院、⑥光徳寺・崇泰院、⑦月番霊雲院、閏⑦専称寺・九勝院、⑧天性寺・九闇院、⑨崇泰院、⑩霊雲院、⑪大雲院・九勝院、⑫浄福寺・九

闍院。

・享保七年（一七二二）　四十六世然誉了鑑。
《役所月番》無記載、一月・十月・十二月。山役と六役に出入り、争論があり、役所月番の記載は六月より六役月番のみとなる。また、六月より十二月まで、惣番、加番を記載する。
②天性寺・霊雲院、③月番大雲院・九勝院、④月番光徳寺・九閭院、⑤月番専称寺・崇泰院、⑥月番浄福寺、⑦月番常林寺・大雲院、⑧月番天性寺、⑨大雲院、⑪月番光徳寺 黒印。

・享保八年（一七二三）　四十六世然誉了鑑。
《役所月番》
①当番専称寺念誉幷保徳院・源光院、②大雲院、③天性寺、④常林寺、⑤当番光徳寺、⑥月番浄福寺、⑦当番専称寺念誉、⑧天性寺、⑨大雲院、⑩月番常林寺、⑪当番光徳寺（二十八日以下、記事欠）。

・享保九年（一七二四）　四十六世然誉了鑑。
《役所月番》十一月二十九日、西町奉行本多忠英は、六役（京都門中より選出された寺院住持）を知恩院役者とする。一山・諸末寺等の儀まで、六人の役者の申し合わせで一宗の万事をとり行うこととする。山役（塔頭寺院）については、新たに今より以後は二人を定めることとなる。
①月番天性寺、②月番大雲院 黒印、③天性寺、④月番専称寺、閏④月番光徳寺、⑤月番浄福寺、⑥月番専称寺、⑦月番天性寺、⑧月番大運院 黒印、⑨常林寺、⑩月番光徳寺、⑪当番浄福寺、⑫月番専称寺 黒印。

・享保十年（一七二五）　四十六世然誉了鑑。
《役所月番》一月は記事欠。
②月番上善寺、③月番常林寺、④月番光徳寺、⑤月番浄福寺、⑥月番専称寺、⑦月番大雲院、大雲院故障あり、二日代番光徳寺、三日より月番を常林寺が勤める。⑧月番光徳寺、⑨月番常林寺、⑩月番浄福寺、⑪月番大雲院、⑫月番常林寺。

・享保十一年（一七二六）　四十六世然誉了鑑。
《役所月番》

①月番光徳寺、②如来寺、③月番浄福寺、④月番大雲院、⑤月番上善寺、⑥月番光徳寺、⑦月番法然寺、⑧月番上善寺、⑨月番如来寺、⑩月番浄福寺、⑪月番大雲院、⑫月番光徳寺。

・享保十二年（一七二七）四十六世然誉了鑑八月五日寂、四十七世照誉見超八月二十六日台命住職。

《役所月番》

①月番上善寺、閏①月番法然寺 黒印、②月番大雲院、同断浄福寺、③月番光徳寺・上善寺、④月番如来寺、⑤月番大雲院、⑥月番浄福寺、⑦月番光徳寺、⑧月番如来寺、⑨月番法然寺 黒印、⑩月番上善寺、⑪月番如来寺 黒印、⑫月番法然寺 黒印。

＊役所月番を勤めた塔頭寺院

保徳院、光照院、九誾院、先求院、崇泰院、光照院、信重院、九勝院、浩徳院、霊雲院。

＊役所月番を勤めた京都門中寺院

大雲院、報恩寺、浄福寺、天性寺、西方寺、専称寺、光徳寺、常林寺、上善寺、如来寺、法然寺。

（2）六役の役儀赦免願い口上書。

願い奉る口上書

今般、私ども御役儀に付て、存寄の趣願い奉り候所、御心に叶い申さず、御沙汰に及ばれず。却って御隠居の御願い仰せ上らるべくの旨を仰せ出され、驚入り存じ奉り候。これに依って、私ども御願の儀、いよ〳〵相止め申すべく候。然りながら、只今の通りニては、山役の衆の存寄、私どもの存念、おのおの隔に罷りなる様ニて、御為に然るべからず存じ奉り候。尤もこの節、御寺政ニ綺い差し申す段は、恐れ多く存じ奉り候。私ども御役儀御赦免下され候様、御執りなし頼み入れ存じ候。以上。

（正徳四年）午四月七日

西園寺印
天性寺印
専称寺印
浄福寺印
報恩寺印

大僧正様
　御近習衆中
清光寺印

（3）『知恩院史料集　古記録篇一』（総本山知恩院史料編纂所、一九九一年）一三四頁。前掲註（1）江島孝導「知恩院塔頭について――元禄期以前を中心として――」参照。

（4）『日鑑』享保九年（一七二四）十一月二十九日。
一、昨日筑後守殿（西町奉行・本田忠英）役人中より手紙の趣ニ付き、今朝五つ半時役中残らず登山。四つ時筑後守殿え罷り越す。保徳院・源光院同道。七つ時筑後守殿対面所ニて御申し候は、方丈（四十六世然誉了鑑）御堅固候哉、かつ伊賀守殿（所司代・松平忠周）よりこの書付相渡し候様ニとの事。読聞せ申すべく候なれとも、夫れニも及ばざる事。この通り何れも相心得、向後異変なく、相守らるべく候。この段、方丈え披露申さるべく候。則ち浄福寺請取る。
　筑後守殿御申し候ハ、伊賀守殿えその届けニ参らるべく候。応諾仕り、罷り立つ。直ニ伊賀守殿へ残らず参り候て、六ケ寺手札取次え相渡す。右御札の趣ハ、役筋の儀御書付、筑後守殿え残らず御召し候て御渡しなされ候。右の趣、方丈え申し聞すべく候。宜しく御礼仰せ上られ下さるべく候。尤も山内両人（保徳院・源光院）は、いまだ役儀申し付けられず候の故、罷り帰り、それより何れも直ニ登山。御書付拝見申し候。暮れ方下山。

（5）『日鑑』享保十二年（一七二七）十一月二十六日「綸旨弘開衣式」等の改格。
定
一、当山において従来相勤め候綸旨弘め開衣の式ハ、累代の定法たりと雖も、当時相障る義これ有るニ付、向後停止せしむる事。
一、開衣の式停止せしむる上は、綸旨頂戴以後、速に香衣を着すべき事。
一、京都門末の一臈は、金襴の五条、十九箇寺幷に六役ハ、飛紋金入りの五条、おのおの免許せしむる事。
一、惣て都鄙大中格の門中入院の節、十九箇寺幷に六役え廻礼有るべき事。
一、都鄙大中格の門中入院の節、当山内衆僧の礼式においては、役者の指図に随いて相務むべき事。
右の条々、この度改革せしむるの間、永く違乱有るべからず。委細ハ役者下知有るべき者なり。

惣本山四十七世

享保十二丁未年十一月

照誉　御朱印

役者　浄福寺　信誉印
　　　大雲院　秀誉印
　　　光徳寺　等誉印
　　　上善寺　豊誉印
　　　如来寺　廓誉印
　　　法然寺　忍誉印
山役者　源光院　巌永印
　　　忠岸院　玄隆印

覚

一、第一・第二条の趣、前々ハ綸旨頂戴相済み候と雖も、改（開）衣の式相勤めざる者ニは、香衣着用堅く制禁ニて候え共、種々相障る義これ有るニ付、今度この式永く御停止の由仰せ出され候。然る上は、綸旨頂戴以後ニは、本山その外何国ニても、遠慮なく香衣を着すべき事。

一、第三条の趣、京都御門中の一臈ハ、金襴の五条、十九ケ寺ハ、往昔御影前報恩の志において、余寺を混ぜず。これに依って、飛金の五条御免許、六役ハ十九ケ寺に准じ、これ又、飛金の五条御免なされ候事。但し、何れも大中衣これを禁ず。

一、第四条の趣、京都御門中入院の節、道具（衣）・九条ニて、十九ケ寺え廻礼、尤も送迎の式丁重たるべき事。また、田舎大中格の御門中ハ、常衣・五条ニて、これ又十九ケ寺え廻礼、右何れも祝儀物に及ばざる事。但し、小寺格ニは、廻礼の式これなし。

一、惣て都鄙諸御門中入院の節ハ、役寺六ケ所え祝儀物持参ニて、廻礼これ有るべき事。

一、第五条の趣、都鄙御門中、大中格の寺院住職の節ハ、当山内衆僧中幷に納所行者等え祝儀として、大寺ハ銀壱枚、中寺ハ金弐百疋、着帳所え相納めらるべき事。但し、小寺格これを除く。

一、十九箇寺の入院の節ハ、山内の衆僧その外え、銀壱枚等の祝儀物これなき事。

一、都鄙御門中、紫衣・香衣参内の節ハ、先規の如く、祝儀物院納せしめ、当山の規式相勤むる上、十九箇の寺院え廻礼等の規式これ有るべき事。

右七箇条は、本文の余意を以て、演達せしむ者なり。その意を得らるべく候。仍て件の如し。

享保十二丁未（年）十一月　（惣本山役者・山役者連印）

◇『日鑑』享保十二年十一月二十九日「照誉見超大和尚御代、諸門中礼式御定」。

一、京・大坂御門中幷に田舎格別の寺院、住職仰せ付けられ候御礼。

［大寺］　金弐百疋　御礼物。銀弐両宛　役者六ケ寺。同弐両宛　山役両院。同九匁　惣弟子中。同拾匁　惣帳場。同三匁宛　行者三人。同弐匁　取次。

［中寺］　金百疋　御礼物。銀壱両宛　役者六ケ寺。同壱両宛　山役両院。同五匁　惣弟子中。同五匁　惣帳場。同壱両　行者三人。同壱両　取次。

一、隠居御免の御礼。

［大寺］　金百疋　御礼物。銀弐両一封　役者。同壱両一封　山役。同弐匁　惣帳場。同弐匁　取次。

［中寺］　銀弐両　御礼物。銀壱両一封　役者。同壱匁一封　山役。鳥目百銅　帳場。銀弐匁　取次。

以上、右の外、小寺隠居の節ハ、御礼物幷に宿坊礼、志し次第、その外役礼無用。

一、本寺請（ママ）文の礼式。

［大・中寺］　銀弐両　御礼物。同壱両一封　役者。同弐匁一封　山役。同三匁　書記。同弐匁　取次。

［小寺］　銀壱両又ハ三匁　御礼物。同弐匁又ハ壱匁　役者。壱匁五分又ハ壱匁　山役。同断　書記。同断　取次。

右の礼式、極貧寺ニて調え難きハ御礼物御免。然りながら銀壱匁五分か壱匁、書記役え遣すべき事。未十一月。

一、入院継目御礼物幷に諸役礼の覚

［大寺分］　金百疋　大師前御報謝。同五百疋　御礼物。同百疋宛　役者六ケ寺。同百疋宛　山役両院。銀拾五匁　惣弟子中。同四両　惣帳場。同三匁　行者三人。金百疋　取次。銀壱枚　山内衆僧幷に納所行者礼。

［中寺分］　銀弐両　大師前御報謝。金弐百疋　御礼物。銀弐両宛　役者六ケ寺。同弐両宛　山役両院。同九匁　惣弟子中。同拾匁　惣帳場。同三匁宛　行者三人。金弐百疋　山内衆僧幷に納所行者礼。

［小寺分］　銀壱両　大師前御報謝。金百疋　御礼物。銀壱両宛　役者六ケ寺。同壱両宛　山役両院。同五匁　惣弟

子中。同五匁　惣帳場。同壱両　行者三人。同壱両　取次。
[極小寺分]　銀弐匁　大師前御報謝。銭五百文　御礼物。銀弐匁宛　役者六ケ寺。同弐匁　山役両院。同三匁　惣弟子中。同三匁　惣帳場。同弐匁　行者三人。同弐匁　取次。
一、大・中寺弟子御目見の礼。
(大師前御報謝)金百疋。銀壱両宛　役者六ケ寺。同壱両宛　山役両院。同五匁　惣弟子中。同五匁　惣帳場。同三匁　行者三人。同壱両　取次。

右は、大・中寺の弟子御目見の定なり。小寺・極小寺の御目見の節ハ、存寄次第の事。以上。未十一月。

◇『日鑑』享保十四年（一七二九）六月十七日「諸寺院諸礼の改格」。
一、諸寺院諸礼の格式、大・中・小寺等の礼式、古格上ニ、次大寺・次中寺・次小寺の礼式、評議の上、書加え候て相窺い、御許諾を請け、相定むる所、左記の如し。
一、享保十四酉年六月改格
[最極大寺]　金弐百疋　御報謝。金千疋　御礼物。諸役礼者、大寺分ニ一倍の割を以て相勤むべき事。
[極大寺]　金弐百疋　御報謝。金弐両　御礼物。銀五両宛　役者六ケ寺。銀五両宛　山役両院。同五両　惣弟子中。銀五両　惣帳場。同壱両宛　行者中。同五両　取次。銀壱枚　山内礼。
一、京・大坂御門中幷に田舎格別の寺院住職仰せ付けられ候御礼。
[大寺]　金弐百疋　御礼物。銀弐両宛　役者六ケ寺。同弐両宛　山役両院。同九匁　惣弟子中。同拾匁　惣帳場。同三匁ツ、　行者三人。同弐両　取次。
[次大寺]　銀五両　御礼物。鳥目五百文宛　役者六ケ寺。鳥目五百文宛　山役両院。同五百文　惣弟子中。銀弐両　惣帳場。同弐匁ツ、　行者三人。鳥目五百文　取次。
[中寺]　金百疋　御礼物。銀壱両宛　役者六ケ寺。同壱両宛　山役両院。同五匁　惣弟子中。同五匁　惣帳場。同壱両　行者中。同壱両　取次。
[次中寺]　銀拾匁　御礼物。同三匁宛　役者六ケ寺。同三匁宛　山役両院。同壱両　惣弟子中。同壱両　惣帳場。同三匁　行者中。同三匁　取次。

［小寺］　鳥目五百文　御礼物。銀弐匁宛　役者六ケ寺。銀弐匁宛　山役両院。同三匁　惣弟子中。同三匁　惣帳場。同弐匁　行者中。　同弐匁　取次。

一、京・大坂御門中・田舎格別の寺院継目の御礼式、幷に惣田舎御門中住職御礼、及び諸役礼の覚。

［大寺］　金百疋　御報謝。金五百疋　御礼物。同百疋宛　役者六ケ寺。金百疋宛　山役両院。銀拾五匁　御弟子中。同四匁　惣帳場。同三匁ツ、　行者三人。同壱枚　山内衆僧・納所行者礼。金百疋　取次。

［次大寺］　銀三両　御報謝。金三百疋　御礼物。銀三両宛　役者六ケ寺。銀三両宛　山役両院。銀三両　惣弟子中。銀三両　惣帳場。銀三匁宛　行者三人。金弐百疋　山内礼。銀三両　取次。

［中寺］　銀弐両　御報謝。金弐百疋　御礼物。銀弐両宛　役者六ケ寺。銀弐両宛　山役両院。同九匁　弟子中。同拾匁　惣帳場。同三匁宛　行者三人。同弐両　取次。金二百疋　山内礼。

［次中寺］　銀弐両　御報謝。同五両　御礼物。鳥目五百文宛　役者六ケ寺。同五百文ツ、　山役両院。同五百文弟子中。銀弐両　惣帳場。同弐匁ツ、　行者三人。鳥目五百文　取次。金二百疋　山内礼。

［小寺］　銀壱両　御報謝。金百疋　御礼物。銀壱両宛　役者六ケ寺。同断宛　山役両院。銀五匁　惣弟子中。同五匁　惣帳場。同壱両　行者中。同壱両　取次。

［次小寺］　銀三匁　御報謝。銀拾匁　御礼物。銀三匁宛　役者六ケ寺。同三匁宛　山役両院。同壱両　惣弟子中。同壱両　惣帳場。同三匁　行者中。同三匁　取次。

［極小寺］　銀弐匁　御報謝。鳥目五百文　御礼物。銀弐匁ツ、　役者六ケ寺。同弐匁ツ、　山役両院。同三匁　惣弟子中。同三匁　惣帳場。同弐匁　行者中。同弐匁　取次。

右の外、弟子御目見の御礼、隠居御免の御礼、本寺証文の礼式、先格之通り相変らず、享保十二年霜月の日鑑ニこれ有る通りなり（前掲）。

◇『日鑑』享保十四年七月二十日。

一、去月十七日御伺い申し候入院格式、次大寺・次中寺・次小寺等の品、相定め候処、この間仰られ候ハ、先達て伺いの節は、古来の格相応より過分は減少致し、相応より不足なるハ増し候様ニとの訳ニて、許諾申し候え共、兎角前々の通り然るべく候間、張紙も前々之通ニ□直し候様ニと仰らるニ付、張紙前々の通り仕替え候事。

第三章　宝暦六年の災害と檀那寺

はじめに

宝暦六年（一七五六、閏月十一月）九月十六日、山城国・近江国をおそった烈風と大雨により、河川が氾濫し、人家が流され死者が多数でる大きな災害となった。災害の規模、藩や村人がその対応にいかに取り組んだかについては、市町村史に詳しく取り上げられている(1)。

知恩院の役所『日鑑』には、知恩院を本寺とする末寺の災害に対する対応が詳しく記載されている。災害史の史料としても貴重なので、木津門中・御牧門中の被害の報告と対応、金勝《こんぜ》阿弥陀寺の死者供養常念仏料捻出のための出開帳をとおして、寺と檀家との絆を紹介したい。

第一節　木津川の氾濫と末寺

一　木津門中の災害報告

宝暦六年（一七五六）

・九月二十五日

西川原村極楽寺（現・京田辺市河原）が取次の保徳院（知恩院塔頭）まで、九月十七日の大洪水で木津川の堤が切れて一丈二尺余り（三メートル六〇センチ）の大水が出たこと。そのため、本尊と二菩薩二組、過去帳等は持ち出せたが、ほかの什物・所持の道具類が流され、村人の家十七軒が潰れ、田畑がはなはだしく損亡したと知らせてきた。そのことを保徳院が役所に報告している。

九月二十五日『日鑑』

一、西川原村極楽寺より、取次保徳院迄来書。当十七日大洪水ニて、木津川堤切れ込み、壱丈弐尺余りの大水、漸く本尊・二菩薩二組・過去帳等取り除き、その外の什物幷に所持の（道）具、多分は流され、村方家数十七軒潰レ申し候。村方田地等夥敷く損亡致し候書面なり。

・九月二十六日

木津門中の西福寺・泉橋寺・安養寺・地蔵院が、十六日の夜の大風雨で、木津川が大洪水となり、四カ所の堤が切れ四百余の家が流されたこと。正覚寺（現・木津町小字西垣外）・大龍寺（同）は本堂の天井まで水で浸かり、本尊・過去帳・綸脈は持ち出せたが、什物・道具類は残らず流出したこと。檀家の家々の家財も流れ、寺も大破し困っていると届け出ている。

九月二十六日『日鑑』

一、木津門中西福寺・泉橋寺・安養寺・地蔵院より、書付を以て届け。当十六日夜大風雨ニ付、木津川大洪水、四カ所堤切れ、家数四百余流、正覚寺・大龍寺本堂天井迄水込み、本尊・過去帳・綸脈所持ニて、怪我ハ御座なく候え共、併て什物・諸道具残らず流出、檀家も残らず家材（財）等流さる。寺も大破に及び、差し当り迷惑仕り候。右の趣、組より御届け申し上げ候旨なり。

・十月十日

木津門中の正覚寺・大龍寺が本山知恩院にやって来た。本堂の屋根まで水が入り込み、建具・道具類が流された。その上、十月三日の夜にも大水があり、寺は柱ばかりになってしまったこと。檀家も在所を立ち退き、残っているのは二十四、五軒となってしまい、住職として一人暮らしの身も（経済的に）困難なこととなってしまっている。よって寺格を極小寺道心者庵なみに下げてほしいとの願書を提出した。

十月十日『日鑑』

一、城州木津正覚寺・大龍寺登山。願いの趣は、当九月十六日の夜、大風雨ニて木津川洪水、堤切込み候て、本堂屋根迄水漬けニ罷りなり、立（建）具・諸道具等流出仕る。その上当月三日の夜、又々大水ニて、建物柱計りニ相なり、旦中も在所住居なり難く、段々立退き、漸く相残り候分、廿四、五軒ニ罷りなり、独身暮しも致し難く候間、向後、極小寺道心者庵同然ニ願い奉る旨、願書幷に木津門中添簡差し出す。追て御沙汰あるべくの旨、帳場ニて申し渡す。

・十月十二日

方丈（五十三世麗誉順真）の意向は、「先々聞き届け置くまで」とのことなので、役所としても、そのように評議している。

十月十二日『日鑑』

一、木津正覚寺・大龍寺願いの趣、披露致し候処、先々聞き届け置き候迄ニて然るべき旨、尊意（五十三世麗誉順真）ニ候。尤も役所評議もその通りニ候事。

二　御牧門中の災害報告

宝暦六年（一七五六）

・十一月十二日

御牧門中の安福寺・光福寺（現・久世郡久御山町）・観音寺・称名寺・花台寺（現・久御山町中島、触頭）の旦那総代（二寺は一人、三寺は二人宛）連印して、九月十六日・十月三日の二度の洪水で寺が大破し、寺・檀家ともに難儀していること。修復するのに力が及ばないので、五寺に銀子二貫五百目（祠堂銀）の拝借願いのため、総代として花台寺旦中が登山している。知恩院役所は承知の旨を申し渡している。この願書は先だって提出した文面に不備があり、再提出したものである。

十一月十二日『日鑑』
一、御牧門中安福寺・光福寺・観音寺・称名寺・花台寺、各寺旦那惣代、弐ケ寺ハ壱人、三ケ寺ハ両人宛、連印を以て、当年九月十六日・十月三日両度洪水ニて大破に及び、何れも師旦共難儀仕り候ニ付、修復仕り候儀、当節、師旦共力及び難く、右五ケ寺の内え銀子弐貫五百目、御拝借相願書指し出し候。先達て願書指し上げ候え共、文面宜しからず、認め替え指し出すべく旨、衆評ニて申し渡す。連印等相改め指し出す。披露に及び、御承知の旨申し渡す。惣代花台寺旦中登山。
一、同御聞済ニ付、証文幷に五ケ寺割付け書指し出す。明日登山申し渡す。

・十一月十三日
役所において衆議、方丈（五十三世麗誉順真）に報告した。丑年（翌宝暦七年）より五年の年賦とし、利息は来年七月まで御免とすることにし、銀子二貫五百目を総代花台寺に貸し出した。

十一月十三日『日鑑』
一、御牧門中五箇寺、昨日拝借願書承知の旨申し渡す。拝借証文、五ケ寺割附書付け指し出し候ニ付、衆評の上、披露に及ぶ。今日銀弐貫五百目、来丑年より五年賦上納、洪水ニ付き難儀の段、御憐愍を以て、来丑七月迄利足御免の由申し渡す。惣代花台寺へ銀子相渡す。

三　島田村妙蓮寺と借寺

十二月になると、島田村の妙蓮寺が木津川の堤下にあり、人家から離れ、洪水のさいにも用心が悪いので、寺を取り払い、戸津村小中代の末庵浄音寺に引き移ることを淀藩主に願い出て、借寺住居している。

十二月二十日『日鑑』

一、御牧花台寺より取次徳林院え書面。嶋田村妙蓮寺、御聞き及び候通り、木津川堤ニて、洪水の節人家離ニ候えは、用心悪敷候ニ付、末庵浄音寺え地替え仕り度く候間、御添翰願の趣申し来る。右書面、来翰留ニ写ス。

十二月二十四日『日鑑』

一、御牧妙蓮寺願いの趣、これ迄の寺院、洪水の節、毎度水損に及ぶ。難儀仕り候ニ付、今般、末庵浄音寺類地え引寺仕り度く、檀中一統ニ願い奉り候。これに依って、稲葉丹後守殿（淀藩主・稲葉正益）え願書差し出し申し度く候間、何とぞ右地頭え御添翰なし下されたく願い奉り候。勿論、所の庄屋・肝煎幷に惣旦中、異儀これなき旨、口上書等三通、尤も触頭花台寺よりも添翰差し出す。披露に及び、則ち添翰遣す。

宝暦七年（一七五七）

・七月二十四日

ところが、妙蓮寺が翌宝暦七年七月二十一日の朝、常香の失により、借寺中の浄音寺を全焼させたことを、門中総代光福寺と妙蓮寺旦那が役所に届けている。

七月二十四日『日鑑』

一、城州御牧嶋田村妙蓮寺、先達て引地普請願い相済し、妙蓮寺取り払い、同末寺同村浄音寺え借寺住居の所、当月廿一日常香の火失火致し、一宇残らず焼失ニ付、門中惣代光福寺幷に旦那登山これを届く。尤も花台寺より添簡来る。聞き置きの段申し渡し、下山。

・七月二十六日

また、淀藩寺社奉行の役人より知恩院役所に書簡があった。この失火により妙蓮寺住持に「遠慮」（謹慎）を命じたことを、本寺知恩院に知らせてきた。役所より返書。

七月二十六日『日鑑』

一、淀稲葉丹後守殿寺社役人根本喜左衛門・飯沼十右衛門両人よりの来翰の趣、御牧妙蓮寺引地ニ付、同村末寺浄音寺え借寺住居の所、廿一日朝失火、一宇残らず焼失ニ付、かねがね火の用心申し付け置き候処、不沙汰の至ニ候。これに依って、遠慮致し候様申し談じ候由申し来る。御入念の御紙上、承知致し候段、返書に及ぶ。

妙蓮寺は、翌宝暦八年十一月八日『日鑑』によると、八月の洪水により田畑が大荒れ、寺も檀家も困窮している。役所に祠堂銀年賦の延引願いを提出し、認められている。

十一月八日『日鑑』

一、山城国久世郡嶋田村妙蓮寺、願書差し出し候は、御祠堂銀年賦上納の義、当八月洪水ニて田畑等大荒れ仕り、寺檀共に困窮仕り候間、元銀当年五ケ一上納の義、御延シ下され候ニと願書。幷に御牧花台寺より添翰差し出す。願いの通り申し渡し、返簡に及ぶ。

四　湯船村応源寺と再建の托鉢

宝暦六年（一七五六）

・十月二十日

湯船村応源寺（現・和束町大字湯船）は、住持と旦那連印で、九月十六日夜の洪水で山が崩れ、田畑・百姓家が潰れ流されて人が多く死に、応源寺も潰れて本尊・過去帳ともに有無が知れず（行方不明）、聞き届けいただければ寺を片付けたい旨の届けを出した。役所は勝手次第片付けるようにと、申し渡している。住持の文察は病気で登山しなかった。

十月二十日『日鑑』

一、城州湯船村応源寺住持幷に旦那連印の願書差し出し候趣ハ、当九月十六日夜、洪水にて山崩れ、田畑・百姓家潰れ流れ、人死多く、応源寺も潰れ、本尊・過去帳共ニ有無相知れ申さず候由、訟書取次迄差し出す。御聞き届け相済み候ハヽ、右寺片付け申し度き旨ニ付、勝手次第片付け候様、取次より申し渡し候。尤も住持文察病気故、登山致さず候。

宝暦七年（一七五七）

・七月二十四日

病気中の住持文察は役所に隠居を願い出た。免許され、無住となった応源寺には知恩院より清誉義弁が新住持に任ぜられた。

七月二十四日『日鑑』
一、城州湯船応源寺文察隠居の願い。門中西願寺より来簡。願いの通り御免許。
一、湯船応源寺無住ニ付、相応の後住仰せ付けられ下され候様、願書幷に西願寺より来簡。則ち披露を遂げ候所、表御取立を以て、清誉義弁西堂え住職御免、拝礼相済す。

・九月三日

新住持となった義弁は、本尊と寺を再建するため、托鉢の許可を知恩院に願い出た。
九月三日『日鑑』
一、湯船応源寺登山。願書の趣ハ、去る子の九月洪水の節、寺跡幷に仏像幷に諸（道）具等迄、残らず打ち埋もれ打ち砕かる。これに依って、本尊幷に寺再建仕りたく候え共、自分相叶ず候故、近辺托鉢致したく、御免願い奉り候趣なり。尚又、御免の趣も御書面ニなし下されたき願いなり。則ち組中え返書ニ、その趣申遣す。来翰留・書翰留ニこれ有り。

宝暦八年（一七五八）

五月五日と十五日『日鑑』によると、応源寺清誉は本山知恩院の托鉢許可の文書を見せながら、京都門中を勧化していて、その勧化のやり方には差し障りがあるので、知恩院役所は托鉢許可の書付を取り戻している。

五月五日『日鑑』
一、湯船応源寺、先達て修復建立のため、托鉢仕りたき願い差し出し候ニ付き、組寺え免許の書付差し遣し候処ニ、彼僧如何が心得候哉、京都御門中各寺院え勧化ニ相廻り候ニ付き、衆評の上、応源寺呼び寄せ、右の許状取り戻シ申すべき儀ニ付き、組西願寺并に旦那同道登山候様ニ、帳場より召状を遣す。

五月十五日『日鑑』

一、城州湯船応源寺并に組西願寺・旦那壱人登山。応源寺修復建立助成のため、托鉢致したき旨ニ付き、先達て願いの通り申し渡す。組中え返簡の書付遣し候所、この間京都御門中え右書付を以て相廻り、勧化致し候様子相聞え候。托鉢の願い差し免し候書付ニ候処、紛らわ敷き致し方、ほか〳〵、差し障る義これ有り候間、遣し置き候書付差し戻シ申すべき段、月番・山役面談、申し渡す。承知仕り候由ニて退出。即刻、右の書付持参候故、帳場より受け取り置き候。

第二節　近江国金勝阿弥陀寺の出開帳

滋賀県栗東市東坂にある阿弥陀寺は、金勝山大通院と号し浄土宗近江教団根源の寺院である。栗太郡川辺出身の金勝山浄厳坊に住んでいた隆尭（佐々木義成の嫡男、隆頼）が応永二十年（一四一三）に、女人結界（禁制）の聖地である金勝山から下り、東坂の里に草堂を結んだのに始まる。その跡を継いだ隆阿は知恩院の住持（第十九世とされる）となり、三世厳誉宗真が六角高頼の帰依を受けて、草堂を拡張して阿弥陀寺とした。宗真は、後土御門天皇から黒衣参内の綸旨を賜り、門弟一千余、子院六宇、末寺が数百あったと伝えられている（「湖東三僧伝」）。

八世応誉明感が織田信長に安土移住を命じられ、天正六年（一五七八）に信長が建立した浄厳院に多くの聖教類・什宝とともに移った。その後は、浄厳院が近江国の総本寺となり、阿弥陀寺は筆頭格の末寺となった。浄厳院は天正七年（一五七九）五月に開催された浄土宗と法華宗の宗論である安土問答の寺院としても知られている。

宝暦六年（一七五六）九月の洪水を紹介したが、この洪水は阿弥陀寺のある東坂村（藩主は膳所藩本多氏）と観音寺村にも、実に深刻な被害をもたらした。『栗東の歴史』第二巻近世編に紹介されている古文書にも、

当九月十六日の夜、大洪水につき、東坂村・観音寺村の家屋敷が流出したり、家が潰れ、二十人余りが水死した。夜中の洪水であったので、百姓たちは衣類・諸道具・農具まで流されたので、百姓としての「渡世」が成りがたくなってしまった（取意。「三浦貞夫家文書」）。


と記録されている。(2)

古い由緒のある寺院として、近江国の人々に崇敬をされてきた阿弥陀寺の檀家の多くも亡くなった。阿弥陀寺ではこの洪水で亡くなった人々を常念仏（一定の時を限って、仏堂で念仏法会を催すこと。不断念仏）により供養するために、その費用捻出の手立てとして京都で本尊・霊宝の「出開帳」することを決めている。その特例による出開帳の経緯が本山である知恩院『日鑑』に掲載されている。

宝暦六年（一七五六）

・閏十一月

安土浄厳院末寺の金勝阿弥陀寺は、本尊・霊宝を来る三月、四条金蓮寺において開帳の願書を提出し、一度は不備で差し戻されたが、十九日に三月三日より四月三日までの開帳願いを再提出している。

閏十一月十九日『日鑑』

一、江州安土浄厳院末、栗太郡金勝阿弥陀寺、当九月十六日大洪水ニ、家居・田畑共相流れ、溺死夥敷く、子孫も断絶の者多くこれ有るニ付、右霊魂菩提のため、常念仏興行仕りたく、これに依って、常念仏料助成のため、来三月三日より四月三日迄、寺町四条金蓮寺において、開帳仕りたき旨、浄厳院添簡を以て相願い候え共、差し支えこれ有る故、願書等差戻シ候処、相歎き、再応書付を以て相願い候故、衆評に及び、御許容なされ難き事に候え共、この度の水難、古今の珍敷き事、余例ニもなる間敷き儀、御慈愍の上、臨期の御計を以て、御免許の旨、月番面談。猶又、開帳中騒動ケ間敷儀これなき様、尤も卑劣の勧化致す間敷く、勿論開帳繁昌・不繁昌ニ付、重て他宗・他派ニテは相ならざる旨、委く申し渡す。

金蓮寺とは時宗の四条道場のことであるが、元文二年（一七三七）、三条橋東にあった浄土宗正栄寺の恵観が第三十二代浄阿上人となっていて、知恩院や浄土宗とは親しい関係にあった（金蓮寺は大正十五年、北区鷹峯町に移転）。

宝暦七年（一七五七）

二月二十五日に入仏、開帳には三月二十四日に知恩院麗誉順真も参詣している。四月四日、阿弥陀寺より、昨日閉帳の届けがあり、七日には阿弥陀寺は、開帳御礼として、役所月番信行寺に銀五匁、山役中に銀一両を持参している。

さらに阿弥陀寺は、大津乗念寺（膳所藩）において四月十二日から十八日まで開帳している。鳴り物停止（徳川家治の子、千代姫、四月十二日死去）のお触れもあり、二日間日延べの開帳となったが、二十日に無事閉帳した届けをしている。

四月二十一日『日鑑』

一、江州金勝阿弥陀寺、大津乗念寺において開帳仕りたき旨、先達て願い奉り候処、御免なし下され、有り難く存じ奉り候。然ニ、当月十二日より十八日迄開帳仕る筈ニ候処、鳴物御停止の御触れ御座候ニ付、十九日・廿日両日、日延べの儀、大津表御役所え願い上げ候処、早速御免なし下され相勤む。昨廿日五ツ時過ぎ閉帳仕り候間、口上書を以て、御届け申し上げ候旨、金勝阿弥陀寺・大津乗念寺両印ニて出す。

註

（1）木津川の氾濫については、『加茂町史』第二巻近世編第二章第四節「治水と砂防」（加茂町、一九九一年）、植村善博氏を中心にまとめられた「木津川・宇治川低地の地形と過去四〇〇年間の水害史」（『京都歴史災害研究』第七号、二〇〇七年）参照。

（2）『栗東の歴史』第二巻近世編（栗東町役場、一九九〇年）三六〇頁。

第四章　知恩院の仏名会と御身拭い式

――日本人の滅罪信仰――

第一節　御影を拭い、おのが心を拭う

京都東山の浄土宗総本山知恩院では、仏名会が十二月二日から四日までの三日間、阿弥陀堂で午前十一時から勤修されている。納骨仏名会とも呼ばれるように、その年に納骨した各家庭の霊位の供養がなされるので、亡くなった家族への供養と家庭の越年招福を願って家族連れでのお参りがある。

知恩院仏名会は、応仁の大乱で中止されたものを正徳二年（一七一二）に復興したものである。知恩院役所の『日鑑』によると、塔頭入信院で講学をことしていた学僧義山は、知恩院仏名会の法則が、廬山寺に伝わっていることを知り、仏名会の復活を知恩院に勧めた。知恩院では、早速に仏名会の本尊である三千仏画像を修復するとともに、法則の指南を受けるため深草誓願寺隠居所に二名の僧を通わせている(1)。

当時知恩院では、十二月十九日に一山の煤払いがあり、二十日に御身拭い式が行われていたが、『日鑑』の翌二十一日の条に、集会堂で仏名会が復興されたことを「仏名会今晩より始まる。二十三日まで三日のうち。大衆残らず。集会堂において。七ツより衆来たり鐘鳴る。二百礼これあり。（四十三世応誉円理）御出、御十念」と記している。仏名会の荘厳については、二十四日の条にみえる。

三千仏前　大机　打敷　二燈二花。
盛物　三方三つに饅頭百五十　蜜柑百五十。
香炉　内陣結界を置く　旗六流　内陣燭台五本。
所々にひじり燈籠懸かる。

参拝者についての記載はなく、詳しいことはわからないが、寺中の法会であったようである。翌三年より十二月六日から八日までとなる。(2) 明治維新期に中断したが、明治三十一年（一八九八）に再び復興された。(3)

御身拭い式は年末の二十五日に行われる。御影堂の御厨子に安置されている法然上人像の塵汚を、一山僧侶と信徒が念仏を唱和するなか、門主みずからが拭い清める法会である。


われもまたおのが心をぬぐうなり　祖師の御影をぬぐう年の瀬　（知恩院八十三世）量誉信宏

信徒にとっては、法然像を間近に拝し、祖師と念仏の縁を結ぶことができる一年に一度の機会である。祖師上人より甘露水をいただくこととして、この日は甘酒の振る舞いがある。門主が御身拭いに使用した布は、篤信の人に「御身拭い袈裟」として与えられることとなっている。

御身拭い式は、京都の歳末の風物としてもよく知られている行事で、慶安年間（一六四八～五二）に始まったといわれる。

宝暦八年（一七五八）『年中行事録』掲載の式次第を紹介しておく。(4)

十二月廿日
一、大師御身拭。尊前奉始、侍者一山共に帷子着用、五条ニ而出勤、御参堂、直ニ肩屛前御着座。次山内一﨟開帳、大衆一同樒之葉をくはえ、大机之上ニ奉移。次尊前御身御拭、畢而御洒水。次御焼香、御三拝、次御厨子江御向ひ御灑水。次御厨子江奉移、尊前御復座、四奉請・四誓偈弐巻〈処世界之文〉・念仏引声、小責、了而御十念、左右参詣之道俗へも御十念被下之、御下堂之事。
一、御身拭ニ付、絹切弐尺・大奉書四枚、行者江相渡候事。

口に樒を含み、紙で口と鼻を覆った衆僧により、大机上に法然の木像が移される。山内一﨟（長老）が厨子を開き、方丈が絹布で尊像を拭う。その間に、衆僧により、厨子の殿内が掃除され香水が濯がれる。

江戸時代末の『勤行録』の式次第では、ふたたび殿内に尊像が安置されたあと、献茶がある。その後、厨子の東西の壇上に煮小豆餅が供えられ、式が終わる[5]。

御身拭いの古い例は、嵯峨の清凉寺の本尊釈迦如来像で、戦国時代の公卿鷲尾隆康の日記『二水記』の永正元年（一五〇四）三月十九日条に、「今日嵯峨釈迦御身拭式、参詣」とみえるものである。今は、四月十九日に行われており、全国各地の信者が白布を持ち寄り、念仏唱和するなか、住職が御身拭いをする。このときの布で経帷子を作り、死後これをつければ往生極楽まちがいないと信じられている。

知恩院では、修正会が社会の平安と福利、信者の幸せを祈願して修法される年始の法要であるのに対して、仏名会と御身拭い式は、過ぎ去ろうとする一年を振り返るとともに、無事新しい年を迎えることの喜びを感謝する法要として営まれている。

ところで、平安中期の歌人藤原公任が撰した『和漢朗詠集』には、

あらたまの年も暮るれば造りけむ　罪ものこらずなりやしぬらむ

との歌が入れられている。(6)室町中期の仏教関係の百科辞書『塵添壒嚢抄』では、「仏名会」を「仏名懺悔」と呼び、その由来を、

禁中より始めて辺山に至りて、仏名懺悔とて、歳暮に必ず過・現・未の三千仏の御名を称して、罪障を懺悔する也。譬へば、年中の造るところの罪障を懺悔して、三世の諸仏の智光に照らし、歳霜と共に消滅せしむる意也。

と説明している。(7)

第二節　仏名懺悔の恒例化

それでは、年末に一年中の罪を祓い新しい年を迎える、という日本人の滅罪の信仰の特質を、仏名会の歳末行事としての恒例化を通して考えてみたい。(8)

奈良時代には共同体の災いを祓う呪術的儀礼のひとつとして、歳末・年始の多くの悔過行事が行われている。吉

祥天に対する懺悔が一切の罪を滅ぼすことは、鎮護国家の経典である『金光明最勝王経』にも説かれているが、吉祥悔過は神護景雲元年（七六七）正月、諸国において天下太平・五穀成熟を祈り行われたのを最初として、以後諸寺の恒例の正月行事となった。源為憲が永観二年（九八四）に編した、仏教入門書『三宝絵』に「昼は最勝王経を講じ、夜は吉祥悔過をおこなはしめたまふ」とあるように、悔過は夜の法会であった(9)。

歳末に行われる悔過は、十二月晦日に天皇以下百官万民の知らずに犯していた罪という罪、穢れという穢れを祓い、清浄にする大祓と共通する儀礼である。宝亀五年（七七四）十二月には宮中で、十方・三世の諸仏に敬礼することによって、懺悔滅罪を得ることを説く中国で成立した『大通方広懺悔滅罪荘厳成仏経』にもとづき、方広悔過が行われている。弘仁十四年（八二三）十二月二十三日にも、清涼殿において夜を徹して勤修されているが、導師のひとりとして空海も請じられている。この方広悔過は中国でさかんに行われていたものの移入で、その懺文に「如来の称号は限量有ること無く……」とみえるように、仏名懺悔の思想がうかがえる。

歳末に名僧を宮中清涼殿に請じ、『仏名経』が三日三夜懺礼されたことは、天長七年（八三〇）と承和二年（八三五）にその例があるが、『続日本後紀』承和五年（八三八）十二月十五日条には、

（仁明）天皇清涼殿において、仏名懺悔を修す。限りて三日三夜を以てす。律師静安・大法師願安・実敏・願定・道昌らたがいに導師となる。内裏仏名懺悔これより始まる。

とみえるので、承和五年より宮中では恒例化したことが知られる(10)。この年の導師はいずれも奈良の諸寺とゆかりの深い僧であり、宮中での諸法会にも請じられている。中でも静安は比良山で、願安は役行者の霊蹟とされた近江栗

太郡の金勝寺で山岳修行した法力ゆたかな行者僧である。

諸国においては、承和十三年（八四六）十月二十七日の太政官符により、五畿内七道諸国において十二月十五日から十七日まで、部内（国内）の名徳七僧により国衙において修し、以後恒例とすべきこと。(11)布施には正税を用い、期間中は殺生禁断とすべきことが命ぜられている。仁寿三年（八五三）十一月十三日、官符により期間が十九日から二十一日までに変更された。(12)

『三宝絵』には、仏名懺悔の功徳を『仏名経』を引いて、三世三劫の諸仏の名を聞き、書き写し、仏の形を書き、香花・伎楽を供養し、心をいたして礼拝するならば、その功徳は無量であるといい、そのことは『仏名経』に、

願はくは三途の闇をやめ、国豊かに、民安くして、邪見の人に善根を発さしめ、願はくは衆生とともに無量寿仏の国に生れむと思へ。（中略）もし仏の御名を聞かば、心を一つにして拝みたてまつれ。違ひあやまたむことをば謗らざれ。無量阿曽祇劫（はかりきれない長期間）に集めたる所のもろもろの罪を消つ。

と説かれていると述べている。(13)

『仏名経』は数種あり、奈良時代までに伝来している。知恩院の仏名会で使用されている『三千仏名経』は、平安時代の中頃よりしだいに用いられるようになったもので、それまでの宮中や諸国における仏名懺悔に用いられたのは、一万三千余の仏名を載せる十六巻本の『仏名経』である。この十六巻本は、視力を失いながらも律宗を伝え、東大寺戒壇院を建立し、戒律の普及に尽力した唐の高僧鑑真が、天平勝宝六年（七五四）に将来した経典のなかにもみえる。(14)

『日本三代実録』によると、貞観五年（八六三）四月、伯耆講師賢永は「年来五穀登らず、百姓窮弊す。しかのみならず、疫疾頻りに発りて死亡する者」が多いことより、国家のために一万三千仏画像を描き、観音像・一切経とともに、伯耆国分寺に安置している。一万三千仏画像は仏名懺悔の法の本尊で制作された。宮中仏名懺悔の導師を勧めた静安は、諸国に分置する志があったが、果たせず死去したので、その遺志を継いだ弟子の元興寺僧賢護により、貞観十三年と同十八年に諸国に配された(15)。

讃岐国の国守であった菅原道真も、仁和四年（八八八）十二月讃岐国衙において修している。『菅家文草』所収「懺悔会作」はそのときの作である。

承和の聖主（仁明天皇）、勅初めて下したまひぬ。貞観の明王（清和天皇）、格永く陳ねたまへり。内は九重より、外は諸国。万乗より起りて、黎民に及ぶ。年の終に三日、心馬を繋ぐ。天の下に一時に、法輪を転ず。

帰依す。一万三千仏。経中の仏名なり。
哀愍す。二十八万人。部内の戸口なり。

と詠じ、

と讃岐国内の人びとの平穏なる生活を祈願している(16)。

第三節　御仏名と地獄変屏風

仏名懺悔の日は平安時代には「御仏名」と呼ばれた。会場には正面に一万三千仏画像がかけられ、その反対側には、参会者を取り囲むように、地獄変の屏風を立てるのが恒例であった。清少納言はこの屏風がたいそう恐ろしかったようである。『枕草子』には、

御仏名のまたの日、地獄絵の屏風とりわたして、宮に御覧ぜさせ奉らせ給ふ。ゆゆしう、いみじきことかぎりなし。「これ見よ、見よ」と、おほせらるれど、「さらに見侍らじ」とて、ゆゆしさにうへやにかくれふしぬ。

と、皇后定子に見よ見よといわれて、逃げ隠れしたことを記している。[17]

ところで、地獄変屏風が恐ろしかった清少納言は、「くちをしきもの」の一つに御仏名の「雪降らで雨のかきくらし（空を暗くして）降りたる」ことをあげている。[18]仏名の日の雪は日記に記され、和歌にもしばしば詠まれている。

「延喜の御時屏風に」　紀貫之
年の内につもれる罪はかきくらし　降る白雪とゝもに消えなん[19]
「仏名のあしたに、雪のふりければ」　道綱の母

　としのうちにつみけつにはにふる雪は　つとめてのちはつもらざらなん[20]

積もった雪が陽があたるとともに消滅するのと同じように、一年のうちにつもった罪障も年内に消滅するものと考えられていたことは、日本人の滅罪意識を考えるうえで、とても興味深い。

　導師として請ぜられた僧たちは、初夜・中夜・後夜と三度、交代しながら『仏名経』を唱えたが、『三宝絵』に「公にはひろき綿をかづけたまふ。私にはぬへる衣をかづくること恒例のことなり」というように被物《かずけもの》があった。綿が与えられることについては、夜寒を防ぐためであったともいわれている。[21]

　ところで、「師走」とは、御仏名の法師が経読みに東西に馳せ走る月のことだとも説明されるように、導師が揃わないこともあった。その際には、臨時の導師として野育ちの験力にすぐれた「野臥」僧が呼ばれた。慈円も『拾玉集』において、

　三世までの仏唱ふる野ぶしたち　春の御鞠に参る人かな

と詠んでいる。[22]

　雪のしんしんと降る年の暮れの深夜、諸仏の名号が野臥の哀調をおびた美声で唱えられるのを聴聞し、燈火にゆらめく地獄の有様を屏風に見た平安貴族たちは、さだめし雪の積もった夜明けが待ち遠しかったことであろう。そして翌朝、朝日に照らされて庭一面に降り積もった雪が消えゆくさまをみて、自らの罪障が消滅したことを確信したに違いない。

前に紹介した貫之の歌を引いた『栄華物語』の次の記述は、歳末仏事としての「御仏名」の性格をよく示している。[23]

十二月にもなりぬ。世の中心あはただしう、内よりはじめ、宮々の御仏名にも、例の仏名経など誦ずる声もをかしきに、「降る白雪とともに消えなん」などもあはれなり。はかなく暮れぬれば、ついたちには元旦の朝拝よりはじめ、様々にめでたし。

註

（1）正徳二年（一七一二）『日鑑』（抄出）。

十月廿四日　恵心三千仏、蔵ゟ出之、内々表具為修復、義山肝煎ニテ彼方へ相渡候事、

十二月七日　三千仏表具出来、義山登山ニ而請取之候、

十六日　仏名会、往昔当山ニ法則有、〈室町殿記ニも有之由、吉田殿記録ニ茂、知恩院仏名会参、感涙ヲ流□□〉、応仁之比退転有カ、彼法則、廬山寺留リ有ヲ、義山和尚求被出候而、此度三千仏修復再興シテ、当年ゟ相務候筈、寺中務之、

廿一日　仏名会、今晩ゟ初ル、廿三日迄三日之中、大衆不残於衆(集)会堂、七ツゟ衆来鐘鳴、弐百礼有之、御出御十念有之、

廿四日　仏名会法則ハ、深草誓願寺隠居所ニテ、浩徳院・福寿院度々参、指南ヲ請、被相伝候、依之、右為謝礼、物代浩徳院、彼院へ参、慈空・玄門両僧へ、小奉書壱束ツ、遣之、義山和尚へも同断礼、白砂糖壱曲遣之、右為施物、大僧正へ金壱百疋上ル、

（2）宝暦八年（一七五八）『年中行事録』（『知恩院史料集　古記録篇二』、総本山知恩院史料編纂所、二〇一六年）。本章註末「知恩院の歳末行事」参照。

(3)『知恩院史』（知恩院、一九三七年）第一篇第四章「年中行事」、五六六頁。
(4)宝暦八年（一七五八）作成の『年中行事録』には、十八・十九日の大掃除が記載されている（前掲註（2））。
(5)前掲註（3）『知恩院史』、五六七頁。『日鑑』寛延元年（一七四八）九月四日に、大師御厨子の背後に火災除けの千手観音像を奉納した記載がある。

一、千手世観音菩薩の像一躯、天狗の作ニて、およそ百五拾年を経たりと。上州伊香保温泉山医王寺千体の内なり。松平（浅野）安芸守殿内小幡孫十郎、右尊像一躯所持の所、延享三年二月九日、不思議に火災を除、都て前後三度迄、火難を免れ候。偏にこの霊像の利益なる事を覚知ス。爰に縁山（増上寺）北谷霊応、右の趣委細これを承り、縁を求め、右医王寺え懇望シテ、霊像三躯を得て、各厨子を建立シ、内一躯は増上寺本堂ニ奉納、次の一躰は同庫裏ニ奉納、残る一躰ハ当山伽藍長久の為ニ、御影堂え奉納仕りたき旨、専念寺当春在府中物語りこれ有るに付き、則ち応答に及ひ、帰路の節これを奉守。大僧正（五十世霊誉鸞宿）えこれを申し上げ候の処、御欣悦斜めならず。同役・両院一等ニ随喜至極の上、今日大師御厨子の中、大師尊影の背後に奉納の者なり。

(6)『和漢朗詠集』巻上「仏名」（日本古典文学大系『和漢朗詠集　梁塵秘抄』所収）。
(7)『塵添壒囊抄』巻第十四「仏名懺悔事」（『大日本仏教全書』第一五〇冊）。
(8)先行研究に、家永三郎『上代仏教思想史研究』（畝傍書房、一九四二年。新訂版、法藏館、一九六六年）、小林太市郎『大和絵史論』（全国書房、一九四六年）、和歌森太郎「仏名会の成立」（『修験道史研究』、平凡社東洋文庫、一九七二年、所収）、山中裕『平安朝の年中行事』（塙書房、一九七二年）、中野玄三『悔過の芸術』（法藏館、一九八二年）、竹居明男「仏名会に関する諸問題」（同志社大学『人文学』一三五・一三六号、一九八〇・八一年）等がある。関係史料については『古事類苑』宗教部法会三「仏名会」参照。
(9)『三宝絵』下「御斉会」（新日本古典文学大系『三宝絵　注好選』所収）。
(10)新訂増補国史大系『続日本後紀』巻七「仁明天皇」。
(11)『類聚三代格』巻二（新訂増補国史大系『類聚三代格』前篇）。
(12)前掲註（11）『類聚三代格』巻二。
(13)前掲註（9）『三宝絵』下「仏名」『過去荘厳劫千仏名経』の抄訳。

（14）『唐大和上東征伝』（『寧楽遺文』下巻）。前掲註（8）和歌森太郎「仏名会の成立」。
（15）貞観十三年九月八日「太政官符」（前掲註（11）『類聚三代格』巻二）、『日本三代実録』貞観十八年六月二十一日（新訂増補国史大系『日本三代実録』後篇）。前掲註（8）中野玄三『悔過の芸術』参照。
（16）『菅家文草』巻第四「懺悔会作、三百八言」（日本古典文学大系『菅家文草　菅家後集』所収）。
（17）日本古典文学大系『枕草子　紫式部日記』八一段。
（18）日本古典文学大系『枕草子　紫式部日記』九八段。
「くちをしきもの　五節・御仏名に雪降らで、雨のかきくらし降りたる。節会などに、さるべき御物忌のあたりたる。いとなみ、いつしか待つことの、さはりあり、にわかにとまりぬる。あそび、もしは見すべきことありて、呼びにやりたる人の来ぬ、いとくちおし」。同三〇二段参照。
（19）新日本古典文学大系『拾遺和歌集』巻第四冬。
「屏風の絵に、仏名の所」　能宣
をきわかす霜と共にや今朝は皆　冬の夜深き罪は消ぬらん
「屏風の絵に、仏名の所」　兼盛
人はいさ犯しやすらん冬来れば　年のみ積もる雪とこそ見れ
（20）『かげろふ日記』「附録家集」（日本古典文学大系『土左日記　かげろふ日記　和泉式部日記　更級日記』所収）。
（21）前掲註（9）『三宝絵』下「仏名」。「阿含経に仏ときての玉はく、もしさむからむ時には、あた丶かならむ衣を僧に施せよ。時にかなひて悦ばしむるに、のちのよに心かなへる報をう、との給へり。すべて衣服を人にあたふるに、果報かろからず」と説く。
（22）多賀宗隼『校本拾玉集』（吉川弘文館、一九七一年）。「野臥」と祓えについては前掲註（8）和歌森太郎「仏名会の成立」参照。
（23）新編日本古典文学全集（小学館）『栄華物語』巻第十「ひかげのかづら」。

【参考資料】知恩院の歳末行事

――宝暦八年（一七五八）『年中行事録』を読む――

※宝暦八年（一七五八）七月の編纂であるが、書き継ぎがある。『知恩院史料集　古記録篇二』（総本山知恩院史料編纂所、二〇一六年）に翻刻。読み下し文にし、便宜上、漢字・仮名等を一部改めた。

十二月

［上旬］　伝供講中登山。

一、伝供講中(1)、御機嫌伺い登山。蜜柑一籠献上。御対面所において御十念下さる。例の如く、梅の間にて吸い物・御酒核三種下さる。新入りある時は、祠堂銀(2)壱人前銀弐拾五匁充、月番・山役(3)え壱封充送る。紺紙金泥の小御名号壱幅充下さる事。

（1）伝供講…伝供（でんく）は法会のとき、仏前のお供え。講入りに、紺紙金泥小御名号一幅授与。伝供講は知恩院出入りの業者仲間。

（2）祠堂銀…寺院に施入（寄進）する金銭。先祖の供養や祠堂（檀家の位牌を祀ってある堂）の建築・修復などのために寄進する金銭。末寺に貸し付け、運営された。十一日「御祠堂銀勘定仕立帳面」参照。

（3）月番・山役　知恩院役所の寺務僧。月番は京都門中の寺院六カ寺より選ばれた六人の役者（寺務僧）のうちの月当番。山役は、塔頭より選ばれた役所寺務僧で、役者と呼ばれたこともある。第Ⅳ部第二章参照。

［二日］　綸旨官物上納。

一、綸旨(1)官物上納の儀、伺いのため御局方え行者(2)伺公。日限相知れ候迄は度たび伺う。但し、諸事七月御勘定の節に同様の事。

一、御勘定の日、御局侍え金弐百疋。又、百疋ツヽ、奥（方丈）より受け取り持参す。又、金百疋ツヽ、山役より遣し分にて、役所より受け取り持参す。

（1）綸旨（りんじ）…浄土宗僧侶の香衣被着の綸旨。各宗の本山より禁裏に執奏され勅許された。宮中の御局（おつぼね）が取りあつかう。香衣被着の僧を「官僧」と呼ぶ。

（2）行者（あんじゃ）…寺内に止住して諸役を奉仕する者。俗体のままで雑用を勤めた。世襲の家職。

［六日］　仏名会御修行。年貢銀納。御忌導師料石代。集会堂ひじり行燈。

一、巳刻過ぎより集会堂において仏名会御修行(1)。三千仏奉を掛け奉る。打敷・盛物・幡等を荘厳す。尊前(2)（知恩院住持）初め・終り両度充御出座。山内大衆出勤。七日・八日、右同様。

但し、八日は回向の上、大茶堂において大衆中・行者え、温飩幷に御酒下され候事。
一、年貢銀納の儀は青門様（青蓮院門跡）相場、壱匁下ケ申し渡し候事。
一、右、年貢銀納の相場を以て、（御忌法会）初讃石代[3]五石五斗、当日料三石代申し触れ候事。
一、集会堂幷に廊下、ひじり行燈を掛く。土器、中三度七十枚、集会堂え遣す。同三拾枚本堂え遣す。油は祠堂物より払う。納所方より渡すなり。集会堂、茶の湯仕掛ける。炭は納所方より渡し候事。

（1）現在は、阿弥陀堂仏名会。二日から四日。仏名会の再興は、正徳二年（一七一二）二十一・二十二・二十三日。四十三世応誉円理。翌年より六・七・八日となる。
（2）尊前…知恩院方丈（ほうじょう・住職）のこと。
（3）初讃石代…当日石代十一月十一日の御忌定め式で初讃導師・当日（一月二十五日）導師に任命された僧侶の導師料。

［十日］正月の準備　本堂渡し物。
一、本堂渡し物。葛紙弐百枚〈ひじりはりかへ、壱張四枚半ツ、〉、同五十四枚〈右、切子はり替へ〉、同拾弐枚、常燈弐ツ張り替へ、同三拾枚。塵払い四本・半紙三折。御厨子塵払い、同拾弐枚、行燈弐ツ張りかへ。雑巾三ツ〈丹後布弐尺五寸〉・壇巾（ママ）三ツ〈白布弐尺〉・布巾弐ツ〈白布弐尺〉・中奉書四枚。右、相渡し候事。

［十一日］御祠堂銀勘定仕立て帳面、奥印。上下料。諸帳面仕立て。正月・御忌の準備。門前借家御礼。
一、御祠堂銀勘定仕立て帳面[1]、尊前え差し上げ、御奥印願い候事。
一、恒例の如く、今日上下料下され候事。
一、葛紙帳面、竪折帳弐百弐拾枚一冊・同百八拾枚一冊・横折帳百五十枚一冊・同六十枚一冊、その外御納戸方内帳場・納所用諸帳面相仕立て候事。
一、正月用木具、坂本屋え申し付け候事。
一、御年玉束本並台・扇子等、納所方え吟味の事。
一、渡し椀新調の時計の間。四ツ椀下納所同断。侍中は三ツ椀、道心者同断。惣下じも同断。
但し、時計の間の印は松葉なり。侍分は銀粉紋付。道心者分は蛇の目。下じもは赤紋の事。
一、御忌入り用の蠟燭申し付け〈河内屋惣左衛門・海老や六兵衛〉。朱五百目掛け拾挺・三十目掛け百八十丁・生掛け弐拾目百丁。次弐拾目掛け百丁・百目掛け拾八丁・生掛け弐十目百八十丁。
右の通り、申し付け候事。
一、表門行燈障子張り替え。国津紙六枚・半紙四十枚。裏門え国津紙十六枚。
右、納所より相渡し候事。
一、此の節、門前年貢・役銀相納め候時、朝夕一汁香五菜。菊屋徳兵衛(2)手代壱人・代官両人相詰め候。昼時、煮染め・酒差し出し候事。
一、此の節、門前家屋敷相求め候者共、御礼のため罷り出。一軒役は五升樽壱・昆布一台・牛蒡歟薯蕷歟一台献上。大方丈上段にて御十念下さる。役中え銀五匁弐封、山役五匁宛。上納所・下納所・代官持参の事。
一、新家持の御礼。当時は銀五両ツ、献上。役礼は先例の通なり。

(1)　御祠堂銀勘定仕立帳面…祠堂銀は知恩院役所において、衆議と方丈の承認により運営された。災害時の末寺への貸し付け等がある。
(2)　菊屋徳兵衛…両替商。

[十二日]　源智上人御向月(1)。
一、卯刻鳴鐘、源智上人御向月(2)。尊前御出座。大衆集会。四奉請・弥陀経・念仏一会・御十念、御退散。御霊前三汁九菜供る事(「檀誉様(五十七世檀誉貞現)仰せ出さる。奥より御盛物一対。役所よりも御備(供)え餅壱重献ず(3)」)。

(1)　現在、勢観忌は十四日・十五日。二十五日に一枚起請文写経会(和順会館)がある。
(2)　源智上人御向月法事は、刊行中の『日鑑』には記載がない。五十七世檀誉貞現は、明和八年(一七七一)一月十三日入寺。安永九年(一七八〇)七月十一日辞山。
(3)　源智上人五百回忌は、元文二年(一七三七)十二月十二日。五百回忌法事は閏十一月十日から二夜三日執行された。本堂の荘厳は、大師御厨子扉を閉め、中扉前に源智上人の画像をかけたこと。盛物は三合(饅頭・蜜柑・索麵各一対)、鏡餅一重(およそ一斗)、御膳三汁九菜・煮盛三汁九菜(毎日盛り替え)。法事差定等は役所『日鑑』に詳録*1。

[十八日]　小方丈煤払い。
一、小方丈煤払い。明日尊前御居間向煤取りの内、此の処え御移座遊され候事。
一、明日、御居間・勝手向煤払い。雑巾・箒等用意。本堂えも雑巾・箒三挺相渡す事。

[十九日]　方丈内煤払い。
一、丈内煤取りに付き、役所出仕無し。夕方月番登山、御祝儀申し上げ候事。
一、丈内朝飯、暁六ツ時。中食雑水(炊)、夕飯香三菜、入相過ぎ渡酒。

　但し、時計の間・本堂加僧えは夕飯の節、酒出す。入江又兵衛方より日雇い、加茂五左衛門より雇い来る。大小庫裏幷に外廻りの腰板等洗う。掃除人数、左の如し。

　奥茶堂・御対面所・奥向は、奥人数・所化衆・中小姓中。大茶堂、茶番両人、中の間。時計の間、仲間弐人。大方丈、玄関侍中。表帳場、仲間弐人。集会堂、堂司弐人・仲間両人。大庫裏、両門番・雇の者。小庫裏、雇の者。

　集会堂北東縁より、小庫裏取付けの縁通り、大庫裏南外縁、小庫裏南外縁通り、ふき掃除等、内人衆・日雇いの者共の事。本堂内煤取り、加僧等雇い候事。行者承り候事。但し、雇い賃御納戸より出す。
　※かつては、十九日の方丈居間の煤取りのため、方丈は塔頭に移座した。[*2]

［二十日］　大師御身拭い。山内祠堂勘定・奥印。方丈歳暮祝儀の出駕。
一、大師御身拭い。尊前始め奉り。侍者一山共に帷子を着用。五条にて出勤。御参堂、直に肩屏前御着座。
　次に山内一﨟開帳、大衆一同樒の葉をくはえ、大机の上に移し奉る。

　次に、尊前御身御拭う、畢て御洒水。

　次に、御焼香、御三拝。

　次に、御厨子え御向ひ御灑水。

　次に、御厨子え移し奉る。

　尊前御復座。四奉請・四誓偈弐巻〈処世界之文〉・念仏引声、小責、了て御十念。左右参詣の道俗へも御十念下さる。御下堂の事。
一、御身拭いに付き、絹切れ弐尺・大奉書四枚、行者え相い渡し候事。
一、今晩、山役一﨟方にて、山内祠堂勘定あり。翌二十一日、帳面等役所え差し出す。月番加印候て尊前え差し上ぐ。御吟味の上、御奥印下され候事。
一、文昭院殿・有章院殿[1]、山内え御斎料金壱両。御納戸方より山役受取り候事。
一、惣て丈内障子共修復、此の節申し渡し候事。
一、歳暮御祝儀のため二条三所（所司代、東西両町奉行）え御出駕。御供両役（六役・山役）壱人充。関東（江戸幕府）えの御祝儀仰せ上らる。
　次に、御自分方えの御祝儀仰せ入れらる。御帰山の節、当御門主え御立寄り遊され候事。[2]
一、同、御祝儀として二条三所、御門主幷に覚了院殿（御殿院家）・中井主水、東西公事役六人えも、香衣御使僧を以て、蜜柑一籠充。但し、例の通り竪目録・昆布包み差し添え進ぜられ候事。

※なお、元禄四年（一六九一）は、十一月六日に四十世専誉孤雲遷化。十二月十日、宏誉良我台命住職となるが、入山は翌年となり、開山御煤払いは、一心院長老が勤めた。[*3] 御身拭い式は、宝暦十三年（一七六三）より、二十五日となる。

（1）文昭院殿（六代将軍徳川家宣）、命日は正徳二年（一七一二）十月十四日（四十歳）。有章院殿（七代将軍徳川家継）、命日は享保元年（一七一六）四月三十日（八歳）。勢至堂墓地には、将軍家継と二歳で婚約した霊元天皇の姫宮吉子内親王（浄琳院）の廟所がある。

（2）当門主…知恩院宮門跡のこと。知恩院では常には「門主」と呼び、その御殿が華頂高校付近にあった。

[二十三日]　役米・本尊鏡餅・御忌の準備・正月の百姓働。

一、役米下され候分。
　三俵充　山役・両院
一、役院本尊様鏡餅、勝手役人へ申し付け候事。
一、御忌伝供土器三拾枚、油継ぎ土器三百枚調える事。
一、今日より正月四日まて、百姓働七人充来り候事。

[二十四日]　愛宕山代参。所司代・両町奉行参詣。

一、愛宕山[1]え御代参。玄関より壱人・仲間壱人。御影三枚・火除け札拾枚。火縄ニ火を取り来り、餅の火焚き付け候事。
一、餅米拾石、此俵二十五俵也。これを洗い候者共え、錫酒四ツ遣し候事。今晩九時より餅蒸し初め候に付き、夜食豆腐味噌煮・錫四ツ、大庫裏え渡す。日傭い拾四人、丈内人数取り計い候事。
一、御所司・両御奉行衆御参詣[2]。今日又は二十九日の儀もこれあり。御饗応二汁五菜・口取・濃茶・蒸菓子・煎茶等、時の思し召し、定ざる事。

（1）愛宕山（右京区嵯峨愛宕町）は、火伏せ（防火）の信仰と天狗伝説で知られる修験の山。幕末まで愛宕大権現、明治初年の神仏分離で愛宕神社となる。知恩院の代参は、歳末のほか、御忌前、台命住職入寺の際に行われている。

（2）御所司・両御奉行衆御参詣…二十四日は、二代将軍徳川秀忠（台徳院）の月命日。寛永九年（一六三二）一月二十四日没（五十四歳）。毎月の仏参があった。二十九日は徳川家康母於大（徳泰院、伝通院のこと）の月命日。慶長七年（一六〇二）八月二十八日没（命日は二十九日、七十五歳）。

[二十五日]　餅搗き祝儀。歳暮の祝儀。勢至堂御報謝説法。

一、今日餅搗き御祝儀あり候間、九時集会。鐘次第登山あるべき旨、一心院・入信院・勢至堂・山内大衆・各庵中え、納所より口触れあり。行者・代官えも、下納所より申し遣し候事。
一、丈内朝飯、常日の如し。餅搗き候者共え、酒給わらせ候事。
一、役中登山。歳暮御祝儀として、六役中より延紙三十束。山役中より三升塗樽壱・牛蒡壱台献上。御対面所、直に披露、拝礼・御十念。次に六役中え銀壱枚充、山役中え米三俵ツヽ〈右は中奉書折紙、角切枌に乗る〉御祝儀として下さる〈但し、山役三俵の米者、二十三日に下し置かる。今日は折紙（目録）頂戴候事〉。
一、右畢て、各奥茶堂え伺公。御弟子中え六役中より金弐百疋。山役中より酒三升贈る。何れも面談あり候事。
一、歳暮御祝儀として、寮主より上牛蒡三把充、山役中え送られ候事。
一、御殿え、歳暮御祝儀として、役中参上候事。
一、京門中登山。御門主えも参上。但し、御報謝説法の席えは相詰めず候。尤も当山え、御門中より銀弐匁充、御祝儀として差し上げ候事。
一、勢至堂御報謝説法。今日は例格一心院相勤む。尊前御参詣例の如く候事。
一、丈内役所・一山、汁粉餅・吸物・御酒下され候事。
一、御門前八町年寄共、薯蕷献上。御目見の上、供の者共迄、餅・酒下され候事。
一、西院村・九条村庄屋・年寄共、歳暮御礼の樽参上。頭いも献上。餅・酒下され候事。
一、御門主より歳暮御祝儀として、御使者を以て昆布一箱来る。御直答の上、御礼のため御使僧進ぜられ候〈但し、御入室これ無き時は其の儀無し〉事。
一、増上寺所化役両人え、歳暮として御祝儀金弐百疋充、寮主より仰せ状差し添え遣され候事。
一、御門前両代官え、御祝儀金として壱両、きなこ包み赤白水引き結にて、内役応対下され候事。
一、山役両院え金弐百疋充〈角切枌に乗せ〉、御内証下され候事。
一、江戸御宿坊（西久保天徳寺）え、御祝儀として、同弟子共当山御用相勤め候故、金五百疋、或は三百疋抔下され候。右の外、江戸表厚き御内縁の方え、御祝儀遣され候事。
一、丈内所化衆え、金弐百疋充、一同下され候事。
一、御内祐筆（ゆうひつ、右筆とも）え、筆墨料金壱両、格別に下され候。
一、御請待（知恩院住持）の節、罷下り候行者、御祝儀として壱品献上。御内証にて御目見の上、金百疋下され候事。
一、御医者方え、銀三枚充、内役より手紙差し添え、足軽使にて遣され候事。

（1）弟子中…知恩院住持の弟子たち。弟子たちは檀林で学問した「長老」であり、住職在任中は弟子衆が「帳場」を預かった。下山後は有力末寺の住職となっている。

（2）寮主…知恩院方丈の嫡弟子。寮坊主ともいう。役所との連絡・調整にあたった。

（3）勢至堂御報謝説法…毎月恒例であるが、十二月は一心院長老が勤めた。

（4）きなこ包み…黄粉包。祝事に餅を贈るとき、黄粉をつつんで添えた折り方。黄粉を下包みした上に、紙を、白重ねまたは紅白重ねとしたもの。大豆粉包（まめりこつつみ）。

［二十六日］　役所休日・正月用蠟燭。

一、今日より大晦日迄、役所休日の事。

一、鎮守別当え、納所より渡し物の事。小奉書四枚・中奉書壱枚・布巾壱ツ・雑巾壱ツ・美濃紙壱帖・蠟燭四挺。右相渡し候事。

一、本堂え、土器弐百三拾七枚・蠟燭四拾壱挺、納所方より渡す。此の蠟燭は、晦日五挺・元日五挺・二日三丁・三日三丁・四日壱丁・五日壱丁・六日三丁・七日三丁・八日壱丁・九日壱丁・十日壱丁・十一日壱丁・十二日壱丁・十三日壱丁・十四日三丁・十五日三丁・十六日五丁、ともし候事。

［二十八日］　正月準備。

一、当日御例、一山ばかり。役中参らず。月番も不定の事。

一、御備餅飾り、山内えも配り候事。

一、本堂え、金水引五把・中奉書七枚・杉原紙四枚・上白箸四膳、納所方より渡し候事。

一、白三方入り用の覚。御霊屋御備弐枚、尊前え壱枚、年徳神弐枚、奥内仏弐枚、引渡弐枚、取核弐枚、土器台弐枚、蓬莱壱枚、御膳雑煮・御吸物入り用弐枚、御盃御給仕弐枚、御流盃・茶礼入り用壱枚。右用意候の事。

［大晦日］　本堂御逮夜・節分。

一、大番頭衆(1)参詣、随時不定。尤も御所司御参詣等の儀は、当二十四日の処に委しく記し置き候事。

一、夕節。御対面所において両役中・寮主御相伴。二汁五菜・煎茶等出す。尤も退出の時、拝礼・御十念あり候事。

一、夕節。一山・丈内・下じもえも、渡酒あり候事。

一、山内大衆中・各庵・行者、歳暮御祝儀のため御殿え参上の事。

一、本堂御逮夜。尊前御出座。大衆出仕。弥陀経・初夜礼讃〈願以此功徳文〉、弥陀経・中夜礼讃〈弥陀本誓願文〉、四誓偈〈自信教人信文〉・念仏一会・御十念、次に東西両仏壇御拝、御下堂。

次に集会堂御拝例の如し。次に大方丈勤行、式日の如し。

次に御対面所において歳暮御礼、式日の如く候事。

一、今夕、吉水汲み来り候者え、御祝儀鳥目弐百文下され候事。

一、元旦本堂入用茶釜・茶杓・布巾、納所方より相渡し候事。

一、今晩、御内祝議あり候事。

一、節分。夕飯、御対面所において月番・加番・寮主御相伴。御料理二汁五菜の事。

一、同、一山御非時、一汁三菜の事。

一、節分。本堂勤行。尊前御出座。大衆出仕。四誓偈弐巻〈神力演大光文〉・御十念等、畢て行者一臈豆を打廻る。尊前御頂戴、大衆等また頂戴の事。

一、御内証[2]御年男[3]、下納所の筆頭、例格これを勤む。尤も奥茶堂において、行者一臈、御内証御年男え扇子弐本入壱箱・鳥目五百銅充、寮主応対これを下さる。次に納所寮において、吸物・御酒下さる。但し、御内証御年男は、即ち煤取りの節、御居間等え出入り候事。

（1）大番頭衆…二条大番頭。

（2）御内証…うちわのこと。私事。

（3）年男…武家で新年の諸儀式を行う役。一般には、正月行事を執り行う男子。歳神を祀る準備をする↓暮れの煤払い・座敷清め。門松を立てる松迎え、神棚の飾り付け、元日の若水汲み。節分の夜の豆まき。

＊1　源智上人五百回忌に関する元文二年（一七三七）『日鑑』関連記事

元文二年（一七三七）

十一月十二日

一、今年十二月十二日は、第二世源智上人相当五百回忌。よって、来る閏月に御法事執行仰せ出され候（四十八世堅誉往的）に付き、今日着座の上、門中え御触書出す。尤も、集会堂にて各披見。書面、書簡留に記す。

「源智上人五百回忌法事」

閏十一月十日　晴

一、源智上人五百回忌法事。今晩より二夜三日執行に付き、本堂荘厳は大師御厨子扉を閉め、中の扉の前え源智上人画像をかけ。その前机に打敷かけ。盛物三合。但し、饅頭一対・蜜柑一対・索麵一対なり。鶴燭立一対・立花両瓶・キウヒ六挺立一封〈但し、二菓子あるを用いる〉。前盛は鏡餅一重〈およそ一斗〉、高盛金御膳三汁九菜・小幡一対、大机には真鍮燭立一対・煮盛三汁九菜〈これは毎日盛り替る〉。
一、内陣惣出僧の席は、毎例御忌法会の節の通り設く。
一、格子戸三間上げ、経机各内廻し置く。大僧正御座は中央の礼盤なり。役中の席も御忌出席の通りなり。大磬をも出す。
一、御開闢法事〈申刻〉。大僧正御入堂〈御装束直綴・七条・座具・御念珠〉、役中・山内大衆中〈直綴〉・七条・座具・念珠、作相着座。畢て長四奉請・護念経〈但し、行導也。維那一﨟先求院凉及〉。大僧正御開闢は発願偈・光明遍照文。次に引声念仏。伏鐘にて各庵〈専澄〉擲つ。尤も夜中勿論、昼共に別時念仏は無し。
一、法事の差定は、塗看板にて集会堂に出し置く。十一日門中出勤の刻、中座は錫杖已上と山内の役僧なり。是も塗看板にて、右同所に出す。
一、右鏡餅は役中より献上。立花両瓶は山内大衆中より献ず。
一、山内に辻内・小僧主抔指置き下され候様、山廻り迄相願い候故、先々の通り、床机等は成らず候間、参かゝりに居り候分は、見遁しいたし置き申すべく候。公辺へ御断も申し上ず候故、屹度差し免しと申す義は成りがたき旨、山廻り迄申し聞かす。

同十一日　晴

一、源智上人御法事半斎。卯刻役中・大衆中出勤。四奉請・彦琮偈・念仏。
一、集会堂縁通りに幕打ち廻し、装束場のために、縁に薄縁敷まわし置く。
一、辰刻、京門中・各庵中・寮舎中、集会。
一、集会堂着座の節は、拍子木打つ。各装束あり。
一、日中法事。巳刻大僧正御参堂。但し、此の節は御疝痛にて、御歩行御不自由に付き、長柄の曲彔に召しなされ、御参堂なり。右は玄関侍舁く。入堂の次第は、御先へ素絹両人玄関侍なり。次に山内西堂以上・山役。次に役中。次に香合〈常称院〉。次に御参堂伴僧両人〈七条にて所化衆〉・布衣四人・退紅弐人。次に惣門中。次に中座。〈右は御忌参堂の通りなり〉。廊下鐘を搗き畢て、作相大磬を打つ。但し、着座畢る迄打ち居り候なり。〈尤も、楽の替わりなり〉。御焼香御拝の内に讃を初る。讃は崇泰院、合浩徳院、鐃通照院なり。御焼香畢て高座に御登り畢。磬一つ御打ち。次に伽陀忠岸院、次に御始経畢。門中一﨟月輪寺へ、行者磬を持ち参る。口頭致され候なり。観経読誦畢て後伽陀。
　次に念仏。次に御下堂。参詣の道俗へ御十念下さる。
集会堂において惣門中へ御会釈あり。
一、大方丈において、惣門中へ御非時下さる〈一汁正三菜〉。一番座各庵・寮舎中なり。一心院・入信院は菊の間にて。大衆中は鷺の間にて、伝供講中柳の間にて、何も御非時下さる。惣菓子まんちう三ツヽ、右人数へ曳く。
一、右門中の伴僧は時計の間にて、僕従共は飯台にて、右一汁二菜の非時下さる。
一、伝供講中より白銀壱枚備う。羽州酒田林昌寺銀五匁上る。是は、此の節在京いたし、法事聴聞有り難き由にて上る。
一、初夜法事。申刻御出勤。阿弥陀経、初夜礼讃〈引導〉。口頭先求院、次に引摂念仏。役中・大衆中出勤。

同十二日　晴
一、卯刻、源智上人法事。大僧正出勤。役中・大衆中出勤。長四奉請・弥陀経・回向文。次に伏鐘にて小責念仏。御回向文は大僧正御発声、〈七条・座具・念珠〉。右御法事首尾能相済み、御歓びのため、役中・山役・大衆中、御前へ罷り出る。

＊2　住持の煤取り移座

元禄十二年（一六九九）　四十二世白誉秀道
十二月十九日
一、恒例の如く、煤取りの御祝詞これあり候。朝飯前より九勝院え御成り成され候。御出の御祝詞として金百疋遣わされ候。七時御帰り遊ばされ候。

享保三年（一七一八）　四十六世然誉了鑑
十二月十九日
一、丈室、例年の如く崇泰院え六ツ時過ぎ御下り。新金弐百疋遣わさる。雑煮・御酒・夕飯・蕎麦切り。七ツ過ぎ御帰山。

享保六年（一七二一）　四十六世然誉了鑑
※煤取り移座は、節分と重なり、日程を変更することもあった。

十二月十八日
一、御丈室、崇泰院え御下り。例年十九日ス、払い御下りこれあり候え共、当年は十九日節分故。今日終日、御饗応等例の如し。
十九日
一、節分法要、例年の如し。非時、一山登山の事。

元文五年（一七四〇）　四十九世称誉真察
十二月十九日
一、恒例今日方丈向き煤払いにて候え共、今夕節分故、掃除昨日相済ます。今日は笹入れの儀式ばかり。

一、今日節分御節、御対面所において例の如く、月番・加番・山役・弟子中御相伴。二汁五菜。尤も山内大衆の外、行者・各庵・代官各参上。夕節。
一、堂勤行幷に駆儺、例式の如し。

＊3　元禄四年（一六九一）十一月六日、四十世専誉孤雲十一月六日寂。四十一世宏誉良我十二月十日台命住職、晋山は翌年となる。

元禄四年（一六九一）
一心院長老開山煤払い。
十二月十七日
一、来る二十日御開山御煤払い、一心院勤められるべきの旨、申し遣わし候処、その意を得られ候。二十五日談義の儀も一緒に申し遣わし候。使い伊予。
二十日
一、例年の通り、御煤払い。開山様、一心院長老御煤払い仕られ候。

享保十七年（一七三二）　四十八世堅誉往的
御身拭いに覆面をする。
十二月二十日
一、開山大師御身拭い式。御丈室御出堂。月番・加番御供。御当代（四十八世堅誉往的）思し召しにて大衆中覆面。勿論、御丈室御覆面。御手づから御身拭い。別して御丁寧に御務め、尊容に対して洒水、御焼香三拝。おわって檀上え御進段、御宮殿洒水、余皆先例の如し。

元文二年（一七三七）　四十八世堅誉往的
御身拭い式に、役者の出仕の義務づけ。
十二月二十日
一、大師御身拭い。大僧正御参堂、役中欠席。大衆等例の如く相勤む。随て尊慮の趣、寮坊主より月番え達せられ候は、御身拭いの義は、御大切の御儀式。在家迄参詣仕る義に候えば、役中は欠さず出席有るべき事と思召し候。然りながら、御報謝の事ゆえ、屹度仰せ渡さるる義にてもこれ無く候。各申し合わせ、後来欠かさず出勤然るべしと思召し候旨、承知仕り候。同役共へ申し聞かせ、その上にて御意を得べき段、会釈に及び候。
一、御身拭い御儀式、滞りなく相い渡し候。御祝義申し上げ候節、御前にて寮坊主へ今朝仰せ聞かされ、役中欠かさず出勤然るべし思召しの段、同役共へ申し聞かせ候処、何も御尤も至極と承知奉り候。後来は御身拭いの節は、役中相揃い出席候様に仕るべき段、申し述べ候へは、左様心得これあり候は丶、然るべし思召しの旨、尊意在らせられ候なり。

第V部　東大寺大仏勧進と法然贈大師号

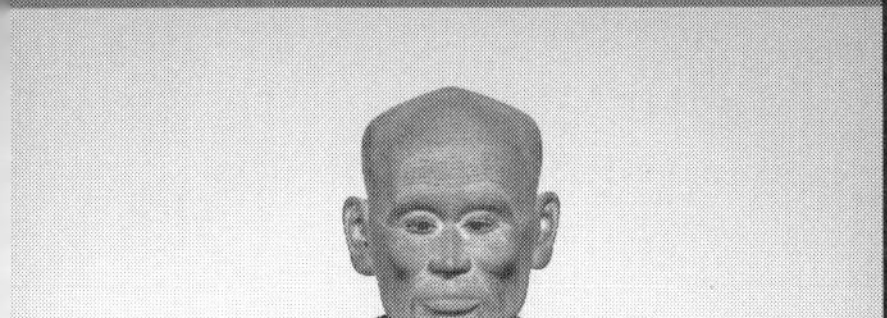

第Ⅴ部扉図版

左：公慶上人坐像（奈良・東大寺所蔵）

右：徳川綱吉像（奈良・長谷寺所蔵）

第一章　大仏再興の勧進と浄土宗の支援

はじめに

大寺院の造営修理に対して、勅許を得て全国の在々所々において募財に従事する僧侶のことを大勧進、大勧進職という。治承五年（養和元年、一一八一）、平氏の焼き払った東大寺の再建のため、後白河法皇の発議により、造東大寺長官藤原行隆（法然の高弟信空の父）を通じて初代の東大寺大勧進となったのは俊乗房重源である。その勧進活動と法然との関係、九条兼実の『選択本願念仏集』執筆依頼については、第Ⅰ部第一章において考察した。

ところで、法然の伝記諸本では重源の大勧進職任命について、法然が自身は勧進上人の器ではないと辞退、重源を推挙したことによると伝えている。『法然上人行状絵図』（第三十）では、

> 東大寺造営のために、大勧進のひじりの沙汰侍けるに上人（法然）其撰にあたり給にければ、右大弁行隆朝臣を御使にて大勧進職たるべきよし、法皇（後白河）の御気色ありけるに、（中略）かたく辞申されけり。行隆朝臣その心ざしの堅固なるをみて、ことのよしを奏しければ、もし門徒の中に、器量の仁あらば、挙申べきよしかさねて仰下されけるによりて、醍醐の俊乗房重源を挙申さる、つゐに大勧進の職に補せられにけり。

として、後白河法皇の意向は法然にあったが、法然が辞退、代わりに門下の重源を推挙したことによるとしている。法然と重源との親しい関係が法然の伝記諸本において記載されるのは、東大寺大仏の勧進上人となった重源が自ら「南無阿弥陀仏」と自称し、喜捨を受けるときに勧進柄杓を用い、人々に念仏との結縁を勧めた活動からであった。

大仏と大仏殿の再興に生涯を費やした龍松院公慶（一六四八〜一七〇五）は、慶安元年（一六四八）十一月十五日、丹後国宮津を居城とする京極高広の家臣鷹山頼茂の第七子として生まれた。三年後、父頼茂は致仕すると、南都に赴き薙髪、自省と号している。公慶は、万治三年（一六六〇）、十三歳になると彦根藩主井伊家の祈禱寺の彦根北野寺（真言宗新義派）に預けられるが、その年の十二月九日、東大寺大喜院に入り、英慶法印に師事している。十九歳になった寛文六年（一六六六）、二月堂修二会の練行衆として始めて参籠、延宝三年（一六七五）の頃より「龍松院」を名乗っている(1)。

公慶の大仏勧進とは、重源の「念仏勧進」の継承であり、大仏縁起の講談において念仏との結縁功徳を説き明かし、不断念仏の法要を行い、最後に十念を授けることにあった。

本章では、公慶が大仏修補と大仏殿再興のための念仏勧進を全国において展開するのに際し、重源が念仏の祖師として仰いだ法然とその廟堂知恩院、五代将軍の徳川綱吉とその母桂昌院が帰依する増上寺三十二世貞誉了也に支援をもとめていたことを考察したい。

第一節　大仏修補の勧進

一　貞享元年　諸国勧進の願書

露座のままの大仏の修復と大仏殿再建を決意した公慶が勧進活動を展開するのは、貞享元年（一六八四）、公慶三十七歳の年からである。

貞享元年（一六八四）五月、公慶は江戸に下向、寺社奉行に願書を提出して、大仏尊像の修理と大仏殿再建の諸国勧進の許可を求めた。『大仏殿再興発願以来諸興隆略記』（略称『興隆略記』）によると、[2]五月二十七日、公慶が寺社奉行の坂本重治邸へ行き「大仏ようやく破損候間、御奉行所の御免許を蒙り、諸国勧進せられ、修覆仕り度きの旨」を願うと、奉行所より「諸国勧進御許容の例、近年これ無き事に候条、相成る間敷の旨」が申し渡された。公慶の熱心な訴えにより、寺社奉行は「志これ有る方、相対を以って勧進有るべくは……勝手次第たるべくの事」、すなわち、将軍家や寺社奉行は勧進の援助、口添えはしないが、東大寺が独自に諸国を勧進することの許可を与えた。[3]

八月二十五日、公慶は京都において花山院定誠・甘露寺方長の両伝奏に幕府の勧進許可を次のように伝えている。

> 御権威を奉ぜず、年数を重ね候て成り共、志これ有る方奉加を致し、修覆仕り度き旨申し上げ候所、首尾よく六月九日、本多淡路守殿（寺社奉行・忠向）御寄合において、仰せ付けなされ候（『興隆略記』）。

公慶の大仏修補のための勧進活動は、惣寺会合において勧進柄杓・霊宝等を受け取り、十一月二十九日、大喜院において「大仏縁起」を講談することから始まった。後には、参詣の群衆ならびに町中より、「取持講中」が組織された。

二　貞享二年　大仏修復勧進帳

貞享二年（一六八五）の二月堂修二会に、公慶は呪師として参籠した。四月十五日、大和法楽寺において、大仏修復の祈願を立てると、五月に「南都大仏修復勧進帳」を作り、大仏修復の結縁を求めている(4)。

（巻首）
金銅盧遮那仏　（盧舎那仏画像）
仏像之寸法　高五丈三尺五寸　面長一丈六尺　広九尺五寸　眉長五尺四寸五分　目長三尺九寸　口長三尺七寸　耳長八尺五寸　螺髪九百六十六　各高一尺　径六丈八尺　石座高八尺

貞享二歳次乙丑五月吉旦　　東大寺龍松院勧進沙門　公慶㊞

（巻末）
東大寺大仏殿造立之年序

一　草創本願　聖武天皇　天平勝宝四歳次壬辰四月九日開眼　治承四歳次庚子十二月二十八日　平重衡南都発向之時焼失　自天平勝宝四年至治承四年之間四百二十九年

一　大勧進沙門行基菩薩　以本願皇帝・行基菩薩与良弁僧正・婆羅門僧正、仰為大仏草創同心之四聖

一　再興御願後白河法皇　建久六歳次乙卯三月十二日開眼、永禄十歳次丁卯十月十日三好修理大夫与松永弾

正争戦之時焼失　自建久六年至永禄十年之間、三百七十三年
一　外護　源右大将頼朝卿
一　大勧進沙門俊乗房重源大和尚
前々像破損之時、以勧進之許容加修復之功、及数回事悉于国史造立之因縁、別有縁起矣、自永禄十年
至貞享二年之間、百十九年
大仏再興之大勧進上人　　俊乗房重源像（重源画像）

六月五日、公慶は勧進の初めとし、江戸での大仏縁起・講談等を行い、観音像・宝物等を拝ませている。十一月三日、奈良に帰った。

三　貞享三年・四年　大仏勧進所と不断念仏

貞享三年（一六八六）二月三日、公慶は大仏勧進の寺務が繁多となったので、戒壇院東方の穀屋（本尊は阿弥陀仏）に仮屋を建て勧進所「龍松院」と号し、大喜院から移り住んだ。勧進所の本尊には、重源の招来として崇敬されている「五劫思惟阿弥陀仏坐像」を安置、不断念仏を修し阿弥陀法を勤修した。また、天下太平・大仏殿成就を祈願して大般若経を一日一巻真読している（『興隆略記』）。

貞享四年（一六八七）三月十一日、公慶は、念仏勧進に重源が使用した鉦鼓を戒壇院より借用している。

「公慶借請状」貞享四年三月十一日　戒壇院僧衆御中宛(5)

一札之事

一、今度大仏勧進ニ付、俊乗房所持之鉦鼓壱ツ、貴院経蔵ゟ借り申処実正也、何時ニ而茂、其方次第ニ急度返弁仕候、仍為後日証文如件、

貞享卯四年三月十一日　　勧進沙門公慶

戒壇院　僧衆御中

重源上人所用「鉦鼓」　叩き鉦（東大寺蔵）(6)

裏面左右に線刻銘「東大寺末寺渡辺浄土堂迎講鉦鼓五之内」「建久九年二月二日大和尚南無阿弥陀仏」

三月、公慶は京都において勧化（勧進）している。その勧進活動の世話を知恩院がしている。その「取り持ち過分の由」の御礼のために、三月二十五日、惣持院英秀が知恩院に登山、知恩院方丈（三十九世住持直誉感栄）に白布・油煙を贈っている。(7)

第二節　大仏殿造営釿始めと京都勧進

一　貞享五年（元禄元年）千僧供養と知恩院出仕

貞享五年（元禄元年、一六八八）二月二日、霊元天皇の第一皇子で十二歳で勧修寺に入室した済深法親王（十八

歳）が東大寺別当になった。四月二日から八日まで、大仏殿造営の釿《ちょうな》始め千僧供養があり、復興作業が始まった。

この法要には、大和国、畿内諸国より棟梁ならびに五畿内の大工五百人が招集された。法事出仕の僧ならびに捻香等は千三百人、七日間に施斎の人数は五万七千百六十余人。奉加銭は千両に及び、奈良は大変に賑わった。

七日間に及ぶ法要の開白導師は東大寺寺務勧修寺宮済深法親王、結願導師は東大寺二月堂別当を兼帯する華厳長吏安井門跡道恕が勤めた。『大仏殿釿始千僧供養私記』により、第六日の法要を紹介しておく。(8)

四月七日［第六日］
・内山永久寺、上乗院家亮忠・学侶五人、焼香。
・安井門跡道恕僧正、勧進所において受斎、その後、公慶師え御袈裟を附属、大仏殿において焼香。
・鎮西派浄土宗、法事勗《つと》む。
北京（京都）惣本寺知恩院感栄《(ママ)》和尚（三十九世直誉感栄は貞享四年十二月一日没。当時の住持は四十世専誉孤雲）の名代勝厳院乗誉還嶺、役者徳林院忠誉源歴。名代は香衣金襴七条。役者は黒衣色七条。同寺中（塔頭）九人は黒衣黒七条。

同洛中門下の長老七人・同平僧三十一人。長老は色衣色七条、平僧は黒衣黒七条。各座具を持つ。

南都の長老十一人・平僧一人、郡山の長老六人・平僧二十八人。装束は前に同じ。
・出退の時、音楽を奏す。
但し、七大寺の外、音楽これ無きと雖も、公慶師自分として頼まれ訖ぬ。
・中門より行列する。

知恩院名代・衆僧等は中門より行列。行者二人が先行、直綴・白袴。名代・役者は日傘覆い、余は無し。青襖侍二人宛先へ行く。従僧・白丁等南都僧衆、中門西の方より行列する。
郡山衆は東の方行列、各従僧・白丁等これに具す。但し、郡山衆は子細あり、中門より僮僕無く仏前に列す。
京知恩院衆は南北数行、面を合せての列、南都郡山衆は東西に一行の列。名代は正面に曲録（彔）に座す。
・六時礼讃・釈迦念仏・阿弥陀経・弥陀念仏。
懸声は公慶師、俊乗の鐘を鼓渡す。少打の後、釣鐘二丁にて称名十念等あり。諸人同声唱。
法式畢て後、行道、直に退出訖ぬ。

また、玉井家蔵『大仏殿再建記』によると、知恩院が導師を勤めたこの第六日には、

大坂より奈良まで道法八里、旅人の乗りたる駕籠千六百丁あるよし。歩行の人ハ奈良まで連続するなり。追分の茶店より奈良まで道法弐里、旅人駕籠をやとふによしなく、明駕籠のあるを悦ひてかりたるに、白銀弐十めをやすしとする也。

と大変な参詣客がつめかけ、この日、勧進所において斎をたまわった人は九千人、白米十七石余りであったと記載している。[9]

六月十一日、公慶は知恩院末寺の大坂九品寺において「縁起」を講談している（『年中行事記』[10]）。

七月晦日、高辻大納言邸において、公慶に東山天皇より上人号勅許の旨が仰せ渡された。[11] 八月五日、上人号が勅

許され、十二日、参内している。十九日、上人号勅許の御礼に、東大寺より惣代普賢が上京した。伝奏両人、関白殿・高辻大納言殿・勧修寺門跡・安井門跡とともに知恩院に登山し、住持専誉孤雲に延紙十五束を贈っている（『年中行事記』）。

二　元禄二年　知恩院の勧進支援

元禄二年（一六八九）一月、公慶は大仏殿修補の念仏勧進を淀において計画するが、その取り持ち、宿坊等の世話を知恩院と末寺が行い、支援している。(12)

淀城主は寛文九年（一六六九）、伊勢亀山から六万石で入封した石川主殿頭憲之である。知恩院の役所『日鑑』によると、石川主殿頭は元禄二年（一六八九）正月三日に知恩院に年頭の御礼に仏詣をしていて、住持と対面、大方丈鶴の間で雑煮・御盃の饗応を受けている。翌四日、知恩院役所は、淀の奉行衆に公慶の「大仏殿縁起」の講談の願いを申し入れるとともに、末寺「淀常念寺　御門中」と「御牧　観音寺・花台寺・御門中」宛に取り持ちを依頼している。

・淀藩役人宛、知恩院役者書簡

一筆啓上せしめ候。然らば南都龍松院、其御地え参られ、大仏殿縁起講談せしめ度く候旨申さる。近日参上致さるべく候間、然るべき様ニ頼み奉り候。其ため此の如く御座候。恐惶謹言。

正月四日　　西養院

中山八右衛門殿　　常称院

岡田甚五右衛門殿

徳林院

・「淀常念寺　御門中」「御牧　観音寺・花台寺・御門中」宛の書簡。文面は同じ。

一筆啓達候。然らば南都龍松院其御地ニ而、大仏殿縁起講談有るべくため、近日参向候間、おのおの御取り持ち頼み存候。其ため此の如く御座候。恐惶謹言。

正月四日

西養院

常称院

徳林院

淀藩の奉行衆より、知恩院役者宛に藩主石川主殿頭の内意と、龍松院の講談を許可するとの返書が届くと、一月七日、知恩院役者は淀宛に知恩院方丈大悦の旨の書状を出している。十日には知恩院方丈より石川主殿頭に御礼の使者として役者保徳院が進物持参で遣わされた。

元禄二年（一六八九）閏一月十六日には、淀常念寺における龍松院の縁起講談において、淀城主石川主殿頭は御馳走を命じている。これに対し、知恩院住持より御礼の使僧順益が遣わされた。

龍松院より知恩院役所宛に、去る十三日、淀城主石川主殿頭・家老中・諸役人衆の支援により、首尾よく大仏勧化が成就した旨の書簡が届いた。次の閏一月二十四日付書簡は、知恩院役者からの龍松院への返状である。

去十三日の芳札披見せしめ候。先ず以ていよ〳〵御堅固の旨、珍重存じ奉り候。然らば淀において御講談の内は、石川主殿頭殿御念を入れられ、諸役人衆を付け置かれ、家老中も節々御見廻り、殊に御念比《ねんごろ》の段仰せ聞かさる。則ち方丈（専誉孤雲）へも披露を申し候処ニ、去ル十六日淀へ使僧を以て、方丈より御礼申し入れられ候。家老衆へも同役中連判を以て、御礼状遣し候。先ず以て首尾能く御勤め珍重に存じ奉り候。なお重ねて御上京の節、委曲申し述ぶべく候。恐惶謹言。

後正月廿四日　　西養院
常称院
徳林院

龍松院

尚々、当山末寺の衆中、殊ニは常念寺、別て取り持ち申され候由仰せ聞かされ、其の意をえしめ候。廿七日・廿八日石川主殿頭御参詣成され候ハ、、方丈ニ御礼申され候覚悟御座候処、両日共御不参ニ而候へハ、重て御参詣の時分申し入れられ候。御報せ早々申し入れるべき候旨、徳林院大坂より罷り登り、御用共取り込み、同役両人病気故、延引仕り候。以上。

この書簡によると、役所より方丈に報告したところ、方丈からも淀に御礼の使僧が遣わされた。また、役所からも家老衆宛に御礼状を遣わしている。

元禄二年（一六八九）二月二十三日、勧進所龍松院に安置される聖武天皇像の開眼の儀式が済深法親王を導師に勤められた。衣冠束帯をつけた坐像で冠と笏は東山天皇所持の下賜品と伝える(13)。

三　京都宿坊九間院

元禄三年（一六九〇）八月十五日、大仏頭部完成。元禄四年（一六九一）二月三十日、大仏の修復が完成した。

図1　大仏開眼供養図（元禄5年〈1692〉、奈良・東大寺所蔵）

「京大絵図」（公慶上人托鉢道順朱書入）一鋪は、貞享二年（一六八五）刊行の京の地図に、元禄四年（一六九一）閏八月六日から九月二十四日まで、公慶が托鉢行脚した道に朱で線を引いたもので、市街地はほぼすべて巡っている[14]。地図の裏に井筒屋久和・大文字屋行有・笠屋道仲ら三十二人の大仏講中の名前が記されていて、公慶の勧進に同行している。日々の随行者の名前、中食施主の名前も明記されている。この絵図には大仏講中の次のような記載がある。

右、元禄四年未閏八月六日より始め、同九月廿四日〈此内、十八日闕日あり〉に至る。御修行の日数、すべて三十日、表京の図朱引の所、立横通町図子小路裏町等に至り、残らず御托鉢これ有り。御廻向のため宿坊知恩院九闇院において一夜別時念仏御修行これ有る者也。

于時元禄四年辛未年九月廿五日　　京　大仏講中敬白

この記載から、知恩院塔頭の九闇院が龍松院の宿坊となり、托鉢に喜捨した人々のための別時念仏（不断念仏）が修行され、結縁回向の法要があったので、九闇院は京都における大仏勧進所の役割を担っていたことがわかる。公慶の勧進活動により修復された大仏開眼供養は、元禄五年（一六九二）三月八日より三十一日間にわたって行われた。大仏開眼供養会（図1）には全国各地から数多くの参詣人が訪れた。奈良の地の社寺もこれにあわせて宝物などを開帳するなど、奈良町も大いに賑わいをみせた。『春日社記録』にも、さまざまな見世物小屋があちらこちらに出ていたこと、春日社神前の賽銭が二十貫文あまりも集まったことが記されている。[15]

第三節　江戸勧進と増上寺貞誉了也

一　元禄五年　江戸勧進と不断念仏

元禄五年（一六九二）五月、公慶は「大仏殿再建勧進帳」を作成して、さらに精力的に勧進活動を行っている。この勧進帳の多くは、喜捨した人の名、額の部分を切り取った「南都大仏修復勧進帳」の表紙を再利用し、題簽を貼り替えて製作されている。[16]

「大仏殿再建勧進帳」一帖　奈良・東大寺　巻首刊記　木版刷

前々仏像大殿修造時、有二勧進許容一、令レ遂二其功一事悉二乎国史一、造立之因縁列有二縁起一、然某貞享二乙丑季、忝蒙二勧進御許容一、以二国家助力一、先営二仏像修復・鎮守再造一、凡経二六箇季一成レ元禄五年壬申年、慕二先規一開眼供養執二行之一、尚恭祈二天下太平仏法増隆・貴賤施主二世安楽一、仰願信心堅固、益結二大殿造立勝縁一、

元禄五歳次壬申五月吉旦

東大寺龍松院大勧進沙門　公慶上人㊞

同五年（一六九二）十二月二十日、公慶は江戸の高野山大德院の持地に勧進所を建てた。公慶の大仏勧進は「大仏縁起」を講演し、喜捨の物を勧進柄杓で受け取り、御十念を授与するものであった。また、結縁の人々の回向のため勧進所においては不断念仏が修行された。

元禄六年（一六九三）二月九日、綱吉が知足院（後の護持院。現在は護国寺にうつる）に参詣した際に、綱吉の護持僧である住持隆光の取り持ちにより、公慶は綱吉に会い、講釈への列席を許されている。大仏殿の再建には、十万両を越える費用を要するため、将軍家・幕府からの援助が是非とも必要であったのである。以後、大仏修復を独力でなし得た公慶が厚遇され、ついには幕府老中の命令として、諸大名へ遠慮なく勧化（勧進）することが許可されることになる。

この四日前の二月五日、公慶は側用人牧野備後守成貞邸に行き、宝物を見せ、成貞から黄金一枚、妻からは金五百疋の奉加を勧進柄杓に受けている。二月二十九日、公慶は江戸城の三の丸で桂昌院に会うことが許された。大仏の縁起を語り、宝物を見せ、桂昌院より奉加の金子を受け取っている。六月五日、公慶は江戸の勧進所で不断念仏を始めている。

一、東武勧進所ニ始テ修二不断念仏一〈俊乗上人修二不断念仏一、今依レ旧〉、六月五日、増上寺大僧正貞誉開闢之（『公慶上人年譜』[17]）

一、同六月五日、於二江府勧進所一、尾州栄（瑩）珠院殿依二御寄附一、不断念仏初之、開闢導師増上寺貞誉大僧正（『興隆略記』）

江戸勧進所の不断念仏は、尾張徳川家第三代徳川綱誠の室瑩珠院（新君）の菩提供養のための寄附によるものであった。瑩珠院は公家広幡忠幸の娘で前年の元禄五年（一六九二）十月十九日に没し、知恩院の宿坊でもある西久保天徳寺に埋葬されている。その不断念仏開白の導師を増上寺貞誉了也が勤めているのである。

二　元禄七年　綱吉・桂昌院の結縁

元禄七年（一六九四）二月十六日、公慶は将軍綱吉に大般若経の巻数を献じている。この巻数献上は、源頼朝が重源に毎年大般若経の巻数を献じた嘉例によるものであった（源頼朝書状〈文治三年十月九日付〉東大寺文書、『吾妻鏡』同日条）。また、尾張徳川家より東大寺に、念仏祠堂金千両と家紋入りの道具品々の寄附があると、江戸勧進所での不断念仏は東大寺龍松院に移され、四月十九日、不断念仏が開白された。

五月九日、公慶は勧進のために中国・九州へ向かった。西国の大名たちは人馬や船を提供し、公慶の西国での勧進を支援している。八月には日向国宮崎郡佐土原に到っている。『公慶上人年譜』『公慶上人行状』には、佐土原で立ち去らない老犬に御十念を授与した話が記されている。

> 同年（元禄七年）八月、日州佐土原に到る。一老犬有り、随逐三十余里。これを追うに去らず。上人、彼犬に向かい十念を授く。尾を振り忽ち去る。其の住所を知らざる也（『公慶上人行状』[18]）。

十月五日、公慶は長崎で桂昌院の弟本庄宗資の書状を受け取り、江戸に出向することになった。十一月十六日、幕府は公慶の要請により人別奉加大仏殿勧進を許可、柳沢保明より大名衆への奉加要請を許された。

「南都大仏殿再興勧進之状」一幅　奈良・東大寺龍松院

南都大仏殿再興勧進之状

右再興之趣意者、勧進帳令二筆疏一候通、天下安全・武運長久・諸民快楽之御祈禱也、発願以来已及二十年一候、以二衆人之施入一、大像之修補、開眼之法会等雖下令二成就一候上、然仏殿之儀者、大数十余万金之経営故、一郡一国之助力ニ而、曽以難レ及二百分之一一候ニ付、徒経二年月一候処、天下之士庶、人別奉加之事、自今以後無二遠慮一可レ令二勧化一之旨、御免許之趣、御奉行衆被二仰渡一候間、御家頼之諸士・御領内之諸人、随二信心一、人別一紙半銭被レ致二喜捨之志一候様奉レ頼候、已上、

（元禄七年）戌十一月　大勧進上人　龍松院

本状「南都大仏殿再興勧進之状」は、勧進活動が幕府から免許されたことを示す口上書で、「大仏殿再建勧進帳」に添えられたものである。公慶は、この状と「大仏殿再建勧進帳」を持参し、江戸の大名・旗本の屋敷を廻り勧化金を集めている(19)。

十二月三日、小綱玄賀が人別奉加の謝儀に江戸へ下向する。『年中行事記』には、増上寺貞誉了也への御礼が記載されていて、奈良の特産霙酒を贈っている。

同時に増上寺大僧正え霙酒斗入一樽・昆布一箱、知足院僧正え同断。護国寺え古酒斗入一樽・昆布一箱、差遣しかるべき由にと、龍松院江戸ゟ相調られ、惣寺ゟこれを遣さる。

まとめ

元禄八年（一六九五）、公慶は四月より江戸の町の勧進を始め、十一月に廻り終えている。この間、九月十八日、公慶は知足院において綱吉に『三論玄義』の講義をしていて、綱吉より銀子とともに書見台を賜った[20]。隆光も大僧正に任ぜられ、『守灌経』の講義をしている。十二月八日、公慶は桂昌院より勧進柄杓の袋と箱を拝領、金子五百両の寄進を受けた[21]。

元禄九年（一六九六）三月十八日、公慶は綱吉の『大学』の講義を、済深法親王らと拝聞している。五月二十一日には、綱吉は重源の勧進柄杓を見て、白銀千枚を寄進している[22]。

東大寺龍松院公慶の勧進について『公慶上人年譜』は次のように記載している[23]。

一、十一月廿九日、大像の尊前に法事を修す。また、大喜院に座を設け縁起を講す〈俗に大仏事始めと謂ふ〉。此の日、錫を飛し、草鞋著け南都を勧化す。人皆嗟嘆せざること無し。是より難波・京師を歴て、偏く六十州を巡る。人財物を与ふときは、則ち宝珠の杓〈天竺の蓮実を以て之を作る。俊乗上人携する所の杓なり。俗に勧進柄杓と謂ふ〉。之を受く毎に、縁起を講し、また兼ねて説くに具足仏心を以てす。十念を受くる者の日に幾千人を知らず。のち群弟子代々縁起を講す。

図2　公慶上人筆六字名号（奈良・興福院所蔵）

公慶は、重源使用の勧進柄杓で財物の寄進を受けた。寄進を受けるたびに「縁起」を講じ、大仏に結縁することの利益を説いた。そして、仏心具足を説き、十念を授与した（**図2**）。公慶より十念授与を受ける者が一日に幾千人を知らずとしていることに注目したい。「十念」とは、『無量寿経』上の第十八願の「乃至十念」、『観無量寿経』下下品の「十念を具足して、南無阿弥陀仏と称す」に説かれる、十声称名のことである。法要の最後に唱導師が授与する十念である。このことより、重源の勧進柄杓に財物を寄進した人々が願った利益とは、阿弥陀仏との結縁であり、念仏の功徳であった。

註

（1）林亮勝「元禄の大仏殿再興について――将軍家のかかわりを中心として――」（『南都佛教』四三・四四号、一九九〇年）、杣田善雄「元禄の大仏殿再興と綱吉政権」（同上。後に同『幕藩権力と寺院・門跡』、思文閣出版　二〇〇三年に収録）。公慶の生涯についての関係史料は、堀池春峰編『公慶上人年譜聚英』（東大寺、一九五四年）がある。先行研究等については、特別展図録『東大寺公慶上人――江戸時代の大仏復興と奈良――』（奈良国立博物館、二〇〇五年）参照。

（2）『大仏殿再興発願以来諸興隆略記』（略称『興隆略記』）の引用は、平岡定海「（史料）大仏殿再興発願以来諸興隆略記」（『南都佛教』二四号、一九七〇年）による。書誌については同「江戸時代における東大寺大仏殿の再興について――勧修寺蔵「大仏殿再建発願以来諸興隆略記」を中心にして――」（同二三号、一九七〇年）参照。

（3）前掲註（1）林亮勝「元禄の大仏殿再興について――将軍家のかかわりを中心として――」、前掲註（1）杣田善雄「元禄の大仏殿再興と綱吉政権」。

（4）東大寺蔵。前掲註（1）特別展図録『東大寺公慶上人』参照。

（5）「公慶借請状」（前掲註（1）『公慶上人年譜聚英』所収）。

（6）東大寺蔵。前掲註（1）特別展図録『東大寺公慶上人』参照。

(7)『鎮西国衙方諸捌年中行事記』(前掲註(1)『公慶上人年譜聚英』所収)貞享四年の記事に、
一、龍松院京都勧化ニ付、知恩院方丈江、諸事御取持過分之由、為惣代沙汰所惣持院英秀、三月廿五日被上京畢、方丈江白布三疋並役者江油煙五挺入遣之畢、
一、五月八日、今般龍松院公慶、於京都縁起講談ニ付、為加勢清涼院英海上京有之、同廿三日為英海替、見性院上京、英海帰去了、
とみえる。

(8)『大仏殿釿始千僧供養私記』(『大日本仏教全書』威儀部一)。出仕の僧名も記載されている。
一、北京知恩院寺中同京門中僧名
京門中名代　勝巌院乗誉還嶺上人　西園寺随誉観亮上人　本覚寺林誉霊察上人　西方寺馨誉孤舟上人　見性寺捜誉方碩上人。
知恩院寺中　徳林院忠誉源歴・信重院感了・福寿院順道・忠岸院万嶺・光照院感霊・源光院万同・崇泰院感説・九間院感龍・先求院弟子心凉。
(京都門中)　西園寺寺中廓春・友典・澄察。浄善寺寺中知運・岸立。大雲院寺中見貞・栄哲・貞佐。本覚寺寺中栄存・寿賢・霊軻。専念寺寺中円茂。永養寺寺中南潮。親縁寺寺中素玄・故心。報土寺寺中了(牛)詮。善導寺寺中玄岌。浄教寺寺中長栄。天性寺寺中長山・玄隆。法然寺寺中越我。空也寺寺中手存。長香寺寺中(守存)。上徳寺寺中栄臆。大超寺寺中順廓。智恵光院寺中閑益。浄福寺寺中長益。法雲寺寺中廓萌。心光院玄説。
行者二人淡路・伊予。

(9)島津良子・板東俊彦「玉井家蔵『大仏殿再建記』解説および史料翻刻　第一回」(『南都佛教』八六号、二〇〇五年)。

(10)『年中行事記』貞享五年六月十一日
一、大坂天満於九品寺、龍松院縁起講談ニ付、惣寺ゟ為見舞、六月十二日ニ大坂江、玄賀差下シ、素麵五十把入壹箱遣畢、

(11)『年中行事記』貞享五年八月、「東山天皇綸旨」(前掲註(1)『公慶上人年譜聚英』所収)。

(12) 以下、知恩院『日鑑』、書翰の引用は、『知恩院史料集　日鑑・書翰篇一』（総本山知恩院史料編纂所、一九七四年）による。江戸時代の知恩院と東大寺龍松院との交流については、山本博子「江戸時代における知恩院と東大寺——特に東大寺塔頭龍松院をめぐって——」（『鷹陵史学』七号、一九八一年）がある。

(13) 東大寺蔵。前掲註（1）特別展図録『東大寺公慶上人』。

(14) 東京・大東急記念館蔵。前掲註（1）特別展図録『東大寺公慶上人』。

(15) 『春日社記録』一冊。前掲註（1）特別展図録『東大寺公慶上人』解題参照。

(16) 前掲註（1）特別展図録『東大寺公慶上人』。

(17) 前掲註（1）『公慶上人年譜聚英』所収。

(18) 前掲註（1）『公慶上人年譜聚英』所収。

(19) 前掲註（1）杣田善雄「元禄の大仏殿再興と綱吉政権」参照。島津良子・板東俊彦「玉井家蔵『大仏殿再建記』解説および史料翻刻　第二回」（『南都佛教』八六号、二〇〇五年）。

(20) 「書見台」一基、東大寺龍松院蔵。「箱蓋裏銘」（前掲註（1）特別展図録『東大寺公慶上人』）。

　元禄八乙亥歳九月十八日、大樹公入御于護持院之時、依仰講演三論玄義之処、御感之余、賜見台幷白銀、生涯之本懐不過之、携帰于寺、今年正月七日、於天皇殿、以拝領之見台、開講三論玄義、聴衆一山衆中幷第（弟）子僧・他門僧侶・道俗等也、天下太平・御武運長久・仏法興隆之基、歓喜无窮者也、

(21) 玉井家蔵『大仏殿再建記』前掲註（19）。片仮名を平仮名に改め、読み下している。

同年（元禄八年）十二月八日、本庄因幡守殿亭において、俊乗房勧進柄杓の箱、龍松院拝領。是は兼て、三の丸様（桂昌院殿）、仰せ付けられ御寄進、幷に金子五百両下さる。

(22) 玉井家蔵『大仏殿再建記』前掲註（19）。

元禄第九丙子年二月十六日、上人奈良発足、江都下向。

一、同年五月十八日、柳沢出羽守殿へ参向し、大仏殿建立の事、詳に申し述ぶ。大仏殿往古よりま（間）十一間なり。此度二ま減之九まに仕り度く候。二ま減し候へは、大分金銀減少たりと委しく申し述ぶ。

一、同月廿日、柳沢殿より上人方え、勧進柄杓御上覧あるべしとなり。明廿一日持参すへしとなり。

翌廿一日、辰剋、上人、柄杓、柳沢殿え持参。柳沢殿より直に登城然るべしとの事にて、上人登城。今日は、

御講尺（釈）日にて、諸大名幷に諸出家伺公。上人出仕と。其まま加藤佐渡守殿御出。御念頃、程なく上人一人え御菓子下さる。

その後、柳沢殿御出候て、上人の柄杓御取り候て、御前え御出。暫くあり、柄杓、柳沢殿、表え持参。上人え仰せ渡さる趣き「是まで霊宝、御本丸へ入り候儀これ無し。然る処、柄杓御拝見は希代の儀、龍松院あり難く存じ奉るべし」。さて申し渡す上意これ有る間、某し宅へ参り申すべしとなり。上人退出。柳沢殿亭ニ相い待つ。ほどなくして、柳沢殿御帰り。

上人え仰せ渡さる趣き「上意には、勧進柄杓上覧、御内証として白銀千枚下さる。材木も段々仰せ付けらるべしとなり。又先日、大仏殿建立ま数、減少の事無用に仕り、古法の通り造立尤もなり。減少の事、御代に始まりて記録に残る所、如何に思し召さる間、左様に相心得べし。大仏殿の事、龍松院急ぎ申す間敷候。御代には成就たるへしと思し召す」となり。

上人感涙を流し退出。

（23）前掲註（1）『公慶上人年譜聚英』所収。貞享二年（一六八五）十一月二十九日のこととする。

第二章　徳川綱吉・桂昌院と増上寺貞誉了也、贈大師号

第一節　将軍綱吉と儒教

四代将軍徳川家綱が延宝八年（一六八〇）五月八日死去、八月二十三日、弟の上野国館林城主綱吉に将軍宣下があり、三十五歳で五代将軍となった。綱吉は六十四歳で死去する宝永六年（一七〇九）一月十日まで、ほぼ二十九年間将軍職にあった。

『武家諸法度』は元和元年（一六一五）七月、大坂夏の陣の後に徳川家康が金地院崇伝に起草させて二代将軍秀忠の名で発布したのに始まる。領国支配者である大名を統制する法として成立し、三代将軍家光の時に改訂、充実したものとなり、以後代々の将軍の代替わりに改編され、諸大名に公示することが慣例となった。

五代将軍となった綱吉も家綱時代の法度の条項を改訂、天和三年（一六八三）七月、『武家諸法度』（「天和令」）を発布した。それまでの法度を儒教的な立場から変更したことに特色があり、ことに、第一条「文武弓馬の道、専ら相嗜むべき事」を「文武忠孝を励まし、礼儀を糺すべき事」に改めたことが象徴的である。武士には、武道よりも「忠孝」や「礼儀」が求められ、主君に対する忠義や父祖に仕える孝が、平和な時代にふさわしい支配論理となったのである。(1)

綱吉の将軍就任により幕臣に加えられた柳沢保明は、天和元年（一六八一）六月三日、綱吉の学問の弟子となった。翌天和二年（一六八二）一月、綱吉より「人はただまことの二字を忘れずば　幾千代までも栄ゆなりけり」との歌を与えられた保明は、綱吉とともに好学の生涯をおくることになり、将軍家の私生活を補佐した。貞享二年（一六八五）十二月には従五位下出羽守に任じられ、貞享五年（一六八八）六月三日、綱吉より『論語』の一句「過則勿憚改（過てば、則ち改むるに憚ることなかれ）」「程子曰く、学問の道は他になき也、その不善を知れば、則ち速やかに改め、もって善に従うのみ」を賜り、十一月には若年寄上座の側用人に昇進している。(2)

綱吉は、保明を元禄七年（一六九四）一月、武蔵国川越城主に任じ、十二月には侍従とし、老中格としている。そして、元禄十四年（一七〇一）十一月には松平の家号を許し、綱吉の諱の一字を与えたので、松平美濃守吉保と称した。綱吉は、宝永元年（一七〇四）十二月、甲斐国甲府城主徳川綱豊（六代将軍家宣）を継嗣と定めたときの吉保の功労により、綱豊の旧領甲斐・駿河領国のうち十五万千二百石余を与えている。後に新井白石が『折りたく柴の記』で、「老中みな〳〵其門下より出て、天下大小事、彼朝臣（吉保）が心のままにて、老中はただ彼朝臣が申す事を、外に伝へられしのみにして」と述べているぐらいに、吉保は綱吉に信頼され、綱吉とは一体の存在であった。(3)

『常憲院贈大相国公実紀』（『憲廟実録』）は、松平（柳沢）吉保が綱吉の死後、隠居して保山と称し、儒臣荻生徂徠・服部南廓に命じて編纂した将軍綱吉の一代記であり、正徳四年（一七一四）の成立である。綱吉は、学問を重んじ、教えの道を正して、市井無類の徒の凶暴を根絶し、みずからも孝と祖先崇拝の念厚く、また朝廷を尊崇するとともに、租税を軽くしたともしている。(4)

綱吉は『孝経』『大学』の二書に慣熟し、注もあわせて諳んずることができ、先祖を祀る朝夕には、夜通し仮眠もすることなく『孝経』を誦すことが常であったと伝えられている。久能山東照宮博物館所蔵の綱吉の二大字「誠

実　忠は徳の正也、信は徳の固也」は、儒学を学んだ綱吉が道徳心の中心に忠（心のまこと）をおき、それは偽りがなく、真実の心をもって接する誠実な言動を尊重していたことを示すものだという。[5] 綱吉の政治は、仏教儀礼が浸透した社会において、民に孝と忠の道徳を説き、仏教儀礼と儒教道徳とが一体化する社会の形成を目指したものであった。

第二節　綱吉と増上寺――『帳場日鑑』を読む――

徳川綱吉は将軍職にあった期間、二代将軍秀忠の命日である一月二十四日には、必ず増上寺霊廟に仏参している（元禄六年正月は大雪のため参詣せず）。

増上寺の将軍家霊廟には、幕府より季節の野菜や草花が献じられていた。貞享二年（一六八五）には、五月一日瓜茄、十六日蒸筍、二十八日楊梅、六月一日瓜、二十六日新茗が供えられていて、歳末の十二月二十二日には京菜が供えられている。同三年には、四月二十六日京都醍醐の蒸筍、五月一日新瓜茄、十二日楊梅、二十六日新米、六月十四日新茗、九月六日京稲荷山の松茸が供えられている。[6]

元禄五年（一六九二）二月、綱吉は伝通院十三世貞誉了也を将軍家菩提所増上寺の三十二世住持に任命した。伝通院の後継十四世住持には、後に知恩院四十二世住持となる瓜連常福寺十四世白誉秀道が任じられた。十二月二十四日には、増上寺了也と伝通院秀道は、その年の歳暮の祝儀に江戸城に登城している。

増上寺の各部署では『日鑑』（寺務日誌）が作成されていた。増上寺本坊は総録所を勤めており、『役所日鑑』（所化役者・寺家役者の担当）、『月番日鑑』（山内塔頭より選出の月行事の月番が担当）が作成された。方丈内役の『日鑑』

図1　元禄6年11月24日　江戸城御前法問の座席次第（『帳場日鑑』）

を『帳場日鑑』という。『帳場日鑑』には方丈（住持）身辺の動向、本堂内の諸行事が主に記載されている[7]。

元禄六年（一六九三）九月より始まる『帳場日鑑』には、松平家・徳川家の菩提所でもあった浄土宗の檀林寺院の僧侶たちや、江戸に滞在中の京都の本山の住持や同行の僧侶、三河松平家の菩提所の住持が、江戸城における綱吉の儒教の講釈に登城して聴講したことが記載されている。また、将軍綱吉増上寺御成の際には、住持了也の講釈や檀林寺院の住持による法問を聴聞するだけではなく、列座の僧衆に綱吉自ら『論語』『中庸』等を講釈したことを伝えている。

以下、将軍綱吉と母桂昌院の増上寺住持貞誉了也への帰依を通して、浄土宗の経典への関心、宗祖法然の教義と崇敬、廟堂知恩院への法然贈大師号にいたる経過を窺うことにする。

一　元禄六年『帳場日鑑』

九月　了也、綱吉より自筆の滝見観音の絵を拝領。

十二日、了也と増上寺の月行事、綱吉の『周易』講釈拝聞に登城する。綱吉、了也に「絵の所望」を尋ね、十三日の御能に招く。

十三日、了也、登城。「滝見観音の絵」を拝領する。(8) 帰途、雨天により玄関からの乗輿を許される。

二十九日、滝見観音の絵の開白に、桂昌院の弟、本庄因幡守宗資を招く。

十一月　了也、江戸城御前法問。

二十一日、役者、寺社奉行松浦壱岐守宅に招かれる。来る二十四日、御前法問を勤めるよう仰せ出され、法問は浄土無為・宗義開出・無塵法界の三則よりとし、二十二日、「浄土無為」に決まる。

二十四日、巳刻、増上寺了也・江戸檀林四カ寺（小石川伝通院秀道・深川霊巌寺詮察・浅草幡随院円碩・本所霊山寺意哲）・増上寺月行事十二僧・他山の番頭・二臈（霊山寺二臈は不出）。座席次第（**図1**）。増上寺御服十、伝通院御服七、幡随院・霊山寺・霊巌寺五宛、また、所化十七僧は白銀五十枚を拝領する。

法問の後、桐間において二汁五菜の御料理、酒三返・茶菓子渕高・干菓子渕高・御茶を下さる。退出の後、老中・寺社奉行・若老中、柳沢出羽守の屋敷に参上。翌日、了也と惣行事は、干菓子一折持参、御祝儀を述べる。

二　元禄七年『帳場日鑑』

一月　月行事、柳沢出羽守に年礼。知恩院後住に伝通院住持。

九日、月行事残らず柳沢出羽守保明宅へ年礼に参る。出羽守に加増の祝儀を申し入れる（七日、保明は一万石を加増され、七万二千石の武蔵川越城主となる）。また、諸檀林の講釈拝聞を願う。

二十四日、綱吉、秀忠廟に参詣する。住持了也の入院後初めての参詣のため、了也に銀二百枚・時服十、役者おのおのに銀十枚・時服二を贈る。

二十九日、知恩院後住に伝通院白誉秀道が仰せ付けられる。「鎌倉光明寺詮誉白玄は、上座と雖も沙汰に及ばず」とのことであった。

三十日、知恩院（六役善導寺・山役保徳院）、宿坊西久保天徳寺において入院礼式を受ける。

二月　了也と檀林、綱吉講釈に登城。了也、柳沢出羽守・本庄因幡守を招待、即座法問。

六日、綱吉の『易経』講釈に、了也・諸檀林住持が登城。

二十九日、了也、増上寺に柳沢出羽守・本庄因幡守を招く。惣月行事は御目見得のあと帰寮。客の所望により、月行事と役者吟達は、「寿命無量」の即座法問を勤める。

三月　本庄因幡守、惣月行事に贈答。知恩院新住持・役者登城。

一日、本庄因幡守、惣月行事に蕎麦切五十箱・枝柿一箱・酒・伊豆苔・煎茶を贈る。

四日、知恩院新住持秀道と、住持招請のため参府の役者善導寺・保徳院、綱吉の講釈を拝聴する。講釈前に餅くわし《（菓子）》・水菓子・濃茶・薄茶が出る。給仕は桐間衆。

閏五月　綱吉、増上寺に御成。了也、「天下和順」の講釈・大僧正任官。綱吉、僧衆に『中庸』の講釈。

五日、綱吉、増上寺了也・伝通院光誉慈雲・京都浄華院超誉恢龍、諸寺院住持を猿楽に招き、饗応する。

十三日、快晴、午刻、綱吉増上寺に御成。

京都浄華院・諸檀林・三河高月院・西久保天徳寺・四人役者・所化月行事・寮舎月行事が御成殿中門の柱の所に並居し、了也と柳沢出羽守は中門柱所において出迎える。

早速に御成御殿に出座。法問の前に了也が「天下和順より礼譲迄」の講釈をする。諸檀林・月行事、并に所化役者吟達。浄華院恢龍（折節、継目御礼に参府により出座）（**図2**）。法問の後、了也に大僧正任官の仰せ付けがあり、獅子の香炉を拝領する。

了也は、時服十・白銀三百枚・椎茸一箱・岩茸一箱を拝領。本山浄華院は時服五、紫衣檀林の鎌倉光明寺・瓜連常福寺・太田大光院は時服四、香衣檀林衆は時服三、所化月行事は時服二を拝領する。また、小石川伝通院に白銀三十枚。所化役者秀円・同吟達に各二十枚。寺家役者天陽院・別当恵願院・別当最勝院・宝勝院には各十枚下さる。

次に、綱吉の『中庸』講釈があり、一文字所化・霊屋衆・寮舎三十坊・了也弟子らが拝聞する。その後に、御拍子十一番あり。七番老中阿部豊後守正武、二番若年寄秋元但馬守喬朝、二番仕舞。

六月　桂昌院の姉、檀林浅草誓願寺において葬儀。柳沢出羽守、了也に綱吉の暑気見舞いの書状。

三日、桂昌院の姉（瑞光院）が御城において死去。浅草誓願寺において葬礼、初七日法事。死骸は京都石清水の墓、法事等は法恩寺で勤める。

二十六日、御城より檜重下さる。所化月行事・霊屋衆・寮舎月行事、方丈（本坊）へ参上。その後、御開き頂

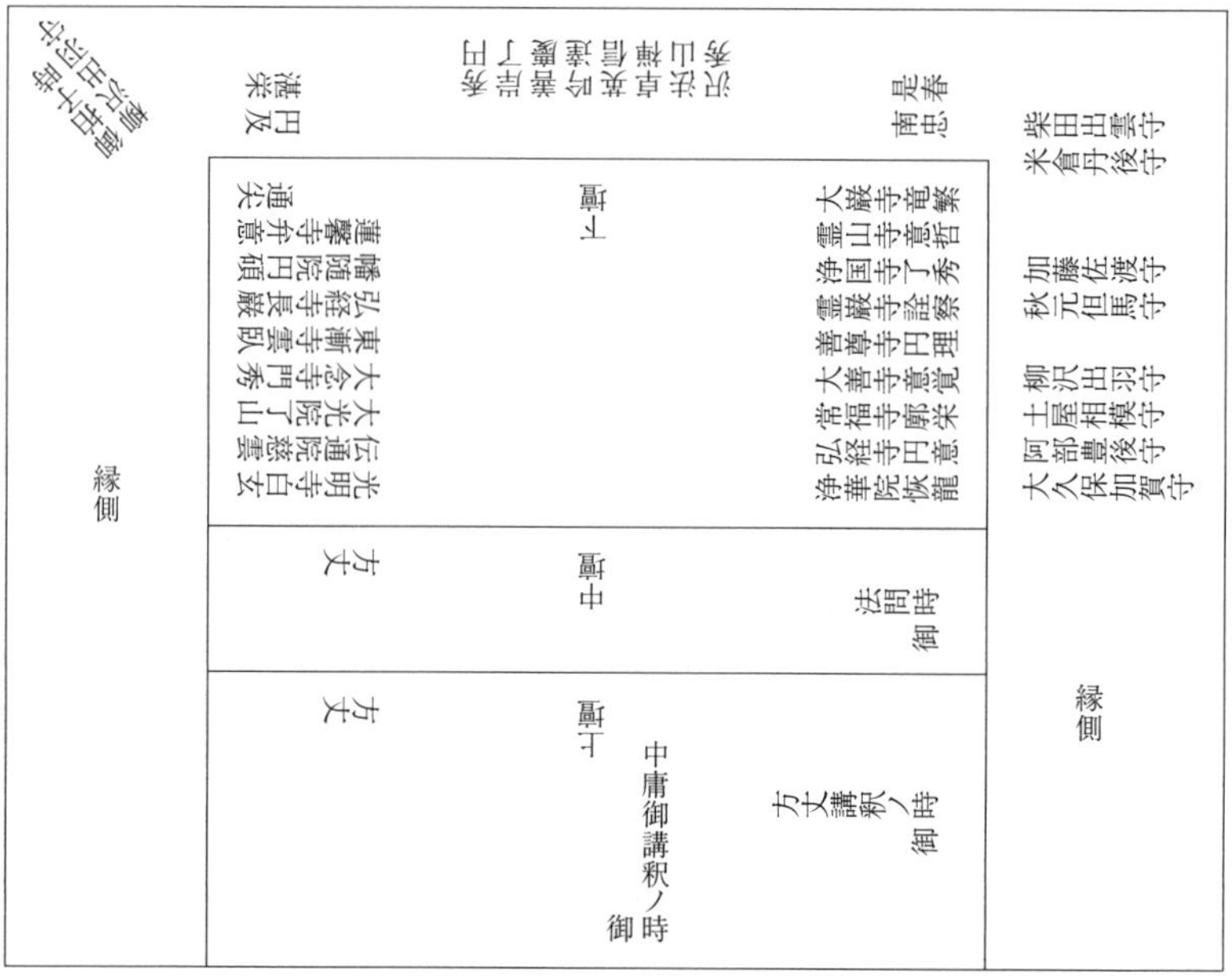

図2　元禄7年閏5月13日　増上寺御成御前法問（『帳場日鑑』）

戴。柳沢出羽守より、綱吉の暑気見舞いの書状が来る。

暑気の時、いよ〳〵異儀無く候哉と、御尋ね遊され候。かつ又、檜重下され候。是に依って此の如く御座候。以上。

六月廿六日　　柳沢出羽守

増上寺大僧正

八月　桂昌院、増上寺仏詣。了也、「延年転寿」の法談。

二十二日、了也、大僧正任官以後始めて綱吉の講釈に登城。拝聞、御目見得、巻物二巻を拝領する。母桂昌院の二十五日に増上寺御成を仰せ出さる。また、柳沢出羽守より、役者に来る十三日御能拝見を申し渡す。

二十六日、昨日雨天故、桂昌院、増上寺を訪れる。了也に黄金十枚・二種二荷、御内証分として染雑三十巻を下さる。所化役者は白銀五枚、持僧役者は白銀三枚、霊屋三軒・浄徳院《綱吉子》別当は白銀二枚宛を拝領する。

桂昌院は、了也の「延年転寿」の法談のあと、御仏殿・客殿・鎮守堂・開山堂を参詣。

二十七日、了也、三の丸へ昨日の御礼に登城。種々の御馳走の上、衣地緋縮緬二巻、緋羽二重五疋を拝領。

三　元禄八年『帳場日鑑』

一月

九日、惣月行事、柳沢出羽守・松平右京《輝貞》進《ママ》宅に年礼に参る。

十日、諸檀林拝聴願いに柳沢出羽守・松平右京進宅へ参る。

十七日、了也、三の丸《桂昌院》へ年礼に登城、縮緬十巻・銘酒・箱肴二つ・筆立等を拝領。

二十四日、綱吉、増上寺秀忠廟に参詣に御成。若年寄秋元但馬守喬朝・松平弾正正久、仏殿左右に詰める。保科肥後守正容先立ち、老中大久保加賀守忠朝・土屋相模守政直・阿部豊後守正武、御供、御太刀黒田豊前守直邦・三間大隅守政房、左右に御供。かつ又、紀州大納言《徳川光貞》・水戸宰相《徳川綱條》・伝通院・所化月行事・寮舎月行事・御霊屋衆・役者衆詰める。未の下刻、華厳経の法問、終わって、御忌法事。

三月　了也、「和順　天下和順　日月清明　綱吉」の掛軸を拝領。増上寺御成、了也、法然の『選択本願念仏集』（以下『選択集』）第三章を講釈、綱吉、僧衆に『論語』を講釈。

十日、綱吉の増上寺御成、来る二十三日と仰せ出さる。かつまた、綱吉自筆の掛け物を拝領する。絹地に「和順」の二字大文字、細字で「天下和順　日月清明」と遊ばさる。(9)

二十三日、綱吉、増上寺に御成。諸檀林・惣月行事・霊屋衆・寮舎衆の出迎え。御成殿において、了也、『選択集』第三章を講釈、諸檀林・惣月行事聴聞。講釈のあと、「無縁慈悲」の法問。

あと、伝通院慈雲・大光院了山に時服四つ、鎌倉光明寺・飯沼弘経寺・瓜連常福寺に時服二つ、香衣檀林に時服二つ。惣月行事に銀子三枚宛。所化役者に五枚・持僧役者に三枚宛・霊屋三軒に三枚宛、一臈（塔頭）徳水院三枚、拝領物がある。

次に、綱吉、『論語』学而篇を講釈する。右の寺院僧衆・一文字衆・他山伴頭・二臈拝聞。その後、仕舞を拝見。御《（綱吉）》五番、羽衣・やまんは《（山姥）》・熊坂・海士、松平肥後守《（正容）》一番、松平弾正《（正久）》一番。還御の節、諸檀林・惣月行事・霊屋・寮舎は御成門の脇に列座。

二十四日、惣月行事、昨日の御成首尾能き祝儀御礼に、老中・寺社奉行・若老中・柳沢出羽守・松平右京大夫宅に参る。

二十七日、御講談、寺院僧衆登城。来月五日、御能拝見を仰せ出さる。

四月　諸檀林、御能に登城。知恩院継目御礼。桂昌院、増上寺に御歌二首を下す。

五日、諸檀林・（名越派檀林）岩城専称寺・駿府宝台院・三河松応寺・惣月行事・霊屋衆・徳水院・方丈内弟子両人了俊・了仙《（ママ）》、帳場両人、この外七人、御能拝見に登城する。

御能前に、御菓子・餅出る。御能三番畢って御料理、紅葉間・雁間において、一汁五菜・酒三返・吸物・肴・茶菓子・餅・煮染・御茶出る。また、御菓子・枝柿など出る。

御能始まる。番付七番。御三番　弓八幡・江口・自然居士、観世二番　大仏供養・忠信、宝生二番　碇かつき・住吉詣、狂言二番　唐人相撲・入間川。御休所の舞台にて、右の寺院僧衆拝見。

七日、知恩院白誉秀道、継目御礼に江戸に到着。

十五日、知恩院、入院御礼に登城。

二十三日、桂昌院、増上寺に御成。

了也へ黄金十枚・紗綾十巻下さり、大光院了山・西天・秀円・吟達・了俊・了泉、《ママ》六僧の法問を聴聞する。

大光院に白銀五枚、西天五枚、秀円・吟達白銀三枚宛、了俊・了泉に二枚宛下さる。

また、御歌二首、表具を遊ばされ、了也に下さる。増上寺では「桂昌院様御筆　当山貞誉大僧正え御契約の御詠歌」とする。(10)

はかりなき命も道も御法をも　君にさすけてまほり給へや
万代の後はかならす契りおく　この御ほとけのそはへむかへよ

二十六日、御講釈に寺院僧衆登城。知恩院秀道と役者徳林院・保徳院も登城。御講畢って仕舞、御七番。外に五番の仕舞があるが、これは知恩院への御馳走として。月次の僧衆拝見、新拝聴の寺院は拝見無し。知恩院は金襴二巻箱入を拝領する。

三十日、知恩院、明日御暇下されるにより、御祝儀・暇乞いに仲間、天徳寺迄参る。

六月　柳沢出羽守、了也を招待。六尺屛風・見台、綱吉より拝受の絹の縮緬を贈る。

十二日、了也、柳沢出羽守宅へ招かれる。能七番、但し、金剛・金春・十大夫。種々の御馳走。出羽守は了也に、金の六尺屛風一双と見台一つを贈り、また、綱吉より出羽守拝領の絹の縮緬二十端も、直に了也に進じる。

七月
十日、了也、御講釈に登城。桂昌院より、了也に御酒・御菓子・銀子十枚、外に色いろ下さる。
二十二日、了也、講釈拝聞・仕舞拝見に登城。
二十三日、大坂大念仏寺（融通念仏宗）、大僧正（了也）弟子を住持に望むにより、弟子了専が任じられる。

八月
二十六日、了也、御講談に登城、御紋付き五条・七条・九条袈裟を拝領する。

九月　了也、綱吉より白銀の孔雀香炉を賜る。
十日、綱吉、柳沢出羽守宅へ御成。御能五番、かつ又、内証に川越蓮馨寺詰める。
十三日、了也、御能拝見に登城。白銀で拵えた孔雀の香炉と檜重を拝領。伝通院慈雲も羽二重十疋・檜重拝領する。

十月
二十七日、了也・伝通院・霊巌寺・霊山寺・幡随院・天徳寺、講釈拝聞に登城の予定であったが、昨二十六日夜、柳沢出羽守の病気により延引の由、俄に申し来たる。

十一月　惣月行事、柳沢出羽守の病気見舞い。
四日、惣月行事、柳沢出羽守の病気見舞いに参る。
十二日、増上寺了也・江戸檀林四カ所（伝通院・霊巌寺・霊山寺・幡随院）・天徳寺、講釈拝聴に登城。了也、羽二重十疋拝領する。

二十五日、了也、『易経』の講筵を拝聴する。
十二月　了也、桂昌院に歳暮の祝儀。
十七日、了也、桂昌院へ歳暮の御祝儀に登城。御馳走のあと、紋絹十五端下さる。役者両人は羽二重参疋、長秀・伴頭は羽二重二疋宛拝領する。

第三節　継目御礼と法然絵伝

ところで、知恩院白誉秀道の継目御礼の参府に同行した役者保徳院が柳沢出羽守の家臣に宛てた（元禄八年）八月二十一日付書状三通が『知恩院書簡控』に収録されている。(11) そのうち、平野源衛門宛の書状には、知恩院が証文を取り、柳沢出羽守に貸し出した「絵詞伝」（『法然上人行状絵図』）が江戸宿坊の西久保天徳寺に返却されたことの連絡が知恩院にあったので、知恩院より証文を返信する旨が書かれている。

一筆啓達致し候。貴様いよ〳〵御堅固御勤めなされ、その後は書状を以ても御意を得ず、御疎遠に罷り過ぎ候。然者、絵詞伝の儀、天徳寺迄御返信下され候由、彼寺より申し来り候。これに依り、御証文返信仕り候由、請取り下さるべく候。此の旨疾《とく》と御意をうべく処、何角取り紛れ延引に及び候。方丈よりも書状を以て申し入れらるべく候得共、別儀御座無く候故、その儀無く候。拙僧相心得、宜しく申述すべき由、申され候事に御座候。心緒後音を期し候。恐惶謹言。

八月廿一日　　保徳院

平野源衛門様

また、保徳院の家臣萩原源左衛門宛書状では、方丈（住持）白誉秀道が柳沢出羽守に新松茸の塩漬け一壷を贈ったことを申し送っていて、知恩院の柳沢出羽守への細やかな気配りが窺われる。

一筆啓達致し候。いよ〳〵御堅勝御勤なされ候や。爾来、書状を以ても御意を得ず、御疎遠罷りすぎ候。仍って、出羽守様え、新松茸塩漬け一壺、方丈《（秀道）》より進上致され候。程近く候ハヽ、生松茸進じ申されたく存候得共、遠途故、塩漬け申し付けられ進じ申され候。尤も、出羽守様え書状を以て申し上げられ候得共、なお又、此の旨宜しく仰せ上られ下さるべく候。方丈より別紙を以て申し入れらるべく候得共、別儀御座無く候故、その儀無く候。拙僧相心得申す述ぶべき由、申さるる事に御座候。なお後辰の時を期し候。恐惶謹言。

八月廿一日

萩原源左衛門様

上述したように、綱吉は元禄八年（一六九五）三月二十二日の増上寺御成の際に、了也より『選択集』の講釈を受け、桂昌院も四月二十三日、浄土の法問を聴聞している。継目御礼に登城した知恩院白誉秀道に綱吉と桂昌院が法然上人絵伝の拝覧を望んだことが推察できる。将軍とその母の法然への帰依、崇敬が深まったようである。この絵伝拝覧により、翌年の了也の大原問答の講釈、桂昌院とその弟本庄因幡守宗資の五重相伝に繋がり、法然への贈大師号につながっていくのである。

白誉秀道は、伝通院住持在任中より、増上寺住持了也とともに登城しており、柳沢出羽守や桂昌院の弟本庄宗資とは昵懇の間柄であった。白誉秀道が京都に到着し、知恩院に入山したのは、元禄七年（一六九四）三月二十五日である。知恩院『日鑑』によると、同年五月十四日と八月二十一日、本庄宗資に加増拝領祝儀のための書状を送り、閏五月二十九日には増上寺御成悦びの書状、また、六月三日に亡くなった桂昌院の姉瑞光院の悔やみの書状を六月十八日、弟本庄宗資に遣わしている。

九月十日には、柳沢出羽守・本庄宗資等に安否の書状、また増上寺には、桂昌院御成の悦び状と松茸三箱を遣わしている。

元禄七年『日鑑』九月十日

一、柳沢出羽殿・本庄因州殿・松平右京亮殿・長谷川五左衛門殿・増上寺へ御状遣され候。出羽殿・因幡殿御様躰窺い。右京殿御役御免の御悦び。五左衛門殿役替の御悦び。増上寺へハ、桂昌院御成候御悦び状。松茸三箱遣され候。

第四節　「念仏為先」と「大原問答」

一　元禄九年『帳場日鑑』

一月

六日、了也と諸檀林が御礼に登城。

九日、仲間中、柳沢出羽守・松平右京大夫(輝貞)宅へ、諸檀林衆拝聴の願に参る。

十四日、桂昌院、自身の七十御賀の御祝儀として、了也へ檜箱・御樽等を進じる。

十七日、了也、三の丸様(桂昌院)への歳暮御祝儀に登城。羽二重二十疋・白銀二十枚を拝領、御供と隠居は千疋、綿子二ツを拝領する。

二十四日、綱吉、増上寺秀忠廟に参詣。

二月
五日、了也、講釈・仕舞に登城。縮緬十端・緋白の箱入り伽羅を拝領する。

三月　綱吉、増上寺御成。了也『選択集』「念仏為先」を講釈、綱吉『論語』を講釈。

六日、綱吉、増上寺に御成。諸檀林・所化月行事・霊屋衆・寮舎月行事・天徳寺・誓願寺が出迎え。即刻、了也が『選択集』冒頭の「南無阿弥陀仏往生之業念仏為先」の文を講釈する。終わって、観音名義の法問の後、上意(綱吉の命)により了也十念に出る。法問衆謹んで受け、退出する。かつ又、綱吉『論語』を講釈する。諸檀林・所化一文字・寮舎・大樹寺・松応寺・天徳寺・誓願寺・他山伴頭・二臈・駿州華陽院・方丈弟子ら拝聴する。

また、老中戸田山城守(忠昌)が法問の衆中への拝領物の趣を仰せ出され、寺社奉行本多紀伊守(正永)・永井伊賀守(直敬)が面々を呼び出す。紫衣檀林時服三ツ、香衣檀林時服二ツ宛、所化役者白銀五枚、持僧役者三枚宛、所化月行事三十枚、霊屋三枚、徳水院三枚拝領する。了也は白銀弐百枚・文台を拝領する。

七日、了也登城、綱吉に拝謁し昨日の臨駕を謝し、縮緬を賜る。

十五日、了也、江戸城奥舞台御能拝見に登城。諸檀林・三河大樹寺・同信光明寺・同松応寺・駿河華陽院・高崎大信寺・惣月行事・御霊屋衆・徳水院・役者四人・方丈内弟子等拝見。

御三番　ふた葉・とう北・小鍛・さんはそう（三番叟）、黒田豊前守直邦一番　八嶋、藤本源右衛門一番……三番畢って中入りの節、了也へ綿百把、紫衣方へ縮緬五巻、香衣方へ三巻、惣月行事・霊屋衆二十五人紗綾二巻宛、了也弟子白銀五十枚、二十九人に配分。御料理一汁五菜・酒三返・肴・吸物・茶菓子・面々菓子、畢って二番過ぎ退出する。

四月　桂昌院、増上寺仏詣、先祖浄土宗の由緒を聴く。誓願寺、本庄家菩提所となる。

八日、桂昌院、増上寺に御成。了也法談・法問あり。法問衆は大光院了山・祐天・役者両人（秀円・吟達）・弟子両人。また、祐天、桂昌院に、「御先祖浄土宗由緒の物語」を詳しく申し上げる。了也に黄金十枚・袷十・綿百把、一荷二種下さる。大光院に巻物五巻、法問衆は白銀三枚を拝領。

九日、寺社奉行より了也に、浅草誓願寺を召し連れ登城するようにとの手紙来る。登城すると、老中列座のなか「誓願寺へ知行二百石、霊山寺本庄家被下置、其上本庄一家之菩提所被仰付候」と見えるように、誓願寺が桂昌院の養家の菩提所となった。

二　白誉秀道と大師号

知恩院役所の『日鑑』によると、元禄九年（一六九六）四月十二日、白誉秀道は、京都三カ寺本寺の金戒光明寺・百万遍知恩寺・浄華院に贈大師号についての相談をしている。この相談について、伊藤真昭氏は、知恩院秀道が増上寺大僧正了也宛に出した四月五日付、書状を紹介している。(12)

その書状によると、了也は金戒光明寺・百万遍知恩寺・浄華院と相談の上、進上するようにとの助言をし、それを承諾したことを伝えている。秀道は、贈大師号は公儀においても厳重のことなので、世間に披露の上、不調となると外聞が悪いので知恩院では役者二名にしか申し聞かせていないこと。また、了也が尽力を約束してくれたことを「いよいよ、貴寺御精を入れられ下さるべく旨、最早、決定相調い申すべしと、大悦候」と感謝をし、なおまた、了也が「その許において、檀林方へも仰せ通され、一宗挙げて願い候段、仰せ立てらるべくの旨」も尤もなことであり、「ご苦労ながら、偏に貴寺御計略、仰ぐ所に候」とも述べている。

三本寺の賛同を得た秀道は了也に、四月十四日、他山も元祖上人謚号の儀を願われたので（元禄三年、覚鑁に興教大師号）、御念にかけられ、ことが整うようお頼みするとの懇請の書状を出している。了也が柳沢出羽守に相談すると、出羽守は秀道のことを種々尋ね、贈大師号のため尽力することを約束してくれた。このことを了也が江戸滞在中の知恩院役者常称院に伝えたので、常称院は知恩院へ報告した。早速、知恩院から出羽守家臣宛に礼状が出された。知恩院の元禄十年（一六九七）六月二日付、柳沢出羽守家臣宛の書状にも「贈大師号、貴殿様御陰ニて、未曾有の重事、首尾好く相い調い、有りがたく存じ奉」との、秀道の御礼の言葉が記されている。[13]

三　綱吉と「大原問答」

了也は、元禄九年（一六九六）六月は九日と二十五日に登城、綱吉の『易経』講釈を拝聴している。七月二十六日には御前法問に、弟子十二、三人・所化月行事・役者四人・供僧両人・行者一人を召し連れ登城。御前においては、法然の「大原問答」の講釈をし、綱吉の『論語』の講釈を御座間で拝聴している。増上寺の寺史である『縁山志』巻七には次のように記載している。[14]

今日、御手自ら御茶を大僧正貞誉上人に下さる。僧正弟子十三人登城の中、四人（了海・了無・了存・了風）小僧、方丈（了也）と共に御奥へ召さる。読経のため銀五枚宛下さる。その後、方丈、大原談義第三問を講ぜらる。この時、常憲院殿（綱吉）、往々に義趣お尋ねあそばさる。その跡にて（ママ）論証（是篇第三章）御講釈あらせらる。

了也が講釈した「大原問答」とは、文治二年（一一八六）秋、法然が天台宗の碩学顕真の要請により、洛北大原勝林院の丈六堂で行われた、法然と諸碩学との浄土宗義の論義のことで「大原談義」ともいう。顕真は美作守藤原顕能の子で幼くして比叡山に登り、顕密二教を学ぶが、官職を辞し大原に草庵を結び出離生死の道を求めていた。建久三年（一一九二）、後白河法皇の要請で天台座主となっている。

了也の講釈した「大原問答」は、法然の伝記諸本に掲載されているが諸本一様ではない[15]。また、『大原談義聞書鈔』（伝・聖覚筆）も実録ではないが、了也の講釈は『大原談義聞書鈔』を用いたようである。本書によると、法然は最初に、聖道門諸宗の行人の専修念仏に対する誤謬を歎き、当今の凡夫は弥陀の名号を称すべきであり、聖道門を捨てて浄土門に帰するべき理由を明らかにしている。その法然の所説に対して、列席の各宗の碩学から十二の質問がなされ、それに対して法然が回答している。第一は顕真、第二永弁であり、了也が講釈した第三の問者は毘沙門堂智海である[16]。

『法然上人行状絵図』第十四によると、参集者は、顕真の側に南都北嶺の学匠とその門弟、総勢三百余人。法然の側には、東大寺の大勧進俊乗房重源が弟子三十人を連れて参加したとし、「上人の方には、重源以下の弟子どもそのかずあつまれり」と記している。この論義は一日一夜に及んだとし、この結果、顕真は専修念仏の行者となり、おばの尼御前に念仏勧進の消息を送ったとし、その消息が「顕真の消息」として掲載されている。また、大原勝林院で不断念仏が始められ、重源はこの時、一つの意楽《いぎょう》（心に思う願い）を起こし、南無阿弥陀仏と名乗ったことが、わが国において阿弥陀仏号を付ける端緒になったとしている。(17)

かのとき大仏の上人俊乗房、又一の意楽をおこして、わが国の道俗、炎魔王宮にひざまつきて、名字をとはれんとき、仏号をとなへしめむために、阿弥陀仏号をつくべしとて、みづから南無阿弥陀仏とぞ号せられける。これ我朝の阿弥陀仏名のはじめなり。

四　了也と五重血脈・贈大師号

桂昌院（**図3**）と弟本庄因幡守は、元禄九年（一六九六）八月十九日より加行に入り、二十九日、了也より五重血脈を授かっている。『帳場日鑑』には、

二十九日　桂昌院様・本庄因幡守（宗資）、その外女中十四、五人五重相伝。大僧正三の丸参上。御施物黄金三枚。また加行の内、御小袖・夜着・ふとん、方丈へ下さる也。因幡守より施物金十両、役者両人（吟達・秀円）白銀三枚ツツ拝領也。

とみえる。(18)

十月六日、了也は、江戸城で猿楽を拝覧しているが、この日、綱吉より了也に法然贈大師号の仰せ渡しがあった。

『帳場日鑑』には、

六日　御城奥の舞台ニテ御能拝見あそばさる也。大僧正《了也》・伝通院・霊巌寺・霊山寺・幡随院、大光院・大善寺、この両寺、折節参府ニテ拝見願るなり。天徳寺・当山《増上寺》所化月行事・霊屋四軒・寮舎五人已上・内役者両人・方丈弟子三人。

方丈へ御屛風一双・檜重・御伽羅拝領なり。また伝通院・大光院羽二重十疋ツヽ、檀林衆へ五疋ツヽ、天徳寺・役者両人へ三疋ツ、下さるなり。檀林方へ二汁三菜、外ハ一汁三菜、濃茶・薄茶・むし菓子下さるなり。

退出以後、柳沢出羽守殿・松平右京殿に参る。又、方丈にも参るなり。

図３　桂昌院画像（奈良・長谷寺所蔵）

かつ又、法然上人大師謚号仰せ出さるなり。

七日　上人大師号の御祝儀、方丈に惣月行事参るなり。また恒例の寄合い申し候事。

とみえる。贈大師号は知恩院の願い出であり、増上寺はその取り次ぎであるためか簡単な記載となっている。

幕府は、その日の老中連署奉書により、所司代小笠原佐渡守長重に武家伝奏衆に勅許の申し入れを命じ、翌七日の奉書により、増上寺了也へ贈大師号の仰せ渡しがあったので、知恩院秀道を所司代宅に招いて、小笠原佐渡守よりの仰せ渡しを命じている。この二通の老中連署奉書（折紙）は、後に知恩院に寄贈された(19)。

法然上人贈大師　仰せ出され候。
勅許候の様、伝奏衆沾申し入らるべく候。恐々謹言。
元禄九子
十月六日
小笠原佐渡守殿（長重）

法然上人贈大師号の儀、増上寺大僧正え仰せ渡され候。その方宅え知恩院方丈招き、右の趣相達すべくの旨、仰せ出され候間、申し渡さるべく候。恐々謹言。
十月七日
小笠原佐渡守殿

第五節　知恩院と円光大師号

一　知恩院と贈大師称号

知恩院が贈大師号の経過をまとめた古記録『贈円光大師号記録』は、元禄九年（一六九六）十月十一日、所司代小笠原佐渡守より知恩院住持秀道に宛て、明日私宅に出向くようにとの手紙が届けられた記事から始まる[20]。

十二日、知恩院秀道と役者常称院は所司代に出向き、京都町奉行（東）滝川丹後守具章・（西）水野備前守勝直列座のもと、所司代より仰せ渡された。また、武家伝奏（柳原資廉・正親町公通）には、本日、申し入れると伝えられた。秀道が知恩院に帰院後、本堂に大衆残らず出仕、法然御影が開帳され、京都門中一﨟正覚寺・六役の頭善導寺・獅子谷忍澂が登山している。金戒光明寺・知恩寺・浄華院の三本寺、西山派本寺禅林寺・誓願寺・円福寺に使僧が遣わされた。即刻、悦びの使僧が各本寺からあり、金戒光明寺は方丈（住持）が直参した。

十三日、所司代より申し入れを受けた武家伝奏は、関白近衛基凞に伝えている。基凞は突然の報告に驚き、日記に「法然大師号の事、今何事や、法然この事を聞かしめば、如何〳〵」と記載している[21]。町奉行滝川丹後守は役者忠岸院を自宅に呼ぶと、「法然上人御名御改之儀」（大師称号）については、住持秀道の望みを所司代に伝達する旨を約束している。

翌十月十四日、知恩院よりは、「元祖は勢至菩薩の垂迹ゆえ、観経の勢至観をもって智恵《慧》光の文意にて」、「大智恵光・智恵光・恵光」、四字・三字・二字の三品を書き付け進上した。

この知恩院よりの大師称号申し入れに、所司代は、指図ではないと断りながらも、後代のこともあり増上寺への相談を助言、伝奏衆よりも内意があったと、町奉行滝川丹後守は忠岸院に伝えている。この報告を受けた秀道は、増上寺に称号相談の書状を遣わした[22]。秀道はまた関白近衛基凞にも大師贈号の届けに出かけるが、基凞所労のため対面はできなかった。この帰り、秀道は、桂昌院への御機嫌伺い・贈大師号御礼のため木下清兵衛（信実）宅へ立ち寄っている。また、千姫孫娘一条大政所（輝姫）にも知らせのため九勝院を遣わした。

十四日には、増上寺の七日付書状が到着し、増上寺に御礼と、御礼の使僧として役者常称院を遣わす書状を送っている。

> 然らば元祖上人贈大師号の事、去十二日小笠原佐渡守殿仰せ渡され候。御丈室（白誉秀道）満山有り難き御儀に存じ奉り候。偏えに大僧正様（貞誉了也）御精力故と存じ奉り候。これにより、御礼のため常称院下向致され候間、万般御執り持ち頼み存じ候。

十七日、両伝奏より知恩院に使者があり、忠岸院が伝奏柳原邸に出かけた。雑掌多田掃部より「この度諡号の儀、江戸よりの御執奏、尤も佐渡守殿より申し渡さるべく候得共、称号の望もこれ在り候哉、（法然上人の）行状入れ申し候間、興教大師（覚鑁）の行状見合わせ申したく候ハ、指し遣わし候」との申し出があった。知恩院は十九日に覚鑁の行状を借用している。

二十日、秀道は増上寺役者宛に書状を送り、大師称号について、二字の大師号が勅許されるのではと、先に示した「慧光」と、新たに示す「円光」の二案を奏上することの了承を求めている。書状には「円光大師」について、

> その元の思召寄り有るべく候得共、愚老（白誉秀道）の存寄は、先書の恵（慧）光大師か、又は、円光大師然るべきかと存じ候。上人月輪殿において円光を頂き、足に蓮華を蹠《ふ》むの事、伝記に相見え候。これに依り円光の二字も然るべく哉と存じ候。

と記載している。知恩院住持である秀道は、『観経』にもとづく「慧光」よりも、寺宝の『法然上人行状絵図』第

八に記載する、元久二年（一二〇五）四月、法然が九条兼実邸である月輪殿に赴き、兼実と法談した後、法然を見送る兼実が、橋を渡る法然の身が浮き上がり、地面を離れて足下に蓮華を踏み、頭の後ろに光が現われたのを見て、ひざまずき礼拝したとの、絵伝の一場面（頭光踏蓮）から、「円光」の採用を強くおしているように思われる。ちなみに、浄土宗の根本聖典である法然の『選択本願念仏集』は、建久九年（一一九八）兼実の要請により撰述されたものである（第Ⅰ部第一章参照）。

二　贈号法要の準備

十月二十日、知恩院では勅使御参向を期して、京畿の門葉を会して一大法要を修すことを決し、次のような触書を出している[23]。

今般、元祖上人贈大師号の儀、御奉書到来。去十二日小笠原佐渡守殿、方丈え仰せ渡され候。追付、勅許有るべく御座候。これに依って、来月中ニも御法会御執行有るべく候間、その節はそこもと御門中長老分、残らず登山候て、御法事御勤め有るべく候。尤も、その節に及び申し述ぶべく候得共、先ず御心得のため此の如く御座候。恐惶謹言。

十月廿三日

追啓、在辺の御末寺方の儀に候へハ、重て申し述ぶべく候。已上。

・大坂　御役者中　　・堺　超善寺　遍照寺　惣御門中
・大津　花階寺　惣御門中　　・南都　興善寺　惣御門中

・伏見南北　惣御門中　　　　　・郡山　竜厳寺・惣御門中

右何れも同文体也。

知恩院より、二十三日、伝奏に「元祖之記」、二十四日には、奉行所に「元祖上人略記」を提出するとともに、大師号勅使派遣について、町奉行滝川丹後守に相談をしている。

晦日（三十日）、増上寺より大師称号の相談の返書が届いた。「ご称号の事、当山方丈思召し次第と申し来る。これによって、恵（慧）光・円光の御称号御書付」を秀道が滝川丹後守まで持参した。『日鑑』十月晦日には、

一、増上寺より御書参り候て、則ち方丈七ツ時、二条え御出。
一、御称号の儀ニ付、二条・両御奉行所え御出駕。
一、増上寺幷に柳沢出羽守殿え御書。今晩町飛脚ニ而遣され候。

との記載があり、翌十一月一日『日鑑』に、

一、金戒光明寺・禅林寺え、御使僧岩説遣され候。昨日、江戸御称号の返答申し来り候。此れ已後、勅許なり次第、御左右申すべく由、仰せ遣され候。
一、元祖行状四十八巻の儀、仰られ候て伝奏衆え忠岸院遣され候。

とみえるように、十月晦日をもって知恩院の贈大師号奏請の手続きは完了し、あとは勅許を待つばかりとなった。

筆者は、伝奏衆より『法然上人行状絵図』の問い合わせがあったことからしても、増上寺への十月二十日の書状は、知恩院秀道が伝奏と相談の結果、諡号は「円光大師」を望んだためではないかと考えている。ところで、伊藤真昭氏によると、朝廷においては宣旨のひな形が十一月六日には作成されていて、そこには「法然上人官贈慧光大師号」とあり、すでに「慧光」と決まっていたようである(24)。

江戸御礼に派遣された役者常称院は、十一月一日、増上寺了也と登城、綱吉に御目見得、贈大師号を謝すとともに、金襴三巻・杉原三十帖を献じた。また、老中・若年寄・寺社奉行にも御礼に参り、おのおのに緞子一巻・杉原十帖を贈った。御側用人柳沢出羽守には、緞子一巻・杉原十帖・手綱五筋を贈ったことを「この御方、別して御取り持ちにつき此のごとく候」と記載している。同役の松平紀伊守、本庄因幡守にも緞子一巻・杉原十帖を贈っている。

また、桂昌院には、了也同道の上、金襴一巻・杉原十帖を献上している。取り次ぎより「御機嫌に思し召され候」との伝言があり、雑煮を頂戴している。

十一月三日、役者常称院の江戸暇乞いに際しては、将軍家より時服二つと老中奉書を拝領した。柳沢出羽守・松平右京大夫・若年寄よりも同断の書状が贈られた。桂昌院からは、秀道へ黄金二枚、常称院に白銀五枚を賜り、増上寺からは法然御影前にと銀五枚が献じられた。老中奉書等は常称院が持ち帰り、帰着した十九日に披露された。

今度、法然上人贈大師号仰せ出され、忝じけなきの由、その意を得候。これに依り、御礼のため使僧を以て、金襴三巻・杉原紙を献じられ候。披露をとげ候処、御前え(綱吉)召し出され、入念の段御喜色の御事に候。恐惶頓首。

（元禄九年）十一月三日
知恩院

三　事態の急変

贈大師号勅許は、十一月九日、未の刻に到来した増上寺役者よりの書状により事態が急変することになった。「慧光」は桂昌院が了也から授与された法号「仁誉興国慧光」と觝触し、不適当との申し入れであった。

秀道は早速、この増上寺役者の書状に、知恩院より増上寺宛の十月十四日・二十日の書状の案旨を添えて、役者忠岸院を二条に派遣、町奉行滝川丹後守と相談させている。丹後守は、明日、秀道に所司代との面会と、秀道の憂慮を伝えるとともに、所司代の書状披見を約束した。

帰院した役者忠岸院と九勝院は、この日、九日申下刻付、増上寺役者秀円に書簡を送っている。「若し恵（慧）光の二字にて御究めなされ候ハヽ、御書面の通り、佐渡守へ重ねて申入れらるべく候。天聴に達し御決定の上、御変改これ無き御事と承り及び、如何に御座有るべくやと、某共迄、十方に迷い申す御事に候」「若し御差し合いの御称号にて御究り候は、その許御書面の通り、仰せ入れらるべくとの御事に候」と、秀道の取り組みを知らせている。

知恩院では金戒光明寺・知恩寺・浄華院と相談し、翌十日、秀道が大師称号の書付「慈光、普照、円光」を所司代に持参している。知恩院としては「円光」下賜を期待していたようである。所司代からは、伝奏衆に伝えた結果を十二日に知恩院に申し聞かされる手筈となっていた。ところが、十日昼の時分、本院御所（明正上皇、二代将軍秀忠孫娘）が崩御した（七十四歳）。明正院と号し、鳴り物諸事停止三十五日の御触れがあり、勅許の沙汰、勅使の日限も未定、延引となった。

知恩院では、十一月中の贈号法事を予定、門末寺院には法事執行を伝えていたので、門末寺院から報謝銀が届けられていた。[25]

四　大師号の勅許

勅許の旨が伝奏衆から知恩院に伝達されたのは、年が明けた翌元禄十年（一六九七）正月二日となった。四日付、秀道の増上寺了也宛書状においても「一昨二日、勅許の旨、伝奏仰せ渡され、有り難く存じ奉り候。定て御忌中勅使発軫存じ候、先ず御知らせ」と記載するのみで詳細は不明であった。

一月九日付、知恩院役者の増上寺役者宛書状でも、

贈大師号の勅使の儀、御丈室旧冬御願い成され候処、一昨二日（ママ）、勅使成し下さるべく候旨、仰せ出され候。尤も、日限の儀は未だ知り申さず候。勅書御文言幷に御称号の儀は、勅使御参向の節に相知り申すべく候。その節、当山に於いて大法会御執行有るべく御事に候。余宗の例に任せ、諸末山集会幷に御影前え御報謝等も献ぜらる事に候。なお、日限相究まり候ハ丶、重て申し進ずべく候。

と、勅使参向することは決まったが、参向の日限・勅書文言・称号が勅使参向の際まで通知がないとのことに、困惑している様子を伝えている。[26]

日は前後するが、一月八日、知恩院より役者九勝院が勅使日限を伺いに両伝奏に出かけている。知恩院は二条三

所（所司代と東西両町奉行）の支配下にあるため、伝奏からの勅使下向の日限と人名については、武家（所司代）より知恩院に相達せられるとの返答であった。

九日、知恩院秀道が二条三所へ年始御礼に出駕した。その際に町奉行滝川丹後守より勅使と参向の日時が書付により伝えられた。


法然上人大師号勅許に就き、知恩院え勅使伏原少納言（宣通）、来る十八日参向せしむべくの旨、今日、仰せ出され候事。

一、知恩院方丈、大内記え行状持参の儀は、勝手次第の事。知恩院大内記へ参られ候日限、申し聞かされ次第、大内記え申し達し候。已後、伝奏の雑掌ども同道致し、大内記え引き付け申すべく候事。

右の趣、役者え申し通すべく候事。

（元禄十年）正月九日

勅使は少納言伏原宣通、十八日派遣と決まったが諡号の公表はなかった。

所司代小笠原佐渡守は秀道に、明十日、両伝奏と唐橋大内記に御礼に参るように指示をしている。知恩院では、九日の内に早速、役者九勝院を柳原資廉・正親町公通の両伝奏宅へ遣わし、二人に金子五百疋、菓子・昆布一折を持参、両家の雑掌四人に金子百疋宛を御礼にと渡している。

十日、秀道は忠岸院をお供に両伝奏宅に出かけた。そして、正親町殿に預けていた『法然上人行状絵図』を唐橋大内記に持参した。伝奏衆の指図により、大内記に御祝儀として金子五百疋・昆布一折を渡している。ようやく、勅書に掲載する法然の行状の撰文が始まったのである。

知恩院では、九日、各門中に対して、初讃以上は当日金入座具を着用することと、十五日以前に惣門中の「綸旨日付帳」の提出を求めている。十二日には、近畿の門末は十六日に登嶺するように通知を出している。(27)勅書文言や諡号公表がなかったのは、知恩院の「慧光」を「円光」に変更する申し出に、東山天皇（**図4**）が抵抗していたためである。伊藤真昭氏は『公通記』一月十一日条の「大師号の儀、天気を伺うの処、その儘、慧光ニ仕るべく旨仰せ出さる」との記事より指摘している。(28)

図4　東山天皇画像（京都・泉涌寺所蔵）

困り果てた武家伝奏が関白基凞に相談したことを、近衛基凞は一月十五日の日記に記載している。それによると、諡号ははじめ知恩院の窺いにより「慧光」と称することとなったが、将軍生母桂昌院の法号を「慧光」と称することより、関東に対する時宜不快を以て、「円光」としたい旨を知恩院が申し出た。かつ所司代小笠原佐渡守も頻りに願うことより、伝奏は如何すべきやと関白基凞に窺い出た。基凞は「是非なし、既に綸旨をもって定められたるに、かくのごとき事出で来るは然るべからざるも、所詮円光に改むに外ならん。末代の体、無念無念、偏に知恩院率爾か」と記している。(29)

一月十八日、東山天皇の勅書を戴く勅使少納言伏原宣通が知恩院御影堂に到着すると、贈号を慶祝する円光大師贈号法要が厳修された。『贈円光大師号絵詞』（知恩院蔵）によれば、勅使少納言伏原宣通は、宿坊先求院より板輿に乗り三門前まで行列。三門前で手輿に乗り換え、三門脇より女人坂を上り本堂前で下乗。住持白誉秀道と黒谷金戒光明寺薫誉寂仙が出迎えている。勅使は門末僧侶会座のなかを影前に進み東山天皇の勅書を宣揚した。

「東山天皇勅書」

勅、王法与二仏法一比レ等、内外貴二典章一、朝家同二釈家一定レ律、都鄙仰二興盛一、浄土開宗源空上人、先究二聖道之教一、后闢二浄土之宗一、諳二弥陀誓願於胸次一、感二善導提撕於定中一、観二宝樹一照二妙境一、内証益明、歩二金蓮一現二霊光一、密因忽露、即是肉身如来、何疑勢至権跡、三朝帝師、徳重二于当時一、四海良導、行応二于末代一、皇化広布二率土一、法要永伝二普天一、特諡号二円光大師一

元禄十年正月「十八(御画日)」日

御影堂の外陣および廊下には善男善女があふれ、御影堂前には屋台露店が出る盛儀であった(30)。住持白誉秀道は、当日中に、尽力してくれた増上寺貞誉了也に一報した。

態わざ飛札を以て啓達致し候。今日巳の上刻、贈大師号勅使として伏原少納言(宣通)殿参向す。行粧美々舗、宸翰の勅書御持来る。真影前において披読、近国の諸末山登山せしめ、法会執行す。ことさら天気晴朗、群参の緇素の歓呼の声、山谷を震す。万般首尾好く、公儀御威光備ふる故にと有り難く存じ奉り候。尤も御忌過ぎ役者を以て、委細申述すべく候得共、先ず御知せのため此の如く候。此の旨公儀向き、宜しく御心得に預かり度く候。恐惶謹言。

追啓、御諡号別紙書き写し進じ候。拝覧なさるべく候。重て使僧差下し候節、勅書の写進上申すべく候。

以上。

正月十八日

増上寺大僧正（了也）

まとめ

大師号とは、高僧・名徳に死後、その功績をたたえ、徳を表すため天皇より授けられる諡号のことである。上述したように、法然に東山天皇より諡号「円光大師」が贈られたのは、上人滅後四百八十六年にあたる元禄十年（一六九七）一月十八日であった。浄土宗の宗祖法然への贈大師号は、将軍綱吉とその母桂昌院が増上寺住持貞誉了也に帰依し、浄土宗の信仰を深め、宗祖法然の生涯と教えを自らの信心としたことによるものである。

増上寺了也は元禄十二年（一六九九）九月二十六日、老病を理由に辞職、麻布一本松の禅房に隠居した（七十一歳）。その後、宝永元年（一七〇四）八月、江戸湯島の大根畑に移り、同五年（一七〇八）四月三日に寂した（八十歳）。

了也は増上寺を辞職してからも綱吉・桂昌院の帰依を受け、二人は了也の隠居を訪問している。また、桂昌院が宝永二年（一七〇五）六月二十二日他界すると、遺言により了也を導師として増上寺において葬儀が執行された[31]。

龍松院公慶の東大寺大仏殿再建の勧進を綱吉と桂昌院は特別に支援をした。大仏殿再建事業が「公儀御普請」となると、元禄十五年（一七〇二）には、済深法親王は故明正院（徳川秀忠の孫娘）の旧殿を移して東大寺に東照宮を建立し、徳川家康坐像（東照大権現像）を祀った[32]。桂昌院の死去について『大仏殿再興発願以来諸興隆記』は次のように記載、公慶の無念な思いと感謝を伝えている[33]。

一、同（宝永二年）六月廿二日　桂昌院様薨去

公慶在府、御違例の御祈禱を仰せ付けらる。その外諸寺・諸山の御祈禱は勿論、種々御療養在らせられ候得共御験無く御薨去。同廿三日、増上寺御葬送、公慶御供也。大仏殿成就の言上、程なく相成り候所、その儀無し。恐れながら此の事残念なり。然れども、今度棟上げ相済み申し候段、成就を聴なされ御喜悦の思し召しの旨、御病中仰せ出され候。誠に謝し難き厚き思い、公慶恐歎限り無き事なり。

重源は「南無阿弥陀仏」を自称したが、公慶の墓石の五輪塔にも「敬阿弥陀仏」の阿弥号が刻まれている[34]。東大寺の大湯屋は鎌倉時代、重源が再興し、大湯屋で念仏を唱えることを勧めた。その大湯屋を、公慶は元禄十七年（一七〇四）重源上人五百年御遠忌にあたり修復、大湯屋に公慶自筆の六字名号を掲げている（懸額裏面、公盛墨書[35]）。五代将軍綱吉とその母桂昌院の東大寺大仏勧進支援は、増上寺貞誉了也への帰依により浄土宗の信仰を深め、法然に大師号を贈った時期と一致するのである。

綱吉が増上寺了也より法然の『選択集』、「大原問答」の講釈を受けたこと、また桂昌院が念仏信仰を増信させたことと、二人が東大寺公慶の大仏殿再興の勧進を支援したこととは同じ念仏信仰である。筆者は公慶の東大寺大仏勧進が浄土宗へ傾倒する機縁となり、法然廟堂知恩院への大師号下賜につながったと考えている。

註

(1)『御触書寛保集成』(岩波書店、一九三四年)。深井雅海『徳川将軍政治権力の研究』(吉川弘文館、一九九一年)、高埜利彦『日本の歴史』13元禄・享保の時代(集英社、一九九二年)参照。

(2)塚本学『徳川綱吉』(人物叢書、吉川弘文館、一九九八年)、福田千鶴『徳川綱吉』(日本史リブレット、吉川弘文館、二〇一〇年)。

(3)新井白石『折りたく柴の記』(岩波文庫)。林亮勝「江戸時代における将軍政治の一考察――綱吉と柳沢吉保の関係を中心として――」(『史学論集　対外関係と政治文化　第三』、吉川弘文館、一九七四年)参照。

(4)『常憲院贈大相国公実紀』(汲古書院、一九八二年)。前掲註(2)塚本学『徳川綱吉』。

(5)前掲註(2)福田千鶴『徳川綱吉』。

(6)徳川幕府と増上寺、将軍家御霊屋と別当寺院、増上寺の山内機構、浄土宗の十八檀林等については、『大本山増上寺史　本文編』、『大本山増上寺史　年表編』(大本山増上寺、一九九九年)参照。

(7)宇高良哲「帳場日鑑について」(『増上寺日鑑』第三巻、文化書院、二〇〇五年)。『帳場日鑑』の引用は本書による。増上寺法問については、視点は異なるが、先行研究に大桑斉『近世の王権と仏教』(思文閣出版、二〇一五年)第三章「綱吉政権における王権と仏教――増上寺法問をめぐって――」がある。

(8)『増上寺史料集』第一巻(大本山増上寺、一九八三年)の口絵。元禄十一年六月十一日、了也が将軍家よりの拝領物五品を増上寺宝庫に奉納の自筆目録「(二一五)貞誉了也将軍家ヨリ拝領之什宝目録」(同上)参照。

(9)前掲註(8)『増上寺史料集』第一巻「(二一五)貞誉了也将軍家ヨリ拝領之什宝目録」参照。

(10)前掲註(8)『増上寺史料集』第一巻の口絵。「(二一五)貞誉了也将軍家ヨリ拝領之什宝目録」によると、桂昌院はこのほかに「元祖円光大師御筆成鈔　一冊」「同御筆(元祖円光大師)紺絹金泥百幅御名号　一幅」を寄附している。

(11)元禄八年『書翰』に収録。『知恩院史料集　日鑑・書翰篇一』に翻刻(総本山知恩院史料編纂所、一九七四年)。

(12)知恩院所蔵「御書翰之控」所収。伊藤真昭「法然上人遠忌と大師号勅許について」(『法然上人研究』第七号、二〇一四年)に翻刻。

(13)伊藤唯真「円光大師号の贈号――知恩院と増上寺了也・柳沢吉保――」(『日本仏教史学』一一、一九七六年。後に『伊藤唯真著作集』第四巻、法藏館、一九九六年、所収)。
(14)『浄土宗全書』第一九巻(山喜房佛書林、一九七一年)。
(15)今堀太逸『本地垂迹信仰と念仏』第四章「法然上人『伝法絵流通』と関東」(法藏館、一九九九年)参照。
(16)『浄土宗全書』第一四巻(山喜房佛書林、一九七一年)。戸松啓真「三部経の注釈および大原談義に関する著作解説」(同書)参照。
(17)『法然上人絵伝』上(続日本絵巻大成3、中央公論社、一九八八年)。
(18)『縁山志』巻八も紹介しておく(『浄土宗全書』第十九巻、山喜房佛書林、一九七一年)。「同年八月廿九日〈彼岸中日〉、三の丸御殿に於て、貞誉大僧正を師とし五重相伝遊ばされる〈比丘尼衆十五人、并に本庄因幡守〉。十九日より加行に御入り。秀円・吟達・了随、御仏殿を荘厳。廿九日御相承。翌日、常憲院殿三丸殿へ入御〈御布施として黄金三枚幷に夜物褥弐つ、本庄氏・比丘尼衆〈銀十枚、余は金弐百疋づゝ〉加行中着衣服十六人悉く方丈へ遣さる〉」。なお『徳川実紀』元禄九年八月廿九日は「桂昌院殿、増上寺へまうで給ひ、浄(土)宗五重の相承をうけ給ひ、また法問を聞召る(日記　三縁山志)」と記載する。
(19)知恩院文書。水野恭一郎・中井真孝編『京都浄土宗寺院文書』(同朋舎出版、一九八〇年)所収。
(20)以下、贈大師号については『贈円光大師号記録』による。本記録は知恩院において『日鑑』・古文書類等により整理、編纂された一冊を、増上寺において宝暦八年(一七五八)以降に書写されたものである。『増上寺史料集』第九巻(大本山増上寺、一九八四年)に収録。
(21)『基凞卿記』元禄九年十月十三日条。辻善之助『日本仏教史』第九巻近世篇之二(岩波書店、一九五四年、五九一頁)。伊藤真昭氏によれば、この日、基凞は参内、東山天皇より勅許を得ているが、この日まで朝廷の誰にも知らされていなかったとのことである。前掲註(12)伊藤真昭「法然上人遠忌と大師号勅許について」参照。
(22)十月十四日付「増上寺大僧正宛書状」(『知恩院書簡控』)。塩竈義一「円光大師贈号次第」(水野恭一郎先生頌寿記念会編『日本宗教社会史論叢』、国書刊行会、一九八二年)に翻刻、紹介。贈大師号についての知恩院と増上寺の往復書簡については塩竈氏の本論文に詳しい。
(23)元禄九年『書翰』に収録。『知恩院史料集　日鑑・書翰篇二』に翻刻(総本山知恩院史料編纂所、一九七五年)。
(24)前掲註(12)伊藤真昭「法然上人遠忌と大師号勅許について」。

(25) 本院（明正上皇）の葬儀、諷経等、知恩院の出仕、末寺よりの報謝銀については、『日鑑』元禄九年十一月・十二月を参照。
(26) 元禄十年『書翰』（『知恩院史料集　日鑑・書翰篇二』所収）。
(27) 元禄十年『書翰』（『知恩院史料集　日鑑・書翰篇二』所収）。『知恩院史』第二篇第三章「謚号宣下」（知恩院、一九三七年）。
(28) 前掲註（12）伊藤真昭「法然上人遠忌と大師号勅許について」。
(29)『基熈卿記』元禄十年正月十五日条。前掲註（21）辻善之助『日本仏教史』第九巻近世篇之二。
(30) 当日の行列、法要等については前掲註（20）『贈円光大師号記録』、前掲註（27）『知恩院史』第二篇第三章「謚号宣下」に詳しく紹介されている。また、『贈円光大師号絵詞』の詞書は『知恩院史』に翻刻紹介されている。東山天皇勅書の写真は『知恩院史』に掲載、勅書は前掲註（19）『京都浄土宗寺院文書』に収録されている。
(31) 桂昌院が死去した翌二十三日、遺骸が増上寺に移された。将軍綱吉の悲歎は大きく、六月二十七日開白した葬礼の千部読経は、七月二十九日に結願するという、実に一カ月に及ぶものであった。前掲註（6）『大本山増上寺史本文編』第二編六「徳川幕府と増上寺」参照。
(32) 杣田善雄「元禄の大仏殿再興と綱吉政権」（『南都佛教』四三・四四号、一九九〇年。後に同『幕藩権力と寺院・門跡』、思文閣出版　二〇〇三年、収録）。西山厚「東大寺公慶上人——江戸時代の大仏復興と奈良——」（特別展図録『東大寺公慶上人——江戸時代の大仏復興と奈良——』、奈良国立博物館、二〇〇五年）。
(33)『大仏殿再興発願以来諸興隆略記』の引用は、平岡定海「（史料）大仏殿再興発願以来諸興隆略記」（『南都佛教』二四号、一九七〇年）による。
(34)（35） 堀池春峰編『公慶上人年譜聚英』（東大寺、一九五四年）の口絵、および前掲註（32）特別展図録『東大寺公慶上人——江戸時代の大仏復興と奈良——』参照。

知恩院住持	和暦	西暦	事項
第23世 勢誉愚底	永正　元	一五〇四	八月二七日、三河大樹寺開山勢誉愚底、青蓮院尊応の令旨により、知恩院住持（二三世）となる。
	永正　八	一五一一	この年、愚底知恩院住持を辞し、大樹寺に帰り、寺院機構の整備につとめる。永正一三年四月一一日寂（七三歳）。
第24世 肇誉訓公	永正　八	一五一一	この年、愚底を継職し、後柏原天皇の綸旨により、三河信光明寺第二世住持肇誉訓公、知恩院住持（二四世）となる。
	永正一四	一五一七	八月二八日、知恩院火災にあう。諸堂の再建のため、諸国の有縁を勧進。一二月、知恩院、東福寺内万寿寺の堂宇を移して、阿弥陀堂とする。
	永正一七	一五二〇	八月一五日、訓公寂す（六六歳）。後継住持に信光明寺第三世超誉存牛（松平親忠五男）を遺命する。
第25世 超誉存牛	永正一八	一五二一	一月一一日、超誉存牛、知恩院門末寺院の懇請と後柏原天皇綸旨とにより、知恩院住持（二五世）となる。
	大永　二	一五二二	九月、知恩寺伝誉慶秀、後柏原天皇に「大原問答」を七日間進講する。
	大永　三	一五二三	四月五日、存牛、紫衣綸旨を賜う。知恩院、知恩寺と本末を争う。青蓮院尊鎮、知恩院に荷担し、六月、知恩院は一宗本寺の地位を得る。
	大永　四	一五二四	一月一八日、知恩院、後柏原天皇より、毎年京畿の門葉を集め、七日間の御忌を修せよとの詔勅を賜る（大永の御忌鳳詔）。
	大永　六	一五二六	四月七日、後柏原天皇崩御（六三歳）。存牛、臨終に参内、御十念を授ける（臨終の善知識）。四月二〇日、知恩院、後柏原天皇所持恵心筆「阿弥陀来迎図」を賜る。六月二〇日、

世	和暦	西暦	事項
第25世 超誉存牛	大永 七	一五二七	存牛、後奈良天皇代始めの御礼に参内。一月一六日、禁裏百万遍念仏会、知恩寺慶秀・存牛、拝賀に参内。同月二六日、慶秀参内、知恩寺霊宝「松陰の硯」（伝・平清盛遺品）を叡覧に供す。三月一八日、存牛参内、『法然上人行状絵図』を叡覧に供す。六月二四日、存牛、三河帰国にあたり参内、天皇より賜品。この年、存牛、信光明寺に帰り、松平親氏の菩提寺高月院に閑居。天文一八年（一五四九）一二月二〇日寂（八一歳）。
第26世 保誉源派	大永 七	一五二七	この年、後奈良天皇の勅請により、知恩寺保誉源派（日野大納言豊光息）、知恩院住持（二六世）となる。翌年の初め辞山（一説に享禄二年六月）。
	享禄（大永八）元	一五二八	四月七日、後奈良天皇、父後柏原天皇三回聖忌供養に『阿弥陀経』を書写、知恩院に賜う。
第27世 徳誉光然	享禄 二	一五二九	この年、徳誉光然（万里小路賢房息・秀房弟、知恩院二四世訓公弟子、大樹寺修学）、知恩院住持（二七世）となる。
	享禄 三	一五三〇	この年、知恩院御影堂（現・勢至堂）の再興。後奈良天皇より宸翰「大谷寺」「知恩教院」の勅額を賜う。
	享禄 四	一五三一	閏五月七日、光然参内、『法然上人行状絵図』を進講。一二月二六日、光然、歳暮に参内する。
	天文 二	一五三三	二月一四日、光然、知恩院霊宝三四点を宮中に持参、後奈良天皇に来歴等を説明する。光然、三月一九日にも参内する。
	天文 四	一五三五	この年、松平清康、大樹寺に多宝塔を建立。大樹寺は享禄年間（一五二八〜三二）に大伽藍の造営が開始されるが、本寺知恩院をとおして寺格をあげ、後奈良天皇より勅額と勅願所の綸旨（天文四年と推定）を賜る。
	天文 九	一五四〇	六月、後奈良天皇、悪疫流行平癒のため『般若心経』を書写、諸国一宮に納める。
	天文一一	一五四二	一二月二六日、（のちの）徳川家康、三河国岡崎城に生まれる。父松平広忠、母水野氏（於大の方）。幼名は竹千代。

天文一三	一五四四	九月、松平広忠、竹千代の母於大を離別する。
弘治元（天文二四）	一五五五	三月、竹千代元服して松平次郎三郎元信と称す。この年、光然寂。
第28世 浩誉聰補		
弘治二	一五五六	この年、浩誉聰補（万里小路秀房息、知恩院二七世光然甥、大樹寺修学）、知恩院住持（二八世）となる。
弘治三	一五五七	九月五日、後奈良天皇崩御（六二歳）。一〇月二七日、正親町天皇（母は万里小路賢房娘栄子、知恩院光然妹）践祚。一一月二七日、聰補、代始めの参内、後奈良天皇追善のため「山越の阿弥陀」を賜る。
永禄二	一五五九	二月一九日、知恩院花見に正親町天皇の若宮（誠仁親王）訪れる。一二月五日、前内府（万里小路秀房、聰補の父）、知恩院参詣。この頃、家康、元信を元康と改める。
永禄三	一五六〇	五月四日、室町将軍足利義輝、聰補の所望により慈照院（足利義政）真筆「一枚起請文」を書写。九月一五日、将軍義輝、知恩院に一宗本寺の座次公帖を下す。
永禄六	一五六三	四月七日、知恩院聰補参内、「一枚起請文」を読誦、法談。七月六日、松平元康、家康と改名（二二歳）。九月、三河一向一揆起こる。
永禄七	一五六四	三月、家康、一向一揆を平定。家康に寺内を破却された坊主衆、改宗命令を拒否、国外に退去。天正一一年（一五八三）一二月に還住が許可されるまで、西三河に真宗の寺院存在しなくなる。九月五日、聰補参内、小御所にて法談。
永禄八	一五六五	家康、真宗高田門徒の三河明眼寺（現・妙源寺）本尊に一揆平定を祈願。この年（一説に翌九年）、当寺安置の恵心作阿弥陀仏像の寄贈を懇望。家康の念持仏として岡崎城に安置、後に増上寺安国殿の本尊（黒本尊）として崇敬される。
永禄九	一五六六	一二月、松平家康（二五歳）、正親町天皇の勅許を得て、松平姓を徳川と改め、戦国大名の仲間入りを果たす。
永禄一〇	一五六七	一〇月、松永久秀と三好三人衆の兵火で東大寺大仏殿炎上する。
永禄一一	一五六八	三月二七日、正親町天皇、大仏殿再興の綸旨を諸国に下す。東大寺、伽藍再興の本願上人

第28世
浩誉聡補

		を、阿弥陀寺清玉に依頼。
永禄一二	一五六九	七月、山科言継、後奈良天皇十三回聖忌執行の費用を家康に依頼するため、三河下向の途中、岐阜城で信長と面会。織田・徳川家による二万疋の献上により、九月、般舟三昧院法華懺法講滞りなく厳修される。八月一一日、正親町天皇、聡補を召し、知恩院の霊宝を叡覧、『無量寿経』第十八願「念仏往生願」の談義を聴聞。
元亀　三	一五七二	六月、織田信長、阿弥陀寺清玉に大仏殿再興の勧進をさせる（東大寺本願清玉宛「織田信長朱印状」、東大寺文書）。
元亀　四	一五七三	三月、信長、知恩院に陣す。六月二日、信長、知恩院に「戦勝謝状」を送る。九月一二日、信長、知恩院に諸堂修復料を寄進。一〇月一九日、信長、知恩院に愛宕郡の百貫文の地を寄進、武運長久の祈禱を依頼。
天正　三	一五七五	五月、信長と家康、三河長篠に武田勝頼を破る。聡補、家康に戦勝を祝う使僧を遣わす。家康、聡補に使僧派遣を謝す（六月二二日付「徳川家康書状」）。九月二五日、正親町天皇、諸国の浄土門下僧の香衣着用の許可に際し、執奏は知恩院に限り認めるとし、他の本寺からの奏聞は毀破すべし（認めない）との綸旨（毀破綸旨）と宸翰消息を、知恩院に与える。
天正　七	一五七九	二月一八日、信長、尊信する聖誉貞安の要請により、知恩院に寺領百石を加増する。五月二七日、安土浄厳院において、法華宗（日蓮宗）僧と浄土宗僧貞安ら宗論する（安土宗論）。信長の介入で法華宗の敗北となる。
天正　九	一五八一	九月二・三・四日、正親町天皇、聡補を小御所に召し、浄土宗の法問を聴聞。同五日、般舟三昧院において後奈良天皇二五回聖忌法会。
天正一〇	一五八二	六月二日、明智光秀、本能寺に信長を、二条城に織田信忠・村井貞勝を急襲し、自刃させる。阿弥陀寺清玉、信長の遺骸を運び出す。貞安、信忠追善のため一寺建立（大雲院）。一〇月一五日、羽柴秀吉、大徳寺で信長の葬儀を行う。
天正一二	一五八四	一月二五日、吉田兼見と弟僧梵舜、知恩院御忌に参詣。

住持	和暦	西暦	事項
	天正一三	一五八五	七月、羽柴秀吉、関白に任じられる。九月、秀吉、豊臣姓を勅許される（一説に天正一四年一二月）。一一月、秀吉、知恩院に寺領一九〇石余の朱印状を付す。
	天正一四	一五八六	五月、家康、秀吉の異父妹朝日姫を娶る。一〇月、秀吉、母大政所を家康の人質に出す。この年、酒井忠次上洛、秀吉より京都桜井に邸宅と近江に千石の采地（所領）を賜る。
	天正一五	一五八七	六月、秀吉、キリスト教宣教師の国外退去等を命じる（「伴天連追放令」）。
	天正一六	一五八八	四月一四日、後陽成天皇、聚楽第に行幸。この年、秀吉、京都東山に鎮護国家の象徴となる大仏殿（方広寺）の建造を開始。この年、酒井忠次致仕（隠居、六二歳）。昔なじみの助念（大樹寺登誉天室弟子）に帰依、仙求庵（後の先求院、現在の華頂学園付近）を開く。また、知恩院本堂（現・勢至堂）より法然上人の廟塔にいたる参道に石段を敷く。
	天正一八	一五九〇	一月一四日、家康室朝日姫（秀吉妹）死去。秀吉、東福寺境内に南明院を建立、妹の菩提を弔う。
	文禄二	一五九三	九月一三日、秀吉、知恩院に二四六石七斗二升の朱印状を付す。
	文禄三	一五九四	五月六日、家康、山科言経・柳原淳光らと知恩院聡補を訪問、饗宴、都の夕べを楽しむ。
	文禄四	一五九五	七月八日、秀吉、関白豊臣秀次を高野山に追いやり、同一五日、切腹させる（二八歳）。八月二日、秀次の子女、妻妾を三条河原で処刑。九月二五日、秀吉、大仏に祖父母の冥福を祈る千僧供養を発願、洛中・洛外の各宗本山に出仕を命じる。一〇月、聡補辞山（在住四〇年）、慶長三年（一五九八）一一月一七日寂（年齢は不詳）。
第29世 満誉尊照	文禄四	一五九五	一〇月二二日、満誉尊照（万里小路秀房の孫、聡補の甥。下総大巌寺にて修学、徳川家康猶子）、後陽成天皇の綸旨により、知恩院住持（二九世）となる。
	慶長元（文禄五）	一五九六	一月二九日、秀吉、東山大仏経堂（妙法院）において、千僧供養を行う。閏七月一三日、畿内大地震、東山大仏殿倒壊。一〇月二八日、酒井忠次死去（七〇歳）、華頂山に墓塔建立。
	慶長二	一五九七	五月七日、家康、吉田神社を訪問、山科言経・細川幽斎・船橋秀賢ら二四、五名と饗宴、宿泊、翌六日、知恩院を訪問。この頃、石川家成（母は家康母於大の姉妙西尼）、知恩院

第29世 満誉尊照		
		の近くに邸宅を構える。九月二五日、尊照、内大臣家康と相談、「関東檀林規約」五箇条を下付。同二七日、増上寺源誉存応、配下の出世綸旨の手次は本寺知恩院に限ることを誓う（知恩院文書）。
慶長　三	一五九八	八月一八日、豊臣秀吉没（六二歳）。
慶長　四	一五九九	一月、豊臣秀頼、伏見城より大坂城に移り、家康が伏見城に入る。四月、吉田兼見が神主となり、豊国廟を造立。後陽成天皇、豊国大明神の神号と正一位の神階を贈る。
慶長　七	一六〇二	春、家康の招きで、母於大上洛する。五月一日、家康、参内・院参して後陽成天皇と正親町上皇に拝謁。翌二日、家康、女院（新上東門院）御所で猿楽を鑑賞。同一八日、家康母於大、秀吉の正妻おね（北政所）の京都三本木の屋敷を訪ねる。同二二日、於大、参内して後陽成天皇に拝謁。翌二三日、於大、豊国社に参詣。七月、朝廷、於大の病気平癒の祈禱を命じる綸旨を、石清水八幡宮以下の諸社寺に下す。八月二八日、家康母於大、伏見城で死去（七五歳、命日は二九日）。葬儀・中陰は、知恩院で尊照を導師に営む（法号徳泰院）。遺骸は江戸に送られ、小石川寿経寺（伝通院）に埋葬。九月一七日、後陽成天皇の触穢の通知により、豊国社においても神事停止（同二七日まで）。一二月四日、東山大仏殿炎上。
慶長　八	一六〇三	二月一二日、家康、征夷大将軍となり、江戸に幕府を開く（六二歳）。また、知恩院の伽藍造営を命じる。三月一七日、醍醐寺三宝院義演、知恩院作事を見学。七月二八日、徳川秀忠娘千姫（七歳）、大坂城の豊臣秀頼（一一歳）に嫁ぐ。八月二九日、家康、母の一周忌に知恩院参詣、造営工事を見学。一〇月、家康、知恩院に寺領七百三石を寄進。
慶長一〇	一六〇五	四月、家康、将軍職を秀忠に譲る（六四歳）。七月二九日、家康、母の月命日に知恩院参詣、黄金二百枚持参。一〇月一七日、酒井忠次の妻碓井姫死去、忠次の南隣に五輪塔を建立。
慶長一二	一六〇七	閏四月八日、家康二男結城秀康死去（三四歳）。結城家の菩提所曹洞宗孝顕寺に葬るが、家康の命により、尊照を葬儀導師として浄土宗に改葬、福井に浄光院（運正寺）を建立。

		同二九日、松平定勝、伏見城代となる。一一月、家康、後陽成天皇へ奏請し、天皇の八宮を知恩院宮門跡とする。
慶長一五	一六一〇	一月二八日、家康、二尊院蔵「法然上人七箇条起請文」を覧る。五月、知恩院伽藍落成する。尊照、駿府と江戸に赴き造営を謝す。
慶長一六	一六一一	三月、家康、後陽成天皇の譲位、後水尾天皇の即位式出席のため上洛、二条城で秀頼を引見。四月一七日、家康、知恩院に参詣。
慶長一九	一六一四	四月一六日、豊臣秀頼、東山大仏殿の鐘を鋳る。七月二六日、家康、大仏鐘銘に異議をとなえ、開眼供養の延期を命じる。一〇月一一日、家康、大坂征討のため駿府を出立、増上寺存応の弟子廓山・了的が随行。途中岡崎城に宿泊、大樹寺・信光明寺に参詣。同二九日、家康、知恩院参詣。一一月八日、尊照、家康の依頼により、大坂方の戦死者を回向する。一二月、知恩院宮門跡八宮、親王宣下（直輔親王）。
元和　元（慶長二〇）	一六一五	二月四日、家康二女督姫（池田輝政室）、二条城で病没（五一歳）。知恩院において葬儀（命日は五日、法号良正院）。五月五日、家康、二条城出陣のとき、岡崎以来の佳例として「厭欣旗」を用いる。同八日、大坂落城。淀殿と秀頼（二三歳）ら自殺、豊臣氏滅亡。同二三日、秀頼息国松（六歳）、六条河原で斬首される。誓願寺に埋葬。六月二八日、知恩院宮門跡直輔親王、家康の猶子となる。七月、「浄土宗法度」（元和条目）を定める。
元和　二	一六一六	二月四日、家康、秀忠・家光とともに、大樹寺本尊に松平・徳川家の孫子は浄土宗たるべきを誓約する。三月六日、吉田神道の梵舜、豊国社に祈念、駿府下向。同二八日、家康、太政大臣となる。四月六日、家康、増上寺存応・大樹寺魯道に引見。同一七日、家康没（七五歳）。梵舜、吉田神道により久能山に葬る。五月、増上寺における家康の中陰法要に、尊照下向。九月、千姫、家康の遺命により、本多忠刻に嫁ぐ。
元和　三	一六一七	二月、増上寺に家康の霊廟（安国院殿）落成。三月一七日、秀忠、増上寺安国院殿に参詣。四月、家康の霊柩日光に遷座。八月二六日、後陽成上皇崩御（四七歳）。

世	和暦	西暦	事項
第29世 満誉尊照	元和五	一六一九	九月一〇日、秀忠、知恩院の三門・経蔵の造営を発願。造営奉行に五味金右衛門豊直・川勝信濃守広綱・宮城丹後守豊盛を命じる。同一六日、宮門跡直輔親王、尊照を戒師として得度。名を良純と改め、知恩院御殿（現在の華頂高校付近）に入室。
	元和六	一六二〇	四月、知恩院御影堂に安置する秀忠像できる（康猶作、帝都鎮護の御影）。六月一八日、将軍秀忠の娘和子（家光・千姫の妹）入内。同二五日、尊照寂（五九歳）。
第30世 城誉法雲	元和六	一六二〇	一〇月、浄福寺（一説に、武蔵越谷天嶽寺）城誉法雲、江戸城において、将軍秀忠の台命により知恩院住持（三〇世）となる（以後、江戸時代の知恩院住持は台命住職）。
	寛永三	一六二六	五月七日、本多忠刻（千姫の夫）死去（三一歳）。九月六日、後水尾天皇、二条城行幸。同一五日、秀忠夫人小督死去（五四歳、法号崇源院）。増上寺に葬る。一二月、千姫、飯沼弘経寺照誉了学（後の増上寺一七世）より五重伝法を受ける。
	寛永四	一六二七	一二月一日、法雲寂。
第31世 然誉源正	寛永五	一六二八	七月、大巌寺学侶然誉源正（二九世尊照の甥）、将軍家光の台命により、知恩院住持（三一世）に決まるが、八月五日、江戸において急逝。
第32世 雄誉霊巌	寛永六	一六二九	六月、雄誉霊巌、将軍家光の台命により、知恩院住持（三二世）となる。一〇月一〇日、将軍家光の乳母斎藤福参内、春日局の号を授与される。一一月八日、後水尾天皇、興子内親王に譲位（明正天皇）。同九日、中宮和子（秀忠娘、明正天皇母）に東福門院の院号を授与。
	寛永八	一六三一	八月一〇日、姫路城主本多忠政（千姫義父）、大御所（秀忠）病気見舞いのため江戸到着の日没す（五七歳）。霊巌、葬儀導師を依頼され、姫路下向。一〇月二六日、霊巌、後水尾上皇仙洞御所において「弥陀超世別願」の法問を講じる。
	寛永九	一六三二	一月二四日、二代将軍秀忠没（五四歳、法号台徳院）、増上寺に葬る。知恩院霊巌、中陰

			法要に江戸参府。
	寛永一〇	一六三三	一月九日、知恩院の伽藍炎上。二月一一日、淀藩主松平定綱の室（浅野長政の娘、法号智相院）死去、葬儀導師を知恩院霊巌に依頼。定綱、火事で蟄居中の霊巌のため、淀城の妻の居室を知恩院に移築、仏殿とする（後の入信院）。四月、霊巌、江戸参府、家光に伽藍再建を願い出る。
	寛永一一	一六三四	一月一五日、台徳院（秀忠）三回忌万部経法会、増上寺において開白。霊巌出仕。同二六日、霊巌、江戸城において法問を講ず。七月一一日、将軍家光、三度目の上洛。同一六日、霊巌、二条城において家光に拝謁。同一八日、家光参内、姪の明正天皇に拝謁、妹東福門院の女院御所を訪問。
	寛永一三	一六三六	九月、霊巌、諸国の門末寺院、檀信徒の勧進により大梵鐘を鋳造。霊巌筆「南無阿弥陀仏」の六字名号が鋳られる。
	寛永一五	一六三八	一月一五日、増上寺において台徳院（秀忠）七回忌万部経法会開白（二四日結願）、知恩院声明衆下向。
	寛永一八	一六四一	四月七日、霊巌、将軍家光に伽藍造営（再建）を謝す。六月一四日、家光、霊巌を江戸城に招き、天下和順の法問を聴く。九月一日、霊巌、霊巌寺において寂（八八歳）。
第33世 円誉廓源	寛永一九	一六四二	二月、鎌倉光明寺隠居円誉廓源、将軍家光の台命により、知恩院住持（三三世）となる。
	寛永二〇	一六四三	一一月一一日、知恩院宮門跡良純法親王、幕府の忌避により、甲斐国天目山に左遷。
	慶安　元	一六四八	七月四日、廓源寂（七二歳）。
第34世 心誉文宗	慶安　元	一六四八	八月、飯沼弘経寺心誉文宗、将軍家光の台命により、知恩院住持（三四世）となる。この年、家光、京都所司代板倉重宗に命じ、知恩院御神殿（権現堂）を再建。
	慶安　二	一六四九	一二月九日、文宗寂（七六歳）。同一九日、千姫の孫輝姫（池田光政・勝姫二女、将軍家光養女）一条教輔に嫁す。

世	和暦	西暦	事項
第35世 勝誉旧応	慶安　三	一六五〇	一月、鎌倉光明寺勝誉旧応、将軍家光の台命により、知恩院住持（三五世）となる。九月、淀藩主永井尚政、知恩院権現堂に石灯籠（在銘）を寄進。
	慶安　四	一六五一	四月二〇日、三代将軍家光没（四八歳）。五月、遺言により家光を日光山に葬る。朝廷、正一位・太政大臣・大猷院号を授与。六月七日、家光の寛永寺における葬礼・納経拝礼に、知恩院旧応・寺中（塔頭）・京都門中下向。
	慶安　五	一六五二	二月、淀藩主永井尚政、知恩院権現堂に五重石灯籠（在銘）を寄進。
	明暦　二	一六五六	五月八日、良賢親王（知恩院第二代宮門跡、後水尾天皇皇子栄宮、将軍家光猶子）、旧応を戒師として得度、名を尊光と改め、知恩院御殿に入室。八月二九日、増上寺貴屋・伝通院智哲、参内して尊光法親王の檀林留学を奏請。
	明暦　三	一六五七	三月一日、旧応寂。
第36世 帝誉尊空	明暦　三	一六五七	六月、帝誉尊空（伏見宮邦頼親王息。一説に仁和寺一露入道親王の子。霊巌弟子）、将軍家綱の台命により、知恩院住持（三六世）となる。
	明暦　四	一六五八	一月一九日、台徳院（秀忠）二十七回忌万部経法会、増上寺に開白。門跡尊光法親王下向。饗応のため江戸城で猿楽催される。
	万治　二	一六五九	六月、前門跡良純法親王、甲斐天目山より帰洛。泉涌寺内新善光寺に居住。
	万治　三	一六六〇	八月九日、知恩院造営奉行五味金右衛門豊直没（七八歳、法名日覚）、墓は日蓮宗妙伝寺内正善院。
	寛文　二	一六六二	三月、門跡尊光法親王、修学のため江戸下向。
	寛文　三	一六六三	一二月一八日、尊空、日蓮宗寺院との宗論に対し、誤った裁断により千葉来迎寺に退隠。のち本所霊山寺に閑居、元禄元年一一月七日寂（七六歳）。
	寛文　三	一六六三	一二月二四日、鎌倉光明寺玄誉知鑑、将軍家綱の台命により、知恩院住持（三七世）となる。
	寛文　四	一六六四	四月、前門跡良純法親王還俗、以心庵と号し、居を北野に構える。

第37世 玄誉知鑑	寛文　六	一六六六	二月六日、千姫逝去（七〇歳）。伝通院において葬礼法会、葬儀導師は知恩院知鑑。八月一一日、門跡尊光法親王、父後水尾法皇仙洞御所において「一枚起請文」を講ず。九月一五日、後光明天皇十三回聖忌。後水尾法皇、知鑑を仙洞に召し、作善仏事を修す。浄土の法問を聴聞、知鑑に九条袈裟を賜う。
	寛文　七	一六六七	八月、後水尾法皇、『法然上人行状絵図』を宮中に召し叡覧。勅して、山外不出とする。
	寛文　九	一六六九	八月一日、前門跡良純法親王（以心庵）逝去（六六歳）、泉涌寺に葬られる。百回忌にあたる明和五年（一七六八）八月、本位に復し、「無礙光院宮専蓮社行誉心阿自在良純大和尚」を追贈。
	延宝　二	一六七四	四月、知鑑、伊勢山田清雲院に退隠、千姫追福のため寂照寺を創建。延宝六年三月六日、清雲院において寂（七三歳）。
第38世 玄誉万無	延宝　二	一六七四	五月、鎌倉光明寺玄誉万無、将軍家綱の台命により、知恩院住持（三八世）となる。この万無住持より以後の知恩院住持の台命は増上寺住持の「書上」（推挙）となる。
	延宝　六	一六七八	六月一五日、東福門院（秀忠娘、明正天皇母）逝去（七二歳）。知恩院に位牌を安置。
	延宝　七	一六七九	六月、祇園社との境域、南北一二間、東西一八〇間を割き、三門前に新道を設ける。振替地として松原町一八〇〇余坪を祇園社に譲渡。また、別に祇園社から鹿ケ谷に得た替地に法然院を創建。一〇月七日、千姫娘勝姫（池田光政室）江戸にて逝去（円盛院、六一歳）。勝姫の娘輝姫、知恩院に「浄土三部経」奉安。
	延宝　八	一六八〇	一月六日、門跡尊光法親王逝去（三六歳）、無量威王院と号し、一心院に葬る。五月八日、四代将軍家綱没（四〇歳、法号厳有院）、遺言により寛永寺に葬る。八月一九日、後水尾法皇崩御（八五歳）。尊牌を知恩院に安置。
	延宝　九	一六八一	六月二五日、万無寂（七五歳）。この年、台徳院（秀忠）五十回忌、本院御所（明正上皇、秀忠孫娘）、知恩院に法事仰せ付ける。

世代	和暦	西暦	事項
第39世 直誉感栄	延宝九	一六八一	八月、太田大光院直誉感栄、将軍綱吉の台命により、知恩院住持（三九世）となる。
	貞享四	一六八七	三月、一条兼輝（輝姫子）、東山天皇の摂政・関白をつとめ、霊元上皇の院政を補佐する。一二月一日、感栄寂（七五歳）。
第40世 専誉孤雲	貞享五	一六八八	二月、鎌倉光明寺専誉孤雲、将軍綱吉の台命により、知恩院住持（四〇世）となる。
	元禄三	一六九〇	三月八日、天樹院（千姫）二十五回忌につき、勢至堂不断念仏一万日回向（同一五日まで）。同二〇日、平戸オランダ商館の外科医ケンペル、知恩院を訪問（第一回）。
	元禄四	一六九一	三月二五日、ケンペル、知恩院を訪問（第二回）。一一月六日、孤雲寂（六八歳）。
第41世 宏誉良我	元禄四	一六九一	一二月、鎌倉光明寺宏誉良我、将軍綱吉の台命により、知恩院住持（四一世）となる。
	元禄六	一六九三	一二月二九日、良我寂（六三歳）。
第42世 白誉秀道	元禄七	一六九四	一月、伝通院白誉秀道、将軍綱吉の台命により、知恩院住持（四二世）となる。
	元禄九	一六九六	四月、秀道、幕府に増上寺を通して宗祖諡号を願い出る。八月二九日、将軍綱吉の母桂昌院、増上寺貞誉了也より五重血脈を相承。一〇月六日、綱吉、江戸城において、増上寺了也、伝通院・大光院・霊巌寺・霊山寺・幡随院・大善寺・天徳寺等の檀林住持を饗応、猿楽を催す。また、この日、法然上人に大師号追贈を命じる。同一二日、京都所司代小笠原長重、知恩院に宗祖諡号につき、幕府の命を伝える。同一三日、秀道、伝奏衆へ大師号宣下の儀を奏聞する。一一月一日、増上寺了也と知恩院使僧、将軍綱吉に宗祖諡号を謝す。同一〇日、明正上皇（秀忠孫娘）崩御（七四歳）。
	元禄一〇	一六九七	一月一八日、知恩院、東山天皇の勅使を迎え、御影堂において円光大師贈号法要を厳修。
	元禄一一	一六九八	二月、一条大政所（千姫孫娘輝姫）、知恩院において千姫三十三回忌を勤める。
	元禄一二	一六九九	三月二一日、オランダ商館長一行、知恩院を訪問（知恩院『日鑑』初見）。
	元禄一六	一七〇三	三月二三日、三時知恩寺尊勝（二八歳、後西天皇姫宮）没。遺言により、廟所を勢至堂墓

		地に造立。一二月一六日、義山、『円光大師行状翼讃』六〇巻を編す。
宝永　二	一七〇五	三月一一日、秀道、義山らの『黒谷上人漢語燈録』刊行に跋を寄せる。六月二二日、桂昌院死去（八二歳、諸説あり）、増上寺に葬る。九月一〇日、一条兼輝（輝姫子）死去（五四歳）。一二月二六日、義山、知恩院阿弥陀堂の後奈良天皇宸翰「大谷寺」の勅額を修理。
宝永　三	一七〇六	一月一〇日、義山、善導・法然両大師像を知恩院に寄進。同日、本堂（御影堂）内陣・外陣の間に、後奈良天皇宸翰「大谷寺」の勅額を掛ける。一一月、『法然上人行状絵図』四八巻を修補する。
宝永　四	一七〇七	一月四日、一条教輔（輝姫夫）死去（七五歳）。三月一一日、秀道寂（七七歳）。
第43世 応誉円理		
宝永　四	一七〇七	三月、鎌倉光明寺応誉円理、将軍綱吉の台命により、知恩院住持（四三世）となる。八月二三日、円理、大僧正に任ぜられる。一〇月一五日、円理、将軍綱吉に謝す。知恩院大僧正の始まり。
宝永　六	一七〇九	一月一〇日、五代将軍綱吉没（六四歳、法号常憲院）、遺言により寛永寺に葬る。九月二五日、義山、知恩院において『釈迦舎利塔記』一巻を撰述。一二月二九日、これより先、将軍家宣、知恩院蔵『法然上人行状絵図』を台覧。
宝永　七	一七一〇	六月一五日、知恩院阿弥陀堂成る。一一月、霊元上皇より、宸翰「華頂山」の勅額を賜う。
正徳　元 (宝永八)	一七一一	一月、勅額「華頂山」を三門に掲げ、下乗札を立てる。法然上人五百回遠忌、東漸大師と加諡される。四月、下乗札を下乗石（北向雲竹筆）に改める。一二月二八日、これより先、将軍家宣、知恩院蔵『法然上人行状絵図』を台覧。
正徳　二	一七一二	一〇月一四日、六代将軍家宣没（五一歳、法号文昭院）、遺言により、増上寺に葬る。一二月二一日、義山、知恩院仏名会を復興する。
正徳　三	一七一三	五月二二日、一条大政所（千姫孫輝姫）、知恩院に浄土三部経を奉安。
正徳　五	一七一五	二月三日、一条大政所（輝姫）、知恩院に千姫五十回忌法事料として銀二〇枚を寄せる。この春、義山、知恩院において『和語燈録』を講ず。五月二二日、円理、五条新善光寺に

住持	和暦	西暦	事項
			退隠。享保一〇年九月五日寂（八九歳）。五月、義山、仙洞において『和語燈録』を講ず。
第44世 通誉岸了	正徳　五	一七一五	六月、鎌倉光明寺通誉岸了、将軍家継の台命により、知恩院住持（四四世）となる。九月二三日、家継と霊元天皇姫宮八十宮との婚約が成立。
	享保　元	一七一六	四月三〇日、将軍家継没（八歳、法号有章院）、増上寺に葬る。七月一日、幕府、勢至堂常念仏相続につき、向後、大師前に白銀一枚宛を寄せる。同一七日、岸了寂（七〇歳）。
第45世 然誉沢春	享保　元	一七一六	八月、伝通院然誉沢春、将軍吉宗の台命により、知恩院住持（四五世）となる。
	享保　二	一七一七	四月一四日、千姫孫輝姫（池田光政二女、一条教輔室）逝去（八二歳）。臨終の善知識は義山。六月一日、一条大政所御所より、勢至堂に安置する三本の位牌（千姫・勝姫・輝子）の厨子が寄進される。一一月、義山、法然の遺跡小松谷の復興を願い、法然上人木像を造立する（知恩院蔵）、同一三日、義山死去（七〇歳）。
	享保　三	一七一八	三月八日、勢至堂不断念仏二万日回向開白（一五日まで）。七月二五日、沢春寂（六八歳）。
	宝暦　八	一七五八	九月二二日、八十宮吉子内親王逝去（四五歳、法号浄琳院）、遺言により、勢至堂墓地に葬る。
	明和　二	一七六五	三月一〇日、知恩院（勢至堂）不断念仏三万日回向開白（一九日まで）。千姫百回忌。

図版一覧

カバー 表1 知恩院御影堂 京都・知恩院所蔵 知恩院より画像提供

カバー 表4 知恩院三門 京都・知恩院所蔵 知恩院より画像提供

口絵1 円光大師坐像（法然上人像） 奈良・當麻寺奥院所蔵、京都国立博物館『法然――生涯と美術――』、二〇一一年

口絵2 毀破綸旨 京都・知恩院所蔵 『古寺巡礼 京都 一九 知恩院』、淡交社、一九七七年

口絵3 満誉尊照像 京都・知恩院所蔵 京都国立博物館より画像提供

口絵4 雄誉霊巌像 京都・知恩院所蔵 京都国立博物館より画像提供

口絵5 東大寺大仏殿浄土三部経講説（『拾遺古徳伝』巻四段一） 茨城・常福寺所蔵 『別冊太陽 日本のこころ一七八 法然』、平凡社、二〇一一年

一部扉 九条兼実坐像 模本 東京大学史料編纂所所蔵 東京大学史料編纂所より画像提供

一部扉 重源上人坐像 奈良・東大寺所蔵 奈良国立博物館『大勧進 重源』、二〇〇六年

一部一章 図1 選択本願念仏集 京都・廬山寺所蔵 京都国立博物館『法然――生涯と美術――』、二〇一一年

一部二章 図1 『善信聖人親鸞伝絵』吉水入室（高田本） 三重・専修寺所蔵 『大系真宗史料 特別巻 絵巻と絵詞』、法藏館、二〇〇六年

一部二章 図2 『善信聖人親鸞伝絵』信行両座（高田本） 三重・専修寺所蔵 『大系真宗史料 特別巻 絵巻と絵詞』、法藏館、二〇〇六年

一部二章 図3 『存覚上人袖日記』 京都・常楽臺所蔵 龍谷大学仏教文化研究所『龍谷大学善本叢書三 存覺上人一期記・存覺上人袖日記』、同朋舎出版、一九八二年

一部三章 図1 東大寺西大門勅額 奈良・東大寺所蔵 奈良国立博物館『大勧進 重源』、二〇〇六年

一部扉 日蓮坐像 京都・妙覚寺所蔵 京都国立博物館『日蓮と法華の名宝』、二〇〇九年

二部扉 源義経像 岩手・中尊寺所蔵 中尊寺より画像提供

二部二章 図1 阿弥陀堂の大念仏（『平家物語絵巻』巻三 灯籠の沙汰） 岡山・林原美術館所蔵 林原美術館より画像提供

二部二章 図2 法然に受戒の礼を贈る重衡、黒谷に帰りゆく法然（『平家物語絵巻』巻一〇 戒文） 岡山・林原美術館所蔵 『平家物語絵巻』（中央公論社）巻一〇

二部三章　図1　弁慶立ち往生の像　岩手・中尊寺所蔵　中尊寺より画像提供
二部四章　図1　成親の供養を営む成経と康頼（『平家物語絵巻』巻三　少将都帰りの事）岡山・林原美術館所蔵　林原美術館より画像提供
三部扉　徳川家康坐像　京都・知恩院所蔵　『霊巌上人』、総本山知恩院、一九九〇年
三部扉　超誉存牛像　京都・知恩院所蔵　京都国立博物館より画像提供
三部はじめに　図1　総本山知恩院山内案内図　知恩院より画像提供
三部一章　図1　超誉存牛招請状　京都・知恩院所蔵　水野恭一郎・中井真孝編著『京都浄土宗寺院文書』、同朋舎出版、一九八〇年
三部一章　図2　後奈良天皇像　京都・浄福寺所蔵　『国史大辞典』、吉川弘文館
三部一章　図3　徳川家康書状　京都・知恩院所蔵　京都国立博物館『徳川将軍家と京都の寺社』、二〇一六年
三部一章　図4　正親町天皇像　京都・泉涌寺所蔵　『皇室の御寺　泉涌寺』、朝日新聞社社文化企画局大阪企画部、一九九〇年
三部二章　図1　後陽成天皇綸旨　京都・知恩院所蔵　知恩院より画像提供
三部二章　図2　増上寺源誉証状　京都・知恩院所蔵　知恩院より画像提供
三部二章　図3　徳泰院（伝通院）坐像　京都・知恩院所蔵　『霊巌上人』、総本山知恩院、一九九〇年
三部二章　図4　良正院像　京都・良正院所蔵　水野恭一郎「知恩院塔良正院の草創　附、良正院文書選」（『鷹陵史学』第一四号、一九八八年）
三部二章　図5　池田忠雄書状　京都・良正院所蔵　水野恭一郎「知恩院塔良正院の草創　附、良正院文書選」（『鷹陵史学』第一四号、一九八八年）
三部三章　図1　徳川秀忠坐像　京都・知恩院所蔵　『霊巌上人』、総本山知恩院、一九九〇年
三部三章　図2　五味金右衛門夫妻像　京都・知恩院所蔵　『新版　古寺巡礼　京都一六　知恩院』、淡交社、二〇〇七年
三部三章　図3　霊元天皇像　京都・泉涌寺所蔵　『皇室の御寺　泉涌寺』、朝日新聞社社文化企画局大阪企画部、一九九〇年
三部三章　図4　徳川秀忠御内書　京都・知恩院所蔵　京都国立博物館より画像提供
三部三章　図5　徳川家光画像　京都・知恩院所蔵　京都国立博

物館より画像提供

三部四章　図1　千姫の墓　京都・知恩院　姫路文学館『江の娘　千姫』、二〇一一年

三部四章　図2　千姫略系図　描き起こし

三部四章　図3　徳川家綱画像　京都・知恩院所蔵　京都国立博物館より画像提供

四部扉　図1　日鑑（享保九年）　京都・知恩院所蔵　知恩院より画像提供

四部二章　図1　日鑑　享保九年元日条　京都・知恩院所蔵　知恩院より画像提供

五部扉　徳川綱吉像　奈良・長谷寺所蔵　奈良国立博物館『東大寺公慶上人』、二〇〇五年

五部扉　公慶上人坐像　奈良・東大寺所蔵　奈良国立博物館『東大寺公慶上人』、二〇〇五年

五部一章　図1　大仏開眼供養図　奈良・東大寺所蔵　奈良国立博物館『東大寺公慶上人』、二〇〇五年

五部一章　図2　公慶上人筆六字名号　奈良・興福院所蔵　奈良国立博物館『東大寺公慶上人』、二〇〇五年

五部二章　図1　元禄六年十一月二十四日、江戸城御前法問の座席次第（『帳場日鑑』）　描き起こし

五部二章　図2　元禄七年閏五月十三日　増上寺御成御前法問（『帳場日鑑』）　描き起こし

五部二章　図3　桂昌院画像　奈良・長谷寺所蔵　奈良国立博物館『東大寺公慶上人』、二〇〇五年

五部二章　図4　東山天皇画像　京都・泉涌寺所蔵『皇室の御寺　泉涌寺』、朝日新聞社社文化企画局大阪企画部、一九九〇年

あとがき

全国には住民が菩提所とする寺院が七万五千九百カ寺ある。そのうち、一万二千六十五カ寺が住職不在（兼務寺・無住寺）である（『朝日新聞』二〇一五年一〇月一五日朝刊）。これらの寺院は、本書で考察したような徳川将軍家の手本にならい、葬式と年忌仏事のために住民の先祖である村人が建立し、住職を招聘した村落寺院（村人の集団的菩提所）である。

人は亡くなると戒名をもらい、位牌を作成、過去帳に記入、墓地に石塔を建立し納骨をする。また、家の仏壇に安置する先祖の霊牌にはお茶やお花、霊膳を供え、毎朝お参りをする。戒名の問題がさまざまに議論されているが、浄土は信仰の世界である。仏の弟子となり浄土に往生するわけだから、仏弟子として祀られるために戒名がいる。

仏教教団に関する一般人の関心の薄いなか、寺参り（墓参り）を仏教信仰とする日本人の信仰史を明らかにすることは、崩壊する村落共同体、民俗文化を考える上でも大切なことである。

著者は佛教大学文学部史学科において、仏教史を専攻、指導教授は伊藤唯真先生（現・浄土門主）であった。一九八〇年四月、大学院を修了すると幸いにも助手に採用され、現在は歴史学部教授として中世史、仏教史を担当している。浄土宗という特定の宗派の展開を日本史の上に位置づける論文を書き続けたのは、伊藤先生の影響もあるが、法然の弟子源智発願の阿弥陀如来立像と胎内文書の発見により、重源が東大寺再建の大事業を達成できたのは、万民を平等に救済する選択本願の念仏勧進の思想が成立したことによると確信したことによる。「往生」「他力本願」は、現代の私たちの生活と切り離せない日常語として使用されている。法然の説いた念仏信仰は、全国民の救済を願う東大寺大仏（盧舎那仏）の信仰と一体のものとして展開してきた。宗派を問わない実践行となった浄土宗の念仏信仰と、法然の廟堂である知恩院の歴史をたどってきたのであるが、学問不足、史料の読み込み不足等により、補足、修正すべき箇所が多々あると思う。読者の皆さんには書き継いでいただけることをお願いしておきたい。

各章の初出は以下のとおりである。既発表論文については、大幅に書き改めている。

第Ⅰ部第一・二・三章
「東大寺再興の念仏勧進と『選択集』」（法然上人八〇〇年大遠忌記念『法然仏教とその可能性』、佛教大学総合研究所編、法藏館、二〇一二年）
「一向宗の聖人二人――黒谷源空聖人と愚禿親鸞――」（早島有毅編『親鸞門流の世界――絵画と文献からの再検討――』、法藏館、二〇〇八年）
「日本人の災害観と信仰の変遷」（佛教大学歴史学部編『歴史学への招待』、世界思想社、二〇一六年）
第Ⅱ部第一・二・三・四章
「念仏・『法華経』の信仰と『孝経』――鎌倉仏教研究の課題と検討――」（池見澄隆編『冥顕論――日本人の精神史――』、法藏館、二〇一二年）
第Ⅲ部第一・二・三・四章

「戦国期の法然上人信仰と廟堂知恩院」（藤本淨彦先生古稀記念論文集刊行会編『法然仏教の諸相』、法藏館、二〇一四年）
「将軍家菩提所「知恩院」とオランダ人の訪問」（佛教大学総合研究所紀要別冊『洛中周辺地域の歴史的変容に関する総合的研究』、二〇一三年）
「徳川家の女性と総本山知恩院」（佛教大学『歴史学部論集』第七号、二〇一七年）
第Ⅳ部第一・二・三・四章
「知恩院の「近世」――台命住職と役所『日鑑』――」（福原隆善先生古稀記念論集『佛法僧論集』第二巻、山喜房佛書林、二〇一三年）
「仏名会と御身拭式――日本人の滅罪信仰――」（『仏教行事歳時記　十二月除夜』、第一法規、一九八九年）
第Ⅴ部第一・二章（新稿）

知恩院山内にある総本山知恩院史料編纂所は、一九七〇年に浄土宗開宗八百年記念事業の一つとして新設された。その開設に尽力され、初代編纂所主任であった伊藤先生の推挙により、一九七六年四月、助手として採用された。史料集の監修者故水野恭一郎先生のもとで古文書、日鑑、書翰類の整理、翻刻事業に参加、その主要なものを『知恩院史料集』として刊行することに従事し、現在にいたっている。この間、主任は伊藤先生から平祐史先生をへて、現在は中井真孝先生である。

編纂所に籍をあたえられたことで、野田秀雄先生や先輩の竹山靖玄、江島孝導、故塩竃義一氏らに鍛えられた。また同じ建物内の知恩院浄土宗学研究所の永井隆正・真柄和人・木村昭玄・坂上雅翁・村上真瑞・善裕昭・伊藤茂樹氏らとの切磋琢磨により、浄土宗の教義と現代的課題への対応等について問題意識を深めることができた。

日本人と寺院の歴史を研究するとき、日本仏教が宗派単位で存続しているため宗派の影響を考慮する必要があることを重要視され、教団から見た仏教史研究を励ましていただいたのは大隅和雄先生である。国家と社会における仏教のあり方についての教示を受けたのは、佛教大学の先輩教授の田中文英先生である。田中先生には、近世仏教史への挑戦をすすめられた。近世の寺院文書については宇高良哲先生よりご鞭撻をうけた。写真・図版掲載については、知恩院をはじめ諸機関がこころよく了解し、協力してくださった。とくに知恩院文化財保存管理部には、校正を手伝っていただき貴重な意見をいただいた。索引は大学院生の浦西直也君に協力してもらった。心から御礼を申上げます。また、著者を粘り強く力づけてくれる今堀昭恵と、怯む心を支えてくれた今堀心優と遠藤逸平には、ありがとうと伝えたい。

なお本書出版には、二〇一七年度 佛教大学出版助成を受けた。

最後に、学位論文『本地垂迹信仰と念仏』に続き、本書の出版を引き受けてくださった法藏館代表取締役西村明高氏と編集部の田中夕子氏に感謝の意を表したい。

二〇一八年三月一日

今堀太逸

今堀太逸（いまほり　たいつ）

1950年、大阪府交野市生まれ。佛教大学大学院文学研究科博士後期課程満期退学。博士（文学）。

現在、佛教大学歴史学部教授。総本山知恩院史料編纂所編纂員。

著書に『神祇信仰の展開と仏教』（吉川弘文館、1990年）、『本地垂迹信仰と念仏——日本庶民仏教史の研究』（法藏館、1999年）、『権者の化現——天神・空也・法然』（思文閣出版、2006年）、『知恩院と徳川家』（総本山知恩院おてつぎ運動本部、2015年）がある。

浄土宗の展開と総本山知恩院

二〇一八年三月三一日　初版第一刷発行

著　者　今堀　太逸
発行者　西村　明高
発行所　株式会社　法藏館
京都市下京区正面通烏丸東入
郵便番号　六〇〇-八一五三
電話　〇七五-三四三-〇〇三〇（編集）
　　　〇七五-三四三-五六五六（営業）

装幀者　上野かおる
印刷・製本　亜細亜印刷株式会社

ISBN 978-4-8318-6248-8 C3021

索　　引

人　　名

あ行——

か行――

さ行――

た行――

や行――

ら行――

わ行――

書　名

あ行――

か行――

な行——

は行——

ま行——

や行——

ら行――

わ行――